中国土地问题调查

土地权利的底层视角

刘守英 著

北京大学出版社
PEKING UNIVERSITY PRESS

图书在版编目（CIP）数据

中国土地问题调查：土地权利的底层视角/刘守英著 . —北京：北京大学出版社，2017.12

ISBN 978-7-301-29247-1

Ⅰ. ①中… Ⅱ. ①刘… Ⅲ. ①土地问题—调查研究—中国 Ⅳ. ①F321.1

中国版本图书馆CIP数据核字（2018）第024970号

书　　　名	中国土地问题调查——土地权利的底层视角
	ZHONGGUO TUDI WENTI DIAOCHA
著作责任者	刘守英　著
责任编辑	刘　京
标准书号	ISBN 978-7-301-29247-1
出版发行	北京大学出版社
地　　　址	北京市海淀区成府路205号　100871
网　　　址	http://www.pup.cn
电子信箱	em@pup.cn　QQ：552063295
新浪微博	@北京大学出版社　@北京大学出版社经管图书
电　　　话	邮购部 62752015　发行部 62750672　编辑部 62752926
印　刷　者	涿州市星河印刷有限公司
经　销　者	新华书店
	730毫米×1020毫米　16开本　23.25印张　351千字
	2017年12月第1版　2019年2月第2次印刷
定　　价	79.00元

未经许可，不得以任何方式复制或抄袭本书之部分或全部内容。
版权所有，侵权必究
举报电话：010-62752344　电子信箱：fd@pup.pku.edu.cn
图书如有印装质量问题，请与出版部联系，电话：010-62756370

推荐语

本书作者是我三十年前的同事,一起调查过农村土地问题。推荐这本书不是碍于面子,而是因为她的内容。土地现象看似简单——还有谁没见过土地呢——但由表及里深入进去,会发现藏在其中的宝贝。家与家、村与村、乡与城、民与国,实利、权利、法律、观念,还有过去与未来,一起纠缠到看上去毫不起眼的土地里。机缘巧合,本书作者于1986年踏入土地问题调查研究,从此再没回头,坚持在真实世界从事第一手调查,坚持在真实前提下探究围绕土地行为的逻辑。关心中国土地问题的朋友,不难找到理由,把这本书放在自己常常要翻阅的书架上。

——周其仁,北京大学国家发展研究院教授

本书提供的核心信息是,中国农村从不乏敢于且善于创新者,中国学者中也不乏一定要把真实世界搞清楚的探索者。

——刘世锦,国务院发展研究中心原副主任

不积跬步无以至千里,了解掌握实际情况,是理论政策研究的根基。本书就是守英的跬步和根基。

——黄小虎,国家土地勘测规划院原书记

当众人纷纷回避土地制度这个雷区之时,坚信唯实的守英,一直勇敢正视土地制度改革的必要性。三十余年来他奔波于城乡之间,深入调查和反复推敲,使这本呕心沥血之作得以成形。这在急功近利的今日是极为难能可贵的。此书必将成为研究当代中国农村问题,特别是土地问题的必不可少的重要著作。

——文贯中,美国三一学院终身教授

土地问题也就是发展问题。多年来，刘守英走访中国各地，从农村到城市，深入调查和研究复杂的土地问题。无论是偏远山区的特殊制度安排或是富庶地区的土地财政状况，在刘的笔下我们总能看到公有制框架下中国土地所呈现的既复杂但又合乎经济规律的组织形态，及其背后所反映的资源禀赋、制约条件和对发展的考虑。无论在国内外，刘教授的研究都位列前沿。对欲了解中国土地问题的读者来说，这是一本不能不读的书。

——龚启圣，香港科技大学人文社会科学学院教授

当下没有比见到一位学者这份来自对基层一线几十年观察、调研和理论分析的报告更让人感动的了。

——安刚，北京市人大常委会农村办公室主任

跑不完的真实世界

农村土地调查始于1988年。当年夏天，我卷起在复旦大学用过的铺盖，风尘仆仆来到那个年代许多青年人向往的地方——原国务院农村发展研究中心发展研究所。按照安排，我跟周其仁搞一段时间土地问题调查。没几天，所里发给我一件军大衣，一个大行李箱，这是我们所那时的标配，大衣备大伙冬天在外调研时御寒，箱子供大家下乡调研回来装资料。安顿下来后，我的第一趟出差就是随其仁到贵州湄潭调查，一同前往的还有在芝加哥大学读博士的文贯中兄。还没来得及收拾第一次坐飞机的兴奋、第一次在机关食堂用餐的好奇，我们就坐着"周师傅"开的老式军绿色"212"吉普向湄潭进发。从贵阳到湄潭200多公里，我们头天下午启程，一路颠簸，连夜兼程，受着沿途崖边夜行、乌江天险、息烽浓雾的惊吓，伴着一路上双手紧抓车护栏的贯中兄不停地和其仁讨论土地问题，于第二天下午抵达湄潭县城。湄潭试验产生的影响在此不表，对相关争议也不在此作回应。湄潭调查至今仍然刻骨铭心，主要是它在很大程度上影响了我从事研究的路数。

在来发展研究所之前，我对成为一个好的研究者可谓信心满满，甚至跃跃欲试。底气来自在复旦大学苦读攒的那点知识，几年时间啃完了发展经济学家，如张培刚、纳克斯、罗森斯坦-罗丹、赫希曼、莱宾斯坦、库兹涅茨、罗斯托、舒尔茨、刘易斯、费景汉、拉尼斯等的原著，并以"劳动力剩余型经济发展"为题完成了硕士论文。另外还备了一套"秘密武器"，就是以张五常的《卖桔者言》《中国的前途》等小册子为线索，将产权和制度学派代表人物科斯、阿尔钦、德姆塞茨、诺斯、张五常以英文发表的论文和著作等一篇也不放过。更大的自信来自我把"从农村来的"视为优势，自己考上大学之前，从未离开过村庄，对农民和农村的感受是城里人不会有的，心想研究农村和农民问题不就是那点事，自己的出生和经历可以派上用场。

一进到真实世界，这两套备用武器完全失灵！到湄潭后的第二天，我们就住进了抄乐乡楠木桥村的农民家里，白天听其仁和村干部及村民聊，一个一个细节地抠，一环一环地追问，一连几天乐此不疲。问者津津乐道，高兴时还开怀大笑；被问者就跟与远方来的亲人唠嗑似的，全然没有一丝丝陌生和警觉。到了晚上，我们三人分头到一户户农民家里去做访谈。20世纪80年代后期湄潭的贫困我们在研究报告中有所刻画，由于没有电，我们就在当地干部的引领下，打着手电筒，一家家走访，在昏暗的油灯下记录。快十点多了回到落脚的老乡家，将对农户的访谈一户户整理成访谈录。已经十一点多了，其仁又把我们喊到一起讨论当天的感受和发现，贯中兄与其仁那时的激辩彷如昨日。几道流程走完，每天倒下就快一点了！

几天下来，我就从兴奋、受冲击转向疲惫、自信心受挫。兴奋是因为听其仁和农民聊天句句新鲜，一问一答充满机智，来劲！受冲击是来自一线调查的现场感对人的震撼，以及通过调研细节还原真实世界的美妙；疲惫是来自没日没夜连续作战感到身体已到极限，而更主要的是来自对密集访谈形成的庞杂信息的消化困难。自信心的受挫是最致命的，面对一个个和我老家差不多朴实的农民，要打开他们的话匣子怎么这么难？怎样才能自如而有逻辑地和他们聊天？一个农家出身的研究者怎么连台账都看不懂？原来熟悉农民并不等于了解农民，要研究农民更是完全不同的两码事！湄潭调查期间最痛苦的是如何过研究路数关。作为一个刚出校门的大学生，对于听到和看到的，老想找书上怎么说的，晚上也琢磨用哪一套理论来解释。但是，其仁走的完全是另一套，他在展开一项研究之前完全不给假设，也没有提纲，也不提谁谁说过，当时听到的唯一引证是，在和陪同调查的时任贵州省委研究室主任李青讨论湄潭方案时，冒了一句："雍正搞过一个'新增人丁，永不加赋'，我们就来个'新增人口，永不分地'！"这就是后来对中国土地变革产生重大影响的"增人不增地、减人不减地"制度的由来。到了地方就开始一轮轮密集的狂风猛炸，对象既有干部，也有农民，不预设前提，问题完全是问出来的；然后在调查点进行讨论、碰撞，形成判断。回北京以后进行资料的处理、调查信息的还原、观点的提升，再形成政策含义。他这套打法和一般的研究路径是反着的，后者一般是：文献—假设—数据—检验—政策含义，他的方法则是：与各种访谈对象聊—发现问题—讨论与激辩—提炼与概念抽象—资料处理、还原与提升——般化—政策含义。许多跟其仁跑过的人都认为，这套基于真实世界的研究方法过瘾，但一般人学不来，这需要你有良好的体力，与不同对象无缝聊天的本事，现场发现蛛丝马迹的嗅觉，掌控座谈会不跑题的气场……我的体会，这些还不是根本性的，最难的是你对这一套打法的信心是否坚定。这一点做到了，前面几条只是功夫高低的差别。问题就在于没有几个人能坚持，走一段就会怀疑，还有你会内心开小差：干嘛要吃力不讨好这样做！

一旦认定从真实世界找问题、寻答案这条路，你会逐渐远离用数据试假设、跑回归检验相关性的研究，因为你会对那样找出来的假设是否为真问题打问号。还有一点就是你会抗拒用二手、三手、甚至四手、五手……的"证据"来表达自己的观点，总感到这些经过不断倒手的资料已经加入了一道道的主观取舍与处理，倒手越多，离真实世界越远。30年来养成的习惯是，不到一线调查，不掌握一手材料，没有和相关者直接聊，就不踏实，不敢就自己没有见到的发表看法，更不敢武断地下判断、给主张。这样的研究确实很笨，但只要坚持，总会有所斩获。

收录本书的农村土地案例尽管跨度很长，主线围绕集体所有制何去何从和农业经营制度的演化展开。收入本书的第一个案例1988年湄潭报告的价值，就在于提出了包产到户以后中国农地制度的成员权集体所有制性质，分析了这一制度的运行成本，提出通过"增人不增地、减人不减地"代替不断分地的成员集体所有制的改革方案。在那以后，我们差不多每十年对新制度实施的效果与需要进一步解决的问题进行跟踪调查，本书的第二个案例就是我们在湄潭改革25年时对500农户的分析，结果表明，"增人不增地、减人不减地"制度确实如当初预计的那样使湄潭无地人口增加，但是，这一制度带来的风险很大程度上通过农户内部代际传递、非耕地开发和工业化、城市化的作用所消化，尤其是土地规模越小的农户，家庭总收入越高，非农收入越高，表明通过坚定不移地稳定农民土地关系，加上结构转变的推动，配合对无地人口的社会保障，中国农村的土地制度可以走出不断按成员权调整和分配土地的集体所有制困境。第一篇"农村土地问题调查"部分收录的另外几个案例侧重于集体所有农户经营制度变迁的可能形式,通过上海松江家庭农场、成都股份合作制、湖南种粮大户、山东服务规模化试验的案例研究,分析了家庭农场、股份合作社、服务主体规模化三种经营方式的收益成本与制约。我们不同意在农业经营制度上采取非此即彼的极端化态度,因为在真实世界看到的情况是,随着结构变革,原有农业经营制度的约束条件发生了重大变化,变是必然的,堵不住。关键是怎么变。农业经营制度的变迁路径就是根据各自面对的约束条件及其变化,形成不同的合约结构和制度安排,公共政策上切忌挥舞"不许、不许、也不许"的大刀将地方可能的制度创新扼杀,同时也要制止以行政手段和给吃偏饭搞农民非自愿的所谓制度创新。

  对城市土地问题的关注纯属偶然。2000年春天,当时国务院发展研究中心农村部的负责人告诉我,中心来了个办公厅主任,想找我聊聊。之前听同事传过新主任是个将军,心想一个军人能聊出什么!既然人家高看咱们一眼,就去会会吧。主任名蒋省三,将军身份不假,曾担任过前国家主席杨尚昆的秘书,兼军委研究室主任。老蒋一见面就开门见山,说看过我写的东西,而且他对土地问题感兴趣,陪杨主席到广东时,听时任广东省委书记谢非讲过广东的土地股份制。老蒋问有没有可能一起去调研。他的这一提议又把我已经灰掉的心调动起来,1992年我就参加过南海召开的土地股份制改革研讨会,对这个地方"喝头啖汤"的劲头留下深刻印象。几天后我们的南海调查成行。得益于老蒋对南海大到县委书记小到村书记都非常熟悉,以及他在这里广泛的人脉关系,我们很快进入南海模式的本质。几天下来,我们从原本设计的了解土地股份制的具体安排转向一个更宏大的视角,就是这里以集体建设用地入市提供企业发展用地、以土地股份制让农民从农地承包权种地到非农化股份分红,实际上是一个与国家征地工业化完全不同的另一条道路,之后我们又沿着这个路径跟踪南海如何实现集体土地上的城市化。有了这个视角,我就觉得土地问题的研究没有那么窄了,有了继续挖下去的兴趣。期间又遇到一档子事,2008年奥运会之前,从北京市农研中心调到首都经济贸易大学的张强约我去看看郑各庄。听了一二，觉得跟我的关注点吻合就答应了。没想到的是，一进入村庄就惊呆了，这哪是村子，分明是城市，十几层的办公大楼，几家五星级酒店、温都水城、几所大学……我们一下子就来了情绪，和村庄也是宏福集团掌门人黄福水也对上脾气，他答应我们敞开调查，所有资料和记录公开，除了访谈骨干，还要和对他有意见的人谈。于是，我们团队在红楼选秀的岛上安营扎寨，躲开奥运会的喧嚣，经过几个月时间的努力，写出"集体土地长出的城市"案例，因为这段研究，郑各庄成为我的一个长期跟踪点，自2016年我到学校后，两年来都带学生到这里听老黄讲课。

南海研究完成后，老蒋又提议，去浙江、陕西、重庆看看。去这些地方之前，主题还是土地问题，但并没有很明确的目的，就是因为他在这里有好的人脉，能听到比较真的实情。第一站到浙江，重点调查的是绍兴、义乌和金华。现在我都在纳闷，当时的地方干部怎么会如此敞开地让我们翻箱倒柜，我们不仅了解占补平衡、建设用地指标分配、征地及其补偿等一般性的土地问题，还从城市扩张延伸到财政状况与信贷，越往下问，越感到土地问题绝不是个技术问题，是牵动国民经济运行的重要主线，"土地财政"概念就是在一线调查发现并提出的。至于后来有人喊"改革土地财政就是自毁长城"，甚至用一套自创的理论和自造的事实搞出一套所谓的理论来解释这套东西有多么的伟大，就不在这里细表了。浙江调研完后，觉得这个事情非同小可，就把同一拨人马拉到陕西和重庆进一步调查。发现问题更加严重，浙江的以地谋发展还是有产业支撑的，但是到了陕西就变成了土地质押，到重庆更是依靠八大投资平台公司"以地融资"。这种土地财政和以地融资模式确实能实现快速城市化，但是由此带来的地方财政风险、金融风险和社会风险代价巨大，如果不想办法摆脱这种以地谋发展的模式，国民经济运行会出大问题。遗憾的是，在城市化的高歌猛进和卖地收入的飞速增长中，这种预警没有多少人能听得进去，听明白的人也不愿意碰这套模式。

来到学校以后，越发觉得过去30年调查的弥足珍贵。这些案例尽管独立呈现，但每一个都是一手调查，汇到一起以后还是能看出中国土地制度的一些本质特征以及存在的问题。感谢在真实世界的路上给出了指引性和激励性的周其仁、蒋省三、黄小虎、安钢等兄长和师友，感谢参与案例调研和写作的所有同事和朋友，他们是周其仁、蒋省三、余斌、徐小青、邵夏珍、张强、周飞舟、高圣平、邵挺、王小映、李青、樊雪志、石光、谭明智、王瑞民、廖炳光、李艺铭、付伟、王绍琛、韩启民、李代等，感谢原农研中心发展所培养的调查基因，感谢国务院发展中心提供的平台和政策转化优势，感谢所有支持本书案例调查的地方领导和朋友，最后要感谢北京大学出版社林君秀主任的力主出版和刘京编辑的辛勤付出。

2017 年 12 月 30 日于北京

目 录
Contents

上篇： 农村土地问题调查

第一章　湄潭：一个传统农区的土地制度变迁　／3
　　一、引言　／3
　　二、1979—1984：短期政策的不断迭加　／5
　　三、进一步变革集体土地所有制的经济要求　／12
　　四、制度供给：湄潭土地制度试验区　／24
　　五、结论　／35

第二章　湄潭县"增人不增地、减人不减地"试验调查分析　／38
　　一、湄潭县"增人不增地、减人不减地"试验的
　　　　背景与实施　／39
　　二、调查区域的基本特征　／42
　　三、"增人不增地、减人不减地"对农村转型的影响　／44
　　四、基本结论与建议　／56

第三章　上海市松江区家庭农场调查　／59
　　一、松江区家庭农场发展情况与主要做法　／59
　　二、家庭农场经营状况与效果　／64
　　三、推行家庭农场的条件　／70
　　四、松江家庭农场探索的意义与思考　／73

第四章　四川省成都市农地股份合作社试验　／77
　　一、实行农地股份合作社的背景　／77

二、土地股份合作社的组建与制度安排　／79

　　三、土地股份合作社的管理与经营方式　／84

　　四、土地股份合作社的经营、收益与分配状况　／86

　　五、对成都农地股份合作社试验的评论与建议　／94

第五章　湖南省农民专业合作社调查　／100

　　一、湖南省农民专业合作社发展状况　／100

　　二、几个农民专业合作社案例　／101

　　三、农民专业合作社的新特点　／107

　　四、政策建议　／110

第六章　黑龙江省绥化市农业发展方式变迁调查　／114

　　一、经济结构与农业投入的重大变化　／114

　　二、农业经营形式急剧变化　／116

　　三、农民专业合作社的经营与效果　／119

　　四、绥化现代化农业的投入产出分析　／123

　　五、发展现代化农业、提高农业经营效率的政策建议　／127

第七章　山东省供销社的服务规模化试验　／131

　　一、单纯扩大农地经营规模实现不了农业现代化　／131

　　二、探索农业服务规模化：山东省供销社的试验　／139

　　三、正确认识和客观把握中国农业现代化的战略重点　／149

下篇：城市土地问题调查

第八章　浙江省土地财政与城市化调查　／153

　　一、引言　／153

　　二、90年代末以来工业化、城市化的主要特征：从自动自发到政府介入　／154

三、政府垄断土地一级市场：城市化扩张的制度保障　/160

四、土地财政与土地金融：城市扩张的两大依托　/175

五、政府与农民之间的利益博弈　/191

六、基于实地调研的几点政策考虑　/195

第九章　陕西省土地融资与城市化调查　/200

一、引言　/200

二、依赖基础投资和城市扩张支撑的高速增长　/201

三、发育不充分的土地市场　/208

四、土地税费及土地收益对地方财政的贡献　/226

五、依赖金融和负债支撑的城市化　/238

六、城市化进程中的农民土地权利　/249

七、基于调查的几点结论和政策含义　/255

第十章　20世纪90年代的集体建设用地入市调查　/257

一、农地转集体建设用地政策演进　/257

二、农村集体建设用地进入市场进程　/259

三、农村存量集体建设用地进入市场的几种途径　/260

四、土地农转非市场发展的几个政策问题　/276

第十一章　广东省南海区的土地资本化与农村工业化　/279

一、工业化进程中的农民土地权利：南海模式　/279

二、南海土地股份制的实质　/281

三、集体经济组织实体化　/289

四、农村集体非农建设用地进入市场的法律困境　/293

五、结论和政策建议　/296

第十二章　广东省南海区集体土地入市与城乡一体化调查　/298

一、集体建设用地上的工业化和城镇化　/298

二、做法与效果　/299

三、保护耕地和保障农民权益的措施　/301

四、政策建议 / 303

第十三章　北京市昌平区郑各庄村调查 / 304

　　一、引言 / 304

　　二、宅基地商品化与土地资本化 / 305

　　三、集体建设用地入市与农地非农化 / 311

　　四、政策意义 / 317

第十四章　北京市朝阳区高碑店乡调查 / 323

　　一、城市化进程中城乡结合部面临的突出矛盾 / 324

　　二、朝阳区高碑店乡的做法与政策创新 / 328

　　三、解决"城乡结合部困境"的政策建议 / 335

第十五章　重庆市统筹城乡试验与土地制度创新 / 341

　　一、重庆统筹城乡改革试验的土地制度创新与绩效 / 341

　　二、改革试验的价值与面临的问题 / 349

　　三、进一步推进制度试验的建议 / 354

上篇

农村土地问题调查

第一章
湄潭：一个传统农区的土地制度变迁

一、引言

无论中国农业在20世纪80年代的最后两年里将会发生什么——增长、停滞或萎缩，1984年作为中国农业超常规增长的转折点而载入史册是没有疑问的了。到这一年为止，连续六年的农业高速增长（年平均9个百分点以上）结束了，代之而起的是每年3~4个百分点的常规性增长。这个速度并不比第二次世界大战以后大国通常达到的农业增长率更低，但比之于1984年前的状况，常规速度当然黯然失色。从1985年至1988年，中国的粮食总产量两年减产两年增产，但年度总产量一直没有超过1984年。不仅如此，全部农产品的供给，也在逐渐增长的人口、更快增长的收入和高速增长的工业等多重压力下，重新趋于严重短缺。威胁社会经济稳定的中速通货膨胀抬头，据分析2/3来自农副产品短缺的直接推动。所有这一切，引发出一系列关于我国农业前景问题和农村政策方向的争论。问题的一个焦点是：中国农业超常增长的终结，同一度支撑它得以实现的家庭联产承包制即包产到户，究竟有没有关系？包产到户的局限性究竟何在？包产到户的政策要不要调整改变，以及究竟应当往哪个方向调整改变？如何回答这些问题，将对90年代中国农业的增长发生深刻影响。由于包产到户在中国整个经济体制改革进程中曾起过十分重要的作用，这些未来的答案还可能对全部改革产生某种影响——这就是考虑中国农村任何细节问题不可避免的总背景。

贵州省是中国最早包产到户的省份之一。1978—1987年间，贵州农业总产值年平均增长14.4%，农民人均纯收入年平均增长13.5%，显示了改革对农业增长的明显促进作用。但是，包产到户的较早实行并没有改变贵州在全国的相对经济地位，1987年该省的农民人均收入水平不仅低于全国平均水平26.1%，而且在各省市的排序中从1980年的第22位下降为28位。1987年贵州人均产粮491斤，只及全国平均水平的62%。1988年又一年的粮食歉收，导致该省的人均占有粮食水平与1949年时的水平相当。这种景况可以作为研究70年代末改革以来土地制度变迁所产生的社会经济效应的一种类型的代表。由于长期经济社会发展水平的落后，贵州省在包产到户之后，开拓土地以外其他发展空间的机会比许多省份要少得多，因此，在这里也就更容易找到相对纯粹的可观察土地制度改革与农业生产力变化关系的个案。但是，我们选择贵州湄潭县作为包产到户前后土地制度变迁研究的一个典型县，却不仅仅限于以上两点理由。更具吸引力的因素是，1987年在湄潭县创办了土地制度改革试验区，成为全国在包产到户以后主动进行土地制度进一步改革的地点之一。由于制度试验的实践，我们在湄潭不仅可以研究集体土地所有制在包产到户后产生的效果及其累积的矛盾，而且可以研究进一步改革的可能方向以及由此产生的新问题。

湄潭县位于贵州省东北部，处于云贵高原的东端，这里的地势和贵州大部分地区一样，多丘陵，间有峡谷，只有1/3的土地是平地或坡地。湄潭县1986年的耕地面积约31 700公顷，约占该县土地总面积的17%。全县37.7万人口中，有93%为农业人口。实际上，这时早就处于耕地减少、人口增加的趋势之中。1950年，全县户均耕地0.7公顷，人均0.17公顷；1978年分别降为0.5公顷和0.01公顷，到1987年，更下降为0.4公顷和0.009公顷。1979—1986年间，全县农业劳动力增长了28%，但播种面积仅增长11%，1986年的剩余劳动力超过了25%。包产到户使湄潭县的农业生产有了迅速的发展。1979—1984年间农业总产值上升了40%，农产品的商品率由29%上升到44%。但农田面积在缩小，每块地上劳动力人数在增加，缓慢增长的乡镇企业不足以为剩余的农业劳动力提供出路。虽然全县农民的人均纯收入已由1978年的55元上升到了1987年的360元，超过了贵州省的人均水平，但仍低于全国水平。湄潭仍很穷，全县1/3的人口在20世纪80年代中期仍然生活在人均200元的绝对贫困线之下。

本章在引言以后的内容包括：第二部分"1979—1984：短期政策的不断迭加"，主要回顾 70 年代末以后农村改革的发动方式及其在土地制度方面产生的影响；第三部分"进一步变革集体土地所有制的经济要求"，分析了新的土地制度安排内在矛盾对农户经济行为的影响，以及进一步变革制度的需要的产生；第四部分"制度供给：湄潭土地制度试验区"，考察了包产到户以后土地制度的继续变革，是如何通过试验区的工作来实现的，并对湄潭试验方案的主要内容做了介绍和评判；第五部分"结论"，包括调查和研究中得出的基本判断、理论结论和有待进一步研究的问题。

二、1979—1984：短期政策的不断迭加

后来被当作中国改革成功之举而得到举世公认的包产到户，最原本的内容只不过是中国农民在国家工业化战略和集体化的既定制度框架之内，谋求温饱生活的一种自发的努力。1979 年的贵州农民，人均的年分配收入只有 46.2 元，仅及当年全国农民人均分配收入的 54.9%；湄潭在贵州属中上等水平，但那一年全县农民的人均收入也只有 57.2 元（其中现金收入每人不足 20 元），人均粮食 389 斤。从动态来看，湄潭在实行人民公社制度后直到 70 年代末的 22 年中，农业产出率每年平均增长 0.5%，粮食生产每年平均增长 0.69%，而农业人口每年增长 2.13%，一直陷于贫困陷阱而难以自拔。

改革以前，农民与土地的关系一直是一种极不稳定的权利关系，这部历史中唯一稳定的是农民对国家贡献"商品"① 农产品的义务。1957—1978 年湄潭每个农业人口平均每年产粮 664.36 斤，而每年交征购粮平均为 162.86 斤，占 24.5%。如此赤贫的农民还承受如此巨大的义务，这个事实只有用强控制的制度才可以做出解释。人民公社制度既然能在低收入水平上为国家工业化提供巨大的积累资源，那么这一制度受到既有政策的维护就是不言而喻的事情了。它拥有强大的制度惯性，决不会因为占总人口 80% 以上的农民群众对它的厌恶情绪而自动消亡。

---

① 贡献"商品"，这是那个时代留下的反映当时农村经济特征的准确语言。

所以，70年代末的中国农村经济政策面临两重压力：一方面是贫困化的农民可能走向"重新起来打扁担"（源自陈云语）的极端，另一方面是很难触动的国家工业化积累的利益刚性和人民公社制度惯力。整个环境决定了政策制定的被动应变特性。历史尚没有给从容的设计和充分的想象留下多少余地，于是，摸着石头过河，一个接一个的短期政策的不断投入，以及反复的试错，就给在这个时期产生的所有新经济政策打上了共同的烙印。

1. 休养生息

第一个投入的短期政策是休养生息。它包含三个经济内容：（1）国家减少向农民征购农产品的数量；（2）扩大进口粮棉油糖以供应城市；（3）提高农产品收购价格。对于湄潭农民而言，1978年全县的粮食征购量比上年减少了24%，净征购减少了34.4%。人平均征购减少22.6%；1979年又分别比上年减少7.9%、20.1%和9.4%（见表1-1）。同时，1979年国家在湄潭的农副产品收购价格，比上年有了提高，其中稻谷收购价提高20.3%，油菜籽提高35.7%、棉花提高6.3%，生猪提高31.9%，鲜蛋提高31.3%（见表1-2）。

表1-1　湄潭县70年代末粮食征购量

年份	粮食征购量（万斤）	粮食净征购量*（万斤）	征购占总产量（%）	人平均征购量（斤）	人平均净征购量（斤）
1977	5 698	3 474	26.3	137	103
1978	4 328	2 279	20.0	106	85
1979	3 987	1 822	20.1	96	75

注：*净征购＝征购－返销。
资料来源：湄潭县统计局。

表1-2　湄潭县农副产品收购价的提高　　　　（单位：元/担）

	1978年	1979年	比上年提高（%）
稻谷	9.60	11.55	20.3
小麦	13.10	15.70	19.8
玉米	9.06	11.60	28.0
油菜籽	28.00	38.00	35.7
菜油	85.00	106.00	24.7
棉花	111.00	118.00	6.3

续表

	1978年	1979年	比上年提高（%）
茶叶	103.00	116.00	12.6
生猪*	47.00	62.00	31.9
鲜蛋	64.00	84.00	31.3
菜牛	56.00	75.00	33.9
菜羊	28.00	36.00	28.6

注：* 为二级猪（每头100~130斤）的收购价格。
资料来源：湄潭县物价局。

尽管减少征购和提高收购价幅度都比较大，但是对于湄潭来讲，休养生息政策的收效甚微。1979年全县人民公社总收入增长1.85%，但费用却增长6.45%，因而纯收入仅增长0.6%，每人可分配的纯收入则只增长0.2%。由于粮食比上年减产8.3%，因此虽然征购任务减轻，但1979年分配给每个农民的粮食还是减少了0.42%。这里的要害问题是：休养生息这类分配方面的政策调整，要经过生产组织才能作用于生产过程。如果生产组织缺乏对生产者的激励机制，那么外部分配条件的改善并不能得到生产者行为的积极响应。不幸的是，人民公社恰恰是世界上对生产者最缺乏激励作用的组织之一。很明显，单是休养生息政策难以帮助农民走出贫困陷阱。

但是，从另一方面来看，农民改变生产组织的动机却由于外部分配条件的改善而得到切实的加强。因为1978年制订的农副产品提高收购价方案，是计划内收购价提高20%，超过计划收购部分价格提高50%。这对于农民把总产量推进到超过自食加计划交售线以上，具有极大的边际刺激力。换言之，农民为提高产出量而变革原有生产组织的边际报酬大大增加了。于是，早在60年代就发生过的包产到户，到了70年代末在贵州的蔓延就势不可挡了。湄潭全县农村的包产到户在1980年普遍完成。

包产到户并不是一个全新的制度设计。实行包产到户的集体生产队，保留统一计划和统一分配，"定产到田，责任到户，按产计划，全超全奖"。也就是说，包产到户是在不触动人民公社土地产权制度和工业化积累导向分配制度的条件下，以家庭生产替代了"队生产"。包产到户启用了如下的新机制：（1）稳定了某一块土地与包产农户生产活动的年度性对应关系，消除了农业活动中自然因素的不确定性对收入分配的不利影响；（2）在农业中利用了家庭这种有效的经济组织资源，其内部的监督计量费用极低而户际之间的竞争性极强；（3）以承包产量（一般是包产前三年的平均产量）维系原有利益分配格局，以超产全奖激励农户增加生产。以上机制综合运用的结果，不仅大大节约了队生产内部的控制费用，而且使农产品超购加价的边际刺激信息直接传导到农民家庭，并激励其做出积极的响应。农村生产组织的经营特性由此得到了一次更新。

2. 包产到户的暂时合法化

农民是实行包产到户的主动力量，政策制定方面的应变是予以事后的承认。继休养生息政策之后投入的又一个短期政策，就是允许包产到户的合法存在。作为当时整个制度环境和认识水平的反映，允许包产到户的政策带有很大的保留性、勉强性和短时性。它基本被列入"权宜之计"的范畴，被认为仅仅适用于居住分散、生产落后、生活贫困的生产队。在承认包产到户的同时，不但需要反复强调耕地属集体所有，只允许分户使用，不准转让、典当、买卖和出租，而且预期随着生产的发展，这类低水平的集体化会逐步向高水平的集体化发展。

但是包产到户却向另一个方向上发展着自己。直接的动因是，在集体统一分配的框架里发展起分户生产，虽然节约了对生产行为的监督计量费用，但却要增加对于每户产出品的计量和分配的监督。农民很快找到新的节约费用的办法——包干到户。新办法是这样的：每个承包农户都与生产队订立合约，农户保证完成国家各类统派购任务数额和集体提留款项（用于农村基层干部开支、军烈属和"五保户"福利，以及某些公益开支），生产队则将耕地划归农户经营。在包干到户合约下，农户以对国家和社区预定义务的承担，换取了事实上的土地经营权。至此，联产承包制从"产量的承包"发展为"地产的承包"，农民经济行为不仅受到对产量预期的调节，而且开始受到对财产存量预期的调节，相应地，新制度对农民劳动的激励也扩充为对全面经营包括投资的激励。这是农地制度变迁史上的一次实质性变化。

3. 允许包干到户

包干到户创造的经济绩效很快得到检验，因此第三个短期政策很容易地诞生了，允许包干到户。在贵州，允许包产到户和包干到户是同时写入一个政策文件的,尽管对后者附加了更严格的约束条件①,但是,农民却是用另一种文化方式来解读政府的政策文告的,即你放弃政治强控制(如"割尾巴之类"),我就扩大选择制度的自由。事实上,自从 50 年代中期大办高级社否认了农民土地的分红权益之后,中国农村中还没有任何一种制度安排像包干到户那样受到农民的欢迎。湄潭县是在 1983—1984 年间完成包干到户普遍化的,恰恰是这段时期的经济发展,打破了人民公社时代无力打破的贫困陷阱。

从表 1-3 所列数据可以看到,80 年代以来,湄潭人口增长率比人民公社时代下降了,年增长率从 1.8% 降至 0.8%,耕地减少的幅度也从每年的 0.4% 变为 0.1%,这对于突破马尔萨斯陷阱当然是有利的,但是如果粮食总产和单产的年增长率仍然停留在 1958—1979 年间平均 0.7% 和 0.6% 的水平,那就仍然追逐不上人口的增长。包干到户推动农业产出的显著增长,配合了人口增长率的降低,从而扭转了人民公社时代人均产出下降的趋势,在国家征购量上升的条件下,保证了农户的剩余、储蓄和投资能力。1982 年湄潭农户人均家庭经营费用 32.92 元,人均购买生产性固定资产支出 2.01 元,合计占当年支出的 12.88%;1984 年,以上两项合计已达 116.83 元,占当年总支出的 30.22%。人均储蓄(包括手持现金)1982 年为 11.41 元,1984 年已增加为 70.52 元,年均增长 148.6%。

表1-3　湄潭若干指标的年增长率　　　　　　　(单位:%)

	1958—1979 年	1980—1984 年
农业总产值	1.1	8.1
种植业产值	1.6	6.3
粮食总产	0.7	4.8
粮食单产	0.6	8.1
国家粮食征购	-1.9	1.3
人均粮食产量	-0.9	8.5
人口自然增长率	1.8	0.8
耕地面积	-0.4	-0.1
人均耕地	-2.1	-0.8

---

① "对于少数经营管理水平极低、集体经济长期搞不好、实行包产到户也有困难的生产队,允许实行包干到户",并同样强调了集体地权的不可侵犯性(参见《贵州农业合作化统计资料》)。

1980—1984年间湄潭农户的投入倾向表现出相当高的理性程度：

（1）大幅度增加现代工业物资的投入以替代稀缺的土地，追求土地生产率和劳动生产率的显著提高。表1-4是湄潭县480个定点调查农户的户均投入动向。其中流动资本（主要用于购买化肥和农药）的投入量一直居高不下，因此，虽然人均耕地数额减少，但土地生产率却显著提高，同期劳动生产率也获得了提高（见表1-5）。

表1-4　湄潭定点调查农户的户均投入（1980—1984）

年份	固定资本		流动资本		耕地	
	元/户	指数	元/户	指数	亩/户	指数
1980	13.60	100.00	63.21	100.00	10.29	100.00
1981	16.24	119.61	70.39	111.36	10.99	106.80
1982	12.63	92.86	96.83	153.19	6.87	66.76
1983	71.79	527.86	94.68	149.79	6.78	65.89
1984	287.00	2 110.29	116.25	183.91	6.64	64.53

表1-5　湄潭农业生产率的年平均增长率　　　　　　　　（单位：%）

年份	劳动生产率	土地生产率
1949—1979	2.43	2.80
1979—1984	2.92	7.15

（2）通过改变种植结构来增加土地收益。全县粮食作物占总种植面积的比例，由1978年的73.7%下降为1984年的67.6%，反映了由于土地生产率的提高使粮食产量已经超越了交征购加自食自用的数量界限，经济作物的播种面积则由1984年的14.8%上升为1987年的27.9%，说明湄潭农民对不同种植项目的比较利益差别开始做出反应。1983年的农产品成本调查已经表明（见表1-6），粮食的每工净产值只及主要经济作物的65.8%~66.3%，而且每亩用工也只及经济作物的28%~30%。压缩粮食面积能够在同等耕地上提供更多的收益。这一点将对包干到户后的中国农业布局产生重大影响。

看来，包干到户这样一种土地资产的利用形式，有希望成为中国农业持续增长的新基点。于是，农民进而要求包干到户的长期合法化即制度化。这里我们有必要理解，产量的承包可以用年度为时间单位，但是资产的承包以年度为

表1-6　湄潭1983年农产品成本调查　　　　　（单位：元）

	每亩净产值	每工净产值	每亩用工
糯稻	74.16	3.45	21.5
油菜籽	33.00	1.61	20.5
烤烟	364.39	5.20	70.0
蚕茧	390.39	5.24	74.5

单位却显得太短了。特别是土地资产，其生产能力的形成和改善都必须经历多年时间，没有足够长的能够保证回收土地投资收益的稳定预期，就没有办法调度土地的承包者对土地投资，也就没有办法防止对土地的掠夺式经营。政策制定方面对此的反应是极为灵敏的，1984年，中共中央发布了关于农村土地由农户承包15年不变的新政策。

至此，短期政策投入似乎可以结束了。但是，允许包干到户加上土地承包长期不变，并没有奠定一种新的土地制度的基础。问题出在理论构架上。在允许包产到户和包干到户政策的理论构架下，土地的产权主体是集体。但是，什么是"集体"？抛开"三级所有"的逻辑混乱不谈，集体似乎就是农村社区（或一个自然村即过去的生产队，或一个行政村即过去的生产大队）中全部人口的集合。由于人民公社的"政社合一"传统早已经把农村社区内的人口与特定经济组织成员这两种不同的概念高度合二为一了，因此每个农村人口同时就是集体经济组织的法定成员。在这个条件下，土地的集体所有就等于要保持社区全体人口与耕地的权利关系天然平等。每个社区成员不需要任何代价（如出资购买）和资格条件，就可以分享社区土地的收益或平分社区土地的占有权。这就是土地集体所有制的本质特点。要害问题是，社区人口通常是一个增大着的变数，而耕地则差不多是一个常数（或一个减小着的变数）。因此，土地的集体所有制本身，不仅包含着按人口均分使用权的法则，而且包含着不断以变化着的人口重新分配固有耕地的内在逻辑。在人民公社时代，集体土地的集体经营制使上述法则和逻辑隐蔽地发挥着刺激人口增长的作用，因为每个新增人口所可能减少的土地边际收入是由集体即全社区成员共同分担的。在包干到户的情况下，坚持土地集体所有就无论如何也做不到每个农户与由它承包的耕地之间关系的"长期不变"，因为社区内人口的任何变动都要求重新分配承包土地。这样，土地公有刺激人口增长的机制继续保留，同时又使建立承包农户对土地的长期稳定预期的政策目标无法落实。

事实上包干到户后每年都遇到新增人口重新分地的压力。政策对此照例又予以承认，这就产生了土地承包之后的"大稳定、小调整"的新原则。经过精心修饰的文件语言表达了尽可能保留农民对土地长期经营预期的良好愿望，但在集体土地所有制的框架内，却无法改变和重新规范社区内每个新增人口分享土地承包的权利。湄潭县实行包产到户后第一次全县范围的土地承包关系再调整发生在1984年。在这次"小调整"中有90%的农户或调出土地，或提供平价粮，供1980—1984年间每年新增的约3 000人口分享。可见，把"土地按新增人口再调整"政策迭加到"土地承包长期不变"政策之上，后者也就谈不上是什么长期政策了。至于调整的范围是大还是小，那是由人口基数、人口再生产速度和规模、可分配土地资源多寡等等共同决定的，其基本机制则是"不断随人口的变动而调整土地分配"。

现在我们小结一下湄潭县在完成包干到户普遍化这个阶段的土地制度变化。在这个时期，最原本的制度变化动力来源于农民摆脱贫困陷阱的努力，政府通常是在事后证明新办法有助于生产发展之后才予以政策上的允许。在变革中，家庭组织资源的利用和超包产边际刺激机制的安排，都是很巧妙的，因此制度变化的费用很低，而报酬率极高。承包制最重要的实质变化是从农户对产量的承包转向对地产的承包。这个重要变化要求按照土地资产的特性来完成承包的长期化。但是，上述要求与集体的土地公有制又是互相矛盾的，后者的经济含义不是别的，正是社区内每个成员（包括新增成员）有权分享土地的使用权和收益权，因此不仅耕地按人口平分是题中应有之义，而且不断按照变动了的人口来重新平分土地，也是其内在的逻辑。至此，短期政策不断迭加已经走到了尽头，实践中产生了进一步变革土地制度的要求。

三、进一步变革集体土地所有制的经济要求

本部分运用湄潭的材料，考察在坚持土地的集体所有制框架下的包干到户，这样一种包含内在冲突的制度安排，在持续运转中的费用、收益及其变动，以

及对农民经济行为的影响。经过这项考察，我们可以从经济角度对包干到户后进一步变更土地集体所有制的潜在需求进行分析。

我们首先分析人口变动产生的不断调整土地的压力。相对于土地制度而言，人口变动可以分解为三个分项：（1）总人口的增加；（2）劳动力的增加；（3）户数的增加。在调查中我们注意到，即使总人口增加的速度得到了控制，但只要劳动力增加和户数增加的速度仍然很高，那么再分土地的压力仍然可以很大。湄潭的资料表明，那里虽然摆脱了人口增加的高压，但劳动力增加和户数增加的高压却至少还要持续到 2000 年（见表1-7）。

表1-7 湄潭人口、劳动力、农户数和耕地变动

年份	农业人口	农村劳动力	农户数	耕地
1949	196 656	109 930	44 606	490 312
1957	226 735	114 431	50 385	524 100
1979	333 070	120 218	65 953	483 362
1980	337 334	127 105	66 381	482 935
1981	339 891	132 937	68 226	482 923
1982	342 385	137 436	69 369	482 584
1983	344 136	142 905	70 338	481 771
1984	346 457	146 215	70 361	480 650
1985	348 557	153 880	71 920	477 781
1986	348 483	158 321	76 169	475 958
1987	353 079	167 113	80 399	471 613
1949—1979 年均增长（%）	1.77	0.30	1.31	-0.07
1980—1987 年均增长（%）	0.73	4.20	2.51	-0.35

资料来源：湄潭县统计局、县计划生育办公室。

劳动力增加快是人口的年龄结构决定的，而成家分家的劳动力可以分别从社区和家庭两个渠道分得独立经营的土地，可能是刺激湄潭农村分户率较快上升的原因之一。无论如何，湄潭在 1983 年之后每年平均有 2 235 人、6 052 个劳动力和 2 515 个家庭要求重新分配土地。他们迫使集体土地的分户承包制度支付一个不断调整土地的经常费用。

土地重分的基本公式是：新的人均平分土地数（D）=［原有人口（a）+ 净增人口（b）］/耕地（C）。因此，土地重新分配的压力可以用 $I = b \times D/C$ 来表达。I 值越高则表明重分的压力越大。1981—1984 年累计，如果以新增加人口来分地，那么 I 值达 3.86%；如果以增加的劳动力来分地，那么 I 值达到 17.78%。

表 1-8　湄潭农户拥有耕地、地块和每块地面积的变化

	1980 年			1984 年			1987 年		
	合计	水田	旱地	合计	水田	旱地	合计	水田	旱地
每个农户家庭拥有的耕地	7.28	4.45	2.83	6.83	4.18	2.65	5.87	3.62	2.25
每个农户家庭拥有的地块	10	5	5	10	5	5	10	5	5
平均每块土地的面积（亩）	0.73	0.89	0.57	0.68	0.84	0.53	0.59	0.72	0.45

湄潭 1980 年包产到户时许多生产队是以农户人口和劳动力各占 0.5 的权数来分配土地的。继续以这个权数计，4 年后重新分配土地面积即达总耕地的 10.82%。即使某些生产队在分户承包土地时留下了一部分"机动田"以备人口变动之用，但一般也只占耕地的 5%~10%。所以包干到户之后 2~3 年，重分土地在所难免。

按照集体土地公有制的本质，哪怕新增加一个人，全队的土地也必须重新分配。但事实上由于调整费用很高，一般总是要累计几年才作一次较大的调整。前文提到，湄潭包产到户后到 1984 年第一次普遍调整土地，那一次有 90% 的农户或者调出了土地，或者承诺了向新增人口提供平价粮的义务。但到了 1987 年，全县又有 5.8% 的农户比较坚决地要求再次重新调整土地。每次调整土地的时候，都需要重新核查人口、土地和地块，并找到全队可以接受的办法（平分、抓阄或动账不动地）来加以重新分配，麻烦是不小的。这是集体土地产权包干到户经营制度维持运转必须支付的第一种费用。

第二种费用就是土地分割日益零碎。湄潭的耕地分为水田和旱土，每个生产队的每种耕地又至少可以分为 4~5 个肥力等级。集体的土地公有既然赋予每

个农户绝对平等地占用土地的权利,那么每个农户当然要求在每种土地的每个等级中按人口和劳力权数占有一份。人们指责包干到户导致土地分配的零碎,但很少有人思考这个不愉快的现实与集体地产结构有什么内在的联系。有一点是清楚的,不断增加的人口以及不断进行的土地再调整只能使这样的零碎分割日趋严重。表1-8中关于农户拥有的地块数是一个理论推算数值(即每种土地每等肥力以1块计,但事实上南方丘陵地带,每亩土地的每个等级都可能分成若干块),但它也可以反映现实的土地分割趋势。如果这种趋势得不到改变,那么5年后湄潭县每户农户承包的每个地块面积就将剩下0.5亩,其中每块旱地仅剩0.38亩;10年后更分别为0.43亩和0.32亩。考虑到田坎田埂将占用更多的耕地,那么集体土地所有制的包干到户,将导致耕地被大量非经济占用。

更大代价是无法确立承包农民对土地的稳定预期。我们已经知道,田亩调整是合乎土地集体产权内在逻辑的,因此它总要发生。但是具体到某一个生产队的土地再调整究竟何时发生,却受到人口增长、迁出迁入、分户率、缺地人口的忍耐限度和全队的协同等多种因素的不确定影响。因此土地再调整又极难按照某种程序来进行。这样,农户无法准确地预期他所承包土地中的哪一块将在什么时候要被再调整出去。从理论上分析,这种不稳定的预期将对农户的投资行为,特别是多年以后才能回收效益的投资行为产生不良影响。在前文表1-4中我们看到湄潭农户的固定资本投入在1984年以前是迅速提高的,以1980年为100计,1983年达到527.86,1984年达到2 110.29,但是那并不能用来说明农户在包干到户制度下对土地的长期预期已经稳定了。因为对于分户经营而言,农户为了能够从事正常的生产劳动以获得年度收益,总有一个最起码的耕畜规模,农具和机具也需要购买。农民家庭在人民公社时代并不拥有这点起码的资产存量,需要在包干到户的头几年内积蓄添置。等到每户经营6~7亩耕地所必需的资产备齐,这种投入便趋于停止。1984年后湄潭定点农户的投入资料证明了这一点(见表1-9)。从表中可以看出,平均每个农户的农用固定资产存量达到400元左右之后,农户的农用固定资产投入便迅速跌落到维持简单更新的水平。

表 1-9　湄潭定点调查农户平均每户的农用固定资产　　（单位：元）

	1982 年	1983 年	1984 年	1985 年	1986 年	1987 年
年末农用固定资产存量	29.79	101.04	413.08	401.23	381.89	428.96
其中：动力机械	0.00	11.29	8.93	15.34	15.54	11.98
排灌设备	0.00	0.00	6.25	5.65	6.86	5.73
大中型农具	4.99	26.43	103.64	97.36	88.77	108.68
耕畜	24.80	63.31	294.25	282.88	270.72	302.57
年度资产存量增量	12.63	71.79	287.00	12.86	2.87	47.06
固定资产投入指数（1980 年为 100）	92.86	527.86	2 110.29	94.55	21.10	346.02

注：1980 年年末定点农用固定资产存量户均 13.60 元，1981 年为 29.84 元；1981 年增量为 16.24 元，等于 1980 年的 119.46%。农用固定资产不包括汽车和生产用户投资。

在此之后，农户的经济行为倾向依然表现为增加流动资本和劳动的投入来获取年度性土地收入的明显特征（见表 1-10）。

表 1-10　湄潭定点调查农户各项投入指数

年份	固定资产	流动资产	劳动日	土地	劳动力
1984	100.00	100.00	100.00	100.00	100.00
1985	4.48	104.66	108.45	99.90	100.30
1986	1.00	105.90	70.94	105.40	107.60
1987	16.40	121.04	117.47	101.70	107.70

注：根据湄潭县农经管理站的数据整理。

可以认为，这是集体地权分户经营制度下农户经典的经济行为。总之，农户的固定投入更多的可以由户均土地经营规模以及与此相对应的最必需资本量来得到解释。另外也必须看到，由于农用固定资本主要是动产，农户购买后的产权归属界定得比较清晰，因此，即使农户在这方面投入过多，他也可以再行变卖或加快折旧来处置。从这两点看，农户的固定资本投入变化并不足以充分反映农户对土地长期权利预期的稳定与否。

真正能够说明问题的是，包干到户后农民对于可能增强地力的投资和养地技术都不那么感兴趣，特别是当这种技术措施要以减少年度土地产出为条件的时候更是这样。湄潭县包干到户后的土地复种指数逐年上升，而种植绿肥——当地主要的保护地力措施——的面积却大幅度减少，同时化肥用量猛增，而农家肥利用量猛减（见表 1-11）。

表 1-11　湄潭耕地的复种指数和投肥结构

	1978 年	1982 年	1983 年	1984 年	1985 年
耕地面积（亩）	484 795	483 362	482 935	482 923	482 534
播种面积（亩）	845 773	752 322	740 787	764 389	784 809
复种指数	174.5	155.9	153.8	159.0	164.3
绿肥面积（亩）	60 200	3 185	3 240	3 787	6 445
每亩化肥施用量（斤）	38.80	84.30	63.69	103.56	68.03

注：据湄潭县土肥站技术人员估计 1984—1985 年农户的农家肥投入量比包产到户前减少 30%~50%。

在发达地区，养地倾向的减弱可以用农业劳动力的机会成本上升来解释，但对于湄潭这样的地区，1988 年农民在耕地以外的收入也仅占总收入的 5.16%，农业中尚有大量剩余劳动力，农业劳动的机会成本并不高而养地性劳动和其他投入却在减少，我们从中不难看到地权结构对农户投入行为的影响。据湄潭县土肥站定点追踪观测，包产到户以来，样本稻田共 5 112.5 亩，其中只有 167 亩由中等肥力升为上等肥力，328 亩由下等肥力升为中等肥力；升等土地面积不足全部样本水田的 10 成，而旱地（主要用于种经济作物）的土壤肥力下降，土壤的有机质和氮磷钾养分都在减少。包产到户七年之后，全部样本耕地中的中低产田仍占 70.02%。非常无情的事实是，1985—1987 年湄潭土地生产率的年上升率从 1979—1984 年的每年 7.15% 下降为 3.32%。

至少在农业技术部门看来，已有的包产到户制度是不足以维持地力、更不足以提高地力的，为此必须有进一步的制度投入。尽管其中建议的有效性还有待于讨论。

实质的经济问题是，当农户为经营狭小而零碎的地块扩大了固定资产投资，引起资本闲置率上升和折旧提高，同时又不能从土地产出率的持续上升中得到补偿时，它们就共同恶化了农产品的成本结构。1978—1985 年是湄潭的农用机械和耕畜同时增长的时期，年平均增长率分别达到 3.66% 和 8.32%。1978 年每 100 亩耕地拥有耕畜 8.99 头，农用机械马力 3.07 匹；1985 年则分别达到 11.66 头和 5.41 马力（见表 1-12）。

同期农产品物质费用上升，每亩畜力费和固定资产折旧费用的上升幅度尤大，成为推动成本上升的重要力量（见表 1-13 和图 1-1）。

表 1-12　湄潭农机、耕畜的增长

年份	农用机械马力	耕畜头数
1978	14 869	43 599
1980	24 164	47 000
1981	27 948	49 673
1982	28 147	52 998
1983	28 696	53 505
1984	25 257	54 344
1985	26 015	56 063
年平均增长（%）	3.66	8.32

表 1-13　湄潭主要农产品的成本变动

年份	早稻	晚稻	玉米	小麦	烤烟	算术加总	总指数
每亩物质费用合计							
1983	24.05	31.01	28.55	15.19	60.17	158.97	100.00
1984	26.67	31.03	33.01	17.56	76.49	184.76	116.22
1985	35.85	31.98	46.14	18.83	66.35	199.15	125.28
1986	27.86	34.10	33.45	18.74	87.15	201.30	126.63
1987	34.34	43.50	36.06	15.45	89.22	218.57	137.49
其中：畜力费							
1983	7.98	7.20	0.80	1.51	3.40	20.89	100.00
1984	12.40	10.89	4.79	4.40	4.00	26.48	126.76
1985	10.73	8.59	3.60	4.46	4.07	31.45	150.55
1986	12.40	11.20	4.80	4.00	4.29	36.69	175.63
1987	10.80	13.20	5.60	4.32	3.08	37.00	177.12
固定资产折旧							
1983	0.35	0.71	0.35	0.35	5.00	6.76	100.00
1984	1.18	2.00	1.00	1.00	10.28	21.42	316.86
1985	2.43	4.23	3.43	1.05	10.28	21.42	316.86
1986	2.90	3.57	1.70	1.75	10.28	29.20	431.95
1987	5.00	5.25	5.74	5.71	16.93	38.63	571.01

更严重的问题是，在集体地权包干到户制度下，并不是所有农产品的成本变动都可以在市场承认的限度内向产品销售价格转移的。国家除了公开的农业税收之外，依然保留着低于市场的农产品强制收购，其数量和品种由农副产品的市场供求形势、城市既得利益集团和财力等所左右，并不是一成不变的。农

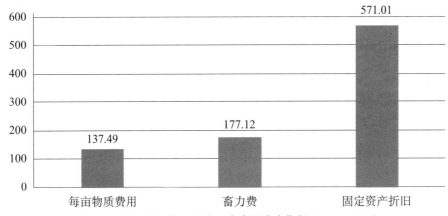

图 1-1　1987 年以来湄潭主要农产品成本指数（1983＝100）

民不会忘记，政府允许包干到户的前提之一，就是他们必须承担"交足国家的"义务，而不论国家任务的数目是多少。因此，包干到户的分配办法与定额税制的类似仅在国家任务是不变的限度内才是准确的。从动态看，它更像一种不规则的比例税。尽管千万个农户分别交纳任务导致摩擦增加，但包干到户从根本上还是为这种不规则的比例征集提供了制度条件。湄潭包干到户以来承担粮食负担情况见表 1-14，从全国来看负担并不算重，但就是这样，据估计每年国家从农副产品收购中拿去的暗税即农副产品的国家购价与市价之差额，平均也达 4 000 万元以上。换言之，包干到户制度并没有赋予农民在交纳了国家正式税赋之后，可以按市场等价交换原则出售土地产品的权利。

表 1-14　湄潭农民的粮食任务负担

	1980 年	1984 年	1985 年	1986 年	1987 年
国家粮食征购（万斤）	4 368	5 616	3 796	3 099	3 204
国家征购占粮食总产量的比例（%）	20.6	22.41	19.3	12.6	13.3
人均征购（斤）	127.5	164.3	110.3	88.9	90.7
人均征购占人均产粮的比例（%）	24.1	22.4	19.4	12.5	13.3
亩均征购（斤）	90.4	116.7	79.5	65.1	67.9
人均可自由上市粮食					
以人均自用 600 斤计（斤）	－98.5	－31.3	－140.3	19.5	－9.8
以人均自用 500 斤计（斤）	1.5	68.7	－40.3	119.5	90.2

注：均为原粮数。
资料来源：湄潭县粮食局。

因此，一旦农产品对于工业品的贸易条件重新出现恶化趋势，农民只能用减少投入和减少产出的消极办法来保护自己。不幸的是，1985年湄潭粮食生产中开始发生波动趋势（见图1-2）。虽然，这一年农户以货币计算的流动投入仍有轻微的增长（见表1-10），但由于化肥等农用生产资料涨价，因此实物投入量减少了，并且农户合乎逻辑地倾向于把流动的要素更多地投入市场化程度更高的作物。我们可以推论，凡是在不规则的任务上交机制存在的领域，那么农工产品的不等价交换倾向一旦抬头，农户对土地的流动投入也将停滞于满足自食和上交任务所必需的数量内不再增长。这时，如果政府的低价收购强制程度再有所降低，农民对土地、特别是粮食作物的短期投入甚至会在自给线左右即停滞不前。

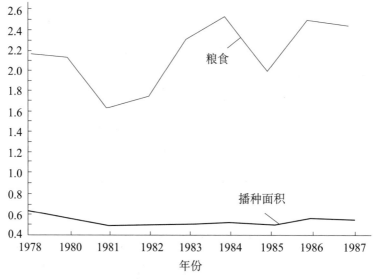

图1-2 湄潭粮食播种面积和产量变动（1978—1987）

农民对土地投资的倾向所受到的制度性侵蚀，在集体所有制包干到户下，还难以由于其他渠道土地投资倾向的加强而得到弥补。根本原因是，地权名义上的主体——集体，实质上只拥有一种虚置的产权。"三级所有"的权利模糊化传统、政权对土地公开处理和让渡权利的实际剥夺、以"国家任务"（经过层层加码）表现的对土地收益权的不规则分享以及土地使用权向全部集体成员家庭（包括未来的成员）之间的不定期重分，都一起把所谓的集体土地所有权的权能弄得残破不堪。"集体"顶多只是一个"消极地享受上交所有权"的地主，它凭借地权向承包农户收缴的提留，一般只够社区干部报酬和部分公益性支出（1984年湄潭人均提留4.03元，其中60%~70%用于村和村民小组干部报酬，其余用于公益福利开支，根本没有投资款项），实在既无动机也无实力来担当对土地的投资。1981—1987年，湄潭的有效灌溉面积减少1.6万亩；1982—1986年，全县非法占地建房共发生了2 882起，其中农民2 687起。这类事实可以表明农户及其在社区内的集合——集体，在包干到户的情况下，并没有达成一个对于土地投资权利和义务都明确的有效合约。

综上所述，（1）集体所有的包干到户制度缺陷已明显地表现出来，它所赋予的每个社区成员"人人都有一份"的均分土地权利，尽管在改革之初还能公平地提供每个社员的自给生存保障，但是，由此导致的过小规模与农民预期的破坏，不仅成为传统农业向现代农业转变的制度障碍，也导致了人口增长和传统结构的静态不变，从而使稀缺土地不断细分，形成连基本生存也无法满足的"瓶颈"。（2）土地收益在国家、集体和农户之间的不规则分享，决定了农户对自己经营的土地产品不拥有完全的所有权，他们不仅不是与城市、工业公平交易的平等一方，而且要以承认不平等交易作为保留自己承包经营土地权利的前提，因此，当农产品贸易条件恶化时，农户对土地短期投入倾向也会受到损害，正如贸易条件改善时，它会刺激短期投入增加一样。1985年前，一方面是农户为了运用家庭经营土地的权利来解决温饱，必须购置最起码规模的固定资产，另一方面是国家休养生息政策引起农产品贸易条件的改善而增加了短期投入的边际刺激。因此，上述新制度的缺陷被农业产出边界迅速外推的势头掩盖了。1984—1985年，湄潭这样一个中国农区的农户普遍达到了上交国家任务之外的温饱有余（见表1-15）。

此后，湄潭农业产值、粮食产量与种植业产值围绕在温饱点左右波动，不仅可以从宏观收入分配政策的城市偏向抬头中得到解释，而且可以从集体土地所有制包干到户的制度性缺陷中找到解释。历史地看，人民公社时代的土地制度使中国农业生产达到了农民温饱不足下满足国家工业化积累需要的水平；包干到户制度由于利用了家庭经营的活力而进一步推进了生产，使得完成国家任

表 1-15　湄潭农户生活消费情况（1984—1985）

	1984 年	1985 年
人均生活消费支出（元）	241.51	242.09
食品消费比例（%）	70.10	65.20
年末人均手持现金和存款（元）	70.53	103.91
人均纳税（元）	7.91	11.24
人均完成粮食征购	220.55	152.91
当年人均粮食消费	512.69	368.41
年末粮食人均结存	528.71	546.74

资料来源：湄潭县农调队农村住户抽样调查汇总。

务之后农民温饱有余。在此基础上，要继续推进商品性农业的发展，就必须有能够激励对土地持续投入并更有效利用土地的制度和机制。很明显，包干到户体制必须有进一步的变迁，但其基本方向，却绝不是取消或削弱农户的家庭经营，而是进一步变革土地的集体所有制。

困难的问题是，在包干到户之后，土地问题上潜在的制度变迁需求，很难自动创造出制度供给。这里不仅存在过时的意识形态，包括理论构架对人们行动的束缚，而且面临大量实际复杂问题需要得到切实的解决。

在观念方面强大的传统是，虚幻的土地公有概念取代了对于土地资源有效利用的经济计较。人们讲了几十年土地集体所有制，但是为什么在集体所有制下的集体不拥有对土地的依法处置权利和对土地产品充分的收益权利？传统的观念会认为这是个奇怪而无须给予认真回答的问题。至于充分的土地流转和产品收益权利的确定，对有效利用土地资源的深远影响，我们的社会更缺乏理解的实践基础。更要命的是"集体"的边界是天然模糊的。一个公社、大队、生产队的"三级所有"，差不多就把所有权的排他特性消灭干净了，而排他性恰恰是所有权制度安排中最重要的内涵。同时，如上文指出的，"集体"还包括社区内一切已经诞生和将会诞生的全部成员。因此，在原来的集体土地所有制结构中，事实上只有占有者而没有所有者，并且种种占有方式的成立、更改和否定都没有统一的规则可循。

集体土地所有权的虚置弱化了产权功能，同时也就弱化了产权向着制度收益更大化的方向改变自己具体形态的动力。因此，推动土地制度进一步变迁的

"企业家"（即承担制度变迁风险的社会主体），很难在集体土地所有制内部自发地产生出来。为了突破制度供给的短缺，政府有义务成为我国土地制度变革的"企业家"。因为第一，土地制度变迁的外部收益极高，如同基础设施投资项目一样，由政府来干最为合适；第二，长期的土地产权虚置造成本来应是产权方行使的功能由政府替代行使，"解铃还须系铃人"；第三，政府的权威对于克服陈旧意识形态、树立新的土地制度观念可能是有效的；第四，政府是制度环境中最重要的因素之一，其主动的变革之举可以推动相关制度变革的进展，从而会大大节约制度创新的费用。事实上，在中国这个经济社会系统中，政府有效的适时图变能力对于制度变迁成功与否，向来有着决定性的意义。与面临的任务相比，政府采用包干到户阶段的政策取向，即跟在改革的事实后边不断予以"承认"和"允许"已经远远不够了。这并不是说政府不再需要向实践学习，而是更要强调主动提供创新意识和理性设计、启蒙宣传和灌输、试验与评价、组织和推广。一个消极无为的政府，不会成为重建中国商品经济的权利结构和秩序的火车头。

土地制度变迁中对这种"制度性企业家"的需求，还来自土地资产双重特性分解的困难。土地资产由于难以再生的特性以及它与食品生产的密切关联，因此利用过程的经济目标和公平福利目标是并重的。在人多地少温饱刚足的发展条件下，土地的公平福利目标往往还置于前位（湄潭农民叫作"人非草木，都要吃饭"）。虚置的集体土地所有权损伤土地利用的经济性是明显的，但是它对每个社区成员平等占有土地权利的承认，又成为中国农村唯一普遍的社会保障制度。这也是农民自发的包干到户为什么选择了承认集体地权（而不是如同波兰、南斯拉夫那样解散合作社）为前提的含有实际利益考虑的原因。由此可见，进一步的土地制度变迁，不仅受到提高土地利用效率的预期经济收益的诱导，而且受到风险承担以及相应变革其他有关制度所需支付费用的阻滞。土地制度变革的收益与费用的联系带有很大的不确定性特点。如果缺乏制度供给方面甘冒风险的"企业家"，那么中国土地制度受已往的惯性继续支配的可能性是很大的。

四、制度供给：湄潭土地制度试验区

1987年的湄潭县形成了土地制度在包干到户之后继续变革的推动力量。在内外各种因素的合作影响下，"湄潭土地制度建设试验区"正式组成。一年多的试验，形成了在湄潭这类农区进一步变迁土地制度的比较完整的路子。这就是：从界定明确的土地集体财产权利出发，排除新增人口重分土地对农户承包土地的预期干扰，创办非耕地资源开发主体以分流人口的压力，推动土地有偿竞争流动机制的形成。试验过程正在构成包干到户以来土地制度继续变革的过程。

下面我们考察湄潭试验区的主要试验内容，并提出初步的分析和评价。

（一）界定明确的土地产权

中国农地的产权虚置状态，形成由来已久，究竟从何入手重建明确的土地产权？湄潭试验区的选择是：界定明确的集体土地产权主体，完善土地所有者与使用者之间的合约。

（1）确定了土地村本位所有制（排除了乡和村民小组的土地所有权），明确村是土地发包单位，由村的农民合作经济组织来行使土地所有权权能；

（2）由村与农户签订土地承包合约，农户在承包期内享有合约规定的土地占有、使用、收益和处分的权利；

（3）在土地承包合约中，订立了开收土地承包费，专项用于土地开发建设的新内容。全县平均每亩水田提取3元，每亩旱地提取2元，坡地折半收费，充实村的建设资金；

（4）明确并强化了产权主体对土地使用方面的权能。对农转非、弃耕撂荒、孤寡去世和抗交农业税金及粮食定购任务户的承包地予以收回并招标发包。

湄潭重新明确并强化土地所有权，有三点特别值得肯定：第一，政府推动明晰的集体土地产权的建立，但并不是趁机强化政权对产权的替代；第二，以村本位来重建土地的集体所有权，比之于以乡本位乃至国家本位（即所谓国有制），更实际地考虑了产权主体行使权能所花费的信息费用和监督费用，因而建立的可能是更有效的产权；第三，强化集体产权并不否定农户承包经营土地的权利，而是规范合约的权利义务。这也是农业领域里保持土地产权有效性的制度性条件。

需要讨论的问题是：村本位的产权主体是否规模偏大？首先，湄潭农区作为南方丘陵地带，农民居住比较分散，一个村（这里特指的是行政村，即人民公社时代的大队）通常包括5~8个自然村，260户农民和1 600多亩耕地。从我们调查的情况来看，村政府要弄清全村的土地面积和地块分布都是困难的。其次，包产到户是以生产队为单位发包土地的，在生产队一级，保留着自土改以来直到包产到户阶段关于土地利益关系的丰富历史信息。这些信息多半没有文字形态，存在于活的记忆中，但对于土地产权主体行使权能却必不可少。最后，生产队一般由同一个自然村里的十几户农民组成，因而土地所有者对这种资产的监督费用更低，也更能防御行政权力随时再发生的对产权的侵犯。因此，村本位可否进一步定义为自然村本位和村民小组本位，或者土地属于自然村所有而由行政村托管，是一个有待进一步研究的问题。

重要的是，土地产权的真正明确界定，将推动它对制度收益和费用的计量。一种产权结构是否有效，关键在于产权主体是否具有追求节约制度费用的动力。因此，政府应界定明确的产权归属，明确集体地权有更多方面的权能。例如，集体是否可以依法把土地出卖给既不危害社会长远利益，又于当事人合算的对象（包括其他集体和个人），这对于找寻更经济合理的具体的产权制度安排是极其重要的。重建地权试验应当包括健全产权的权能结构这方面的内容。

关于征收土地承包费，这本是真正的土地产权主体应有的权利。但是，在湄潭，由于农民的低收入水平，也由于改革初期"税费不分"的分配体制，以及包干到户后，土地产权虚置造成的集体所有制在农户中间明显的权威性下降，因此，这项制度安排的谈判费用将可能是昂贵的。

在产权主体对承包土地的权能方面，对违背承包合约的土地予以收回，这也是土地产权的必要表现。只是回收的依据必须清楚公正，在行使过程中应受到社区内农民的监督，否则对其他承包农户的预期将带来不利的影响。同时，在允许有偿转让土地承包权利的条件下，农户的弃耕撂荒以及与此有关的无法完成承包任务的现象也可能减少。因此，这一制度安排最值得肯定的是招标竞争发包机制，因为它既追加了接包户提高土地生产率的激励，又能够把真正的种田能手有效地识别出来。有意思的问题是，招标承包的时效规定是一件困难的事情。因为期限太短不利于中标者的预期和投资倾向，而期限太长则可能扼杀更能干的农民来参加夺标竞争的机会。因此公有土地的招标发包有着自身的逻辑矛盾，可能成为推动产权制度做出更合适安排的动力。好在湄潭的很大部分土地都不是招标发包的，并且土地再流转的经济要求在相当长的时间里不会强烈，所以这个复杂问题可以留作进一步的研究。

　　试验区对承包农户使用土地权利的流转制度的规定具有积极意义。正是耕地相对于人口和劳力高度稀缺的现实，要求湄潭的土地制度保持高效利用每一寸耕地的机制，因此必须建立相应的土地承包权的流转规则。这套规则不应妨碍土地制度的稳定性，又要在确有流转经济要求的场合灵活地把耕地承包权流转到更有能力务农的农民手里，防止土地在稀缺情况下的利用不充分。

　　湄潭允许农户土地承包权有偿转让的程序其实只有两步：先由原来承包农户与愿意接包户商议转让价格，然后把转让土地的面积、地块和转让价格报村合作经济组织批准备案。土地有偿转包其实早就自发产生了，没有公开化合法化的主要障碍是，农民对是否允许"收取土地使用权利的收益"存在疑虑。但是从功能和机制的角度来分析，有价转让土地承包权的制度安排有多方面的收益：一是明确农户承包土地的权利是一种可以用货币衡量和实现的权利，因而有助于所有承包农户对土地预期的稳定；二是转让价格由供求双方自愿协商，可以比较真实地反映土地承包权利在变化着的经济环境中的稀缺性；三是从机制上保证接包者必须有更高的土地生产率，否则他承担了土地原有的承包义务之后就没有支付转让价格的剩余；四是可能为逐渐产生的户均土地占有不均衡，提供一条缓解通道（因为有生产力的缺地户能够买到土地承包权）。这项看似简单的程序，实质上为社区内土地使用权市场形成创造了条件，对新的土地制度的运转具有重要的意义。

（二）新增人口不再重新分地

宣布不再按人口增减调整土地，是湄潭试验区采取的最激进的制度安排，它经由试验过程中一场激烈讨论而产生。其预期的收益是很显然的：（1）节约包干到户制度下不断重新调整土地的费用；（2）防止耕地在不断重新调整分配中变得更加破碎；（3）为稳定承包农户对土地的预期提供制度条件。

为了验证这一规定的可接受性，试验区又对新石乡石坝村、鱼合乡鱼合村、黄家坝乡岩孔村的 15 名干部，510 名农民进行了调查。从调查结果来看，86.7% 的乡干部和 97.1% 的农民认为应稳定家庭联产承包制，46.7% 的乡干部和 64.7% 的农民赞成"人口增减不调整土地"。

事实上早在 1984 年，湄潭县曾采取"大稳定、小调整"和"调粮不动地""供粮不包田"的办法来解决人口增减的矛盾，已经在全县普遍表现出了弊端。该办法使 90% 的农户调出了土地或提供平价粮补给新增人口，牵动了全盘，产生了许多新的问题，诸如给坏地、边远地、零星地和临时经营等问题，以及由此引发其他相关问题，一直都未清理清楚。并且每调整一次土地，总要增加一批田埂土坎，既占去了大片的良田熟土，又使耕地更加细小破碎，不利于土地的耕作管理和开展适度规模经营。为此，试验区做出不再按人口增减调整土地的规定。

这样，就破除了新的"平均地权"思想，稳定了家庭包干责任制，使 90% 以上的农民安下了心，增强了经营土地的安全感和稳定感，舍得在承包地上投资投劳。而且使不到 10% 的农民也断了通过调地获得承包地的念头、产生了另谋他业的紧迫感。这就从农村内部产生了剩余劳动力转移的推动力。

更具实质意义的是，"增减人口不调地"触动了集体土地所有制的根本。按照新的制度安排，土地虽然依旧是集体所有的，但这个"集体"却仅仅包括原有成员，而不再天然地属于从理论上讲可能无限新增的人口。农村同一社区里的成员将分属于两种截然不同的权利结构：原有的集体成员即使当家庭人口减少（死亡、向外迁移、婚娶）时，享有的承包土地的权益也不会因此而减少；新增人口却永远没从集体那里重新分得承包土地的权利。新制度的机制可能对人口增长和移动产生重大的影响。因为历史地看，资源取得和再分配制度的特征与人口增长之间，存在明显的关联，比如康熙时代"人丁滋生、永不加赋"制度对近代中国人口的迅猛膨胀就做出过贡献。再比如我们在上文已经分析过的，人民公社时代，农户增添人口能够扩大家庭的工分和口粮收入，而土地边际收入的减少却要集体全体成员分担，因此人民公社土地制度具有刺激人口增长的功能。而这种制度特性在可以重分土地的包干到户条件下得到了保持和加强。总之，人口增长的巨大压力并不完全是一种自然的关系，它可能也应该从特定的制度安排中找到部分解释。据此我们是否可以谨慎地预言，如果湄潭的新土地制度能够坚持下去的话，那么它将对形成抑制农村人口增长的经济机制做出某种贡献。

这项具有极高预期收益的制度安排，也将付出较高的预期费用。湄潭农民对"人口增减不再重分土地"的态度是非常矛盾的。在新石乡石坝村、鱼合乡鱼合村、黄家坝乡岩孔村对510名农民的问卷调查可以说明这一点。尽管有97.1%的农民赞成"稳定家庭联产承包制"，反对恢复大集体，但是赞同在家庭承包制下"按人口增减定期调整土地"的还是占到了34.5%。也就是说，约有1/3的农民既拥护"稳定"又赞同"定期调整"，而丝毫没有意识到定期重调土地就等于无法稳定农户的土地承包权利。

当然，调查中64.7%的农民明确表达了不赞成按人口增减调整土地的态度对本项措施的实行起了决定性作用。从我们访问的结果来看，多数农民的上述态度源于以下因素：（1）已经或将要增加人口的农户，在短期的任何一个时候都只占农户中的少数；（2）1984年重调土地的不良后果，损害了90%以上农户的利益；（3）湄潭土地的进一步零碎分割将损害农业生产力的前景已不难看到；（4）政府态度和倾向（如试验区宣传对农民的影响）。

降低制度安排的费用有以下几种途径：（1）允许农户之间的土地流转，即使用权的自由买卖，但是，1980—1986年，土地承包权转让的农户仅占农户总数的1.1%，流转的土地面积不足总耕地面积的1%。因此，在今后相当长的时期，土地的流转率也不会很快加速。（2）劳动力的转出以减轻对耕地的压力，但它对初始条件、人力资本、制度环境等的要求更高。（3）更为现实的将是农民家庭内部成员之间的土地再分配。因为，新增人口虽然不再是土地集体的法定成员，但他们全部作为农民家庭成员的地位却受到血缘力量的天然保护。因此，没有什么力量可以阻止农民家庭把自己承包的土地在家内新增人口之间重分。我们在金竹坝组的农户访问资料证明，农民常常宽容地给娶进门的媳妇也划出一份土地。这样，随着人口增加和成年儿子的不断分户，土地占用的无限细分趋势仍将在农户家庭内进行着。因此，坚持"人口增减不调整耕地"产生的最醒目的后果，可能是农村社区内农户之间的耕地占有差距的扩大，由于湄潭这类农区，耕地占有的数量与农户总收入水平之间有着较强的关系，因此户际收入水平的差距也可能因此扩大。一部分因为人均耕地过少而陷于贫困的农户完全可能重新要求再分配承包土地，并获得社区内广泛的社会同情。农村干部可能比农民更容易预见这种情形的出现，因此在新石乡等三个地点对15名干部的问卷调查中，赞同不再调地的只占46.7%，与反对的人数一样多（1人弃权）。仅此一点判断，即便是多数群众同意增减人口不调耕地，但新制度是否能够坚持下去仍然是不确定的。由此派生的更重要结论是：土地与人口关系的制度安排既不应孤立设计，也难以孤立地得到有效坚持。

（三）推动非耕地资源开发的制度诱导

调查表明，在已达到的经济技术水平下，湄潭耕地承载现有人口已形成大量剩余劳动力。据1987年调查，全县农村劳动力15.4万个，剩余度达到29.3%，即每年约有4万个劳动力闲置。显然，如果新增人口和劳动力全部压向耕地，那么任何土地制度都不足以制止湄潭农村重陷贫困陷阱。因此，土地制度安排一定要与推动非耕地资源的开发综合起来考虑，并做到互相促进。湄潭试验区丝毫没有忽略这一点。

湄潭的矿业资源不多，农民扩大在工业、畜业等领域的就业机会，又受到资金、能源、技术、劳动力素质、信息等重重制约。1986年，对全县488个农户进行抽样调查，在人均总收入339元中，来自工业、交通运输业、建筑业和商业服务业的收入共17.5元，仅占5.16%；每个劳动力全年投入标准工日211.7个，其中投入工业、交通运输业、建筑业和商业服务业的共7.75个，仅占 3.66%，因此，在湄潭直接扩张第二、三产业，难以收到分流人口对土地就业压力的实效。但是湄潭的地表资源中却包括大量未加开发利用的山，据 1987 年县综合发展规划，全县总面积 279 万亩，其中宜用土地面积可达 97.5%，但目前仅利用了 55.6%。全县耕地共 67.98 万亩，而宜林荒山即达 85 万亩，为耕地的 1.27 倍。此外，74 万亩牧地的利用率也仅达 16.5%。由于热量丰富、无霜期长和降水量充沛，湄潭的荒山并不是贫瘠的荒地，而是一种丰度较高的非耕地资源。利用剩余的劳动力资源开发荒山，是湄潭经济发展最现实可行的道路。如同中国南方许多人口稠密的地方一样，荒地荒山并不是一种自然的赐物，而是一个持续的人为破坏过程的结果。除开人口压力之外，虚置的人民公社土地公有产权则是造成这一结果的制度性原因，由于荒山荒地一旦形成，重新加以开发利用的投资周期长、权利界定费用高（特别是远离农民住宅区的远山）、经营风险大，因此没有土地制度建设方面的配合，很难形成对开发荒山的有效激励。包干到户以后，山林资源也都平均分包到户，并且一般不再按人口增减而调整重分。因此，山地的使用权限得到了比耕地资源更好的界定。从机制上看有利于农民长期预期的形成。但是，上述制度安排与荒山资产的特性和开发利用的技术可能性却不相配合：(1) 农户为了享有初步得到界定的承包荒山的权利，必须追加一个看护防盗的费用，这笔费用远比在耕地上支出的同种费用高昂，而荒山开发的头几年几乎不能给农户带来什么收益；(2) 并不是每个农户都拥有开发荒山所需的物质资本；(3) 开发荒山需要特殊的人力资本（风险承担、技术素质、长期收益预期以及偏好），更不是在全体农户中均匀分布的。因此，平均承包山地几年之后，湄潭的荒山开发利用普遍没有什么进展。

1987 年湄潭试验区推行新的耕地制度之后，新增人口对土地的压力公开化和尖锐化了。此时，若干早些时候成功地开发荒山资源拓宽就业和收入门路的个案，引起了湄潭试验区的注意。根据调查计算，把荒山辟为茶园后，每亩每年需投工 96 个标准劳动日；辟为桑园后，每亩每年需投工 102 个。这样，一个劳动力一年可经营 2.6 亩茶园或 2.5 亩桑园；连同由此增加的加工、运销、服务业就业机会，每开发 1 万亩荒山，即可容纳 5 000 名劳动力就业。全县宜茶、宜桑荒地共 10 万余亩，仅此两项如果全部开发，即可提供 5 万就业岗位。这当然是解决湄潭县人口和耕地历史性的紧张关系的重大出路。

为此,试验区把推动荒山开发列为湄潭土地制度创新的重要组成部分。采取的措施包括:

(1) 以乡村社区为单位,利用区划调查的资源特性资料,制定兼顾经济效益和生态效益的荒山开发规划;

(2) 分户承包的荒山,在限定时间内若无力开发,可以回收承包权或催其向有开发能力的人转包;

(3) 面向社会各界人士招标发包荒山开发,通过竞争确定承包人和承包开发项目,承包人须有农林科技部门和个人资产的双重担保;

(4) 荒山开发承包期限30年不变,开发期只收象征性的承包上交费;

(5) 向达到规定开发规模(茶园5~20亩,果园15~50亩,药材20~50亩,桑园3~10亩,林业50~100亩,草场100~1 000亩)的承包人发放由财政贴息的贷款和优惠利息的财政周转金,资金数额占所需总量的70%;

(6) 组织桑蚕公司、茶叶公司和果品公司,为承包开发户提供信息、技术、物资供应等服务。

至1988年年中,全县动员资金291.1万元(其中财政和信贷资金占90.6%,农户集资占9.4%)。开发非耕地资源6.4万亩(其中造林46 000亩,建茶园11 000亩、桑园2 500亩、果园1 581亩、草场3 000亩),形成47个林业开发户(户营200~2 000亩林地),108个茶叶专业户(户营10~100亩茶园),1 073个桑园专业户(户营2~3亩),增加了约25 000个新的就业岗位。个别荒山开发户,已经表达了退掉全部耕地,全力从事荒山开发经营的愿望。

亚洲许多国家和地区的经验都表明,山林资源的开发离不开政府的组织和推动。但是,这并不意味着确立与荒山开发相适应的地权结构就是一件不重要的事情。因为第一,荒山开发在政府推动下一旦转入经营阶段,产权功能的正常发挥就如同任何其他领域的经济活动一样,是极其重要的;第二,政府的直接推动开发强度总要以它拥有的财力为限。湄潭试验区对荒山的开发推动是相当有效的,但即使这样的速度,要实现非耕地资源开发来分流人口对耕地压力的战略目标,也是远远不够的,因此可以进一步讨论的问题是,政府可否把荒地地权向开发者让渡,作为更大规模开发荒山的制度激励。

(四) 土地银行的创办

至此我们认为,湄潭试验区在土地制度变革方面的努力是积极的,因为从整个制度安排的设计来看,一方面他们力图通过土地产权的界定和新增人口不再分地的规定来克服集体所有的包干到户制度的缺陷,以获取制度收益;另一方面,非耕地资源开发的政策推动,不仅使上面两项制度创新的压力减轻,而且将成为整个农区打破传统均衡的重要启动力量。值得汲取的是,由于政府组织的强制性特征,可能使它在短时期内发挥十分有效的功能,但是无论我们过去的教训和一些后起国的成功经验都表明,即使是一个十分强有力的政府,如果不能促成那些有利于资源有效配置的制度与组织发育,而是形成对经济组织功能的垄断和替代,最终必将导致整个经济运转的无效。湄潭试验区创办的土地银行,为防止出现上述组织制度创新过程中的偏差,提供了新的支点。

从经济资源来看,湄潭农业的发展受到耕地数量稀缺的严格制约,通过非耕地的开发来分流人口对耕地的压力,对于湄潭的经济发展是一个战略性的举动。但是,非耕地资源的开发,除了考虑产权的让渡以使拥有特定人力资本的农户获得这一机会外,还必须有一种有效的机制,来促进获得荒山贷款,推动荒山开发。但是,完全由政府来执行这一职能有两个缺点:(1)政府官员可能出于个人利益的考虑,导致开荒者资金获取上的不公平;(2)政府对一个项目的资金供给往往含有非经济方面的企图,一旦有另外一个项目更能实现此种企图,它可能会中断或减少对这一项目的资金供给。因此,它不是一个"中性"的经济功利性的投资机制。

湄潭的农业开发还包括耕地的中低产田的改造,但是这也需要有效的投资机制来保证。因为,农地开发投资的回收周期长,短期的效益并不显著。同时,无论国家,集体还是农户,都缺乏必要的资金投入土地开发。因此,土地制度改革的试验不仅应当包括增加土地经营主体对土地投资的激励,而且应当包括扩大对土地投资的资金来源。

为此，湄潭试验区创办了土地银行，旨在通过农户抵押土地使用权所提供的担保，来发放耕地改良和荒山开发的投资贷款。这个银行的长远目标是推动湄潭土地使用权的有偿转让。设计的土地银行本金由湄潭县政府、乡村合作经济组织和世界银行政策性贷款通过集资和入股方式组成。资金主要来自乡村合作经济组织的土地承包使用费、县政府财政预算专项支出、遵义地区和湄潭县的来自土地税收的地方留有部分，以及世界银行的政策性贷款和适当的借款。

但是，值得提醒的是，短期内不可对土地银行在土地制度变革中的作用预期过高。试验区期望农户通过土地使用权作为贷款的抵押物，从而促进土地的集中。但是，农户通过这一途径来获取资金可能有以下三种用途：（1）农户通过这种资金渠道来改造中低产田，但是这在很大程度上取决于政府对土地政策的稳定性。中低产田的改进是为了获得预期的未来收益，试验区尽管做出了将农户的承包权进一步延长的规定，但是，由于以往长期历史的作用，湄潭农民似乎形成了"国家的土地，上面咋说就咋办"的心理。（2）开发非耕地农户由此途径来获得投资资金，但是由于非耕地的开发需要更高的人力资本，这种资本需要更长时间的外部环境影响和累积。（3）部分农户非农就业机会的获得，但这在改革试验初期不会很多。这里的分析引出一个合乎逻辑的结论是：土地银行必须有长期坚持初始目标的组织耐久性，必须高度警惕在中国很容易发生的"组织畸变"现象的出现，比如试验区创办初期的商业和金融投机把土地银行的资金抽走，从而不能构成土地银行正常的资金回流。

（五）粮食征购体制的改革

从上述试验区所做出的各项制度安排来看，它事实上一直围绕着如何克服集体所有的包干到户制度的第一个缺陷——赋予每个社区成员均分土地的权利，必然导致土地的细碎和不经济利用——来进行。但是，由于农民自发的包干到户制度变迁，是以完成"交足国家的，留够集体的"合约条件为前提。对于这个量到底应该有多大，他并不具有进行公平谈判的权利。因此，随着贸易条件的恶化，农户因获取土地种植权后所焕发的积极性被这种不规则上交所抵消，在粮食与经济作物比价不断拉大的情况下，农户只得十分理性地将生产要素投向能获取更高收入的作物。在湄潭，1987年以前，全县一般年景的粮食总产为2.4亿斤，但粮食征购任务达3 360万斤，除1 393万斤作为农业税交纳外，每年指令性的平价统购1 967万斤，以1986年平价的市价计（一斤平价大米为0.25元，而市价达0.70元），这样全县农民承担暗税就达900万元，户均120元，这对刚刚达到温饱的湄潭农民来讲，实在是一种极不公平的负担，由于种植经济作物更加有利可图，因此，农户靠改种经济作物以自保。小麦面积最少的年份只种3万亩，而辣椒面积多时可达1.5万亩，烤烟面积更达8.3万亩。

很显然，在包干到户合约下，纵使这种不规则分享对农户极不公平，他也无力改变，试验区在强化土地所有者对农户承包权利方面，同样也做出了谁"抗交农业税和粮食征购任务"就收回谁的承包地的规定。因此，要提高农民种粮积极性，政府必须改变这种不公正的合约安排，实现农民的产品自主权。但是，粮食问题背后关联着复杂的城乡利益矛盾，牵一发而动全身，湄潭作为一个县的局部，要孤军突破粮食体制是困难的，兼顾了以上两方面的要求，湄潭试验区做出了"稳征、减购、压销、保调"的粮食征购体制方案，即压缩县内平价粮的销售，减少向农民低价收购粮食的数量。具体安排是，按1987年的任务，农民负担的农业税1 393万斤不变，确保完成国家外调1 400万斤大米的任务，同时，取消农民的回销粮，生猪奖售和行业用粮600万斤，并将国家向农民合同订购粮食的任务由1987年的1800万斤减为1988年的900万斤。这样，全县共调减指令性粮食订购任务1 040万斤，农民户均少负担130斤。由此，全县粮农可增加上市粮食，估计可多收入468万元，每户平均60元。湄潭的粮食改革方案是初步的，但易于启动，并且给土地制度变革以极好的配合，这是应该特别肯定的。

综上所述，湄潭土地制度建设试验带有改革内容的综合性。试验的设计和实施，在很大程度上同1985年前短期政策迭加投入的特点区别开来。由于试验区的工作，湄潭以及类似湄潭这类传统的农区，在包干到户之后，土地制度进一步变迁出现的"供给短缺"就开始得到克服。湄潭试验区针对土地集体主权事实上的虚置,重建了村本位的土地集体所有制,强化了所有权的权能,特别是果断地排除了新增人口重分土地的权利,从而稳定了农户对土地的预期,迈出了开创性的、超越中国历史经验的试验步伐。为了保障这一设计的成功,湄潭试验区又实施了荒山开发等一系列配套措施,开拓了不仅可能抑制新增人口,而且可能促进现有农业人口向耕地外资源转移的就业空间。这个困难的转移过程可以依靠土地银行来提供资金筹措,又可以通过有偿的土地流转机制的建立来予以推动和加强。这样,在湄潭就构成了一个比较完整的具有明确战略目标的制度变迁的配套措施,使试验对于全国而言具有超前意义。

五、结论

包产到户并不是一种全新的制度设计,它是在不触动人民公社土地产权制度和工业化积累导向分配制度的条件下,以"家庭生产"取代了集体生产。包产到户对农业生产的激励作用主要在于以下两点:(1)传统家庭组织资源的利用;(2)超包产收入归承包者的边际刺激。包产到户转变成包干到户是土地承包史上一次最重要的转变,因为从此农户对产量的承包转变为对地产的承包。这个重要变化要求按照土地资产的特性来完成承包的长期化,以节约包干到户制度有效运转的控制费用。但是,恰恰是"长期稳定地产"这个经济上合理的新要求,与传统的集体土地公有制发生了矛盾。后者的经济含义正是社区的全部成员(包括将来新增的成员),都有平等的权利来占用土地,或分享土地的收益。因此,坚持传统集体所有制的框架,就绝对不可能有农户承包土地的长期不变。这个新模式只能短期激励农民的劳动投入,并在土地使用权早晚要改变的约束下优化农民的投入组合。集体地权的包干到户还有另一个根本缺陷:土地收益在国家、集体和农户之间的不规则分享,并以承认城乡、工农业产品的不平等交易条件为前提。因此,只要宏观收入分配格局重新发生城市偏向而对农产品不利时,包干到户对农户的短期投入激励也会受到损伤。基于以上两点,我们可以认为,集体地权的包干到户并不足以奠定中国农业长期稳定发展的制度基础。它能不能超越短期政策投入的历史性局限,发展成为一种新的制度安排,对未来中国农业的面貌有着根本的影响。

集体地权的包干到户制度，其内在矛盾的症结并不是承认了农户家庭生产和经营的合法性，而在于集体地权主体界限的模糊、缺乏明晰的排他性以及产权权能的不完整。因此，进一步变革的基本方向并不是要取消农户家庭经营，而是要改革传统的集体地权形态。在这个问题上，我们不同意以下两种意见中的任何一种：（1）取消农户承包土地的合法权利，脱离地权机制来强行推行所谓的"土地规模经营"；（2）今后只需继续肯定、强化农户的土地经营权，坚持包干到户政策不变就够了。我们的意见是，土地的集体公有制必须进一步改革。

传统集体地权的改革可以经过多种途径来实现。人们可以为集体地权的深入改革制定各种口号，但真正有价值的是在现实约束下能够深入乡村一级的制度试验的实践。湄潭的制度试验路径是，以"新增人口不重分土地"原则为核心，重新界定集体地产的权利，排除来自集体地权构造中对农户长期承包土地的随机性扰动因素，真正建立农民对耕地使用的长期预期基础。同时围绕这个核心的变革内容，通过非耕地资源开发的动机诱导和资金筹措帮助，来寻找新制度的经济支持。此外，耕地的有价流转机制，收益分配的谨慎改革，都会对总的改革目标的实现产生积极的影响。湄潭试验区实践的理论价值在于，它告诉我们：土地制度改革并不是写个单独的土地法令条文就可以实现的，它除了必须有系统的设计以外，还必须同历史对话，同传统对话，同农民对话，并尽可能兼顾与相关经济制度同时变革的协同性安排。制度要成为人们经济行为的规范，必须以多数当事人在事实上能够接受为前提，否则，再好的制度设计也会因为高昂得无法支付的运转费用而永远束之高阁。

湄潭的土地制度试验方案的综合性，决定了留待作持续观察和研究的问题也将是多方面的。在核心的变革部分，能不能顶住人口与传统的双重压力，真正持久地做到"新增人口不再分地"，显然要有追踪式的观测，同样重要的是，坚持实行上述新原则对人口增长和变迁、土地产出率和收入分配格局，以及人口压力在户内土地使用权继承过程中的影响，也需要有累积的记录和分析。在配套安排方面，土地银行运转的状况是首要的，而运用荒山地权作为激励开发的政策工具是否可行，也值得关注；作为一个传统农区，土地流转在短期内频率不会很高，但这只是一个暂时的判断，它是否受到有价流转机制建立起来以后的积极推动，仍然要由观察来决定。最后，粮食收购体制的改变，对农户的投入结构是否会产生重新刺激粮食生产的导向，也是一个未知数。总之，湄潭土地制度试验有可能提供具有政策、理论和法律意义的信息。从长期来看，对于一个变革着的中国农村来讲，这些信息具有重大价值。

第二章
湄潭县"增人不增地、减人不减地"试验调查分析

如何处理人口变动与土地承包的关系，一直是困扰我国农村基本经营制度的重大难题。始于 20 世纪 80 年代初的农村家庭联产承包责任制变革，极大地调动了农户的生产积极性，为农业增长和农村社会稳定提供了制度基础。但是，由农村集体人口变动带来的每隔几年不得不重新调整承包地的做法，不仅导致农民缺乏稳定的土地投资预期、土地细碎化越来越严重、土地生产率下降，而且导致土地调整成本提高，给农民和干部带来麻烦，也不利于控制人口增长。

为完善农村土地制度，中央于 1987 年设立农村改革试验区，并确立贵州省湄潭县为国家试验区，重点试点"增人不增地、减人不减地"的土地制度。基于这一制度试验在湄潭县产生的积极效果，"增人不增地、减人不减地"的制度于 1993 年被写入中央农村工作会议文件。2002 年《农村土地承包法》颁布，将"增人不增地、减人不减地"以法律形式确定下来。2008 年党的十七届三中全会进一步提出"赋予农民更加充分而有保障的土地承包经营权，现有土地承包关系要保持稳定并长久不变"。尽管如此，理论界和政策界关于这一制度的效力、合理性与可持续性，一直存在质疑和争论。

"增人不增地、减人不减地"的土地制度在贵州湄潭从 1987 年至 2014 年，已经实行 27 年。1987—2011 年，湄潭县新增人口达 12 万左右，这些未分地人口约占全县总人口的 25%。在有如此多新增人口的情况下，"增人不增地、减人不减地"制度是如何坚持下来的，对传统集体所有制产生了怎样的影响？新制度下的人地关系矛盾是如何调整与化解的？那些拥有未分地人口的家庭到底受到什么样的影响？"增人不增地、减人不减地"是如何与农村经济结构变迁相互影响和互动的？相关制度的完善如何推进？湄潭县的改革试验，对这些问题给予了较好的回答。

一、湄潭县"增人不增地、减人不减地"试验的背景与实施

贵州省是我国较早实行包产到户的省份之一。湄潭县位于贵州省东北部，属于典型的传统农区，且多山地丘陵。从建立人民公社到20世纪70年代末实施改革前的农业集体化时期，湄潭县农业人口年均增长率为2.13%，农业产出率和粮食生产每年分别平均增长0.5%和0.7%，远远赶不上农业人口增长率，农村长期处于贫困状态。1979年，全县农民人均收入仅57元，比该年贵州省平均水平高23%，其经济社会发展水平在贵州省处于中上水平。

湄潭县从1980年开始实行家庭联产承包责任制，到1984年在全县普遍化。新制度的推行，激发了农民的生产积极性，带来农业产出的大幅提高。粮食单产由1958—1979年的年均增长率0.6%提高到1980—1984年的8.1%，粮食总产年均增长率也由0.7%提高到4.8%，农业总产值年均增长率从1.1%上升到8.1%。[①]

"包干到户"的推行，以集体成员平等均分为原则，新增人口和劳动力要求重新调整和分配土地的压力在这一制度实施之初就显现出来。1980—1984年，每年平均有2 235人、6 052个劳动力和2 515个家庭要求重新分配土地。[②] 尽管湄潭县在1980年实行"包产到户"时大多数生产队留有部分"机动田"，一般占耕地的5%～10%，但是，远远不能满足新增人口和劳动力重新调整土地的需求。

由于新增人口与劳动力带来的压力，湄潭县各村于1984年普遍进行了土地调整，采取"调粮不动地、供粮不包田"的办法，涉及约90%的农户。但是，在重新调整短短3年后，到1987年时，全县又有6%的农户强烈要求重新调整土地。

土地不断地再调整，在当时就显现出一系列不良后果：

一是影响农民对土地承包的预期。由于土地资产有其特殊性，土地生产能

[①] 湄潭县农村改革试验试点工作领导小组：《改革实践探索——湄潭农村改革25年历程》，第94页。

[②] 同上书，第98页。

力的形成和改善必须经历多年时间,农民要求按照土地资产的特殊性使承包长期化。因人口增长导致每隔几年一次的土地调整,使农民无法真正获得稳定的土地承包权,影响其对土地投资收益的预期。

二是土地越来越细碎化。湄潭县的耕地分为水田和旱地,每种耕地又至少分为 4~5 个肥力等级。1980 年,湄潭县每个农户拥有的耕地平均为 0.49 公顷,平均每块土地的面积为 0.05 公顷。到了 1987 年,每个农户拥有的耕地下降为 0.39 公顷,平均每块土地的面积也下降为 0.04 公顷。①

三是土地生产率下降。从湄潭县定点调查农户平均年度固定资本投入指数看,如果以 1980 年为 100,1983 年为 527.86,1984 年高达 2 110.29,但是调整土地后的两年里,投入指数在 1985 年和 1986 年分别下降为 94.55 和 21.10。② 农户对土地的投入减少影响了土地生产率。1979—1984 年湄潭土地生产率的年增长率为 7.15%,调整后的 1985—1987 年降为 3.32%。③

四是调整土地成本高。每次调整土地都得重新核查人口、土地和地块,并要找到大多数集体成员都可以接受的办法,如平分、抓阄或动账不动地等来重新分配土地,给村干部带来很大的工作量,给大多数农户也带来麻烦,调整土地成本较高。

五是刺激人口增长。由于村集体里的新增人口可以重新分到一份耕地,实际上潜在刺激了农户的生育需求及人口增长。

为解决包干到户后出现的新问题,1987 年中央决定设立农村改革试验区。同年 4 月,贵州省获准在湄潭县进行土地制度试验,重点探索"增人不增地、减人不减地"的制度安排。经过调查研究—方案设计—专家论证—立项报批—点上试验—面上推广—监测评估—系统总结等程序,有计划、有步骤地开始试验工作。

湄潭于 20 世纪 80 年代中后期的改革试验已在上一章有详细论述,本章不

---

① 湄潭县农村改革试验试点工作领导小组:《改革实践探索——湄潭农村改革 25 年历程》,第 99 页。
② 同上书,第 101 页。
③ 同上书,第 103 页。

再赘述。与"增人不增地、减人不减地"试验并行的，湄潭县还允许家庭之间的土地转包、转让、租赁、互换、入股联营等，使土地经营权流转起来。1991年，全县有4 429户发生了土地的互换，占总农户的4.8%；有5 432户发生了土地的转包，占总户数的5.6%，转包面积达1 318.67公顷，占总面积的4.3%；农户转包荒山2 133.3公顷，入股联营3 066.7公顷。①

进入21世纪后，湄潭县工业化和城镇化进程明显加快。随着农村劳动力的大量转移，土地虽有流转，但因流转机制不健全，农地流转不畅，土地利用率有待提高。为此，湄潭县专门出台了《湄潭县农村土地承包经营权流转实施办法（试行）》，允许不属于本村的个人、企业、经济组织参与土地流转。流入农地3.33~6.67公顷、6.73~13.33公顷、13.33公顷以上，经营农业产业5年以上的，县政府分别一次性给予30元、40元、50元的补助。允许凡适度规模流转农村土地承包经营权5年以上，符合县产业发展规划的，按流入面积的1%以内比例，安排农业设施用地。2000年4月，全县从县、乡镇到村建立了农村土地流转工作领导机构，在镇级建立了土地流转房屋中心，村级建立了土地流转服务站。在黄家坝镇率先建立了全省首家土地流转市场。湄潭县还制定了农村土地承包经营权流转备案登记、资格审查、信息发布、档案管理、规模经营年审、投诉举报、收益评估、服务承诺、纠纷调处等制度，以保护土地流转双方的合法权益，减少土地流转矛盾纠纷。

2009年，湄潭县按照"坚持土地集体所有权、搞活土地使用权、强化土地管理权、提高土地利用率和产出率"的总体思路，进一步深化农地制度改革，重点推进土地流转程序规范化、土地流转面适度规模化、土地资源配置市场化、农村土地权能资本化。

2009年3月，全县对15个乡（镇）、118个村的土地资源重新进行摸底详查，得出全县土地面积为18.6万公顷，其中耕地面积5.73万公顷，集体建设用地6 200公顷。对原来承包地以及宅基地、林地、房屋进行了确权、登记、

---

① 湄潭县农村改革试验试点工作领导小组办公室：《湄潭农村改革试验区成立25周年座谈会资料汇编》，第18—19页。

颁证的工作，为土地市场发展奠定了基础。2010年湄潭县出台《湄潭县农村土地承包经营权流转实施办法》，在黄家坝镇成立了全省第一家土地流转中心，通过搭建信息平台，收集储备意向流转土地农户的土地信息，建立流转土地台账，与有意向流转土地的公司、专业合作社衔接，充当公司与农户的中介。截至2011年年底，全县以转包、转让、出租、入股、互换等形式进行流转的耕地面积达8400公顷，占法定耕地面积（3.2万公顷）的26.3%。[①]

二、调查区域的基本特征

为研究"增人不增地、减人不减地"土地制度的影响，研究者于2011年对位于抄乐乡的落花屯村和黄家坝镇的沙坝村一共500农户进行了抽样问卷调查。

抄乐乡是一个传统农业乡，距县城约17千米，所辖区域面积为96平方千米，其中水田面积734公顷，旱地651公顷。全乡分为6个行政村，2010年共有5265户、19659人，其中纯无地户930户，无地人口5177人，分别占总数的18%和26%。劳动力12199人，从事第一、二、三产业劳动力占比分别为80%、3%和17%。无地劳动力3437人，占劳动力总数的28%。外出劳动力1498人，占总劳动力的12%。抄乐乡的落花屯村2010年有农户1372户、4867人，劳动力2590人。自1987年实行"增人不增地、减人不减地"的土地制度以来，全村有2051人、1341个劳动力没有分到过土地，分别占总人口和总劳动力的42%和52%，分别高于全乡16个百分点和24个百分点。全村一共有194.13公顷耕地，人均收入为3520元。

与抄乐乡相比，黄家坝镇的自然和经济条件较好，距湄潭县城约8千米，素有"小江南"之称，为湄潭县南部重镇，也是贵州省百强乡镇之一。该镇总面积186平方千米，下辖13个行政村，121个村民组，13007户，49422人。截至2010年，无地户1324户，无地人口16318人，分别占总数的10%和33%。劳动力21429人，在第一、二、三产业中的劳动力占比分别为43%、38%和19%。无地劳动力为1536人，占劳动力总数的7%。外出劳动力12212

---

① 湄潭试验区办公室：《湄潭农村改革》，2012年1期，第18页。

人，占总劳动力的57%。人均收入为5 020元。黄家坝镇的沙坝村2010年的总户数为1 021户、3 880人，该村的无地人口2 312人，占总人口的60%，无地劳动力为410人，占全村总劳动力的18%。该村一共有211.47公顷耕地，人均收入达4 800元。

在落花屯村和沙坝村，课题组随机抽取了500家农户进行入户调查，其中落花屯村248户，沙坝村252户，分别占该村总户数的18%和25%。被调查农户的总人口分别为973人和968人，户均人口分别为3.9人和3.8人。被调查农户的劳动力分别为592人和721人，他们承包的耕地分别为45.33公顷和55.53公顷，人均耕地分别为0.047公顷和0.057公顷。被调查户总人口中，男性占51%，女性占49%。其中14岁及以下人口分别占16%和17%，15~64岁人口分别为76%和74%，65岁以上人口分别为8%和9%。另外，已婚人口分别占62%和63%，未婚人口分别占33%和29%。在两村被调查户中，分别只有87%和77%的人常住本村，从事农业的分别占63%和64%，从事第二产业的分别占10%和19%，从事第三产业的分别占13%和5%，其他分别占14%和12%（见表2-1）。

表2-1 落花屯村和沙坝村被调查农户的基本情况（2011年）

	落花屯村	沙坝村	总计
被调查户数（户）	248	252	500
总人口（人）	973	968	1 941
男	504	493	997
女	469	475	944
年龄组结构（人）			
≤14岁	159	160	319
15~64岁	744	713	1 457
≥65岁	53	97	150
婚姻状况（人）			
已婚	600	609	1 209
未婚	319	281	600
丧偶	29	45	74
离婚	7	7	14

续表

	落花屯村	沙坝村	总计
居住情况（人）			
住本村	842	745	1 587
住本乡	14	31	45
住本市	18	23	41
住本市以外	81	168	249
劳动力数（人）	645	656	1 301
第一产业	468	481	949
第二产业	69	120	189
第三产业	108	55	163
文化程度			
不识字	72	103	175
小学	241	313	554
初中	565	480	1 045
高中	54	46	100
中专	14	8	22
大学及以上	27	18	45
人均耕地（公顷）	0.047	0.057	0.053
人均收入（元）	3 757	6 475	5 116

三、"增人不增地、减人不减地"对农村转型的影响

"增人不增地、减人不减地"制度对农民的可能影响主要包括三个方面：一是对土地占有、使用与流转的影响；二是对农村人口与劳动力转移及经济结构变革的影响；三是对农民收入水平的影响。

（一）对土地占有、使用与流转的影响

"增人不增地、减人不减地"的实施，势必对土地集体所有制下的农村人地关系产生重大影响。在成员权集体所有制下，只要是集体社区的一员，就有权要求获得一份土地。在"增人不增地、减人不减地"制度下，集体成员与土地关系固定，不再因人口增减、婚入婚出、人口机械变动等而调整土地，是对传统成员权集体所有制的一场重大变革。但是，"增人不增地、减人不减地"

制度的实施,意味着集体社区内部农户之间基于成员权的分地调地制度不再有效,新增人口的再分地资格被取消,人均分地制度被打破,这就会导致农户之间因家庭人口增减不同而对土地资源占有的不同,进而引发农村人地关系的重大变化。

1. 无地人口户、无地人口和无地劳动力的变化

落花屯村1988年被调查农户中无地人口的户数占44%,1998年这一比例几乎增加了一倍,高达86%,2011年仍然维持在84%。沙坝村1988年被调查户中无地人口的户数为27%,1998年上升到62%,2011年则上升到78%(见表2-2)。

表2-2 1988—2011年被调查户无地人口户数变化

	1988年		1998年		2008年		2011年	
	有无地人口户数	占总户数比重(%)	有无地人口户数	占总户数比重(%)	有无地人口户数	占总户数比重(%)	有无地人口户数	占总户数比重(%)
落花屯村	109	44	212	86	212	86	208	84
沙坝村	69	27	157	62	199	79	197	78
总计	178	36	369	74	411	82	405	81

从无地人口和劳动力总量变化看(见表2-3),落花屯村被调查户的总人口由1988年的840人增加到2011年的973人,净增133人;无地人口由1988年的179人增加到2011年的527人,净增348人。家庭劳动力总数从502人增加到592人,只净增了90人,无地劳动力却由65人增加到218人,净增了153人。

表2-3 被调查村无地人口和劳动力变化

	1988年	1998年	2008年	2011年	1988—1997年年均	1998—2007年年均	2008—2011年年均
落花屯村							
家庭总人口	840	1 014	988	973	17.4	-2.6	-5.0
无地人口	179	464	520	527	28.5	5.6	2.3
家庭劳动力	502	577	589	592	7.5	1.2	1.0
无地劳动力	65	142	199	218	7.7	5.7	6.3

续表

	1988年	1998年	2008年	2011年	1988—1997年 年均	1998—2007年 年均	2008—2011年 年均
沙坝村							
家庭总人口	715	894	971	968	17.9	7.7	-1.0
无地人口	111	275	377	384	16.4	10.2	2.3
家庭劳动力	457	568	689	721	11.1	12.1	10.6
无地劳动力	11	25	127	166	1.4	10.2	13.0

分时期看（见表2-3），在第一个十年（1988—1997），落花屯村无地人口年均增加28.5人，无地劳动力年均增加7.7个；到第二个十年（1998—2007），该村家庭总人口年均减少2.6人，无地人口年均增加5.6人，比第一个十年的年均增加量大大下降。2008—2011年，家庭人口年均下降幅度更大，年均减少5人，无地人口增速继续下降至2.3人。1987年未分地的人口不断进入劳动年龄，带来无地劳动力增加。无地劳动力在1988—1997年年均增加7.7人，1998—2007年年均增加5.7人，2008—2011年年均增加6.3人。

从1988年到2011年，沙坝村被调查户的总人口由715人增加到968人，净增253人，无地人口由111人增加到384人，净增273人。家庭劳动力总数从457人增加到721人，净增了264人，无地劳动力由11人增加到166人，净增了155人。从增量变化来看，实施"增人不增地、减人不减地"后的第一个十年（1988—1997），沙坝村无地人口和无地劳动力年均分别增加16.4人和1.4人；到第二个十年（1998—2007），该村无地人口增加数量低于第一个十年，为10.2人，无地劳动力增加至10.2个；2008—2011年，家庭人口开始出现负增长，年均减少1人，无地人口年均增加降至2.3人，但无地劳动力年均增加数量高达13个（见表2-3）。

2. 无地人口的身份识别

对无地人口的具体识别，有利于客观分析"增人不增地、减人不减地"制度的具体影响对象和制度适应性。从表2-4可见，第一，无地人口中约74.8%的人在24岁以下，其中沙坝村为81.4%，落花屯村为69.1%，也就是说，他们大多数是1987年以后新出生的、没有再参与土地分配的人口。第二，无地人口大部分为未婚，达 70.7%，未婚率在沙坝村为 73.8%，在落花屯村为 68.2%。第三，无地人口文化程度较高，在调查中了解到，沙坝村无地人口中初中学历占 52%，高中学历占 5.5%，大学及以上学历占 4.4%，明显高于有地人口的平均文化水平。落花屯村也是如此，无地人口中初中学历占 53%，高中学历占 7.7%，大学及以上学历占 5%。第四，无地人口从事非农活动的比例高于有地人口。两村从事农业的比例仅为 20.3%，远远低于有地人口的 73%，相反从事第二、三产业的比例分别为 12.3% 和 8.1%，均高于有地人口的 8% 和 6% 的比例。第五，从代际来看，"无地人口"主要集中在二代户中，落花屯村和沙坝村分别为 60.7% 和 53.4%。从家庭人口规模看，"无地人口"主要分布在 4 人以上户，占无地人口的比例落花屯村和沙坝村分别为 38.0% 和 34.1%，意味着"增人不增地、减人不减地"对无地人口土地使用的影响通过代际和户内调剂得到较大程度的消化。第六，无地人口居住在本村的比例均低于有地人口。在沙坝村，无地人口只有 69.1% 的人住本村，而 30.9% 的人住本村以外的地方；而有地人口中 82% 的人住本村，18% 的人住本村以外。在落花屯村，无地人口有 82.6% 住本村，而有地人口的这一比例高达 93%。

表 2-4 被调查农户无地人口状况

	落花屯村	沙坝村	合计
无地人口数（人）	453	393	846
年龄分组（%）			
≤24 岁	69.1	81.4	74.8
>25 岁	30.9	18.6	25.2
婚姻情况（%）			
未婚	68.2	73.8	70.7
已婚	30.5	25.3	28.2
居住情况（%）			
住本村	82.6	69.1	76.3
不住本村	17.4	30.9	23.7
代际情况（%）			
一代户	1.5	1.0	1.3
二代户	60.7	53.4	57.3
三代户	36.0	41.0	38.3
四代户	1.8	4.6	3.1

续表

	落花屯村	沙坝村	合计
家庭规模情况（%）			
≤3人户	16.5	18.1	17.2
4人户	38.0	34.1	36.2
5人户	30.2	22.9	26.8
≥6人户	15.2	24.9	19.7
工作情况（%）			
无工作	37.4	43.7	40.2
农业	23.2	16.8	20.3
工业和建筑业	8.2	17.4	12.3
服务业	9.6	6.1	8.1
其他	21.6	16.0	19.1

3. 对农户土地占有与经营规模的影响

实施"增人不增地、减人不减地"后，不会再进行全村范围的打乱重分，有利于防止土地的进一步细分。有无地人口的农户只能在家庭内部进行土地的再分配，不会对无无地人口的农户产生影响。2011年，在落花屯村，有无地人口户和无无地人口户分别为208户（84%）和40户（16%）。在沙坝村，有无地人口户和无无地人口户分别为197户（78%）和55户（22%）。两村加总，有无地人口户和无无地人口户分别为405户（81%）和95户（19%）。有无地人口户户均耕地为0.19公顷，人均耕地和劳均耕地分别为0.046公顷和0.13公顷，而无无地人口户的户均耕地为0.23公顷，人均耕地和劳均耕地分别为0.102公顷和0.178公顷，分别是前者的1.2倍、2.2倍和1.4倍。无无地人口户的户均地块数、劳均地块数均少于有无地人口户。

4. 对土地流转的影响

不同农户之间土地占有的差异促进了土地流转。在500农户中有64户发生过土地流转，占被调查总户数的13%，高于同年全国8%的平均水平。他们当中，有52户属于"有无地人口户"，12户属于"无无地人口户"。由此可见，有无地人口户除了通过代际和户内调剂土地外，租入土地耕种也是其中的一种方式。有无地人口户的土地流转以租入为主，达61%，33%采取转包，无无地人口户以出租为主，占68%，还有17%采取转让方式。从土地流转的频率来看，在两村中，有无地人口户和无无地人口户流转过 1 次的分别占 56% 和 67%，流转过 2 次的分别为 23% 和 17%，流转过 3 次及以上的分别占 21% 和 16%。两村的土地流转大多数发生在 2006 年以后，分别占 76% 和 66%。从土地流转的对象来看，在两村中，有无地人口户主要是转给种植能手，占 82%；其次是本村大户，占 12%。无无地人口户流转给种植能手、本村大户和村民的比例分别为 26%、33% 和 25%，另外还有 16% 转给外来人员。从土地流转方式来看，无论是有无地人口户还是无无地人口户，都以个人中介方式为主，分别占 67% 和 58%。不过，无无地人口户通过村委会进行土地流转的比例比有无地人口户高出 28 个百分点。不同农户之间的土地流转大多数仍然为口头协议，分别占 92% 和 67%。土地流转期限一半左右是 1 年，2 年和 3 年的各占 18% 和 15%，4 年及以上的占 18%。土地流转价格在两类农户之间没有多大差别，平均每公顷在 6 000 元以上的占 40%，在 3 000 元以下的占 38%，而在 3 000 元至 6 000 元之间的占 22%。土地流转的用途没有出现所谓的非粮化，93% 仍然用来种植粮食作物（见表 2-5）。

表 2-5　被调查农户土地流转情况

	有无地人口户	无无地人口户	合计
流转户数（户）	52	12	64
流转次数（次）			
1 次	56%	67%	59%
2 次	23%	17%	22%
≥3 次	21%	16%	19%
流转年份（年）			
2000 年及以前	10%	17%	11%
2001—2005 年	14%	17%	14%
2006 年及以后	76%	66%	75%
流转对象			
本村大户	12%	33%	17%
种植能手	82%	26%	71%
村民	4%	25%	8%
外来人员	2%	16%	5%
流转类型			
转包	33%	17%	30%

续表

	有无地人口户	无无地人口户	合计
租入或出租	61%	68%	62%
转让	6%	15%	8%
流转方式			
个人中介	67%	58%	65%
村委会	5%	33%	10%
其他	28%	9%	25%
协议方式			
书面	8%	17%	10%
口头	92%	67%	87%
无协议	0%	17%	3%
流转期限			
1年	53%	29%	49%
2年	19%	14%	18%
3年	16%	14%	15%
≥4年	12%	43%	18%
流转用途			
粮食作物	94%	92%	93%
其他	6%	8%	7%
流转价格（元/公顷）			
<3 000	39%	33%	38%
3 000~6 000	21%	25%	22%
≥6 000	40%	42%	40%

（二）"增人不增地、减人不减地"与结构变化

"增人不增地、减人不减地"影响土地占有、分配与土地市场发展，和人口与劳动力的流动互为因果。不再分配土地，倒逼新增人口和劳动力外出谋生，而人口和劳动力的外出，也缓解了人口对土地的压力，减轻了新增人口对"增人不增地、减人不减地"制度的冲击。

1. 人口增长放慢缓解人地矛盾

从三个不同时期看，1988—1997年，落花屯村被调查户的新增人口为318人，其中新出生人数占64%，嫁入人数占34%，迁入人数占2%；减少人口数为158人，其中嫁出和迁出人数均占47%，死亡人数占6%；净增160人。

1998—2007年，新增人口数为173人，比前十年有所下降，不过新出生人数所占的比重上升到73%，嫁入人数的比例下降到29%；减少人口数量变化不大，为167人，其中迁出人数明显增多，占51%，死亡比例由原来的6%上升到22%，嫁出比例则下降到37%。净增人口由前十年的160人骤减至6人。2008—2011年，新增人口数35人，其中新出生人数所占比例为74%，变化不大；减少人口41人，迁出人口所占比例上升到61%，首次出现了人口的净减少。

在沙坝村，1988—1997年，被调查户新增人口172人，其中新出生人数占66%，嫁入人数占32%，迁入人数占2%；减少人口数为115人，其中嫁出和迁出比例分别占43%和54%，死亡人数占3%；净增57人。1998—2007年，新增人口164人，跟前十年相比变化不大，新出生人数和嫁入人数所占的比重也没大的变化；减少人口数量为119人，其中死亡人数所占比例由原来的3%上升到24%，净增人口为45人。2008—2011年，新增人口31人，其中新出生人数占比为67%，减少人口为27人，死亡人数占比上升到41%。两村均出现人口增速放慢、迁出人口增加、人地压力有所缓解现象，为"增人不增地、减人不减地"制度的实施和持续性提供了基础。

2. 农村劳动力非农化加速

由于1987年后未分地人口不断进入劳动年龄，造成湄潭县无地劳动力增加。但是，农村劳动力无地比例的增加，可能也是这些农民走出乡村的推力，同时，非农就业机会的增加，也缓解了无地造成的困境。

在落花屯村的有无地人口户中，其外出劳动力占其总劳动力的32%，比无无地人口户高7个百分点；而在沙坝村的有无地人口户中，外出劳动力占其总劳动力的57%，而无地人口户中仅占8%，相差49个百分点（见表2-6）。在落花屯村，实施新制度以来，农业劳动力年均增加量逐步下降，1998年以后呈负增长，1988—1997年年均增加3个，1998—2007年年均减少9人，2008—2011年年均减少4.6人。落花屯村本身没有非农产业，这些新增非农劳动力主要是外出务工，外出劳动力由1988年的14人上升为2011年的85人，增加了71人（见表2-7）。

表 2-6 被调查农户外出劳动力情况

		总劳动力数	外出劳动力数	外出劳动力占总劳动力比例（%）
落花屯村	有无地人口户	524	166	32
	无无地人口户	68	17	25
沙坝村	有无地人口户	611	350	57
	无无地人口户	110	9	8
合计	有无地人口户	1 135	516	45
	无无地人口户	178	26	15

表 2-7 被调查农户劳动力变动情况

	1988年	1998年	2008年	2011年	1988—1997年年均	1998—2007年年均	2008—2011年年均
落花屯村							
农业劳动力	477	507	417	403	3.0	-9.0	-4.6
非农劳动力	7	39	99	123	3.2	6.0	8.0
外出务工劳动力	14	14	70	85	0.0	5.6	5.0
沙坝村							
农业劳动力	437	516	560	511	7.9	4.4	-16.3
非农劳动力	4	10	20	23	0.6	1.0	1.0
外出务工劳动力	7	29	137	220	2.2	10.8	28.3

在沙坝村，农业劳动力减少更为明显。由 1988—1997 年的年均增加 7.9 人，下降为 1998—2007 年的年均增加 4.4 人，2008 年以后则年均净减少 16.3 人。与之形成鲜明对比的是，非农劳动力增加由年均 4 人上升到 23 人，增加了 19 人。而且外出劳动力上升很快，由 1988 年的 7 人上升到 2011 年的 220 人，增加了 113 人，年均增加量在第一个十年为 2.2，第二个十年为 10.8，第三个时期达到 28.3。

由此可见，实施"增人不增地、减人不减地"制度以来，尽管两村无地劳动力增加数量较大，但增加劳动力大部分流向了非农业，且越来越多的人选择外出务工。这一制度加速了农村劳动力向非农产业和城镇的转移，同时，农村劳动力的外出和非农化也为"增人不增地、减人不减地"制度的实施提供了支持。

3. 外出劳动力的稳定性与融入程度

外出劳动力年龄多数为 21~40 岁，其中落花屯村这一年龄段的比例为 69%，沙坝村为 60%。男性明显多于女性，两村基本为 6∶4。从外出时间段来看，2000 年以前外出务工的比例不足 10%，2000 年以后明显增加，落花屯村 2001—2010 年外出务工比例为 67%，沙坝村为 46%，他们大部分人正好是 1988 年以后新出生而没有分地资格的新一代人。从外出务工去处看，大部分在外省市，落花屯村为 66%，沙坝村高达 89%。从所从事的工作来看，落花屯村外出者有 40% 从事工业，29% 从事服务业，13% 从事建筑业；沙坝村外出人员中从事工业的占 49%，从事服务业的占 10%，从事建筑业的占 8%。这些外出劳动力的收入水平普遍较低，月收入在 1 500 元及以下的分别占两村外出劳动力的 52% 和 63%，月收入为 1 501~2 000 元的分别占 37% 和 30%，月收入超过 2 000 元的分别仅为 11% 和 7%。职业稳定性是外出劳动力面临的一个问题。落花屯村很少换工作的为 68%，只有 10% 的人换过一次工作，22% 的人换过 2 次以上工作。而在沙坝村没有换过工作的不到 10%，换过 1 次的占 29%，换过 2 次以上的占 61%。从社会保障状况看，两村外出劳动力中有医疗保险的分别占 70% 和 94%，有养老保险的分别为 33% 和 57%，但大部分人没有工伤保险和失业保险（见表 2-8）。

表 2-8 被调查农户外出劳动力状况

	落花屯村	沙坝村	总计
外出劳动力数量（人）	132	230	362
性别			
男	61%	63%	62%
女	39%	37%	38%
年龄组			
≤20 岁	13%	20%	17%
21~30 岁	36%	32%	33%
31~40 岁	33%	28%	30%
>40 岁	18%	20%	19%
外出年份			
2000 年以前	8%	6%	7%
2001—2010 年	67%	46%	54%
2011 年及以后	25%	48%	40%

续表

	落花屯村	沙坝村	总计
地点			
本县	5%	6%	6%
本市	4%	4%	4%
本省	15%	1%	6%
外省市	66%	89%	81%
其他	10%	0%	3%
外出方式			
亲友介绍	8%	12%	10%
自己寻找	80%	84%	84%
工厂招工	4%	2%	3%
其他	8%	2%	3%
就业行业			
工业	40%	49%	46%
建筑业	13%	8%	10%
运输业	5%	6%	5%
商业	2%	7%	5%
服务业	29%	10%	17%
其他	11%	20%	17%
收入情况			
≤1 500 元	52%	63%	59%
1 501~2 000 元	37%	30%	32%
≥2 001 元	11%	7%	9%
换工作的次数（次）			
0 次	68%	10%	34%
1 次	10%	29%	21%
2 次	16%	29%	24%
≥3 次	6%	32%	21%
社会保障状况			
有医疗保险	70%	94%	87%
无医疗保险	30%	6%	13%
有工伤保险	34%	31%	32%
无工伤保险	66%	69%	68%
有失业保险	3%	6%	5%
无失业保险	97%	94%	95%
有养老保险	33%	57%	51%
无养老保险	67%	43%	49%

（三）"增人不增地、减人不减地"对农民收入水平的影响

由于土地分配、利用与农民收入直接相关，因而实行"增人不增地、减人不减地"以后，带来的户际土地占有差异，会影响农户土地收入差异。但是，由于农村外出劳动力增加，农户依靠农地收入的比重也会大大下降，因此，"增人不增地、减人不减地"制度对农户收入和生活水平的影响也是交互性的。尤其是，由于劳动力的非农化，土地收入对农民收入的影响程度降低，无地人口土地收入的减少可以通过非农收入的增加得到弥补。在两村，无无地人口户的人均耕地面积高于有无地人口的农户，出租土地的比例相对多些，反映到人均土地流转收入方面，无无地人口户显然要比有无地人口户高。土地占有多的农户尽管农业收入多于土地占有少的农户，但是，由于后者从非农活动中获得的收入更高，他们的户均人均收入反而高于前者。2010 年，落花屯村农业收入占 39%、非农收入占 44%；沙坝村农业收入占 20%、非农收入占 56%。有无地人口农户的家庭人均收入为 5 107 元，其中 53.08% 来自非农业，26.72% 来自农业，20.20% 来自其他收入；无无地人口户的家庭人均收入为 5 021 元，还低于前者，这主要是收入来源差异所致，37.99% 来自非农业，33.73% 来自农业，28.28% 来自其他收入。从收入构成来看则更加明显，有无地人口户的人均农业收入为 1 365 元，比无无地人口户低 329 元，但是，其人均非农业收入达到 2 711 元，比无无地人口户高 804 元（见表 2-9）。从中可以看出，有无地人口的家庭，由于人多地少，不得不外出务工，靠非农就业的收入弥补耕地和农业收入的不足。

表 2-9 被调查农户收入状况

	有无地人口户	无无地人口户	总计
人口数	1 727	214	1 941
总收入（万元）	882.15	107.46	989.61
收入构成（%）	100.00	100.00	100.00
农业	26.72	33.73	27.48
非农业	53.08	37.99	51.44
其他收入	20.20	28.28	21.08

续表

	有无地人口户	无无地人口户	总计
人均总收入（元）	5 107	5 021	5 098
人均农业收入（元）	1 365	1 694	1 401
人均非农业收入（元）	2 711	1 907	2 637
人均其他收入（元）	1 032	1 420	1 074

四、基本结论与建议

对两乡两村 500 农户的调查表明，"增人不增地、减人不减地"打破了集体所有制下基于成员权的人均分地制度安排，但也对农户之间土地占有和农地收入产生了一定影响，这也是为何这一制度实施 27 年新增加人口的家庭仍然要求重新调整土地的原因。"增人不增地、减人不减地"能长期存续主要是以下因素综合作用的结果。

一是人口变化。自 20 世纪 80 年代末以来，包括传统农区在内的人口自然增长放缓以及机械化率增长加快，缓解了人口对土地的压力，也使乡村社会在增加人口户与减少人口户之间的力量对比中，维持新制度的力量更大。

二是家庭内部成员之间的调剂。农户之间的代际和户际人口之间基于血缘的土地调剂和互耕、帮耕并没有停止，反而成为主要的方式，这既在一定程度上避免了未分配人口成为无地者，也促进了农户内部的劳动分工。

三是农地市场的作用。除了农户内部成员之间的土地调剂以外，有未分地人口户租入土地和无未分地人口户租出土地，成为解决耕作者土地供求的机制。

四是农户收入构成的变化。由于农村劳动力外出务工的不断普遍化，在农户收入构成中，来自农业的收入越来越低，来自非农活动的收入越来越高，由此降低了农民对农业收入的依赖，成为支撑"增人不增地、减人不减地"制度存续的重要因素。与之相关的，这里关注的另一个问题是"增人不增地、减人不减地"制度实施与农村结构转型的关系。对"增人不增地、减人不减地"到底是否促进了农村人口和劳动力的非农化，农户数据给予了支持，那就是，有无地人口户农村劳动力的非农化和来自非农活动的收入，明显要高于无无地人口户，后者外出务工的人数更少，来自农业收入的比重更高。不仅如此，这里更强调"增人不增地、减人不减地"制度与农村结构转型的互动。快速的工业化和城镇化，促进了传统农区农村人口和劳动力对土地依赖性的减弱以及对非农收入机会的分享，为不断化解我国传统农业文明人口对土地的压力提供了历史机会，也使湄潭县这样的传统农区切断新增人口与土地关系的制度安排得以实施和存活。工业化和城镇化带来的农村结构转型，是打破均分制度和改革传统集体所有制的根本。

当然，"增人不增地、减人不减地"制度无法也不可能承载我国农村转型的全部。这一制度的实施提出了配套制度改革的需求，农村结构的根本转型也需要相关制度深化改革。为此，提出如下政策建议：

第一，深化以成员权为基础的集体所有制改革。湄潭县土地制度试验的最重要成果是证明：只要完善相关配套制度，"增人不增地、减人不减地"是可以坚持下去的，是落实中央提出的"现有土地承包关系保持稳定并长久不变"的一项基础性制度安排。但是，在调研中也发现，尽管这一制度在湄潭县已实施20多年，农民对土地再调整的意愿仍然强烈。93%的被调查者同意按人口进行土地再分配，89%和90%的人分别认为嫁入村里的人口和新出生的孩子应该分得土地，54%的人认为逝者的土地应交回村里重新分配，只有41%的人同意可由家人继承。面对农民根深蒂固的成员权观念，不可能选择回到人人有份的集体土地制度，唯有在已经实施的"增人不增地、减人不减地"基础上，完善成员权集体所有制，在法律上明确农民土地承包关系长久不变。从法律生效之日起，固化集体所有成员资格，人口与土地关系长期固定；对于村内长期形成的土地问题，组织村庄议事会，对历史遗留事项一次性解决，不留隐患。

第二，促进农民在城镇落地。湄潭县实施"增人不增地、减人不减地"产生了大量无地人口，但没有出现由土地分配带来的社会问题，关键在于农村劳动力的非农化提高了农民的非农收入。长久不变政策能否长期坚持，城镇化是前提。现阶段的城镇化政策吸纳农民就业，造成农业劳动者老龄化和妇女化，但是由于农民难以在城镇落地，对"增人不增地、减人不减地"政策的执行带来了挑战。落花屯村和沙坝村的外出劳动力60%以上在21~40岁，且2000年以后外出务工的人明显增多，他们正好是1988年以后新出生而没有分地资格的一代人，解决好农村溢出人口在城镇的落地、落户问题，既是落实土地承包关系长久不变的关键，也是增加务农劳动者收入、提高农业劳动生产率的根本。

第三，建立无地人口社会安全网。长期以来，土地是农民收入的主要来源和生存保障。农村社保和养老制度的建立，是缓解"增人不增地、减人不减地"后无地人口生计问题的重要保障。到2010年年底，农村社会养老保险综合覆盖率达到95%以上，被征地农民和无地农民社会保障制度已经出台，为化解"增人不增地、减人不减地"带来的社会问题提供了制度基础。因此，完善农村社保和养老保险制度，建立无地人口社会安全网，是落实土地承包关系长久不变的重要配套制度。

第三章
上海市松江区家庭农场调查

2007年以来，上海市松江区在高度工业化、城市化背景下，探索适度规模的家庭农场经营方式，培养农业经营者，推进现代农业发展，取得了一定成效。2012年7月，我们赴松江开展专题调研，对松江区浦南三个以农业为主的乡镇（新浜、泖港、叶榭）进行具体解析，与松江区委及农口领导、基层干部、农户、家庭农场以及服务组织负责人进行了实地访谈，对家庭农场经营状况进行了实证分析，形成本调查报告。

一、松江区家庭农场发展情况与主要做法

（一）家庭农场发展情况

松江区位于上海市西南，黄浦江上游，总面积604平方千米。2011年，全区户籍人口57.9万人，常住人口165万人，其中农村居住人口30.64万人，农业户籍人口9.93万人。农业用地40.91万亩，其中耕地25.52万亩。粮食产量11万吨，蔬菜20.5万吨，生猪出栏18.5万头。松江区主要农副产品供给对上海市农副产品市场稳定具有举足轻重的作用。

由于农业劳动力大量非农化以及人口老龄化趋势加剧，谁来种地问题凸显，在大城市郊区表现尤为突出。自2007年下半年以来，松江区开始探索发展适度规模的粮食家庭农场。2008年，粮食家庭农场户数708户，经营面积11.5万亩，占该区粮田面积的70%。到2012年，粮食家庭农场户数达到1 173户，经营面积增加到13.38万亩，占该区粮田面积的77.4%（参见表3-1）。

浦南三个农业乡镇是发展家庭农场的主要区域。2007—2012年，新浜镇的粮食家庭农场户数从104户发展到259户，总经营面积达到2.58万亩，占全镇

粮田面积的90%左右，户均经营面积99.5亩。叶榭镇的粮食家庭农场户数从183户增加到307户，经营面积从2.46万亩发展到3.14万亩，家庭农场经营土地占全镇粮田面积的87.1%，户均经营面积102.1亩。泖港镇的粮食家庭农场户数到2012年已发展到167个，经营面积达到2.03万亩，家庭农场经营面积占全镇粮田面积的88%，户均经营面积121.6亩。

表3-1　2008—2012年松江区家庭农场规模经营情况

年份	户数	面积（万亩）	占比（%）*	80~100亩			100~150亩			150~200亩			200亩以上		
				户数	面积（万亩）	占比（%）+	户数	面积（万亩）	占比（%）+	户数	面积（万亩）	占比（%）+	户数	面积（万亩）	占比（%）+
2008	708	11.5	70				439	5.26	45.8	149	2.59	22.5	120	3.65	31.7
2009	745	10.34	65	32	0.28	2.7	476	5.72	55.3	211	3.72	36	26	0.62	6
2010	960	11.89	73	256	2.25	18.9	505	6.08	51.1	173	2.97	25	26	0.59	5
2011	1 114	12.99	76.4	457	3.99	30.7	456	5.42	41.7	188	3.29	25.3	13	0.29	2.3
2012	1 173	13.38	77.4	538	4.72	35.3	447	5.32	39.8	171	2.96	22.1	17	0.37	2.8

注：*表示该年度松江区家庭农场经营面积占该区粮田面积的比例；+表示各对应规模的家庭农场经营面积占该年度松江区家庭农场经营面积的比例。

在发展粮食家庭农场的同时，松江区在实践探索中，还试办"机农一体"家庭农场和"种养结合"家庭农场。所谓机农一体家庭农场，是由经营粮食的农户自购或与其他家庭农场互助购置农业机械的家庭农场。所谓种养结合家庭农场，是指部分粮食家庭农场经营户既种粮又养猪，采取"合作社+农户"的经营方式，由松林合作社为农场提供猪苗、饲料、技术等服务，以支付代养费的方式收购生猪，养殖粪尿无害化处理后在其经营的农田全部还田利用，增加家庭农场户收入，推动生猪产业发展。到2011年为止，已建成种养结合农场37家，累计上市生猪108批次、5.5万头，种养结合家庭农场户均经营农田122亩。种养结合家庭农场除种粮收入外，户均养猪收入达6.9万元。

（二）主要做法

第一，在本集体经济组织内流转土地。1999年，松江区实施"二轮"延包工作。2009年，为了对农用土地实行信息化管理，曾对农民土地承包权予以进一步确认。近些年来，随着工业化、城镇化进程，土地被不断征收和开发，全区已有2/3以上的农民转为非农业户籍，获得城镇基本社会保障，退出土地承包。截至 2011 年年末，松江区还剩农户 81 761 户，其中，拥有土地承包经营权的农户 35 948 户，占农户数的 43.9%，承包面积 90 668.16 亩。其他两类农户为：享受城镇职工养老保险农户 44 256 户，放弃土地承包经营权农户 1 287 户。

从 2004 年开始，松江区采取以农户委托村委会流转方式，将农民手中的土地流转到村集体组织。到 2006 年，区政府下发《关于印发规范土地流转、促进规模经营若干意见的通知》，对农民委托村委会流转的土地予以规范，流转农户与村委会签订了统一的《土地流转委托书》。到 2011 年 12 月底，全区土地流转面积为 25.1 万亩，占全区耕地总面积的 99.4%。其中，农户委托村委会流转 35 804 户，流转面积 90 184 亩，占农户承包面积的 99.5%。此外，还有 27 130 亩机动地、16 219 亩被放弃的承包地、32 773 亩老年农民享受补助金后退出经营的土地和 86 218 亩享受城镇养老保障后退出的土地也全部由村委会统一流转。这些土地主要流转给了 2 528 家农户，流转面积 18.25 万亩，占土地流转面积的 73%，其中 1 167 户为家庭农场，经营土地 13.38 万亩，占土地流转面积的 53%。还有部分土地流转给 280 家企业，经营土地 6.85 万亩，占土地流转面积的 27%，主要经营蔬菜、养殖、花卉苗木及农产品加工。

第二，确定家庭农场经营规模的"度"。松江区农委规定，家庭农场经营的土地规模，既要与经营者的劳动生产能力相匹配，也要保证经营者以此规模能获得比较体面的收入。用松江区领导的话说，家庭农场农户从事粮食生产的收入得比他们打工的收入高一倍，否则，没人干。一方面，根据上海当地的耕作水平和农业生产力状况，按照户均 2～3 个劳动力计算，并在农忙季节雇 1 个工的情况下，单个家庭户最多可以经营 300 亩耕地。若家庭耕作土地数量少于 80 亩，家庭劳动力则处于不饱和农业就业状态。另一方面，从土地经营收入考虑，2011 年上海农民夫妻俩一年的务工收入约 4～5 万元左右，要使家庭农场户获得比较体面的收入，考虑到农业生产的特点和劳动强度，粮食家庭农场经营者的人均纯收入至少要比打工收入高出 2 倍左右，家庭农场经营的土地规模要在 80 亩以上。基于以上两点考虑，松江区将粮食家庭农场的适度规模确定在 80～150 亩。

从实际情况看，家庭农场经营规模在 80～100 亩的占 45.9%，100～150 亩的占38.1%，150～200亩的占14.6%，200亩以上的仅占1.4%。

第三，确定土地流转条件和合理租金。为了推行粮食家庭农场，松江区政府对土地流转范围和土地用途进行了严格规定：一是本村集体经济组织成员的承包土地只能流转给本村集体经济组织成员作家庭农场。二是家庭农场户必须按土地流转合同向流出土地的农户或村集体经济组织缴纳土地流转费。三是家庭农场经营者必须主要依靠自身力量从事农业生产经营活动，不得将所经营的土地再转包、转租给任何无直系亲属关系的第三方经营者；除季节性、临时性聘用短期劳动者外，不得常年雇用外来劳动力从事家庭农场的生产经营活动。四是只能从事粮食经营。

土地流转租金的确定，既考虑到要保障原土地承包权农户的利益，又不得不防止土地租金过高而减少家庭农场经营收入。为此，松江区土地流转租金的确定以原一家一户经营时的土地纯收入为依据，同时，考虑粮价市场波动因素，规定土地流转费一般采取实物（主要是稻谷）支付，或以当年稻谷挂牌价格为标准，折算为现金支付。实际支付情况为，以每年每亩不超过500斤稻谷为基数，折算成现金每亩600～770元。为了平衡原土地承包户和现家庭农场经营者之间的利益，松江区农委还设置了土地流转租金上下限，上限为500斤稻谷，各镇村可以根据当地实际情况适当下调，但不能低于400斤稻谷实物的下限。

第四，明确家庭农场准入资格和退出机制。按照松江区农委的定义，所谓家庭农场，是以同一行政村或同一村级集体经济组织的农民家庭（一般为夫妻二人，个别为父子或父女等二、三人）为生产单位，从事粮食、蔬菜种植或生猪养殖等生产活动的农业经营形式。

家庭农场经营者是主要依靠家庭劳动力的农业耕作者。家庭农场经营者的成长决定家庭农场实验的成败。松江区政府对家庭农场的准入、经营者选择和退出机制做出了非常明晰的规定。

一是规定严格的资格准入。(1) 只能是本村的农户家庭，常年务农人员至少在2人以上（含2人）；特殊情况下，也可是具有本区户籍、家庭常年务农人员至少在2人以上（含2人）的家庭。(2) 从业者的年龄，男性在25～60周岁，女性在25～55周岁；在务农人员不足的情况下，经村民代表大会讨论决定，年龄可以适当放宽。（3）须具备相应的生产经营能力和一定的农业生产经验，掌握必要的农业种植技术，能熟练使用农机具。（4）主要依靠自身劳动完成农田的耕、种、管、收等主要农业生产活动。

二是慎重选择家庭农场经营者。首先，由村委会根据本村粮食播种面积，制定本地区家庭农场发展计划和实施方案，包括家庭农场数量、户均经营规模、经营者条件等内容，采取发放书面告知书、在公示栏张贴公示等方式，告知本村村民。其次，由农户申请，本村农户家庭向村委会提出申请，并提交相关申请材料。再次是村委会审核，由村主要领导、村民议事会、民主投票等决定。最后是公示签约。

三是建立家庭农场考核机制。分别按种植作物茬口安排、农田外围沟清理、秸秆还田、夏熟作物生产管理、水稻生产管理、向区国有粮库交售稻谷等设定分值进行考核，考核满分为100分。自2011年起按照生产管理考核结果发放补贴。

四是建立家庭农场主的退出机制。有以下行为的家庭农场将被取消经营农场资格：（1）取得家庭农场经营权后，不直接参加农业生产和管理，常年雇用其他劳动者。（2）将经营土地转包、转租；或者有"拼装"和虚报经营面积等行为。（3）经营管理不善，连续两次考核为不合格或连续三次考核为基本合格。（4）违反种子检疫规定，私自调种、乱用种子，影响稳产、高产；使用违禁农药影响农产品安全；不服从本村种植茬口统一规划，不能做到"种田"与"养田"相结合而影响耕地质量。（5）无正当理由不履行协议，故意拒交、拖欠土地流转费。（6）未按合同要求完成约定的向国有粮库交售粮食的任务。

五是明确家庭农场经营者的续包条件。经营期满后，符合下列条件之一的，在新一轮家庭农场经营者选用时，可优先获得延续经营权：（1）在上一轮经营期内，每年都参加专业农民培训并获得培训证书，拥有农机驾驶证的家庭农场经营者。（2）在上一轮经营期内，经营管理好，生产水平高，每年综合考核取得合格及以上水平的家庭农场经营者。（3）在上一轮承包期内，积极探索并开展"种养结合"和"机农结合"的家庭农场经营者。

二、家庭农场经营状况与效果

松江区家庭农场的经营状况如何,这一经营方式是否具有可持续性,是我们此次调研关注的重点。调研组在重点访谈浦南三个乡镇的家庭农场时,整理了 5 个家庭农场的投入产出数据,还对松江区经营管理站抽样选取的 100 个家庭农场数据进行了分析,这 100 个家庭农场,占松江区家庭农场总数的 8.6%,经营土地占家庭农场经营土地总量的 8.5%。

(1)家庭农场收入高于非农收入,农业对当地农民的吸引力增强。自实行家庭农场以来,家庭农场户的经营收入显著提高。2008—2011 年,松江区家庭农场的户均收入从 7.45 万元增加到 10.1 万元。2011 年,100 个家庭农场的户均总收入为 265 357 元,扣除各项成本后的户均净收入为 93 122 元。(参见表 3-2)。

表 3-2 2008—2011 年松江区家庭农场经营效益

年份	水稻产量（公斤/亩）	效益		
		户均面积（亩）	亩均收入（元）	户均收入（万元）
2008	560	162.4	460	7.45
2009	563	138.9	579	8.04
2010	564	123.8	857	10.61
2011	570	116.6	866	10.10

从实地访谈的 5 个家庭农场来看,沈忠良经营一个机农一体的家庭农场,毛收入 408 416 元,净收入 162 736 元;孙红荣经营一个种植与加工结合的家庭农场,毛收入 347 300 元,净收入 188 300 元;杨玉华经营一个纯种植家庭农场,毛收入 336 300 元,净收入 102 300 元;李春风也经营一个纯种植家庭农场,因经营规模大(达到 200 亩),收入比较高,毛收入 483 000 元,净收入达到 161 000 元;俞周峰经营的是一个种养结合的家庭农场,因种植规模只有 90 亩,家庭收入相对低一些,毛收入 210 780 元,净收入 93 780 元(参见表 3-3)。

表3-3　5个粮食家庭农场的成本收益状况

农场主姓名		沈忠良	孙红荣	杨玉华	李春风	俞周峰
农场概况	劳动力数量	2个	2个	2个	3个	1个
	学历水平	初中	小学大专	初中	小学职高	小学
	总年龄	49+49	39+67	55+55	34+59+60	57
	耕地数量（亩）	166	100	150	200	90
	流转期限（年）	3	1	3	1	2
每亩经营成本（元）	土地流转费	730	730	730	730	766
	肥料费	170	150	170	250	56
	农药费	130	160	140	200	150
	排灌水电费	60	60	60	30	8
	农机租赁费	160	200	190	150	150
	雇工费	180	240	210	200	120
	其他	50	50	60	50	50
成本合计（元）		1 480	1 590	1 560	1 610	1 300
每亩毛收入（元）	稻谷销售	1 789	2 880	1 652	1 825	1 752
	二麦销售	420	0	0	0	0
	财政补贴	517	593	590	590	590
种植结构		稻166亩、大麦61亩	优质稻30亩、稻70亩	稻150亩	稻200亩	稻90亩
收入合计（元）		2 460	3 473	2 242	2 415	2 342
每亩净收入（元）		980	1 883	682	805	1 042
农场总收入（元）		408 416	347 300	336 300	483 000	210 780
农场总成本（元）		245 680	159 000	234 000	332 000	117 000
农场纯收益（元）		162 736	188 300	102 300	161 000	93 780

注：（1）沈忠良农场为机农一体农场。种植稻谷原本补贴590元/亩，共种植166亩；其中，61亩因种植大麦而失去了绿肥补贴，补贴标准降为390元/亩，故总补贴为590×105+390×61=85 740（元），折合每亩补贴517元。沈忠良的其他收入38 000元为农机合作社收入。

（2）俞周峰家庭农场为种养结合农场，年出栏1 000头，猪粪做肥料，因而肥料费用较低。

比较家庭农场经营者收入与打工收入。以2011年的家庭农场平均净收入和每户2个劳动力计，人均农业经营纯收入为46 561元。当地打工者月均收入2 000元左右，每个非农从业者的年均纯收入也即24 000元左右。家庭农场经营者的人均收入大概是非农从业者的1.9倍。家庭农场达到的这一收入水平，不仅使务农者得到较高的收入回报，而且还感受到从事农业劳动的相对体面。

由于农业经营收入显著高于非农从业收入，松江区申请成为家庭农场的农户数显著增加。2008 年推行家庭农场时，报名参加的农户很少，只要申请，就可以成为家庭农场主。到了 2011 年，申请成为家庭农场主的农户远远多于实际需要户。我们在实地调研时了解到，在新浜镇的文华村，2007 年试行家庭农场时只有 9 户报名，还是村里去给他们做工作才答应的，最后组建了 9 户家庭农场。到 2011 年时，有近 70 户报名，村里最终只能选 29 户成为家庭农场。叶榭镇的井霖桥村，2011 年要求包地的农户有 86 户，由于土地总量有限，经过筛选、评议，只确定了 27 户成为家庭农场。叶榭镇的林建村，2010 年举行第二次家庭农场主签约会，有 50 多户村民要求承包耕地，最后选了 17 户成为家庭农场。为此，区农委不得不就家庭农场主资格进行更严格限定，各村对家庭农场主的筛选也更加较真。村干部反映，过去是没人要田，现在想要田的人增加，选择农场主便成了问题。有的村因难以平衡，只得通过抓阄来解决；或靠缩短承包期，以让候补户也能有机会。

（2）家庭农场主以本村有务农经验的高龄劳动者为主，有知识、专业化、年轻化的农业经营者开始出现。从家庭农场主的年龄结构看，2012 年，松江区 1 173 户家庭农场中，49 岁及以下的 475 户，经营面积 52 125 亩，占家庭农场经营总面积的 39%；50~60 岁的 629 户，经营面积 73 148 亩，占家庭农场经营总面积的 55%；60 岁以上的 69 户，经营面积 8 477 亩，占家庭农场经营总面积的 6%。从家庭农场主的文化程度看，小学文化程度的 290 户，经营面积 32 469 亩，占家庭农场经营总面积的 24%；初中文化程度的 816 户，经营面积 92 041 亩，占家庭农场经营总面积的 69%；高中及以上文化程度的 67 户，经营面积 9 240 亩，占家庭农场经营总面积的 7%。

新浜镇的家庭农场户平均年龄 48 岁，其中，30 岁以下的 4 户，经营面积 384 亩；31~49 岁的 137 户，经营面积 13 371 亩；50~60 岁的 116 户，经营面积 11 678 亩；60 岁以上的 2 户，经营面积 326 亩。小学文化程度的 71 户，经营面积 7 128 亩；初中文化程度的 165 户，经营面积 15 995 亩；高中及以上文化程度的 23 户，经营面积 2 636 亩。叶榭镇 2012 年 307 户家庭农场中，49 岁以下的 110 人，占总户数的 35.8%，50~60 岁的 184 人，占总户数的 59.9%，

60 岁以上的 13 人，占总户数的 4.3%；小学文化程度的 92 人，占总户数的 29.9%，初中文化程度的 203 人，占总户数的 66.1%，高中以上文化程度的 12 人，占总户数的 4%。

我们在对家庭农场户进行实地访谈时感到，目前从事家庭农场的农民尽管年龄较大，但户主都是有长期务农经验、对农业和土地有深厚感情的本地农民。叶榭镇金家村的沈忠良，原为一名农机作业手，2012 年 50 岁，2005 年向村里承包耕地 80 亩，2007 年成为松江区第一批粮食家庭农场主，经营耕地 146 亩。不仅粮食生产效益提高，还与其他几户一起成立机农一体的合作社，农作机械基本购置齐备，花费近百万元，我们到沈忠良的农场访问时，他的记账本非常详细，农场经营状况及农机合作社经营状况及利益分配一目了然，是一位典型的农业企业家。新浜镇的杨玉华，村里看重他勤劳、肯伺弄土地，让他接包了原来一户家庭农场的土地。新浜镇的俞周峰，不仅会种地，还擅长养猪，将养猪的肥料用于肥田，既节约了化肥，又提高了土质，成为全区第一个种养结合的家庭农场。叶榭镇同建村的家庭农场主孙红荣，年龄 40 岁，学历大专，原来在一家外企工作。从 2008 年开始回家乡承包土地，承包 100 亩土地，成立上海鑫叶农业专业合作社。他从事优质米生产和加工，创造"家绿"品牌，提高自己和合作社农民水稻销售利润。我们在实地调研中欣慰地看到，由于推行适度规模家庭农场，务农收入增加，经营农业的要求更高，一批有经验、勤劳、会操作农业机械、懂农业技术的专业农户正在成长。

（3）家庭农场依靠农机合作社提供的农机服务从事农业经营，农户自我投资型和互助型专业农场在增加。为了保证家庭农场户的高效农业经营，松江区政府组建农机专业合作社，为家庭农场提供全程机械化作业服务，实行"大机专业化、小机家庭化"农机服务模式。全区农机社会化服务体系以农机专业合作社为主体，由农机专业合作社与家庭农场签订服务协议，实行订单式作业服务。农机服务包括机耕、机播（插秧）、机收，按统一标准收取服务费。

正是有政府提供的农机全程社会化服务，家庭农场仅靠夫妻俩提供的劳力对农田进行比较精心的管理，并购置一些小型农业机械，就能够获得预期的较高农业收成。从表 3-4 可以看出，松江区家庭农场的亩均劳动投入从 2007 年的

4.8 个减少到 2011 年的 3.5 个,亩均雇工从 2007 年的 3.2 个减少到 2011 年的 1.9 个。没有因农场规模扩大,增加雇工数而减少农户农业收入。

表 3-4　2007—2011 年松江区家庭农场雇工情况

年份	亩均劳动投入(个)	折合现金(元)	雇工情况(个)	折合现金(元)
2007	4.8	240	3.2	160
2008	4.5	250	2.8	154
2009	4.2	273	2.2	143
2010	3.8	304	2	160
2011	3.5	331	1.9	180

但是,这种基本靠政府提供服务支撑的家庭农场,也不利于农业经营者成长。松江区政府力图改变这种状况,在政策上鼓励"机农一体"家庭农场和"种养结合"家庭农场的发展,促进家庭农场成为有自我投资能力的家庭农场。从试办情况看,家庭农场的农机自我和互助服务,扩大了农机服务半径,增加了家庭农场收入。以上海忠佩农机合作社为例,该合作社由沈忠良、孙佩章、姚火良、李小东、顾龙官、金家生 6 户以农业机械折资 60 万元组建,分别占股 25%、25%、20%、20%、5%、5%,拥有收割机 6 台、拖拉机 13 台、直播机 2 台,政府财政出资 25 万元建设农机库房设施;季节性聘用农机驾驶员 8 人。在 6 家出资人中,沈忠良等 5 家都是粮食家庭农场经营户,共经营耕地 718 亩,协议作业范围为金家村和团结村的 4 464 亩耕地。2011 年实际作业 5 800 亩,6 家农户年终按实际作业量和出资比例分红,依次为 3.8 万元、2.8 万元、5.6 万元、1.8 万元、1.12 万元、1.12 万元。其他类似机农一体家庭农场也显示良好的经营状况和自我投资能力。到 2012 年,机农一体的家庭农场合作社达到 107 户,经营土地面积 13 883 亩。松江区政府将机农一体合作社作为今后家庭农场的发展方向,政策扶持向这类农场倾斜,有利于家庭农场的专业化和可持续发展。

(4)家庭农场的收入既取决于经营收入,也依赖于补贴收入,促进家庭农场主要依靠自我经营收入的约束在增强。在松江区家庭农场的创办和维系中,各级各类补贴起了很重要的作用。2011 年,各级政府提供的农业补贴约 2 607 万元,来自中央财政的占 14%,来自上海市财政的占 40%,来自松江区财政的占 46%。为了推行家庭农场，松江区还制定了专门的补贴政策，包括为每个种植水稻不超过 200 亩的家庭农场提供亩均 200 元的补贴；对实施种养结合，直接使用有机肥进行水稻生产的给予相应补贴；对家庭农场购买农机给予补贴；对粮食生产家庭农场给予贴息贷款扶持，提高农业保险保费补贴。根据我们对松江区提供的 100 个家庭农场数据的分析（见表 3-5），户均获得补贴 56 746 元，亩均补贴 498 元。从家庭农场收入构成来看，100 个家庭农场户均总收入 265 356 元，来自农场经营收入 208 611 元，占总收入的 78.6%，来自财政补贴收入 56 746 元，占总收入的 21.4%。户均净收入 93 122 元，财政补贴占家庭农场净收入的 3/5。从亩均净收入看，100 个家庭农场亩均净收入 817 元，亩均补贴 498 元，家庭农场获得的财政补贴大体能够抵消土地流转费用的 3/4。若取消补贴，家庭农场亩均净收入仅为 319 元，户均总收入仅为 36 366 元。以 2 个劳动力构成的家庭农场计算，取消补贴后的人均年收入仅为 18 183 元，月均 1 500 元左右，再考虑到农业劳动强度和工作环境，农户经营家庭农场意愿将大大降低。

表 3-5　2011 年松江区家庭农场经营成本和收益

类别		金额（元）	比重（%）
户均总收入	生产收入	208 610.50	78.6
	补贴收入	56 745.61	21.4
	小计	265 356.11	100.0
户均总成本	生产成本	93 969.39	54.6
	土地流转费	78 264.65	45.4
	小计	172 234.04	100.0
户均总净收入		93 122.07	
亩均收入（含补贴）		2 329	100.0
亩均各类补贴		498	21.4
亩均成本（含土地流转费）		1 511	100.0
亩均土地流转费		687	45.5
亩均净收入		817	

各级政府提供的财政补贴，保证了松江区家庭农场经营户能够获得比较高的农业经营收入，使他们能够相对体面地从事农业生产，稳住了农业经营者。但是，这种保住农业经营者的方式，也出现部分家庭农场主追逐补贴收入的倾

向。2010年，松江区农委、财政局下发《关于调整松江区家庭农场补贴方式的实施意见》，规定家庭农场的补贴原则上仍为200元/亩，但土地流转费补贴减为100元/亩，另100元/亩调整为生产管理补贴资金，根据家庭农场考核分值所确定的补贴标准，将补贴资金以"一卡通"形式直接拨付给农户。

（5）家庭农场的推行，既保障了粮食安全，又守住了优质基本农田。到2011年，松江区种植业占农业总产值的56.4%，畜牧业占18.4%。家庭农场对种植业的贡献率为23.2%，家庭农场种植面积占水稻播种面积的78.8%。由于粮食生产效益关系农户收入，农民种粮积极性提高，充分利用土地资源，二麦、水稻长势平衡，三类苗面积明显减少（之前三类苗面积占比在1/3左右）。粮食单产水平连续6年增长，从2005年的535公斤/亩提高到2011年的570公斤/亩。2011年全区水稻亩产569公斤，比2007年增产19公斤。全区粮食生产专业化程度提高，粮食种植户由2007年的4 900户减少到2012年的1 173户，农业劳动生产率大幅度提高，一户家庭农场一年生产的粮食和生猪分别能满足344人、3 191人的消费需求。

组建家庭农场后，全区粮田由本地农民规范种植，改变了过去1/3的粮田由外来户不规范种植、"掠夺性"生产的情况，更有利于保护基本农田，有效促进了农业生态环境的改善，化肥施用量减少，种养结合农场增加了土壤肥力，养护农田作用明显，这类农场化肥使用量折纯氮减少30%，实现了农业生态循环，推行家庭农场后，秋播实施二麦、绿肥和深翻"三三制"轮作，更有利于培肥地力，使农田环境整洁。

三、推行家庭农场的条件

第一，工业化、城镇化快速推进，农村劳动力就业和人地关系发生重大变化。30多年来，松江区经济快速发展，结构发生巨大变化。到2011年，全区三次产业增加值为934.17亿元，其中农业增加值为8.08亿元，占比降至0.9%；第二、三产业增加值为926.09亿元，占比为99.1%。经济结构的根本转型，带来农村劳动力向第二、三产业大量转移。截至2011年年末，全区农村劳动力18.9万人中，非农就业者为16.2万人，占农村劳动力总量的85.7%，直接从事农业的农村劳动力仅有5 572人，占农村劳动力总量的2.9%。近年来，城市化进程加快，农村本地户籍人口到城市（镇）居住的比例增加，为缓解人口对农地的长期压力，分离土地承包权与经营权，扩大农业从业者的耕地适度经营规模，提高务农者的土地经营收入创造了条件。

第二，农业机械化程度大幅提升，为提高农业劳动生产率创造了物质条件。近年来，为了解决人口和劳动力大量非农后的农业发展问题，全区共组建农机作业服务型农机专业合作社30家，共有农机合作社社员279户，农机驾驶员295人、联合收割机驾驶员216人、大中型拖拉机驾驶员284人，拥有大中型拖拉机328台、"全喂入"收割机60台、"半喂入"收割机138台，实现了水稻生产耕地和收割的机械化，协议服务面积16.1万亩，农机专业合作社已经能够覆盖松江区的全部粮田。农机拥有量的剧增，使农业机械化水平不断提高。第一次农业普查资料表明，1996年松江区水稻和二麦的播种面积为69.24万亩，机收面积为28.09万亩，占40.6%；2006年第二次农业普查数据显示，水稻和二麦的播种面积为19.33万亩，机收面积为17.71万亩，占91.6%。2011年，全区粮田机耕率和机收率均达到100%，机播率也提高到30%。农业栽培技术和机械化水平的提高，提高了农业劳动生产率，使拥有2至3个劳动力的农户依靠自身劳动就能耕作150亩左右的农田，使推行适度规模的家庭农场经营成为可能。

第三，地方财力强劲，反哺农业的能力增强。随着经济高速增长，松江区的地方财力也持续增强。2007年，松江区三次产业增加值为642.11亿元，财政总收入达到159.56亿元，其中，地方财政收入为53.99亿元。2011年，松江区三次产业增加值超过900亿元，财政总收入达到255.50亿元，地方财政收入达到85.86亿元。地方财力的不断增强，提高了政府反哺农业的能力，补贴农业生产不再捉襟见肘，为发展粮食家庭农场提供了强有力的资金保障。

为了发展粮食家庭农场，松江区将财政种粮直接补贴、农资综合补贴、良种补贴和农机具购置补贴发放到粮食家庭农场，提高"四补贴"对粮食生产者的激励。此外，松江区政府在试行粮食家庭农场时，还对粮食种植规模在100～150亩的家庭农场给予200元/亩的流转补贴，对具备较强生产经营与管理能力的家庭农场放宽到200亩。区财政还按2 000元/亩出资建设高标准农田，承担了3.5元/亩的农业保险费用。为了促进家庭农场健康、可持续发展，从2011年起，松江区政府改进土地补贴方式，将原来的200元/亩土地流转费补贴改为100元/亩继续用于土地流转补贴，另外100元/亩作为生产管理考核性补贴，根据茬口安排、外围沟管理、秸秆还田、夏熟作物生产管理、水稻生产管理、向区国有粮库交售稻谷等6项内容进行打分考核。减轻家庭农场对补贴的依赖，提高补贴对家庭农场的经营约束力。

第四，构建完善的农业社会化服务体系，为农业规模经营提供全程服务。松江区围绕粮食家庭农场的生产服务需求，充实完善农业社会化服务体系，形成了产前、产中、产后依托社会化服务体系的生产经营格局。一是加强农资供应服务。建立农资超市门店14家，为家庭农场提供防治农药统一到村配送服务。种子、农药、肥料等农资直接配送到家庭农场。配送的种子为区主推优质品种，水稻种子由供种企业免费送到家庭农场，不收种子费。配送的农药为区植保部门防治推荐用农药，家庭农场支付农资超市农药款，农资超市免费运送农药给家庭农场。配送的肥料必须符合国家肥料质量标准，化肥价格以当时市场价为准，有机肥等政府补贴肥料以市农委指导价执行，各种肥料免费运送到家庭农场。二是农技服务。由区农技中心、镇农技服务中心向家庭农场提供种子技术服务，包括推介高产、优质水稻新品种，介绍品种特性及主要栽培要点。植保技术服务，进行病虫草的监测和预测预报，向家庭农场提供病虫草情报，指导防治。提供栽培技术服务，在试验基础上向家庭农场推广更省工、省成本、省力、简便的轻型栽培技术以及农机农艺配套技术，还为家庭农场提供气象信息等。三是建立粮食种子繁育供应基地，实行水稻良种区级统一供种，全区水稻良种覆盖率100%以上。植保防治实行统一防治。四是协调粮食局对家庭农场从事水稻收购和提供烘干设施。建成1 400吨/日处理能力的粮食烘干设施，其中，粮食局系统1 300吨/日，用于商品粮烘干，种子基地100吨/日，用于良种烘干。2011年，烘干高水分稻谷5.4万吨，占水稻总产量9.7万吨的56%。

四、松江家庭农场探索的意义与思考

1. 务农收入高于务工收入以及实行农业适度规模经营是推进现代农业的两个前提

随着工业化、城镇化的快速推进，我国农业产值在国民经济中的份额已降到各国实现现代化的转折点——10%以下，农业劳动力中从事纯农业的份额大大下降，来自农地经营的收入占农户收入的比重已很低，其在长三角、珠三角和其他东部沿海发达地区农民家庭收入中的地位更是无足轻重。松江区是其中的一个缩影。如何在高度工业化、城镇化下保持农业不衰败、不消亡，是我国发达地区的地方政府面临的重大挑战。松江区政府经过不断的探索和实践，提出了"把城市建设得更像城市、农村建设得更像农村"的统筹城乡发展思路，一方面，通过功能区划和改革政府政绩考核指标体系，调动农业区域政府抓农业的积极性；另一方面，通过提高土地适度规模经营来提高农业经营者的收入和务农积极性，继续发挥松江区在保障大城市稻米、生猪及绿色新鲜蔬菜供应安全中的地位。松江区的实践证明，在农业劳动力大量非农化、农民收入主要依靠非农收入的情况下，只有提高纯务农者的农业经营收入，使其收入高于农民从事非农经营的收入，农业才会重新具有吸引力，农民才会以农业经营为业。要平衡农业与非农业经营收入，在现行户均规模过小的农地占有和经营格局下，光靠各级政府财政补贴难以做到。只有采取适当措施，推行户均 80~150 亩的土地适度规模经营，才能增加务农者收入、稳定农业经营者、推进现代农业的发展。我们认为，我国长三角、珠三角等沿海发达地区及大城市郊区，已经具备实行土地适度规模经营的条件。松江区的做法在这类地区具有普遍适应性。应该在总结经验的基础上，出台相关政策，促进土地适度规模经营，推进现代农业发展。

2. "保障承包权、分离经营权"是实现农业适度规模经营的制度内核

要推行土地的适度规模经营，就必须破解现行土地"人人有份、户户种地"的农地权利与经营格局。在现行农地制度下，由于农地的集体所有，集体社区的每个成员对集体所有土地"人人有份"；由于赋予每个集体成员土地承包经营权,土地承包权与经营权是合一的,形成"户户种地"的局面,由此导致农地经营的过小规模和细碎化,不利于现代农业发展。松江区的实践证明,要推行土地适度规模经营,就必须在保障"人人有份"的土地承包权的前提下,将土地经营权从土地承包权中分离出去,然后将分离出的土地经营权通过制度安排,集中由本村少数农业经营者来经营。这样,一方面,让原集体土地成员保留土地承包权,获得可观的地租收益(松江区 2011 年的亩均流转费用高达 687 元,占亩均经营毛收入的近 3 成),为土地流转创造条件;另一方面,通过土地承包权人委托村组织流转,形成适度规模土地,慎重选择农业经营者,严格规定农业经营条件(如不得转包、不得从事粮食以外作物的生产),土地适度规模经营既保证了农业经营者获得体面的收入,又实现了保障大城市基本农产品供应的政府目标。松江区探索的启示是:要推进适度规模经营,保障原土地承包权人利益是前提,实行土地承包权与经营权分离是基础。但是,我们在调研中发现,松江区的地租水平太高,侵蚀农业经营利润,如果没有财政补贴,单靠土地经营收入,难以稳住农业经营者;松江区粮食家庭农场经营的土地合同期限普遍在 1 到 3 年之间,合同经营期限过短,农户对购置大型农机具和种植绿肥养地的积极性不太高,不利于粮食家庭农场的长期稳定发展。在松江区适度规模经营试验中,还需要进一步完善政策,更有效地保障土地经营者权利,稳定农业经营者预期,促进适度规模户主动进行长期投资。从政策层面来看,要推进土地适度规模经营,促进农业现代化,下一步需要研究完善土地承包权和经营权可分离的政策和法律,在保障土地承包权的同时,对农业经营者的土地经营权实行合法保护。

3. 家庭农场是推进现代农业的最有效形式之一

松江区进行的最有价值的探索之一是,在经济高度发达阶段,仍然选择了将适度规模家庭农场作为推进现代农业的经营组织。在对现行农业基本经营制度的抨击中,"家庭经营"被很多人认为只是解决温饱的权宜之计,是过时的、妨碍农业现代化的"罪魁祸首",必须坚决予以废除。坚持家庭经营,成了保守和不改革的代名词。松江区决定以组建适度规模家庭农场作为发展现代农业的突破口,是经过比较分析和深思熟虑后的决定。松江区农委主要负责人告诉我们，他们之所以选择适度规模家庭农场，一是因为即便他们的农场规模达到了80～150亩，从世界农业来看，仍然是小规模的，以自身的资源禀赋，不可能建立美国那样的大农场；二是如果搞公司农场，公司的逐利性必然使农业形态和种植结构发生根本改变，不利于大城市基本食品的稳定供给；三是农场规模搞得过大，政府财政补贴必然增加，经营风险也必然加大，不利于农业经营的稳定；四是以夫妻为主、农忙雇工从事的适度规模经营，既有利于避免雇工农场的监督问题，也适合农业需要精心呵护的特点，使土地经营更加精细。对不同经营形式的比较初步表明，适度规模家庭农场是我国结构变革环境下发展现代农业、提高农业三率（土地生产率、劳动生产率、资源利用率）的最有效形式，也是保持农业可持续发展最有效的经营组织。当然，松江区试验的家庭农场与均分制下的超小规模农户比，尽管保留了家庭细胞的内核，但是其经营行为和生产函数均发生了本质变化，它以适度规模经营为基础、以利用机械为主要手段、以纯务农收入（而不靠兼业收入）为主要收入来源、以利润最大化为目标，适度规模家庭农场是与以提高劳动生产率为主要特征的现代化农业相匹配的。

4. 完善以家庭农场为重点的农业支持政策是实行现代农业的重要保障

松江区的做法表明，在实行适度规模家庭农场后，政府对农业的支持政策不仅不能削弱，而且应该进一步强化。应该在继续执行原有的以承包农户为基础的普惠制农业补贴政策的基础上，完善农业支持政策，促进适度规模家庭农场的发展。一是制定向家庭农场倾斜的农机补贴政策。随着家庭农场的组建和实施，家庭农场成为农业经营的主体。由于家庭农场规模扩大，机械是其主要的要素投入，家庭农场也就成为农机需求的主体。建议国家完善现行农机补贴政策，将补贴资金和对象向适度规模的家庭农场倾斜，激励其购置农业机械和设备，从事农业专业化经营。二是实行促进家庭农场规模经营的土地整理。适度规模家庭经营，要求土地的连片成方和田、水、路、林的综合整理，单个家庭农场无力实施。建议对国土部、财政部、农业部等多家实施的土地整理项目进行统筹，进行高标准农田建设，为适度规模家庭农场提供农业基础条件。三是提供优质、高效的农业技术服务。实行适度规模家庭农场后，农产品品质的要求更高，农业技术服务的需求更高，地方政府必须搭建更完善的农业服务体系，在农技、种子、防疫、生产资料供应等方面提供全程高效服务，提高家庭农场农业经营的效率。

5. 培养职业农民必须提到议事日程

发展现代农业，农民是行为主体。建设现代农业最终要依赖有文化、懂技术、会经营的新型农民。在松江区粮食家庭农场发展模式中，只有具备相应的生产能力和生产经验、掌握必要的农业种植技术、能熟练使用农业机械的农民才能成为农场主。即便如此，松江区的粮食家庭农场经营者普遍处于依靠经验种植养殖阶段，从文化程度上看，初中和小学学历占90%以上，高中以上学历者不多。从经营者年龄上看，30岁以下的不足5%，50岁以上的将近一半。农业经营后继乏人的局面尚未扭转。要推进适度规模家庭农场，培育新型农民已经成为发展现代农业的重要任务。应全面加强对农业从业人员的培训，提高家庭农场经营者的技术水平、市场意识和管理能力。加强宣传引导，激发年轻一代从事农业生产的热情，鼓励家庭农场经营者子承父业，逐步培育新一代技能型种粮农民队伍，使家庭农场经营后继有人。

第四章
四川省成都市农地股份合作社试验

2005年以来，四川省成都市的城乡统筹试验中，在完善农业经营制度、创新农业经营方式上的探索，有些制度安排涉及农村基本制度的根本。尤其是该市下辖的县级市崇州市尝试土地股份合作社和建立职业经理人制度，推进粮食适度规模经营，对农村基本制度的突破最为明显。

一、实行农地股份合作社的背景

成都市的土地股份合作社的试验从2010年开始，在全市许多县市都有分布，以崇州市推进力度最大，数量最多。据崇州市统筹委提供的资料，到2011年时，崇州市成立粮食种植土地股份合作社280个、入社农户1.18万户，占该市土地承包农户的7.7%，入社土地3.73万亩，占该市承包土地的7.2%。

农地股份合作社的推行直接源于村庄劳动力的非农化。从我们调查的7个农地股份合作社情况看（见表4-1），外出务工劳动力占总劳动力的比重达61%。崇州市最早实行土地股份合作社的黎坝村杨柳社，全村一共785户，人口2 686人，劳动力1 610人，常年在外打工的1 027人，举家在外的有18户，只有12户为纯务农户。集贤乡的梁景村一共888户，2 980人，劳动力1 825人，常年在外打工的1 150人，举家在外的36户，纯农户170户。新华村劳动力1 875人，400人出省打工，在本地附近打工的约500多人。青桥村有22个村民小组，858户，3 011人，1 600多个劳动力，400多人到省外打工，到附近郊县打工的800~900人。其他几个搞农地股份合作社的村的情形也差不多。

表 4-1 七个土地股份合作社所在村庄的人地结构情况

合作社名称	所在村庄	村庄人口总数	村庄劳动力总数	村庄外出打工人数	占村劳动力总数比（%）	村庄从事农业劳动力人数	占村人口总数比（%）	村庄耕地存量（亩）	人均耕地占有量（亩）
伍家土地专业合作社	大邑县王泗镇伍家村	3 727	2 900	1 900	65.5	272	7.30	3 790	1.02
龙泉惠民草莓合作社	龙泉驿区黄土镇三村	3 280	1 982	1 176	59.3	—	—	2 777	0.85
杨柳土地股份合作社	崇州市隆兴乡黎坝村	2 686	1 610	1 027	63.8	583	21.71	3 099	1.15
新念土地股份合作社	崇州市锦江乡新华村	3 093	1 875	900	48.0	975	31.52	4 200	1.36
桥贵土地股份合作社	崇州市隆兴乡青桥村十四组	3 011	1 600	1 300	81.3	300	10.00	—	—
汤营土地股份合作社	邛崃市羊安镇汤营村	3 666	2 400	1 200	50.0	1 200	32.73	2 701	0.74
赵家翻山堰菌果合作社	金堂县赵家镇翻山堰村	4 382	3 000	1 900	63.3	1 100	25.10	4 000	0.91

劳动力就业非农化，带来农户收入构成的变化。2012年，成都外出打工农民工，有点技术的一天能挣140~150元，没有技术的一天也能挣90~100元。种一亩田2012年的净收益最多也仅500多元。我们调查的几个合作社的人均耕地有三个不足一亩，其他几个也就1亩多一点。于是，农户选择将主劳动力配置于非农活动，常年外出打工，将妇女和老人留在家里从事农业活动，同时照看留守在家的儿童。对于手中的承包地，农民显得十分无奈：种之得不了多大收成，弃之又有风险，农民对农地经营的精心程度与包产到户后一段时期的不可同日而语。因此，农户种地的意愿大大下降。根据新念土地股份合作社的统计（见表4-2），该社共有11个生产队，不愿种地的户数占农户总数的38.6%，不愿耕种的土地占总耕地面积的31.3%。不愿意继续种地的农户占小队总农户比例，潘家巷合作社最高达到66.7%，郑家庙合作社最低为16.4%；将土地经营权入股合作社的耕地面积占小队耕地面积比例，陈家林合作社最高达到53.0%，华顺合作社最低为19.6%。

表 4-2　2011 年新念土地股份合作社下属各小队合作社的基本情况

小队合作社名称	水稻种植总面积（亩）	小队总户数	不愿种田的农户			
			户数（户）	占小队总户数比例（%）	面积（亩）	占小队耕地面积比例（%）
潘家巷合作社	376.23	114	76	66.7	167.34	44.5
李家百林合作社	262.59	60	14	23.3	52.00	19.8
张家埂子合作社	255.79	42	15	35.7	68.00	26.6
陈家林合作社	281.07	83	47	56.6	149.07	53.0
华顺合作社	244.51	54	13	24.1	48.00	19.6
郑家庙合作社	222.94	55	9	16.4	45.00	20.2
吴家粉房合作社	190.96	63	12	19.0	50.00	26.2
茨街合作社	226.40	56	16	28.6	55.00	24.3
崔家大林合作社	192.40	40	15	37.5	65.00	33.8
王家阁合作社	266.63	63	16	25.4	52.72	19.8
冯家林合作社	320.16	87	44	50.6	137.33	42.9
	2839.68	717	277	38.6	889.46	31.3

二、土地股份合作社的组建与制度安排

我们在实地调查中了解到，土地股份合作社，是在一个村民小组或村委会范围内，若干农户按照入社自愿、退社自由和利益共享、风险共担的原则，引导不愿意种田或不想种田的农户将承包土地经营权折股加入土地股份合作社，由土地股份合作社安排入社土地的经营与分配以及指派经理人管护的一种制度安排。

从我们调查的几个农地股份合作社来看，其基础性制度安排是，采取农户土地承包经营权入股和出资相结合的方式，入社农户的土地按 0.01 亩折成一股，同时按每亩出资 100 元作为生产启动资金。规定股权可以继承、经合作社同意可以转让、抵押。入社的土地一般设有一定期限，在股份合作社协议期内不得退股。

具体到每个农地股份合作社，其合作社的组建、合约内容与利益分配和风险分担规则也存在差异（见表4-3）。

表 4-3 各土地股份合作社的入股方式与分红机制

合作社名称	成立时间	入社户数	入社土地（亩）	农户土地入股+农户出资	农户土地入股+户出资+外来资金	股份构成比例	分红类别	分红方案
伍家土地专业合作社	2010.12	42	77.97		√	1. 业主投资483.42万元，占股85.02%。2. 农户人均土地77.97亩，占股14.98%。		1. 按双方出资比例，业主分红85.02%，土地股份合作社14.98%。2. 股东按亩分红1 700元。
龙泉惠民草莓合作社	2007.4	18	42.25	√		1. 5位股东各出资2万元、2万元一股。2. 13户农户人均出资0.8万元，3.25亩土地，按一年租金1 800元折价入股，0.8万元加3.25亩土地为1股。3. 合作社共筹现金20.4万元、土地42.25亩，共18股。	股东收益=土地租金+年终分红+合作社打工工资	1. 利润中，公积金提取10%，公益金提取5%，科技教育基金提取5%，合作社风险金提取15.6%。2. 核心股东按股分红，普通社员进行销售返利。
杨柳土地股份合作社	2010.5	31	95.00		√	1. 合作社初始股份总额为9 557股，每0.01亩土地承包经营权为1股。2. 启动资金每亩出资100元。	保底分红	收益在提取10%公积金和风险基金后，除去职业经理人提成外，再按股分配。
新念土地股份合作社	2011.3	277	889.46		√	1. 合作社初始股份总额为18 771股，每0.01亩土地承包经营权为1股，以户为单位。2. 启动资金每亩出资100元。	除本分利，保底分红，保底经营	收益10%提取公积金，20%作为职业经理人提成，70%按照持股量分配。

续表

合作社名称	成立时间	入社户数	入社土地（亩）	农户土地入股+农户出资	农户土地入股+农户出资+外来资金	股份构成比例	分红类别	分红方案
								分红机制
桥贵土地股份合作社	2010.3	25	134.57	√		1. 合作社初始股份总额为13 457股，每0.01亩土地承包经营权为1股，以户为单位。2. 启动资金每亩出资100元。		收益10%提取公积金，10%作为职业经理人提成，80%分配给股东。
汤营土地股份合作社	2005.12	823	2 070.00		√	1. 邛崃市兴农投资公司入股100万元，占股50%。2. 股份合作社入股1 060亩土地，占股50%。	保底分红+利润分红	1. 土地入股为每年保底收入800斤黄谷。2. 利润一半留作再生产资金，另一半作为分红资金。3. 资金入股生猪养殖则无保底，直接进行分红。
赵家翻山堰菌果合作社	2009.10	235	527.00		√	1. 业主投资1万元为1股。2. 农户土地入股1亩为1股。	保底租金+分红	每亩土地600元的保底租金，然后再进行分红。

1. 伍家土地专业合作社

该合作社于 2010 年 12 月成立，由 8 户农户发起，入社农户 42 户，入社土地 77.97 亩。合作社将入社土地按每亩一股作价，农户按入股的土地面积获得分红收益。中介评估机构对 77.97 亩地 5 年的经营权价值进行了评估，为 85.16 万元。伍家土地专业合作社以此土地与由几位专业花农组成的咏春花卉种植合作社合作种植非洲菊，咏春花卉种植合作社投入 483.42 万元，伍家土地专业合作社以土地评估值 85.16 万元入股，总资产为 568.58 万元。新组建的合作社按照双方出资比例进行分红，咏春花卉种植合作社的收益分红比例为 85.02%，伍家土地专业合作社的收益分红比例为 14.98%。2012 年 5 月，公司年利润 88.5 万元，每亩纯利润达 1.2 万元。伍家土地专业合作社获得分红收益 13.26 万元，加入土地合作社的股东每亩收益 1 700 元。

2. 龙泉惠民草莓合作社

2007 年 4 月，由该合作社所在的三村村党支部发起，动员本村 18 户农户成立惠民草莓合作社。其中 5 名党支部成员每人出资 2 万元现金，共 10 万元；13 户农户各自出 0.8 万元现金并以 3.25 亩土地 1 年的租金（租金按照 1 800 元/亩计算）入股。股份合作社在种植自己土地的基础上，还从外村租入 100 亩土地发展草莓种植，租金为每年每亩 800 斤大米。另外，股份合作社还为 168 户农户、850 亩地提供生产和经营服务，既带动农户增收，又增大了股份合作社的销售规模。

3. 杨柳土地股份合作社

该合作社于 2010 年 5 月成立，是崇州市最早成立的一家土地股份合作社。由 31 户农户拿出 95 亩左右的土地承包经营权，按每亩 100 股的形式组建。由于法律法规的限制，不能直接用土地入股，杨柳社采取的方式是在工商注册时按照专业合作社的名义进行注册，注册资本为 45 万元。注册资本按照 100 亩土地 5 年的经营收益（每亩 900 元）评估确定。合作社的组建本着自愿的原则，社员如有意愿，原则上可以退社。但是其后杨柳社进行了土地抵押贷款，抵押的是 5 年的农地经营使用权，抵押物将 30 户的承包经营权证整合为一份以合作社为名的土地经营使用权证，因此协议规定合作社内农户 5 年内不得退股。

4. 新念土地股份合作社

2011年3月份,以村民小组为单位,新华村成立了8个土地股份合作社。2011年12月份,新华村对8个土地股份合作社进行了联合组建,注册成立了"崇州市新念土地股份合作社",2012年年初,又增加了3个村民小组。2012年的新念土地股份合作社实际上是在11个村民小组基础上组建的土地股份社的联合社。新念土地股份合作社入社土地面积889.46亩,入社户数277户。下属的11个合作社都是自己种自己的地,每个合作社自己聘请自己的职业经理人。这11个合作社都进行独立核算,新念土地股份合作社会帮助协调各个方面的业务。新念村还有9个小组没有参加土地合作社,其中4个小组因为土地在交通便利的地方,在等业主来进行流转,还有5个小组是有部分土地分散参加了其他村民小组的土地股份合作社。

5. 桥贵土地股份合作社

该合作社位于崇州市隆兴乡青桥村,该村共有22个村民小组,858户,3 011人。桥贵合作社以青桥村十四组的31户农户为主体组成。合作社以入社承包经营权的面积来认定股份,每0.01亩土地承包经营权为1股,合作社初始股份总额为13 457股。合作社的收益在提取10%公积金和风险基金后再按股分配,也可全部用于分配。在具体执行上,达到目标产量黄谷800斤/亩后,按目标产量超出部分的分配为:10%为合作社提取的公积金;10%奖励给生产能人作为报酬;80%分配给全体股东。

6. 汤营土地股份合作社

汤营土地股份合作社成立于2005年12月。股东主要由三部分构成(见图4-1):506户农户以1 000亩土地承包经营权入股,村集体以土地整理时新增的60亩耕地入股,邛崃市兴农投资公司投入100万元。农户和集体入股的1 060亩土地与市兴农公司的100万元资金各占50%的股份。其中,村集体入股的60亩土地是土地整理时增加的土地,入股土地每亩每年保底收入800斤黄谷。合作社经营产生的利润一半留作再生产资金,另一半作为分红资金。2007年汤营合作社实行增资扩股,入股到合作社的土地达到2 070亩,入股农户达到823户。2010年,把农户的土地经过评估公司评估折成现金到工商部门登记注册①,这样农民的土地经营权可以用来化解债务(土地经营权用来抵押、流转以化解债务)。而以前农户是"投而不入",如果公司破产,农户的土地还是农户的土地。

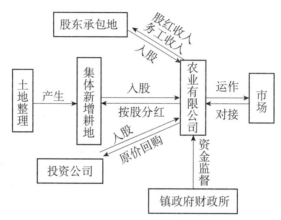

图4-1　汤营土地股份合作社的基本情况

7. 赵家翻山堰菌果合作社

翻山堰村最早于2009年成立专业合作社,由11人组成,村委会将160.98亩土地流转给专业合作社建食用菌产业园区,2010年又由235户农户以其527亩土地承包经营权入股组建土地股份合作社。合作社除了社员的土地入股外,还有14位业主出资100万元,合作社以150亩土地承包经营权抵押借贷150万元,共有资金250万元。2011年,又有外来业主修建占地150亩的食用菌加工厂,合作社将150亩土地以每亩5 000元价格返租给13个大户和2位业主,每年获得75万元租金。除这150亩土地出租外,还有377亩入股土地种果树。

三、土地股份合作社的管理与经营方式

从我们实地调查了解的情况看,土地股份合作社与原来的农户在管理与经

---

①　虽然汤营土地股份合作社有2 070亩土地,但是有近1 500亩在规划区内。所以,只是对没有在规划范围内的511.33亩土地五年的经营权进行估价,总估价为2 352 118元;加上对等的资金股份,注册资金为4 752 220元。

营方式上存在重大差异。

第一，合作社的基本决策单位是理事会和监事会。理事会、监事会由入社股东按合作社章程选举产生。理事会负责合作社的种植决策，职业经理人的选聘与合约议定；合作社负责生产资料的采购与产品销售的价格确定，以及合作社的收益分配；监事会对合作社的生产经营和财务收支执行情况进行监督，按生产进度定期向社员公示财务收支情况。

第二，农户入社后，不再对土地种植、经营管理有决定权。只是对合作社理事会的产生与人员选择有投票权，但享有合作社利润分红权。加入合作社的农户可以不再参加合作社的劳动，也可以以雇工方式参加劳动并领取工资。从我们调查的合作社情况看，继续从事大田作物的合作社，大多数劳动力不再在原来的土地上从事农业活动，而是选择外出打工。只是在少数从事劳动密集型经济作物生产的合作社，雇用的本地劳动力数量还比较大。

第三，股份合作社土地的经营管理由合作社选聘的农业职业经理人从事。按照崇州市统筹委的政策，选聘职业经理人的办法是：一是坚持自愿与推荐相结合，先由乡镇政府统一向崇州市农业部门推荐。被推荐的一般是身体健康、热爱农业生产、有一定农业生产管理经验、在当地具有一定号召力和影响力，具备一定组织管理能力，自愿为当地群众服务的人员。二是农业部门进行资格审查与培训。将符合推荐条件、经核实自愿从事农业生产经营的管理人员纳入培训名单，经培训合格后纳入农业人才库。三是合作社、种养大户进行职业经理人聘用。2011 年，崇州市组织农业职业经理人的培训、评定、颁证，共推荐使用 535 名，其中 368 人受聘于农村土地股份合作社、17 人受聘于农业生产企业或规模经营业主。

在实地调研中了解到，土地股份合作社一般由理事会出面聘请农业技术人员、种植能手等为生产经理，合作社土地规模小的，生产经理会负责 3~4 个合作社的土地。合作社与职业经理人的合同内容主要包括产量指标、生产费用、奖赔额度。从我们在调研中接触的几个职业经理人来看，他们都是在当地有威信、有长期务农经验的种田能手、农技人员、农机手，也有村组干部。杨柳社的职业经理人周维松年龄在 30~40 岁，早年为农发局的农业技术人员，现任杨柳社和另一合作社的职业经理人以及桤泉农业服务超市站长。合作社反映，之所以选中他，是因为他的农业技术好，口碑好，不需要任何抵押就可以赊销农资和种子，大家都很信任他。陈家林合作社的经理人陈家林就是本合作社的理事长，精通农事管理，账务清楚，老百姓信任。桥贵土地股份合作社的职业经理人是本组村民，40 岁，1992 年高中毕业，之后到广西、成都等地打工，1996 年回到家乡从事养殖，2011 年成为合作社的职业经理人后，自家的农事基本停顿，主要精力放在合作社的经营管理上。

第四，职业经理人的农业经营活动。据我们了解，在明确职业经理人后，合作社的土地主要就交由其经营管理。职业经理人为土地股份合作社提供农业服务，负责全程代耕代管，负责合作社的采购、生产、管理、经营全过程。化肥、农药，有专门的农机超市对接，职业经理人负责联系，价格由监事会开会确定。

职业经理人一年的工作安排一般如下：3 月份向股东做一个生产计划，由合作社开会讨论通过。4 月份准备从事生产，主要是与农业超市预定生产资料及投入品等。5 月份开始干活，组织机耕，以及收小麦。6 月份田间管理，也就是每天早晚到田里转一圈。7—8 月组织打药、病虫防治。9 月底组织收割，一般是 2 天时间，经理人负责联络，具体事务由有运输车和收割机的专业队从事。然后是粮食入库，此环节有监事会成员全程监督、过磅、测水分。一个职业经理人全年花在合作社经营管理上的时间差不多 2 个月左右。

第五，建立以"农业服务超市"为载体的专业化服务体系。职业经理人之所以能替代原来一家一户从事全社农户的土地经营管理，关键是"农业服务超市"提供了全程的产前、产中和产后服务，包括为合作社提供犁田、耕田、插秧、施肥、收割、运输、晾晒、加工包装、储存等全程机械化服务；根据合同业主的需要，及时为其提供优质环保低价的农药、种子和肥料；对合作社的产品建立收购和供销定单式服务；以及为业主提供病虫害专业化防治、生产管理、稻麦代育代管等服务。

四、土地股份合作社的经营、收益与分配状况

成立以后的土地股份合作社经营状况到底如何？成本收益状况如何？合作

社的收益是如何分配的？这些直接决定了土地股份合作社到底有多大生命力，它能否为广大农户所接受，是否有推广性。这是我们本节分析的重点。

1. 结构调整

我们在调研中发现，土地股份合作社在经营决策中，获得更高的土地收益是其重要目标之一，因为只有这样，才能既保障加入合作社的农户获得理想的分红，使合作社得以维系，又能使职业经理人获得更高的提成与奖励，使其对合作社的经营管理更加精心。为此，这些合作社一般会采取在保证一部分土地种植大田作物的同时，拿出一部分土地种植更高经济价值作物的策略；或者在大春继续种植大田作物，保证农户基本分红，而在小春尝试种植附加值更高的经济作物（见表4-4）。伍家土地专业合作社除了一部分土地种植传统的水稻、小麦和油菜外，还拿出部分土地种植非洲菊。龙泉惠民草莓合作社，则将部分土地用于种植草莓。杨柳、新念、桥贵合作社则种植价格更高的富硒水稻，杨柳社还拿出部分土地种植羊肚菌、蓝莓和桑葚。汤营和翻山堰合作社则将部分土地用于生猪养殖、蔬菜、西瓜和食用菌。

表 4-4　土地入社前后种植作物变化情况

合作社名称	涉及土地面积（亩）	原有种植作物		现有种植作物	
		大春	小春	大春	小春
伍家土地专业合作社	77.97	水稻	小麦、油菜、蔬菜	非洲菊	
龙泉惠民草莓合作社	3.25	水稻	蔬菜、玉米	草莓	
杨柳土地股份合作社	95.00	水稻	小麦、油菜	富硒水稻	羊肚菌、蓝莓、桑葚
新念土地股份合作社	889.46	水稻	小麦、油菜	富硒水稻	小麦、油菜、蔬菜
桥贵土地股份合作社	134.57	水稻	小麦、油菜	富硒水稻	小麦、油菜、菌类
汤营土地股份合作社	2 070.00	水稻	小麦、油菜	生猪养殖、蔬菜、西瓜、食用菌	
赵家翻山堰菌果合作社	527.00	水稻	油菜	生猪养殖、蔬菜、西瓜、食用菌	

2. 成本优势

土地股份合作社与其他类型合作社一样，也能带来单位生产成本的下降，主要是其具有统一购置生产资料的规模优势和谈判能力的提高。我们将土地股份合作社与单个农户的经营成本进行了比较（见表4-5）。以大春计，种植水稻的每亩投入：（1）在生产资料投入方面，肥料成本、农药使用、种子采购，前者均比后者便宜10元左右，土地合作社生产资料的投入成本比单个农户节约30元左右。（2）在机耕机收方面，合作社成片规模经营，平均每亩需120~145元；而单一农户地块细碎分散、经营规模小，机耕机收成本高，平均每亩需170~190元。如果遇到倒伏情况，每亩增加90元成本。在机耕机收环节，土地股份合作社比单个农户平均每亩节约55~60元。（3）在用工成本方面，土地股份合作社灌溉用工平均每亩20~35元，插秧用工260元，施肥、打药用工30元，运输用工30~50元，晾晒用工70~100元，合计约410~475元。而单个农户一般是自雇性，这项费用要少得多。

表4-5 土地股份合作社种植水稻亩成本投入与单一农户经营成本比较

		土地股份合作社	单一农户
大春种植水稻亩成本	肥料	90元	100元
	农药	50元	60元
	种子	40元	50元
	机耕	60~75元	90~100元
	机收	60~70元	80~90元
	灌溉用工	20~35元（雇工）	0元（自雇）
	插秧	260元（全程机械化）	110元（自家人工育秧）
	施肥打药	30元（雇工）	0元（自雇）
	运输	30~50元（雇工）	0元（自雇）
	晾晒	70~100元（雇工）	0元（自雇）
	合计	710~800元	490~510元
小春种植小麦亩成本	肥料	90元	100元
	农药	50元	60元
	种子	40元	50元
	人工播种施肥	30元（雇工）	0元（自雇）
	收割	60~80元（雇工）	0元（自雇）
	运输	30元（雇工）	0元（自雇）

续表

		土地股份合作社	单一农户
小春种植小麦亩成本	晾晒	30元（雇工）	0元（自雇）
	合计	330~350元	210元
小春种植油菜亩成本	耕种、打药、收割等	410元（全程机械化）	0元（人工自雇）
	农药	30元	30元
	合计	440元	30元

几项成本加总，合作社大春种植一亩水稻成本投入约710~800元，单一农户如果自雇成本不计，亩成本投入约490~510元。但是，实行土地股份合作社后，农户用工机会成本转化为工资收入，一亩地按照需要10个工计算，农户外出打工每天至少100元，10个工则达到1000元。加上农户从事土地经营的机会成本，单个农户的亩均成本约1500元。也就是说，土地股份合作社使农业经营成本节约700~800元，这里既有生产资料大批购置具有的合作优势，也有土地规模经营和使用机械后带来的机械成本节省，还有农户不从事小块土地经营后带来的机会成本降低。

3. 产量比较

在实行职业经理人制度以后，由于合作社一般与职业经理人签订保底产量（保底数一般以当地小农常产为标准），职业经理人为了完成保底数，增加个人收入，会更精心管护。比较而言，土地股份合作社的粮食单产量与小农相比是提高的。崇州市统筹委对2011年该市43个由农业职业经理人管理的土地股份合作社种植水稻产量调查统计，土地股份合作社水稻亩产平均578公斤，明显高于四川省和成都市的水平（2011年水稻单产四川省519公斤，成都市539公斤），比当地未入社农户水稻平均每亩增加73公斤。由于农村劳动力外出务工增多，留在村里务农的多为老年人，农户自种土地粗放经营的情况较为普遍，以新华村为例，粗放式种田达到65%，只有35%左右仍维持传统的精耕细作，亩产情况参差不齐，最低的仅有100~200斤，平均大春水稻850~900斤，小春小麦500~600斤。而土地股份合作社聘用种田种粮能手为职业经理人负责种植经营，因地制宜科学种田，亩产较高，平均大春水稻1000~1100斤（见表4-6），小春小麦600~700斤。2011年崇州市土地股份合作社粮食规模化集约经营面积3.5万亩，带动全市粮食增产3 250吨。

表4-6 新念土地股份合作社下三家小队合作社水稻亩产量和成本投入情况

合作社名称	每亩保底产量		每亩实际产量		每亩成本投入（元）	盈利部分	
	数量（斤）	金额（元）	数量（斤）	金额（元）		扣除成本所得（元）	超产部分所得（元）
陈家林合作社	800	944	1 100	1 298	636	308	354
潘家巷合作社	800	944	1 150	1 357	656	288	413
冯家林合作社	800	944	1 050	1 239	566	378	295

注：（1）每亩保底产量按照土地股份合作社与农户所签订的协议统计；
（2）粮食产量金额按照2011年新华村粮食出售价为1.18元/斤计算；
（3）扣除成本所得＝亩保底产量金额－亩成本投入；
（4）超产部分所得＝（亩实际产量－亩保底产量）×当年粮食收购价格。

4. 收益与风险

推行土地股份合作社后，由于种植了经济价值更高的作物，而且合作以后的成本也更为节约，加之职业经理人比单个农户经营时更加精心，从而亩均单产也有所提高，土地股份合作社的亩均纯收益明显高于单个小农时的土地经营收益。从表4-7可见，在种植了非洲菊的伍家土地专业合作社，亩均纯收益达到11 301.46元，杨柳土地合作社的大春亩均纯收益从2010年的732元增加到2011年的937.77元。桥贵和汤营两家土地合作社的亩均纯收益分别为864.22元和853.81元。同一时期种植水稻的单个小农自种土地如果不计劳动成本的亩均收益为690~810元，如果考虑劳动的机会成本，小农种植小规模土地实际上是亏本的（见表4-8）。

表4-7 各土地股份合作社的总收益与亩收益情况

	收益时间	户数	土地（亩）	毛收益（元）	纯收益（元）	亩均纯收益（元）
伍家土地专业合作社	2011年	42	77.97	1 124 174.9	881 174.9	11 301.46
杨柳土地股份合作社	2010年大春	31	95	109 371.60	69 539.60	732
	2011年小春	31	95	123 164	60 069.50	632.31
	2011年大春	31	95	123 346	89 088	937.77
	2012年小春	31	95	117 240	41 058	432.19
桥贵土地股份合作社	2012年大春	31	109.70	147 037	94 805	864.22
汤营土地股份合作社	2011年	200	2 070	4 226 919	1 765 319	852.81
赵家翻山堰菌果合作社	2011年	—	150	250 000	250 000	695

表 4-8　2011 年某土地股份合作社种植水稻亩收益与单一农户亩收益比较

		土地股份合作社	单一农户
大春水稻 亩产量和亩收入	产量（斤）	1 000 ~ 1 100	850 ~ 900
	毛收入（元）	1 400 ~ 1 500	1 200 ~ 1 300
	纯收入（元） （不计算农户自雇成本）	600 ~ 790	690 ~ 810
	纯收入（元） （计算农户自雇成本）		-300 ~ -200
小春小麦 亩产量和亩收入	产量（斤）	600 ~ 700	500 ~ 600
	毛收入（元）	600 ~ 700	500 ~ 600
	纯收入（元） （不计算农户自雇成本）	250 ~ 370	300 ~ 400
	纯收入（元） （计算农户自雇成本）		-700 ~ -600
小春油菜 亩产量和亩收入	产量（斤）	300 ~ 320	320
	毛收入（元）	750 ~ 800	800
	纯收入（元） （不计算农户自雇成本）	350 ~ 400	770
	纯收入（元） （计算农户自雇成本）		-230

注：劳动力机会成本，按照每亩用 10 个工，每个工 100 元计算。

为获得更高的土地收益，农地股份合作社往往将一部分土地种植经济价值更高的作物，由此也带来一定的风险。经济作物对于天气、技术、人才、资金、市场等方面的要求更高，风险相较于传统粮食作物大大提高。比如我们所调查的龙泉惠民草莓合作社在 2011 年由于气候原因，草莓开花不授粉，大批草莓没结果。当年合作社成本收益持平，社员没有分红。

加之，种植经济作物需要大量的前期资金投入，合作社面临着亏本负债的风险。如我们所调查的翻山堰菌果合作社 2012 年时已负债 100 余万元，前期并无利润可进行分红，在一定程度上让社员们怀疑其发展的后劲问题。并且，种植经济作物对于劳动力的技术要求更高，但农村可用劳动力多为老年人和妇女，我们所调查的汤营、龙泉惠民、伍家土地合作社都面临着缺少技术劳动力的困难。

5. 土地股份合作社的分红与经理人激励

土地股份合作社能否持续下去，一方面取决于入股农户对分红收益是否满意,另一方面取决于职业经理人从土地经营中的所得能否激励他们比单个农户更加精心地从事农事活动。

从五家土地股份合作社入社农户的土地收益情况看（见表4-9）：没有业主参与的土地股份合作社亩均分红在大春为600~800元,与当地同期地租相当或略高,同期种粮大户周家林向土地流转户支付的地租是600元（大春）。当有业主参与以后,土地股份合作社的分红差异拉大,伍家土地专业合作社由于种植非洲菊且业主经营效益不错,亩均分红也更高,2011年达到1 700元,但汤营公司则呈现另外的结果,为了保证基本的土地收益,入股农户改拿地租,也就是当地地租的平均水平600元。十分有意思的一个现象是,当有业主与土地股份社合作以后,入股农户往往采取保底分红的制度安排,既保证自己获得地租收益不下降,又期待从土地经营中得到更高的收益分红。以新华村新念土地股份合作社下的三家土地股份合作社为例,农户每亩保底的毛收入分别有800斤黄谷,按市价折为944元,加上补贴收入和超产分红部分,扣除成本,农户每亩纯收益为686元、710元和671元。

表4-9　各土地股份合作社的总收益以及收益分配比例情况

	时间	户数	土地（亩）	农户总收入（元）	职业经理人分红（元）	户平均收入（元）	每亩分红（元）
杨柳土地股份合作社	2010年大春	31	95.00	5 590.14	6 000	180.33	58.84
	2011年小春	31	95.00	46 685.00	2 660	1 505.97	491.42
	2011年大春	31	95.00	67 040.74	10 400	2 162.60	705.69
	2012年小春	31	95.00	49 530.00	2 600	1 597.74	521.37
桥贵土地股份合作社	2012年大春	31	109.70	88 551.00	4 170	2 856.48	807.21
汤营土地股份合作社	2011年	200	2 070	1 242 000.00	523 319	6 210.00	600.00
伍家土地专业合作社	2011年	42	77.97	132 600.00	36 000	3 157.14	1 700.65
赵家翻山堰菌果合作社	2011年	235	150.00	104 250.00			

从几个土地股份合作社的职业经理人收入及激励情况看,如果没有从事附加值较高的经济作物,职业经理人的收入是每亩40~50元左右。因此,桥贵合

作社的职业经理人大春水稻提成是 4 170 元。杨柳社的职业经理人周维松 2010 年的提成是 6 000 元，2011 年增加到 10 000 多元。职业经理人的收入高低，一是取决于其所看管的土地规模，一个职业经理人如果看护 100 亩左右，其提成是 4 000~5 000 元，如果看护 300 亩左右，则能达到 1 万多元。二是超产分成比例。这一比例是合作社与职业经理人谈判的结果。以新华村合作社为例（见表 4-10），刚刚成立合作社的时候，职业经理人的分红比例比较低，在 1:1:8 的分红比例中占一成，对于职业经理人积极性的调动不高，后来改成了 1:2:7，职业经理人获得超产部分的 20% 后，亩均收入在 60~80 元，这三家合作社的入股土地分别为 149.07 亩、167.34 亩、137.33 亩，职业经理人获得收益 10 434.9 元、13 721.88 元、8 102.47 元。对于一个职业经理人来讲，每年从事农活的时间就是两个月左右，在没有任何经营风险的情况下，从中得到 1 万元左右的收入，相对付出来讲，还是合理的。而且，职业经理人还会从其他经营中获得更高的收入。

表 4-10　2011 年新华村三家土地股份合作社农户、经理人和合作社分红机制

（单位：元）

		陈家林合作社	潘家巷合作社	冯家林合作社
农户每亩收益 = 保底+补贴+分红	合计	686	710	671
	保底产出扣除成本所得	308	288	378
	补贴收入　种子	90	93	46
	化肥	40	40	41
	超产部分所得的 70%	248	289	206
职业经理人每亩分红	超产部分所得的 20%	70	82	59
公积金	超产部分所得的 10%	35	41	29

注：（1）新华村超产部分分红比例 = 农户:职业经理人:公积金 = 7:2:1；
（2）保底产出扣除成本所得 = 亩保底产量金额 − 亩成本投入金额；
（3）超产部分所得 =（亩实际产量 − 亩保底产量）× 当年粮食收购价格。

总体而言，在农村结构变革和农业发生重大转型的背景下，农村劳动力大量非农化，农地经营收入占农户总收入份额大大下降，农业投入从以高劳动投入为主转向以机械投入和社会化服务为主，成都的农地股份合作社有其存在的合理性。一是实现了农业劳动力的优化配置，实行股份合作社后，农民不需要再像小农经营时一样，在农业和非农业经济活动之间进行劳动时间的配置，既

不利于农业活动，也影响农户获取非农收入。二是对农业经营活动管护更加专业。在小农经营下，随着农业经营收入在家庭收入份额中的下降，农户将主劳力配置到非农活动，将土地留给老人和妇女承包，对土地经营的精心程度下降。在土地股份合作社的经营模式中，职业经理人在合约约束和超产激励下，他们的收入与其经营活动的关系更直接，他们比单个农户对农业经营更为用心，有利于提高土地产出。三是土地股份合作社在生产资料的购买、服务的获得以及农产品的销售上，与小农比，具有规模优势和谈判能力，能带来成本的节约和更合意的销售价格，因而能提高单位土地利润。四是土地从单家独户向股份合作社集中后，有利于提高社会化服务的效率。正是有以上几点优势，我们调查的土地股份合作社也取得了一定的成效。

五、对成都农地股份合作社试验的评论与建议

土地股份合作社是以农户的土地承包经营权入股组建的。在农户自我经营承包土地时，土地承包经营权的实现形式是土地的使用权、收益权和流转权。农户的土地承包经营权入股到土地股份合作社以后，农户的土地使用权让渡给合作社，经营权由合作社委托的职业经理人支配。土地股份合作社的生存与发展是否具有可持续性，取决于以下几个条件：第一，必须以自愿加入和自由退出为原则；第二，农户的土地承包经营权不得丧失；第三，入社后土地承包经营权的分红收益不得低于农户自我经营或转包的地租，一旦农户的土地入股分红收益低于其自我经营或转包地租，或者农户担心土地承包经营权有丧失的风险，他就会以退出机制来保障其土地承包经营权益；第四，合作社成员和经营者通过合作实现双赢。

（一）需要进一步解决的几个问题

在实地调研中，尤其是对农地股份合作社的制度安排与实施中，我们发现，这一经营形式是否具有生命力，是否能为更广大的农民所接受，需要更长的时间和实践来检验，同时也有一些重大问题需要解决。

一是农户入社自主和退社自由问题。在成都的土地股份合作制试验中，农

户在以土地承包经营权入股加入合作社时，还不存在中国 20 世纪 50 年代合作化运动中的强迫和定指标推进的情形，但在之后的试验中，由于有政府的积极引导，如何防止基层在推进中的过急行为也是要引起注意的。在退出权的行使方面，我们在实地调研中发现，所有的合作社都规定在合约期内入社的土地承包经营权不得退出。不得退出的理由是，一旦有部分农户的土地承包经营权退出，就会影响合作社的统一经营。从土地股份合作社的运营来看，这条规定有其合理性，但是，由此也减低了退出权对合作社的负责人及土地经营者的约束。更主要的是，一旦合作社的经营出现问题，就会导致农户入社的土地承包经营权益受到损失。

二是土地承包经营权的丧失风险。在成都的土地股份合作社试验中，有一项非常重要的安排是，土地入股后形成比较大的经营规模，或者土地转为经营高经济价值的作物后，需要金融支持。试验区尝试以土地经营权作为抵押物获得贷款，解决农业经营的资金问题。为了保证农户入股土地的承包权，地方的做法是，在现有土地承包经营权证书基础上，再向入社农户发放一份土地经营证。合作社在以土地抵押贷款时，先对合约期内土地经营收益作评估以后，再到银行获取贷款。也就是说，合作社抵押物是土地经营收益，不涉及土地承包权。即便合作社因经营失败出现偿还风险，农户也只是在合约期内失去土地经营权，不会导致土地承包权的丧失。从地方试验来看，这种将土地承包权和经营权分离的办法，确实既能保障农户土地承包权不失去，又解决了合作社以土地经营权作为抵押获得贷款的问题，但是，这一试验是对国家基本制度的突破，因为现行法律只设定土地承包经营权，在这一权利束中，承包权和经营权是合一的，承包者将经营权流转也是以农户为主体的。因此，这一牵涉到基本制度的试验，还有待国家顶层制度和法律制定者的认可和变革才具有法律效力。

三是土地股份分红的原则问题。从制度上讲，既然农户土地入股是自愿的，合作社的经营风险也应该由入社农户共同承担。但是，由于合作社试点阶段的不规范性，以及农户土地权益保障的脆弱性，我们调查的大多数土地股份合作社，尽管也标明了利益共享、风险共担的原则，但是在分红制度上都选择了保底分红，保底一般以当地的平均地租水平为标准。也就是说，入社农户在土地分红上既要规避风险、又要分享合作社经营的利润。这一利益选择在初期有其合理性，对于保障农民土地利益有好处，但是，这种处理是与利益和风险一致原则相违背的，有待进一步完善。

四是农地经营主体问题。在家庭承包责任制下，农户是农地经营的主体。包产到户改革时，农户之所以替代生产队成为农业生产经营的主体，主要是因为其解决了生产队时监督成本大、社员付出与回报不对等的缺点。土地入股到土地合作社以后，农地经营主体变得复杂化，我们在前面已有描述，合作社土地的种植决策、生产资料购置和农产品销售最终决定权在理事会，日常经营活动由理事会选定的职业经理人负责，同时职业经理人再雇一定数量的农民从事农事各环节的农活。在这一决策体制下，理事会的种植决策和选择职业经理人的正确性，不仅受其决策机制的制约，而且受其能力的制约。即便理事会的决策和人选不出问题，职业经理人是否能像农户一样对合作社的土地尽心呵护，不仅受其经营能力的制约，还受合作社报酬合约对职业经理人的激励机制的影响。合作社集体决策的有效性是所有合作社面临的普遍困境。职业经理人激励问题，则直接决定合作社的效益和可持续发展。试点阶段成都的合作社普遍采取产量保底加超产分成的办法，尽管对职业经理人有一定的约束和激励效应，但是职业经理人到底该分配多少合适，是一个在试验中没有很好解决的问题。从各合作社对股东与职业经理人的分红比例调整就可以看出双方并没有达成一致的合约。在合作社股东看来，合作社土地的经营主要靠机械投入和社会化服务，职业经理人的贡献有限，也就是代替社员看看地，各农活环节有人接应，不应该得那么多收益；但是，如果分配比例过低，就不足以激励职业经理人完全专一地经营合作社的土地，他们会选择在看护土地的同时，继续从事其他活计，职业经理人专业种植和经营土地的初衷就难以实现。由此可见，在我们调查的绩效较好的合作社经营中，并没有完全解决土地股份合作社的经营主体问题。

（二）对实行农地股份合作制的认识和政策建议

1. 明确农地股份合作制是农村基本经营制度的一种制度安排

随着农村劳动力的非农转移和农地经营收入在家庭经营收入中的份额下降，

以及农业投入从劳动投入为主转向机械投入为主，农户将土地承包经营权入股委托给职业经理人经营有其合理性。从成都的试验来看，土地股份合作社可以节约成本、提高规模经营效益、增加产量，以及实现农户土地分红与经理人收益增加双赢。在农民与土地关系松动阶段，农地股份合作制作为一种可选的制度安排和经营形式存在，有其合理性。建议在有关制度、法律和政策修改与完善中，承认农地股份合作制是现阶段农地经营的一种形式。

2. 完善农村土地承包经营权制度，促进土地流转和适度规模经营

一方面，进一步完善土地承包经营权制度，促进土地适度规模经营和现代农业发展；另一方面，要防止和纠正借土地规模和土地流转，侵犯农户土地承包权的行为。

一是完善政策和相关法律，促进土地承包权与土地经营权的分离。完善农户土地承包权权能，明确土地承包权为田底权，拥有土地承包权的农户对土地享有使用权、收益权、转让权、处置权和抵押权。明确土地经营权是土地承包权中派生的土地权利，设置土地经营权为田面权。土地经营权农户享有对土地的使用权、收益权、享有一定比例的土地投资回报权和依土地收益和土地上的投资作为抵押物获得信贷的权利。对土地承包权和经营权实行依法同等保护。

二是保障土地承包权权益。土地承包权流转必须遵循自愿、依法、有偿原则。地租归原土地承包权农户。土地承包权人享有长久不变的土地承包权。

三是发挥集体组织服务功能，实行农地重划，促进土地规模流转。

3. 制定农业经营者资格认定和培养制度

农业经营者资格认定制度，是保障农地农用和粮食生产的基本制度；农业经营者培养制度，是促进现代农业健康可持续发展的有效手段。

一是借鉴日本、韩国和我国台湾地区的经验，在国家政策和法律中设置农业经营者资格认定、进入条件、退出机制。在法律上保护农业经营者的合法权利。

二是建立农业经营者国家培养体系。国家设立专门资金用于农业经营者培养，并建立农业经营者培训体系。

三是明确法人不得进入农业大面积租地经营农地。严格用途管制制度，对各种将农用地非农化的做法采取法律禁止行为，并予以依法处罚。

4. 巩固和规范农业合作制度，把合作社办好

新型农业合作经济的发展，决定我国小规模农户经营制度的生命力；专业合作社的健康运行，决定我国农业经营的效率。

一是把农户需求作为衡量专业合作社成效的最重要指标。以专业合作社对农户服务的能力为标准，推进合作经济的发展。防止地方出现片面追求专业合作社数量、忽视质量的倾向。

二是规范和完善专业合作社内部制度建设。落实专业合作社的"民办、民管、民受益"原则，帮助合作社建立明晰的内部管理制度，完善合作社利益分配制度。

三是明确专业合作社的主管单位。改变几个部门争管理权的格局，提高相关部门对专业合作社的服务能力。

四是完善促进专业合作社发展的相关配套政策。试点专业合作社利用自身资产（如农机具、农作物收益）作为抵押物获得信贷的办法。明确专业合作社利用集体土地建厂房、设施，以及农具摆放、粮食烘干设施等的用地政策。

五是制定鼓励专业合作社发展加工业的政策。

5. 完善促进农业适度规模经营的农业支持政策

在实行适度规模经营后，政府对农业的支持政策不仅不能削弱，而且需要进一步强化。需要在继续执行原有的以承包农户为基础的普惠制农业补贴政策的基础上，完善农业支持政策，促进适度规模农业经营形式的发展。

一是制定向规模户倾斜的农机补贴政策。随着新的农业经营主体的组建和实施，将带来农业投资主体的变化。由于经营规模扩大，机械是其主要生产要素投入，新农业经营主体也就成为农机需求的主体。建议各地完善现行农机补贴政策，将补贴资金和对象向适度规模单位倾斜，激励其购置农业机械和设备，从事农业专业化经营。

二是实行促进适度规模经营的土地整理。适度规模经营，要求土地的连片成方和田、水、路、林的综合整理，单个家庭农场无力实施。比较好的解决途径是，将多家实施的土地整理项目进行统筹，进行高标准农田建设，为适度规模农场提供农业基础条件。

三是提供优质、高效的农业技术服务。实行适度规模农场后，农产品品质的要求更高，农业技术服务的需求更高，需要地方政府搭建更完善的农业服务体系，在农技、种子、防疫、生产资料供应等方面提供全程高效服务，提高家庭农场农业经营的效率。

6. 防止地方政府在农地股份合作社发展中刮风

农地股份合作社的发展只能因势利导，不能定指标、搞强迫命令。不能以发展农地股份合作社之名，损害农民利益。不能任意拔高农地股份合作社的地位，刮股份合作社风。

第五章
湖南省农民专业合作社调查

一、湖南省农民专业合作社发展状况

湖南省农民专业合作社起步于 20 世纪 90 年代末期。《农民专业合作社法》于 2007 年颁布后,湖南省出台《实施〈农民专业合作社法〉办法》,农民专业合作社发展进入新阶段。

(1) 发展速度明显加快。2007—2011 年,湖南省农民专业合作社从 3 193 个增加到 10 289 个,4 年间增长了 2.22 倍,合作社成员占全省农户总数比重从 4% 增长到 11.2%。2012 年湖南省农民合作社又有新发展,到 6 月底,全省农民专业合作社累计达到 11 910 个,成员 161.1 万人(户),占全省总农户数的 11.6%。

(2) 创办主体日趋多元化。20 世纪 90 年代,农民专业合作社多由种养大户创办。2012 年乡镇涉农技术站所、农机大户、农村能人、村集体经济组织、供销社、科协、龙头企业等也参与其中。在湘乡市的专业合作社构成中,由农村能人及专业户牵头兴办的占 75%,依托政府科技、供销等部门与农户组合创办的占 10%,乡村干部带头的占 10%,公司领办的占 5%。一些返乡创业的农民和大专院校毕业生领办合作社引人关注。到 2012 年上半年,湖南省参与合作社的大学生已达 1 269 人,不少大学生、尤其是大学生村官成为合作社的领办人。

(3) 合作领域越来越广泛。农民专业合作社多数是在当地主导产业或特色产业基础上组织起来的,如生猪、蔬菜、花卉、水果、食用菌、家禽、水产等。合作社的服务范围已由单纯的技术、信息服务,拓展到生产、加工、销售、融

资等领域。截至 2012 年 6 月底,湖南省农民专业合作社中,种植业合作社达到 5 932 个,占全省专业合作社的比重为 49.8%,畜牧业、林业、服务业、渔业合作社分别占全省专业合作社的 22.9%、11.1%、5.7% 和 5.2%。

(4) 合作社实力和带动能力有所增强。截至 2012 年 6 月底,湘潭市农民专业合作社资产总额 18.5 亿元,年销售收入达 32 亿元,拥有注册商标 85 家,通过农产品质量认证 63 家。湘潭县农民专业合作社注册资金达到 3 500 多万元,合作社辐射带动农户 12.8 万户,实现年销售收入 23.5 亿元,增加农民收入 4.2 亿元。

(5) 合作社发展趋于规范化。湖南省在发展专业合作社中也积累了比较成熟的经验,采取"发展一批、规范一批、提升一批"的原则,保证合作社的稳健发展。具体而言,每年发展一定数量的农民专业合作社,指导已成立的合作社规范运作,将一定数量、办得较好的合作社提升为示范合作社。指导合作社加强内部机构建设,制定章程和财务管理制度,建立风险共担、利益共享机制。湘潭县共有省级示范社 6 家,市级示范社 32 家,县级示范社 40 家。

二、几个农民专业合作社案例

(一) 湘乡市毅兴生猪养殖专业合作社

该合作社于 2007 年 10 月成立,是湘乡市第一家在工商部门注册的专业合作社。由刘毅等 5 个养猪户发起,注册资本 30 万元。合作社成立当年,发展社员 80 户,2012 年已增加到 482 户。合作社盈利按两种方式分配,60% 以上按交易量分,40% 按股金分,大多数社员是按交易量分红,只有 20 多户入股金的农户按股金分红。

2008 年,合作社社员饲养母猪 2 750 头,出栏生猪 5 万头,除每个社员得到销售收入外,合作社还盈利 18 万元,年底第一次分红。交易量最大的一户分得 8 000 多元,最少的一户也分了几百元。股金分红最多的一户分得 6 000 元。2009 年合作社建第一个猪场,并向社员提供了 1 200 头优质种猪,每头种猪价格比市场价格低 300 元。这一年合作社社员饲养的母猪增加了近一倍,达到 5 000 头,年出栏生猪头数达到 9 万头。除每个社员得到销售收入外,合作社盈利 20 多万元。到年终时，合作社除拿出部分利润分红外，留存 9 万元建种猪场。种猪场占地 80 亩，租期 15 年，合作社共投资 200 多万元，资金来源除原入股股金和留存利润外，剩余资金来自吸收的 300 多户农户入社缴纳的股金。到了 2010 年，经湘潭市畜牧局批准，合作社成为湘潭市传统品种沙子岭猪保种基地。为了扩大生产规模，合作社进行了第三次扩股，社员增加到 482 户，注册资金扩增到 500 万元。这一年，合作社除了提供沙子岭母猪外，还提供改良品种母猪 2 000 头，合作社社员实现纯收入 169 万元。到 2011 年，合作社出栏能繁育母猪 6 000 头，年出栏生猪 11 万头，其中，合作社组织销售 8 万多头，每头猪平均 400 元。合作社利润接近 30 万元，分红 20 万元，另一部分利润用于猪场建设。

农户之所以愿意加入，主要还是因为合作社能增加收入。加入合作社后，每头猪可以提高 50~80 元的收益。此外，还有如下一些好处：一是原材料价格谈判的优势。饲料、兽药由合作社直接跟厂家签协议，厂家给合作社按销量的 3% 返还，合作社采购兽药价格比市场价便宜 20%，相当于每年让利给社员 50 万元以上，猪饲料每吨也要便宜 300~400 元，合作社采购后平价销售给社员。二是销售价格的优势。合作社统一销售，每头猪可以高出市场价 10 元左右。合作社在代购生产资料和代销生猪过程中不赚取差价，其利润来源主要是合作社生猪达到一定销售量，生猪购买方有 2%~3% 的返利。三是能获得优良的技术服务和社会化服务。合作社每年组织 20 次技术培训，每月 9 日举行定期的专家讲课培训和不定期的中小型培训班，给社员讲解疾病预防和治疗，母猪、仔猪和育肥猪的科学饲养方法，针对不同品种、不同生长阶段的饲料选择等。合作社还在 8 个乡镇养猪户集中的地方设立服务站，选择一批当地有技术、有经验的养猪户入社，由这些农户充当中间人，向其他社员发放饲料、兽药、组织货源等。四是避免了一家一户分散和规模不经济的劣势。合作社在社员范围内实行统一引种、统一饲料、统一兽药、统一防疫治病、统一检疫、统一收购。2012 年前后，合作社淘汰品种差、低产母猪 1 800 余头，引进优质母猪 1 926 头投放给社员。科学防疫降低了生猪发病率和用药成本，平均一头母猪的年用药成本由原来的 400 元降至 2012 年的 100 元左右，每头商品猪的用药成本由原来的50元降至2012年的20元。饲料定点定厂，由合作社统一采购，既保证了质量，又降低了生产成本，一个常年存栏母猪50头的猪场年节省3万元左右。

在我们所调查的合作社中，毅兴生猪养殖专业合作社的制度建设是比较健全、规范的。合作社建立了理事会工作制度、财务管理制度和岗位责任制度。明确合作社盈利分别按社员交易量和股东股金比率返还。财务钱账分管，张榜公布，一年一次清算。合作社开支1 000元以内的由理事长批准，1 000元以上的由常务理事会讨论通过。所有社员以一人一票的方式决定社内重大事项。

（二）湘潭县军明水稻种植合作社

该合作社于2007年成立，2008年到工商部门注册登记，由7个本村人组成。合作社注册资金180万元，7个人入股资金大小不等，理事长50万元，副理事长30万元，其他5个成员各入股20万元。合作社2012年经营653余亩地，是从两个村140个农户手中租来的，每亩租金600元。土地流转时由村委会出面调解、协商。合作社与每个农户签了20年租地合同，地租随行就市调整。合作社的设备由几个成员合作购置，总投资达132万元。合作社经营土地时，农机服务由自身提供，每亩地75~80元，比市场价低近25元。忙完合作社的农地后，还向其他农户提供农机服务，每亩赚30~35元。由于土地规模扩大，合作社一年要请5个长期工负责田间管理、灌溉，农忙时还要雇短工。

合作社经营1亩地的成本2009年为930元，2010年因用工成本上升增至1 200元，1亩地两季的收入为2 826元，扣除成本和600元的地租后，2010年的亩均净收益为1 026元。合作社经营的653亩地一年的净收益为669 978元，7个合作社成员户均净收益95 711元。

与分散的小农比，合作社有如下优势：一是农资进价更便宜。一袋复合肥，市场价65~68元，合作社进价为46.5元；农药，市场价每亩80元，合作社进价每亩50元，价差为30元/亩。二是机械收割费用更低，市场价每亩90~100元，合作社自我核算为75~80元，不仅省了15元/亩，而且合作社还通过自我服务进帐一笔钱。三是粮食售价更高。合作社收粮比粮食经纪人高3元/斤。另外，合作社的粮食送到粮库还可以赚一笔劳务费，20元/吨。粮食销售价格比散户每百斤高出2~3元。2012年合作社服务农户达到1 000多户，合作社免费向他们提供晚稻种子，由合作社统一收购，比普通稻增收200~300元/亩。农药化肥也由合作社统一进货、统一提供，合作社进价46.5元，按52元提供给社员，市场价是62.5。合作社优质稻的品质效应可使其卖出高价，这使合作社收购社员优质稻时，可免收3元服务费，价格可达160元，如卖给粮食经纪人则仅130元。

（三）湘潭县雁芙生态农牧发展专业合作社

该合作社于2007年8月10日成立。由于资金量大，其他农户怕担风险、不敢入社，合作社由发起人一人投钱，其他人只需缴500元入社费。合作社利润分配，股本占40%、交易量占60%。合作社第一年投入100万元，租地80亩，租期30年，租金20万元，平整场地花了几十万元。这一年从广西引进300万只三黄鸡鸡苗卖给社员，赚了10万元。

2008年3、4月赶上雪灾，一只鸡苗没发出去，鸡棚倒塌，农民亏本，理事长一家一户地到60户社员家里了解情况，并提出解决方案：合作社免费向农户提供鸡苗，共向126户重灾户提供了23.8万元的鸡苗。到当年年底，合作社赚了100万元，养鸡户增加到600户。

在养鸡业发展中，合作社作用巨大。一是为农户提供养鸡技术。合作社每年开展10多次养鸡技术培训活动，几年来共免费培训养殖农户6 000多人次；合作社还组建了12人的技术服务队伍，常年免费上门指导农户进行养殖生产和疫病防治。合作社辐射范围内的商品鸡成活率在95%以上，正品率90%以上。二是规范养殖流程。为提高品质，合作社精选当地优良品种土黄鸡，实行统一鸡苗、统一饲料、统一技术、统一药品、统一销售，分散养殖。坚持品质优化，选用优质土黄鸡，自己加工饲料，严格饲料加工标准；坚持以防为主、防大于治，杜绝药物残留；优化放养环境，控制放养密度，推行山地轮牧放养，实现养鸡与自然生态平衡。三是为养鸡户解决销售问题。合作社在省内外设立了22处产品销售窗口，把养殖农户组织起来与市场对接，保证了产品销售，还提高了价格，农户养殖利润从2006年的4元/羽提高到2012年6.8元/羽。

（四）湘潭县八角香菇专业合作社

合作社理事长冯应龙是该村党支部书记。2001年冬天，县委、县政府引进香菇产业落户八角村。先是成立协会，后改为专业合作社，是湘潭县第一个注册的香菇专业合作社。合作社成立之初种植面积80亩、社员68户。2012年合作社只有80户入股，500元/股，最多的入了10股；大多数社员只入社、不入股。合作社15%的利润拿出来分配，其余用于建设。2012年，合作社香菇种植面积已扩大到700多亩，成为湖南省最大的香菇产业基地。种植户辐射带动周边10几个村的500多户，从业人员由100多人增加到2 000多人。2011年示范区香菇总产量5 600吨，产值4 725万元。立体栽培亩产量由1.5万斤增加到6万斤。2012年全村农民人均纯收入达到10 800元，较种菇前翻了3倍，比2010年增加800元。2011年合作社盈利8万元，除部分分配外，其余资金用于建保鲜库。2012年合作社固定资产200万元。

该合作社除实行统一组织、统一技术、统一采购原材料、统一销售外，重点在科研上下工夫。与大专院校合作成立了研究所，聘任湖南大学计算机专业毕业生来合作社工作，将国防科技大学科技成果"远程自控系统"应用于香菇产业，发明水帘式温控系统，即当外部气温达到40℃时，棚内都能控制在27℃以内，其投资额只有常规空调的1/5，运行成本只有后者的1/10，达到一年四季出菇的目标。合作社还采取立体型育菇、香菇水培法、半生料栽培等技术，节约土地和人工成本，大幅提高香菇出菇率和成品率，促进农民增收。

（五）湘潭县全丰蔬菜专业合作社

该合作社位于湘潭县谭家山镇泉丰村。该村2004年时被湘潭县定为无公害蔬菜基地。2006年，李海中等5户自发组建合作社，经工商局批准成立。2012年社员240户，常年蔬菜种植面积2 000余亩，已经获得无公害蔬菜认定产地1 200亩，提供蔬菜3 800余吨，年亩产值8 000元左右。

合作社经营的土地2 400多亩，其中1 200亩是从农民手上租过来的，每亩租金500元，租期5年。还有一部分是农户以入股方式流转过来的，入股面积

1 200 亩，每股 5 亩，第一期三年，农户每入股一亩土地还需配套出资 200 元作为生产周转金。合作社的纯收益，除提取一定比例风险保障金外，其余按入股面积分配给社员，每亩年收益保底不低于 1 000 斤稻谷。合作社成立后的第一年加入农户 100 多户，经营土地 800 多亩，盈利 2 万多元。第二年加入农户 180 多户，经营土地 1 500 亩，盈利 3 万多元。到 2010 年，合作社盈利 5 万元，其中 3 万元分给股东，1 万元分给销售，留存 1 万元。

合作社平常的开支，一是在采购种子、肥料时利用批零价差提一点成，但供应社员的价格还是比零售价低 10% 左右，二是在销售中提成 1%。

合作社实行"六统一"：一是统一规划品种，实行土豆、杂交玉米、小葱、豌豆尖、萝卜、辣椒、油麦菜、生菜等的成片种植和规模经营。二是统一机械化耕作，统一购置旋耕机，已完成耕耘 650 亩。三是统一采购生产资料，统一定点采购肥料、农药。到 2012 年上旬，合作社已统一采购肥料 20 吨、种子 300 余公斤、薄膜 500 公斤。四是统一组织施肥、打药。五是统一组织产品销售。合作社在超市、学校、企业、批发市场设立基地蔬菜批发点，与外地农产品经销企业签订销售合同，2012 年已经签订辣椒生产订单 300 亩。六是统一包装和申请产品质量安全认证，培育合作社产品品牌。

（六）湘潭县春静水稻种植专业合作社

该合作社位于湘潭县河口镇板桥村。由三姐弟在合资经营湘潭帮农农资配送有限公司基础上于 2010 年注册成立。2012 年有员工 77 人，拥有固定资产 300 万元，流动资金 350 万元。

姐弟三人在 2010 年成立水稻合作社。第一年承包流转 400 多亩耕地，每亩盈利 100 多元。第二年依托水稻合作社，承包土地面积 5 300 亩，涉及 4 个乡镇、17 个村，2 000 多户；承包价格为连片的 500 元，其余的 420 元。2012 年上半年平均亩产达到 800 斤，高的达到 850 斤。

土地经营采取细分的办法，一个村一个大区，由管理员负责，一人负责 50 亩地，合作社与管理员签订合同，与其收入挂钩。工资 1 500 元/月，产量超过 700 斤的，超过部分合作社与管理员按 4∶6 分成。2010—2012 年，取得了不错的效益。

合作社投资 180 多万元购买新设备。资金来源包括社员集资 40 多万元、合作社发起人出资 70 多万元，以及原水稻合作社的积累等。

三、农民专业合作社的新特点

从实地调研以及对几个合作社的解析，我们发现，一些合作社之所以越办越好，显示出合作的生命力，有以下几个共同的特点：

1. 以自愿为基础、以互利为纽带

从几个农民专业合作社的组建来看，都是由一个能人发起，同一产业的其他农户自愿加入。发起人一般是周边从事该行业中较有影响力的大户或企业家，加入的社员一般是从事同一产业的农户。联结合作社成员之间的机制是合作后能产生比单干时更大的利益。发起人之所以组建合作社，其主要目的是为了联结更多农户形成更大的市场影响力，以及通过联合产生规模效益，把产业做大。农户加入合作社的目的，主要是为了利用合作优势降低成本、增加销售，实现比单干时更大的利润。无论是合作社的发起者还是加入者，利益是最主要的联结纽带。当合作产生更大的利益时，加入合作社的农户增加，合作社的经济实力大增；当合作产生的利益减少、甚至无利可图时，农户就会退出，合作社就会陷入困境。由于 2012 年合作社成员之间主要考虑经营利润，合作社主要不是以资金为纽带，而是以销售贡献为纽带。主要原因是，在合作社组建时，大部分资金由发起人出，与发起人关系密切的人辅助出一部分资金，大多数农户加入合作社但不入股金；在合作社利润分配上，以销售额为主，以股金分红为辅。这一特征与我国合作社的发展阶段和农民的合作目的相符。在农民专业合作社的创办与发展中，自愿、互利是必须坚持的基本原则。

2. 农民在市场中的谈判力增强

几个农民专业合作社尽管从事的产业不同，经营规模不等，但有一个共同的特征是，合作社提高了农民在市场中的谈判地位。在讨论我国农业经营主体的劣势时，最常被提及的一点是，农户规模过小且分散，组织化程度低，在市场谈判中处于弱势地位。通过对几个专业合作社的调查，我们欣喜地发现，一旦若干分散的小农通过合作社组织起来，他们在购买生产资料时的谈判力迅即提高，由于有合作社作为载体，以及合作后购买的生产资料规模增大，合作社在各项生产资料进价上显然要低于单个小农，所进的生产资料的质量也更有保证。另一方面，组织起来的合作社在销售农产品时的谈判优势也大大增强，由于合作社销售的农产品规模增大，他们一般能使所销售的农产品卖一个好价钱，购买方也不敢轻易以各种理由压级压价，对合作社的服务水准也提高。另外，合作社在统一组织生产资料购买和农产品销售时，通过少量的批零价差留成和服务费用的节省，解决了合作社日常所需要的资金问题。我们在合作社调查中发现，合作社比小规模分散农户在农资进价和农产品销售上所具有的比较优势，是农民专业合作社最具吸引力的地方之一，也是农业合作社蓬勃发展的内在原因。农民专业合作社在一定程度上为我国过小规模农户进入市场提供了解决之道。

3. 以适度规模经营为前提

从几个合作社的情况看，规模经营是合作社成长与发展的重要因素之一。无论是从事养殖业的农户，还是从事种植业的农户，当他们在组建合作社时，一般更加青睐已有一定经营规模的农户加入，理由是规模户的经济实力较强，合作的互利性更明显，组织的成本也较低。合作社在发展壮大过程中，扩大经营规模也是其重要策略之一。养殖合作社之所以选择扩大经营规模，主要是为了提高规模效益、降低成本、便于防疫和技术推广等。种植合作社之所以选择扩大土地经营规模，主要是为了便利机械耕作和社会化服务，提高劳动生产率，增加土地经营收入。尤其是我们在调查种植和农机合作社时发现，合作社为了提高务农经营收入，一般是寻找土地连片的区域，与村委会商议土地流转条件和方式，实现土地适度规模经营。农民专业合作社是促进以适度规模经营和提高劳动生产率的机械使用的现代农业发展的载体。

4. 实现了分户基础上"统"的功能

从几个农民专业合作社的案例分析看，这些农民专业合作社为了发挥合作优势，在合作社的经营中，都制定了"五"统一的合作方式，无论是养殖合作社、种植合作社还是经营作物合作社，都有这些合作的制度安排。合作社之所以选择"五"统一的制度安排，主要是为了提高合作经营的规模效益。从对几家农民专业合作社的实地访谈了解到，统一种子，可以提高产量数量、质量，解决产品统一销售；统一连片种植，可以便利机械使用和作物统一种植；统一防疫，可以解决病疫的外部性；统一采购，可以降低生产资料进价、提高生产资料质量保证；统一销售，可以提高农产品销售价格。因此，农民专业合作社发挥"统"的职能，不同于集体化时期的强制性集中的制度安排。它通过生产和经营各环节的统一，解决了小规模分散小农的规模不经济问题。农民专业合作社的发展，为提高农业组织化程度、增进农业效率提供了条件。

5. 提高了农业经营主体的投资积极性

从几个农民专业合作社的发展来看，在合作社成立以后，无论是以合作社作为一个整体，还是以加入合作社的成员来看，农业投资额都大大增加。农户加入合作社后，改变了生计性小农由于规模不经济不愿意进行生产性投资的问题，这是农业经营主体增加农业投资的重要原因。由于规模效益的显现，合作社进行农业生产性投资变成一种内在需求，也提高了投资的回报率。以农业机械为例，原来的农户由于规模过小，单家独户进行机械投资不合算。加之农村劳动力的大量外出和劳动力成本上升，小农的生产性投资趋于减少，他们在使用机械的环节主要依赖于机械专业队的服务。随着合作社的组建，农地的经营规模扩大，农业服务半径增大，合作社购置农业机械就变得有利可图。从实地调查看，合作社增加机械投资后，不仅为合作社经营的土地提供了更及时、便利和成本更低的服务，而且还能利用这些机械为其他小农服务，增加合作社收入。因此，农民专业合作社的发展，为农业投资带来新的活力。

6. 推动农业新技术的使用与推广

从对几个农民专业合作社的实地调研来看，农民专业合作社组建后，为了提高农业经营的附加值，增加合作社社员的收入，一般更加重视新品种的引进和新技术的使用，合作社在技术使用和推广上的优势，主要表现在以下三个方面：第一，由于合作社拥有规模优势，新技术的推广方更倾向于将新技术向合作社推广使用。优质稻的推广就是一个典型的例子，种子部门往往首先免费向合作社提供，等见到效益后，再向其他农户普及。第二，合作社一般将新技术的采用与推广,作为提高农业附加值和增加合作社成员收入的重要手段。第三,由于有合作社提供的新品种、新技术和社会化服务,合作社成员使用新品种、新技术的风险更低,增加收入的预期可期。因此,农民专业合作社的发展,成为引入、推广和普及新技术的催化剂。

四、政策建议

1. 进一步明确农民专业合作社在现代农业发展中的地位和作用

经过60多年的探索、尤其是30多年的改革实践,我国已经建立起以家庭为基础、统分结合的农村基本经营制度。这套制度对于农村稳定与农业发展起到了基础性的作用。近年来,随着工业化、城镇化的加速推进,我国农村人地关系发生重大变化,农村生产要素重组加快,劳动投入减少,机械投入增加,我国农业正从以高劳动投入和物质消耗、提高土地生产率的农业发展类型向以增加机械投入为主、提高劳动生产率的现代农业转型。在这一农业转型中,我国的小农快速分化,农民与土地的关系正在发生重大转变,农村生产关系的变革处于十字路口。我们认为,在经济结构高速变革下,从事适度规模的家庭农场加上以利益联结为纽带组建的农民专业合作社,是我国当前和今后时期现代农业发展的制度和组织支柱。2007年出台《农民专业合作社法》以来,我国农民专业合作社呈蓬勃发展之势。为了保持这个良好势头,促进农民专业合作社的健康、持续发展,必须从我国未来农业发展方向的高度,认识农民专业合作社的地位和作用。我们认为,农民专业合作社是经济发展到一定阶段后农村发展的内在需求;是完善我国农村基本经济制度和农业经营方式创新的重要制度安排;是发展现代农业、促进农业现代化的重要载体;是提高农户市场谈判力和组织化程度的重要依托;是解决未来谁来种地问题的一把钥匙。因此,中央需对农民专业合作社的发展给予更高的定位、更明确的政策支持,明确农民专业合作社的法人地位,进一步完善农民专业合作社的法律、法规。

2. 促进农民专业合作社的规范化和制度化

在地方调研中,我们感到,2000年以来农民专业合作社的增速如此之快,与相关扶持政策的出台密切相关,其中不排除有些龙头企业、公司、协会为了享受优惠政策通过换牌转过来的；有些合作社是为了获得补贴由兄弟或亲戚临时组建的。大多数合作社看重的是组建合作社后在购进农资和销售产品上的谈判优势，不重视合作社的管理与制度规范。有些合作社就跟没有围栏的菜园一样，有利就进、无利就出。在我们看来，合作社的生命力主要取决于合作社本身的制度建设，要真正做到"民有、民办、民管、民受益"，合作社必须在完善内部制度建设、强化民主管理与监督、坚持透明的决策程序以及公平的利益分配机制上下工夫，以免合作社成为少数人利用的工具。在政府层面，需要从前一阶段以发展速度为主转向以注重质量为主，做到"发展一批、成熟一批、稳定一批"，工作重心以帮助合作社建立制度、发展产业、增加收入为主，依靠示范社带动合作社发展，把合作社办好、办健康、办持久。

3. 明确农民专业合作社的主管部门

我们在地方调研中发现，前一阶段，财政、工商、民政、农口等部门在支持农民专业合作组织发展中发挥了重要作用，但是，多部门介入也带来农民专业合作组织管理上的问题。比如，财政系统支持农民合作社专项下拨的经费，缺乏项目实施效果的评估；工商部门只注重农民专业合作社登记的数量，对于合作社的经营状况、场所、业务、利益分配等一无所知，无从下手；民政部门只负责专业协会的登记，但大量以协会名义登记的专业合作组织又转到工商名下登记为农民专业合作社，形成重复登记；农口系统是最熟悉农民专业合作组织发展情况的，但是，资金、登记等都在其他部门，造成农口想管农民专业合作社，但没有手段。此外，科委、供销合作社也在农村发展了大量合作社实体。除了管理上的多头和无序，更令人担心的是，合作社在发展过程中，内部融资能力在增强，资金周转量在增加，有些地方发展起资金互助合作社；随着农民专业合作社的不断发展，合作社资金的管理成为一个大问题。湖南省在实施农民专业合作社法中，明确农办是农民专业合作社的主管部门，起到了较好的协调和管理作用。决策者应尽快明确农民专业合作社的主管部门，改变这种多头介入、实际无人管理的局面。

4. 加大对农民专业合作社的政策支持力度

第一，中央和省级政府在农民专业合作社建设与发展方面投入了一定扶持资金，同时也申报实施了个别项目，但项目的个数和资金额度太少，且多部门管理。湘潭县共有合作组织252个，2011年项目总数只有4个，不能真正起到增强农民专业合作社造血功能和发展后劲的作用。我们在地方调研中了解到，中央和省级政府对农业龙头企业的扶持力度较大，相较而言，对农民专业合作社的扶持资金可谓杯水车薪。我们调查发现，农民专业合作社在农村发展中的地位越来越重要，而且农民专业合作社与农户的联系更紧密，带动性更强，财政部门应该加大对农民专业合作社的支持力度，尤其是应重点支持一批经营规模较大、运行比较规范、带动能力较强的示范性农民专业合作社发展。第二，按照相关政策，农民专业合作社在农业生产、加工、流通、服务和其他涉农经济活动中享受相应的税收优惠政策，但在执行中效果并不好。税务部门应加快制定实施细则和操作办法，包括票据申报管理、免税手续程序等，尽快落实税收优惠政策。工商部门尽快明确农业专业合作社工商登记的有关细则和优惠条件。对设立农民专业合作社的登记手续进一步简化，允许从事种植、养殖类的农民专业合作社，依据其生产能力进行初级加工，初级加工产品的销售视同农民自产自销。第三，完善支持农民专业合作社发展的土地政策。允许农民集体建设用地用于合作社厂房、仓储等建设。试点农民合作社土地收益权抵押办法。完善农村土地承包经营权流转，促进农地规模经营。

5. 解决农民专业合作社发展中的金融支持问题

我们在调研中发现，大部分合作社处于起步阶段，自身积累少，发展壮大缺少必要的资金支持。合作社从事农业生产的风险大、收益低，民间、社会资本不愿进入；用地多为集体土地，没有国有土地权证，缺乏贷款抵押物。但是，随着农民专业合作社的创立和发展，对资金量的需求大大增加。创新金融政策是农民专业合作社发展的重要举措。我们认为：一是农村金融部门和其他商业银行要把扶持农民合作社作为信贷支农的重点，每年安排一定额度的贷款，实行联合共保机制，简化贷款手续。二是开展农民专业合作社的信用等级评定，对具备企业法人资格的营利性农民专业合作组织授予一定的信用额度，在各种贴息贷款项目和小额贷款上向农民专业合作社倾斜。三是鼓励农民专业合作组织与农产品加工企业联合建立信用联保中介机构，设立担保基金。

6. 试点和规范成立合作联社

由于农民专业合作社总体规模不大，辐射面小，带动性不强，单个合作社的能力有限，下一步有关部门需要研究发展农民专业合作社联社的相关政策，在一些合作社发展较好的省先行试点，评估风险，形成政策和实施细则，为合作联社的发展做好政策和法律储备。

第六章
黑龙江省绥化市农业发展方式变迁调查

农业发展方式的转变是农业现代化的重要途径。传统农业的特点是小规模、细碎化和精耕细作的家庭农场经营。按照舒尔茨（1964）的观点，在生产要素不发生变化的情况下，传统农业达到低水平均衡，只有引入"新的有利生产要素"才可能实现农业现代化。农业生产方式转变体现为：引入机械化等新的生产要素，调整土地和劳动等原有生产要素的结构，以及改变农业生产经营方式等。

我国工业现代化的基本完成和城镇化的快速发展为农业发展方式的转型提供了条件。农业人口的转移、大量资金投入以及农业经营组织的兴起，都影响着传统的农业发展方式。土地的加速流转推动了适度规模经营，农业人口的转移和农民专业合作社的兴起引起了经营主体的变化，机械化耕作改变了农业耕作方式。这一系列农业发展方式的转型提升了农业生产率，推动了农业现代化，最终实现农业现代化与工业化、城镇化同步发展。

本章以黑龙江省绥化市为例说明传统农区的农业发展方式转变和现代化大农业的发展现状。绥化市坐落于肥沃的黑土地带，是我国重要的粮食生产基地。近年来，绥化市在工业化、城镇化加快发展的同时，推进适度规模经营和农业机械化，促进现代农业发展，农业发展方式发生重大变化，并取得了一定成效。

一、经济结构与农业投入的重大变化

经济总量的增长引起三大产业结构变化，同样，在农业内部也出现相应的结构变化，主要体现在：农业劳动力份额的下降，农业用工的减少，以及农业机械化水平的提升和大型农机的应用。农业要素投入的变化为农业发展方式的

转变提供了前提。

（一） 农业劳动力份额下降

绥化市是我国传统农业地区和国家重要商品粮基地。为了摆脱"农业大、工业弱、财政穷"的局面，2010 年以来，地方政府实施了一系列政策推进工业化、城镇化，尤其是工业增长逆势而上，2010—2012 年落地开工 3 000 万元以上的产业项目 788 个，投资总额 1 941 亿元。经济结构正在发生显著变化，2007—2012 年，绥化市三次产业结构由以农业为主转向工业和服务业加快发展，结构变革带来农业劳动力份额下降，第一产业从业人员从 2007 年的 200.7 万人降至 2011 年的 149.8 万人，减少 50 余万人，第一产业从业人员占比从 6.6% 降至 5.26%。2012 年绥化市城镇化率达到 46%。

（二） 农业用工减少与劳动成本上升

水稻生产的用工大大减少，2007 年用工数为 5.9 日/亩，2010 年锐减至 2.8 日/亩，2011 年继续减少到 2.5 日/亩；种植玉米的用工数量也从 2007 年的 3 日/亩减少到 1.7 日/亩；种植大豆的用工数量下降更加明显，从 2.4 日/亩下降到 0.9 日/亩（见表 6-1）。

表 6-1　2007—2011 年绥化市主要粮食作物每亩用工情况

作物品种	每亩用工	2007 年	2008 年	2009 年	2010 年	2011 年
水稻	用工天数（日）	5.9	3.3	3.6	2.8	2.5
	雇工总费用（元）	157.4	108.2	141.2	146.0	167.2
	平均雇工工资（元/日）	26.6	31.2	37.0	48.0	57.4
玉米	用工天数（日）	3.0	2.2	1.5	1.9	1.7
	雇工总费用（元）	60.0	51.1	59.0	64.0	76.5
	平均雇工工资（元/日）	19.8	21.4	25.1	30.5	37.8
大豆	用工天数（日）	2.4	1.5	1.3	1.2	0.9
	雇工总费用（元）	49.2	35.5	36.7	40.0	38.7
	平均雇工工资（元/日）	20.3	22.6	26.2	34.1	40.8

资料来源：各作物的雇工总费用来自绥化调研数据；平均雇工工资采用黑龙江省数据，由历年《全国农产品成本收益年鉴》中的 2007—2011 年黑龙江省每亩雇工费用与劳动用工（包括家庭用工和雇工）数量相除所得，并根据历年《黑龙江统计年鉴》中价格指数调节；每亩用工天数由二者相除得到。

在农业劳动力大量转移和工农之间劳动力竞争加剧的背景下,农业用工工资显著上升。2007—2011年,剔除价格变动影响后,绥化市每亩水稻的用工工资以21.2%的速度增长;玉米用工的工资增长率达到17.6%;大豆用工工资提高了2倍。我们在实地调研中发现,近年来务农工资保持两位数上涨,甚至出现一工难求的现象。

(三)农业机械化水平大幅提高,尤其是大型农机具增加

截至2011年年末,绥化农机综合机械化率达到86%,比2007年上升12个百分点。2011年绥化市农机总值为34.7亿元,农业机械总动力达到385.6万千瓦,为2007年的1.5倍。2012年春季,绥化共投入农机具4 851台(套),三大作物机收率为49.6%,水稻机插秧率为79.3%,完成春整地328.3万亩,占全部春整地面积的42.2%。

大型机械数量明显增加。2007年绥化拥有大中型拖拉机近2万台,配套农具近2.8万台,2011年大中型拖拉机增至5.8万台,增加近2倍,配套农具8.3万台,增加近3倍,机械动力增长2倍;联合收割机从2007年的842台增至2012年的3 772台,机械动力从4.4万千瓦增至26万千瓦,约增长4倍;电动机从1.2万台增至近1.7万台,增幅约40%;节水灌溉机械从554套增至659套,增幅约20%。

小型机械的数量和动力减少。2011年与2007年比,绥化拥有小型拖拉机台数从8万余台减少至7.2万台;自走式机动割晒机、机动脱粒机等农用收获机械持平;农用机动车减少近1/3;柴油机、农用水泵等排灌机械数量逐年递减。

二、农业经营形式急剧变化

土地流转和规模经营是农业现代化的基础和前提。农业劳动力份额的下降和农业用工的减少,使得农村人地关系发生重要变化,土地快速流转,农业开始实现规模经营。农业经营主体逐渐从单个农户向种粮能手、企业和农民专业合作社集中,其中,农民专业合作社近年来发展迅速,特别是千万元农机合作社,在优厚的国家补贴政策下飞速发展,带动实现从深耕、播种到收割等一系

列农业机械化。

（一）土地流转加快，经营规模显著扩大

自 2007 年以来，绥化市土地流转明显加速。从表 6-2 可以看出，绥化土地流转比例从 2007 年的 7.2% 上升到 2011 年的 18.5%，年增长率为 25%。

表 6-2　2007—2011 年绥化市土地流转情况

	2007 年	2008 年	2009 年	2010 年	2011 年
粮食播种面积（亩）	22 574 775	24 922 545	25 542 630	26 040 195	26 842 800
土地流转面积（亩）	1 626 768	2 877 452	3 540 952	4 237 009	4 967 989
流转给种植大户的面积（亩）	—	—	812 917	653 847	691 892
流转给合作社的面积（亩）	—	—	189 386	650 119	610 537
流转给公司的面积（亩）	—	—	31 508	25 770	16 770
土地流转比例（%）	7.2	11.5	13.9	16.3	18.5

按经营面积划分，到 2011 年，经营规模 1 000～5 000 亩的土地有 182 万亩，5 000～10 000 亩的有 52 万亩，万亩以上的达到 119 万亩，分别比 2010 年增长 32%、34% 和 32%。2012 年，绥化农户共计承包耕地 2 204 万亩，承包户 95.4 万户，户均 23.1 亩。预计规模经营面积（200 亩以上）1 020 万亩，占农户承包面积的 46%。

（二）专业合作社迅速发展

自 2006 年《农民专业合作社法》出台以来，绥化市的专业合作社发展明显加快，从 2006 年的 434 个发展到 2011 年的 3 805 个，2012 年再新增农业合作社 1 311 个，年均增长 70.7%。

从合作形式看，从单一的生产服务、购买服务向加工、仓储以及产加销一体化的产业链延伸。其中，以产加销一体化为主的合作社 1 436 个，以生产服务为主的 1 064 个，以购买服务为主的 74 个，以运销服务为主的 62 个，以加工服务为主的 49 个，以仓储服务为主的 20 个。

从发展主体看，有能人领办型、村组干部领办型、企业带动型、场（院、校）地方共建型等专业合作社。种养大户、农村经纪人等能人领办型合作社

2 451个,占合作社总数的80.7%,其中种植大户领办的1 174个,养殖大户领办的805个,普通农户领办的472个;村组干部领办型合作社302个;企业带动型合作社28个;场(院、校)地方共建型合作社18个。

在各类合作社中,农机合作社由于启动资金大,回收周期长,与现代农业发展关系最大,是绥化市发展现代农业的重点。他们提出了"科学规划、合理布局""农民主办、政府引导""发展为先、规范并重""因地制宜、形式多样"和"典型引带、示范推进"原则,确立了"5~10年建设千万元农机合作社500个""每个千万元合作社规模经营土地面积达到4万亩以上"等目标。在资金扶持方面,每个合作社农机装备投资1 000万元,60%由省补助(利用农机购置补贴补助30%,另外30%由省财政部门负责筹集或协调银行贷款补助),40%由合作社自筹,自筹部分原则上以现金形式支付,不具备现金支付能力的可以贷款,但贷款额度不得高于自筹部分的50%。此外,还制定了农机合作社资产监督管理办法,明确以县(市、区)一级人民政府为监管主体,制定了大型农用机械分配、出售、转让等资产监督和会计准则,以保护国有资产和投资者财产;对农机员进行培训,由厂家组织专家现场培训和巡回指导农机驾驶1 800人(次),2010—2012年连续举办农机农艺专业学历班,400余人次参与。

随着千万元农机合作社扶持政策的出台,绥化市千万元农机合作社超常规发展。2008—2011年,绥化市新建千万元现代农机专业合作社109个,其中农民主办73个,场县共建23个,民企联办10个,乡村领办2个,军民共建1个。期间农机合作社总投资13.85亿元,其中农机设备投入11.01亿元,场库棚建设投入2.56亿元,其他投入3 500万元。2012年农机合作社发展更快,新建千万元农机合作社110个,超过之前合作社数量总和,农机合作社总投资达27.29亿元,其中设备投资21.76亿元。

农机合作社成为农业生产各环节的重要载体。2011年,农机合作社完成机械收获287.3万亩,占全市机械收获面积的20.8%;完成机械播种446.9万亩,占全市机械播种总面积的16.5%;大型拖拉机参与完成秋整地434.7万亩,占全市秋整地面积的22%。农机合作社还拓展了深耕松地面积,增强了土壤蓄水保墒、抗旱排涝能力，提升了土壤有机质，对地力恢复起到显著作用。

（三）农业经营主体趋于多元化

农业经营主体主要有农户、种粮大户、专业合作社、农户联合体、龙头企业、村集体经营和场县共建等。2010—2012 年，随着土地流转和专业合作社发展，土地从小规模经营向大规模、机械化经营转变，农业经营主体也发生相应变化。

在实现规模经营的 1 020 万亩土地中，大户经营面积占 383 万亩，合作组织经营面积为 365 万亩，农户联合体经营面积为 171 万亩，家庭农场经营面积为 38 万亩，涉农龙头企业经营面积为 31 万亩，村集体经营面积为 7.7 万亩，场县共建经营面积为 24.3 万亩。在家庭仍然为主要经营主体的格局下，其他经营主体在向现代农业的发展过程中也有所成长。

三、农民专业合作社的经营与效果

在各类新经营主体中，农民专业合作社的状况是我们最为关注的。我们选取顺达马铃薯种植专业合作社、光辉水稻种植专业合作社和红光现代农机专业合作社进行了实地调研。这三个合作社分别代表了乡镇干部领办型、粮食大户牵动型和千万元农机合作社等不同类型。

（一）合作社的土地获得与合约安排

顺达马铃薯种植专业合作社成立于 2009 年，由东郊乡乡长李亚文带头领办，联合其他 17 户种植大户（耕地 70 亩以上）共同组建成立。成立之初，合作社拥有承包地和流转地共计 700 亩。2009 年合作社租入 3 000 亩耕地，每块耕地面积约为 10 ~ 20 亩，其中 70% ~ 80% 是农户的承包经营地，也有部分村机动地，地租为 420 元/亩，合同时效为一年。2010 年，合作社扩大规模租入耕地 5 600 亩，作业范围扩展到 2 个村，固定地租为 500 元/亩，租期 5 年。2011 年合作社土地流转面积达到 8 600 亩地，大部分流转土地的租金仍为 500 元/亩。但也有部分土地入股，共有 211 户村民的 3 000 亩土地入股，农户最终在租金收入之余分得利润 500 元/亩。2012 年合作社的土地流转面积达到 1.2 万亩，其中 6 000 亩土地签订 5 年出租协议，6 000 亩土地入股。

光辉水稻种植专业合作社位于兰西县长江乡聚宝村，2009 年 2 月由水稻种植大户邹晓辉等 5 户农民共同组建。邹晓辉在合作社成立之初已经租入 800 亩耕地，其中 2002 年租入的 500 亩为重度盐碱地，价格约 100 元/亩，协议期 25 年；2003—2009 年，邹晓辉又陆续从集体和个人手中转租 300 亩土地。合作社成立之初，其他 4 名理事拥有耕地 30～100 亩不等，加上邹晓辉的 800 亩地，共有耕地 1 000 亩。截至 2012 年，合作社已达到 5 000 亩的水稻种植规模，年均租入耕地 1 000～2 000 亩。随着合作社土地流转面积成倍增加，地租也保持每年 100 元/亩的涨幅。

兰西县红光现代农机专业合作社成立于 2011 年，发起人兼理事长是建筑行业出身的卢少良，他与其他 4 名村民出资 400 万组建成立合作社。2011 年年初，合作社主要通过出租农具代耕玉米，共计 2～3 万亩地。2012 年合作社租入耕地 4 000 亩种植万寿菊。这 4 000 亩地是合作社向红光村和义发村 300 多户农户租入的，签订了 5 年租地协议，租金为 500 元/亩，分 3 年 3 次交足租金，同时约定租金随着市场价格调整。2012 年，合作社恰逢义泉村整村搬迁，租入义泉村全村 4 000 亩土地，协议时间为 15 年，地租 3 年一交，并按市场价调整。

（二）合作社的投资与经营

各合作社在规模扩大以后，投资也明显增加，经营方式发生重大变化。顺达马铃薯种植专业合作社在成立后，18 户成员又出资 400 万现金（其中贷款 200 万）组建千万元农机合作社，购入 28 台农机，实现马铃薯的大机械耕种；还投资建设 300 万元的仓储库、300 万元的机械场库棚和 100 万元的办公楼。县政府也对该合作社给予大力扶持，分别投资 10 余万元打 12 眼机井、40 万～50 万元建设 300 米指针式喷灌设施，并低价转让 20 万元的建设用地 30 亩。

随着机械投入增加，劳动投入递减。以顺达合作社的马铃薯种植为例，一亩地的雇用劳动力共计 2～3 人/日，这包括起、捡、撒药等所有手工工序。用工工钱约为 200 元/亩，但由于务农劳动力供求变化，用工成本 2011 年上涨至

250~260元/亩。

顺达合作社成立后,在生产资料购买上显示出明显优势。在种子投入上,2011年合作社每亩投入300元左右,购买种子价格为2.14元/斤,比散户低0.4~0.5元/斤;在化肥投入上,每亩需要120斤左右,共计165元,每亩比散户购买价格低5~15元;在农药投入上,合作社每亩计310~320元,每亩比散户低20~30元。可见,在种子、化肥、农药等生产成本上,每亩耕地合作社比散户节约约100元。

光辉合作社随着耕地面积的扩大,通过购买加租用农机的方式,基本实现全面机械作业。合作社投资100万元购买农机设备,获得国家对专业合作社的30%农机补贴。合作社2012年有农机具60台套,主要包括6~7台农用车,20台长阳机,10多台小型拖拉机和2~3台收割机等。同时,水稻耕种的众多环节仍需租用大型的农用机械,如合作社40%的耕地需要租用单价为30~40元/亩的整地机械,30%的耕地需租用100元/亩的插秧机械,80%的耕地需租用100元/亩的联合收割机。该合作社还进行了一系列基础设施建设。2010年,合作社投资300万元进行基础设施建设,资金主要来源于2009年的利润和自筹资金。合作社占地总面积为1万平方米,包括育种大棚300余栋,办公室14间,5 000多平方米的水泥晾晒场,2 000余平方米的库房80间,500余平方米的车间20间,以及电力设施50千瓦变压器1台,输电线路1 500延长米,供水机房4个、供水泵10台套,加工水稻设备1套。合作社还发挥水稻种植大户的技术优势,在规模经营的基础上提升水稻品质,注册了自己的品牌"河顺牌"大米和杂粮,大幅度提高了水稻的市场价格和销量,增收显著。

红光现代农机专业合作社,截至2012年,拥有1 000万元的农业机械,包括除草机、拖拉机、割稻机、整耕机、播种机等各种农机37台(套),另有2台大型进口播种机和数台多功能整地机。合作社还自费投资厂房等共计800余万元。其中,库房200万元,加工车间200万元,办公室150万元,万寿菊的发酵池、生产线200万元,以及办公用地90万元。合作社的经营由代耕经营和自我耕种两部分组成。2011年红光合作社全部通过租出设备获得代耕收入,共代耕玉米地2万~3万亩;2012年,合作社租入6 000亩地种万寿菊,另租入

4 000亩地从事玉米规模经营,还代耕4万亩地获得收入。

(三) 合作社的绩效

在规模经营和机械化基础上,农业生产方式发生转变,合作社绩效明显改观。

顺达马铃薯种植专业合作社,2011年实现商品薯单产2吨,种薯单产3吨。2011年订单价为0.7元/斤,商品薯亩均产值达2 800元,亩纯效益1 700元。种薯亩均产值为4 200元,亩纯效益4 400元。合作社按利润的10%提取公积金,60%进行股份分红,再按入社社员产品交易量大小进行二次返利,提取利润的30%进行分红。随着规模经营的扩大和合作社经营步入正轨,合作社成员收益不断提升。2009年合作社成员每户分红32万元,第一次尝到了大规模连片经营的甜头;2010年合作社在留存10%风险金之外,每个成员多分配收益8万~10万元;2011年合作社亩纯收入1 300元,获得纯利润共计510万元。扣除公积金51万元,平均每股纯利润分红4.6万元;按交易大小以每吨88元的标准进行二次返利,平均每股又获得二次返利2.3万元。入股社员平均每人获得分红36万元,大股东分得70万~80万元,小股东分得20万元左右。

光辉水稻种植专业合作社,自成立以来,逐渐实现大型农机作业,并突出高质量水稻的品牌化销售战略。2009年合作社每亩水稻产值1 300元,水稻价格为1.35元/斤,纯收入为500元/亩;2011年水稻每亩总收入为1 600~1 700元,除去生产成本700~800元,每亩实现纯收入约900元。另外,"河顺牌"有机稻每斤单价更高达20~30元。合作社成员分配收益迅速增加,2009年,邹晓辉从合作社分得200万元收益,其他合作社成员每人获得20万元分红。2010年合作社进行了300万元投资,合作社分配利润下降。2011年,合作社纯收入260万元,除去提取公积金25万元,提取扩大再生产95万元和留有未分配盈余20万元,社员共分配利润120万元。

红光现代农机合作社,2011年全部收入来源于代耕经营,获得纯收入不足100万元。2012年合作社拓展经营方式,收入大幅提升,其中,6 000亩万寿菊实现销售收入800万元，4 000亩玉米规模耕种实现销售收入100万元，同时，合作社代耕4万亩地实现100万元收入。

四、绥化现代化农业的投入产出分析

在劳动力转移、土地流转增加和农业机械化的协力作用下，绥化农业生产方式发生转变，从小规模的传统农业向适度规模经营的现代化农业转型，农业生产率大幅度提升。下面分析绥化市农业转型进程中的农业投入产出绩效。

（一）产量和收益增长

一是产量增加。2007—2011年，绥化市的粮食产量实现了五连增。2011年粮食总产量为1 456.9万吨，比2007年增产603.3万吨，年均增长率为24.7%，而同期全国粮食总产量增长率为3.3%。在粮食总产量增长的同时，几种主要粮食作物玉米、水稻和大豆产量均有显著增长。如表6-3所示，2007—2011年玉米年均增产109.8万吨，水稻年均增产14.5万吨，大豆年均增产1.39万吨。可见，不论从绝对量还是从增速看，绥化现代农业发展都取得了显著成效。

表6-3　2007—2011年绥化市主要粮食作物产量表　　（单位：万吨）

投入产出	2007年	2008年	2009年	2010年	2011年
粮食总产量	853.60	1 082.70	1 119.40	1 345.70	1 456.90
玉米	560.80	730.60	812.10	994.10	1 109.70
水稻	198.30	221.50	211.20	243.60	270.60
大豆	49.09	78.46	75.02	81.26	56.04

二是粮食种植净收益增加。水稻2007年亩均成本为366元，2011年上涨到554.6元，涨幅为51.5%；水稻总收益从707.4元/亩上涨至1 572.3元/亩。由于收益上涨幅度超过成本，2011年种植水稻的净收益为2007年的2.6倍。每亩玉米的种植成本从2007年的224.6元上涨到2011年的359.8元，总收益从483.4元上涨到977.8元，净收益从257.6元上涨到565元，上涨幅度为219.3%。大豆2007年的亩均成本为164.3元，亩均收益为423.4元，净收益

为 247.8 元；2011 年，亩均成本为 224.4 元，亩均收益为 675.3 元，净收益为 373 元，净收益涨幅为 150.5%。

（二）农业规模经营与农业生产率提高

随着劳均耕地面积的增加，农业劳动生产率（劳均产量）和土地产出率（亩产）都呈现明显的上升态势。除去 2006—2008 年的短暂下滑，绥化农业生产的规模呈稳步上涨趋势，平均增长 4%。随着土地规模的扩大，2011 年劳均产量为 2001 年的 2.9 倍，亩产为 2001 年时的 1.5 倍。

随着土地经营规模的扩大，农业生产率呈现先降后升的趋势。我们将劳均耕地面积分为 11.5 亩/人以下、11.5~17 亩/人、17 亩/人以上三个规模组，各组相对应的平均亩产分别为 366.8 公斤、319.9 公斤以及 542.8 公斤，可见随着土地经营规模的扩大，亩产先降后升，且在 17 亩规模组以上出现倍数的增长趋势。

按照不同规模分类，劳均产量也呈现出同样的趋势。三个规模组的劳均产量分别为 4 094.6 公斤、3 932 公斤和 9 727.7 公斤，同样呈现先降后升的趋势，并在大规模组以上出现倍数增长。可见，绥化市的农业生产率随着规模的扩大呈现出大幅度增长的趋势。

（三）各类投入对农业产出的贡献变化

通过对绥化 2001—2011 年农业生产的要素关系的计量分析，我们得到劳均耕地、机械化程度、劳动力数量与劳均产量的关系如下：

$$劳均产量 = -29\,426.66 + 934.94 \times 劳均耕地 + 2.66 \times 机械化程度 + 98.73 \times 劳动力数量 \quad (1)$$
$$(7.5^{***}) \qquad (8.01^{***}) \qquad (15.93^{***})$$

式（1）的拟合系数为 0.99，且三个解释变量都在 1% 水平上显著。由上式可知，绥化农业劳动生产力的提升主要来源于耕地、机械化和劳动力三个要素的变动。其中，当劳均耕地规模增加一单位，可能引起劳均产量 935 单位的提升；机械化提升 1%，则会引起劳均产量 2.7% 的变动；而劳动力的变动会引起劳均产量 98.7 倍的变化。

$$亩产 = -2236.04 + 45.42 \times 劳均耕地 + 0.20 \times 机械化程度 + 9.25 \times 劳动力 \quad (2)$$
$$\quad\quad\quad\quad\quad (4.27^{***}) \quad\quad\quad (7^{***}) \quad\quad\quad (17.49^{***})$$

式（2）较好地拟合了绥化土地产出率与劳均耕地、机械化程度和劳动力三个要素的关系，拟合系数为 0.99，且三个解释变量都在 1% 水平上显著。由该式可知，劳均耕地规模增加一单位，将增加亩产近 45.5 单位；而机械化提升 1%，则会引起亩产 0.2% 的变动；而劳动力的影响系数为 9.25。

下面再看看三种主要粮食作物的各种投入要素和要素比例的变动、各类要素投入与农业产出的关系。如表 6-4 所示，我们剔除了要素价格以及历年价格变动的影响，分别考虑水稻、玉米、大豆三种主要粮食作物的要素投入变化，主要包括劳动力、机械动力、化肥、种子价格、收购价等要素。

表 6-4　主要粮食作物的投入产出表

作物种类	投入产出变量	2007 年	2008 年	2009 年	2010 年	2011 年
水稻	单产（斤）	898.00	1 015.00	963.80	1 032.00	1 063.20
	化肥（斤）	36.36	32.63	47.97	42.29	42.74
	机械动力（瓦）	50.01	90.66	97.48	104.07	145.33
	劳动力（日）	5.92	3.26	3.60	2.76	2.50
	种子（斤）	12.38	9.40	5.97	8.34	10.44
	收购价（元/斤）	0.78	0.91	1.02	1.24	1.47
玉米	单产（斤）	917.20	1 054.00	990.00	1 242.00	1 242.60
	化肥（斤）	8.63	7.79	10.62	9.66	10.64
	机械动力（瓦）	36.94	53.58	59.69	72.97	74.78
	劳动力（日）	3.03	2.24	1.50	1.91	1.74
	种子（斤）	1.53	1.45	2.57	1.14	1.20
	收购价（元/斤）	0.51	0.51	0.54	0.60	0.78
大豆	单产（斤）	217.60	281.20	290.20	360.00	322.20
	化肥（斤）	4.56	5.21	6.71	7.17	5.49
	机械动力（瓦）	37.77	43.02	65.43	75.36	65.78
	劳动力（日）	2.42	1.47	1.32	1.19	0.88
	种子（斤）	2.46	2.00	2.40	0.73	0.63
	收购价（元/斤）	1.90	1.77	1.85	1.84	2.07

资料来源：单产、产值、生产要素（化肥、机械动力、劳动力、种子）价值等资料由绥化市委提供；根据 2008—2012《全国农产品成本收益年鉴》中黑龙江省的水稻、大豆、玉米的生产要素价格，以及 2012《黑龙江统计年鉴》中生产要素价格指数，将生产要素价值调整为生产要素使用量。

表 6-4 是 2007—2011 年三种粮食作物的投入产出表。其中，水稻的单产从

449公斤增加到531.6公斤，年均增长3.4%。各种要素投入也出现较大变动，化肥年均增长3.3%，机械动力年均增长23.8%，劳动力年均下降15.8%，种子年均下降3.4%，收购价年均上升13.5%。化肥、机械、收购价出现与单产同方向变动，其中化肥的变动最同步，机械增长幅度更大；劳动力、种子与单产呈现反向变动，说明劳动力的转移和种子价格的下降有助于单产提升。

玉米在单产年均增幅为6.3%的同时，化肥使用量保持年均4.3%的增幅，机械动力年均增长15.1%，劳动力年均下降10.5%，种子年均下降4.7%，收购价年均增长8.9%。与水稻一样，化肥、机械和收购价呈正向变动，化肥的增长幅度接近单产，机械的增长幅度约为单产的2.5倍；劳动力和种子呈反向变动，劳动力下降幅度约为单产的2倍。

大豆单产保持年均8.2%的增幅，在各种生产要素中，化肥年均增长率3.8%，机械动力年均增长率11.7%，劳动力年均下降18.3%，种子年均下降23.8%，大豆收购价年均增长1.7%。可见，化肥、机械、收购价仍然与单产呈正向变动，其中机械增长率较水稻和玉米低；劳动力降幅为单产的2倍有余，种子降幅近3倍。在水稻、玉米、大豆的生产中，各要素对单产的影响是定性的。机械动力、化肥和收购价的增长将引起单产的增长，而劳动力和种子的增加则会引起单产的降低，但各要素的变动幅度随作物品种而变化。

为了更清楚地说明机械化水平对绥化农业生产的影响，我们绘制了各种作物的投入-产出系数表。

由表6-5可知，机械化水平和单产的相关系数为0.9左右，在三种粮食作物生产中都保持很高的正相关性，而劳动力则主要表现出负相关性，但在玉米的种植中出现了例外。由此可见，农业机械化水平的提升对农业生产率的提升有重要的积极作用。正因如此，政府应积极扶持和推进农机化，特别是千万元农机合作社的发展。

表6-5 主要粮食作物投入-产出的相关系数

作物品种	化肥	机械动力	劳动力	种子	收购价
水稻	0.16	0.93	-0.98	-0.16	0.85
玉米	0.63	0.90	0.61	0.85	0.79
大豆	0.81	0.89	-0.91	-0.82	0.08

五、发展现代化农业、提高农业经营效率的政策建议

（一）关于农业现代化与工业化、城镇化同步发展

为了摆脱"粮食大县、财政穷县"的局面，与我国许多农业大县一样，绥化市也加快了工业化、城镇化进程，并利用其靠近大庆市的优势与农业竞争优势，工业发展初战告捷。绥化市结构变革尽管处于起步和加速阶段，但是，有几点是对其他农区推进工业化有启示意义的。一是，绥化市的工业化、城镇化是与农业现代化同步推进的。绥化市工业份额大幅度上升，农业的增加值和份额也同时上升，在当地政府的决策和实际工作安排中，将农业摆在实实在在的举足轻重的地位，对农业的投资显著提高，对农业经营体制的创新探索富有成效，避免了工业化加快、农业萎缩的局面。二是，绥化市在处理三化关系时，以产业发展为立足点，通过大力发展产业，促进农村劳动力非农就业，也为人口城镇化打下基础，避免没有产业基础和人口聚集的造城导致的不可持续性。三是，工业化与农业化形成良性互动。在推进工业发展时，十分注重利用农业资源优势，大力发展粮食加工业和现代牧业，促进农业与工业之间的资源转化与价值延伸，既为工业发展提供基础，也提高了农业产业的盈利能力与空间。

（二）关于规模经营

绥化市为了建设现代化大农业，促进传统农业向现代化大农业跨越，充分利用当地土地资源禀赋优越的特点，在农业劳动力大量流出的前提下，适时推进土地规模经营，土地流转面积已达40%，并在35%的土地上实现规模经营。在推进规模经营过程中，倡导大户经营、农户互助和粮食专业合作社经营，积极扶持农机合作社实现规模经营，取得了较好的效果。我们认为，在我国东北土地资源富集区，以及劳动力转移规模较大的地区，地方政府因势利导地推进土地流转和规模经营的时机已经成熟。但是，政府也必须要掌握好推进规模经营的火候，由于规模经营涉及劳动力转移程度、农民对土地的观念以及土地承包权与经营权分离等问题，在规模经营的实践中，要谨防过快过猛地推进土地

流转，驱逐农业生产力，甚至强迫流转，造成土地流转后遗症。

在推进规模经营中，我们认为有几个问题亟待进一步予以明确：

一是实行规模经营需要以提升农业生产率为目标。随着土地规模的扩大，农业劳动生产率和土地生产率都体现出先降后增的趋势，而根据农业规模经营的普遍规律，农业生产率将在某一规模或规模区间达到峰值转而下降，因此，过分强调土地规模的扩大不利于农业生产效率的提升。应科学研究各地区的规模经营标准，探索适合自身特点的适度规模经营之路。

二是规模经营是各种生产要素匹配度的结果，而不是简单地扩大规模。规模经营要求机械、劳动投入、土地规模的良好组合，其中任何一种要素匹配不够，都会影响规模效益。因此，在推进规模经营时，既要防止因土地规模过小影响其他生产要素的利用效率，造成规模不经济，也要防止单方面追求土地规模扩大，而其他要素投入不匹配，导致土地利用效率降低。

三是要处理好土地流转与保护农民土地承包经营权的关系。家庭联产承包经营制是农村生产经营制度的基础，承包经营权是每个农户的基本财产权利，过快推进规模经营，必然涉及大规模连片流转多户农民的承包地，这将有可能触动农民生存的根本，也有可能因为短时间内土地流转需求过大出现地租大幅度提升，要在考虑推进规模经营效益的同时，顾及农民失去土地承包经营权造成的社会后果。

四是适度规模经营需要与劳动力转移的速度和趋势相适应。2000年以来，绥化市城镇化进程加速，但2012年仍有150万农业从业人员以及54%的农村常住人口。劳动力的转移是农村的推力和城市的拉力共同作用的结果，固然农业发展要求大量劳动力尽快转移，但城市吸收剩余劳动力需要建设良好的就业环境、平等的教育和社会保障等制度，因此不宜操之过急。

（三）关于农机化与农业现代化关系

主要农业国家的农业现代化有两种模式，一种是以美国、加拿大为代表的资本密集型的大规模农场生产；另一种是以日本为代表的劳动密集型的小规模农场生产，也达到较高水平。绥化地区是天然的农垦区，寒地黑土的土壤属性更加适宜农业的大机械化耕作。绥化大力发展农机耕作，提高农机化率，对推进农业现代化起到了至关重要的作用。

为了推进大农业机械使用，绥化出台了一系列政策，农机合作社的数量和规模空前增长，作业范围和规模经营面积大幅度提升。相比之下，小型机械不断萎缩。在实地调研中，我们认为，大型农机合作社与粮食专业合作社的机械发展政策应该有衔接，即农机合作社主营大型农机具，粮食合作社也拥有一定规模的小型机械。调研发现，千万元农机合作社的机械产能约满足5万亩地，土地规模超过实际拥有面积，出现农机合作社代耕大农户和粮食合作社土地的现象；此外，农机合作社主营大型农机具，基本用工约为原有耕种方式的1/10，因此若全面发展农机合作社，则会大量挤出农村劳动力，而粮食合作社依托于种粮能手、大户，走精细农业的道路，用工量确定，约为2人日/亩，便于解决农村劳动力就地就业问题。因此，在推进农业机械化时，不是单纯的机械越大就越先进、越现代，一定要处理好不同机械的匹配度和适用性，提高农业机械的利用效率。

农业机械化是转变农业生产方式的核心内容，也是农业现代化的必然趋势，绥化有良好的农机化的实现条件，但是农机的发展，特别是大型农机具的增长，应与现有农业生产方式和劳动力素质相适应。一是农业生产方式要求适当的农业机械化水平。农机化水平的提升趋势超前于农业生产方式的转变速度，可能造成结构性失衡。在农业生产方式转变的过程中，农业机械化水平与土地规模和劳动力数量等要素相互影响，共同推动农业现代化。只有劳动力的转移，才能调整人地关系，实现规模经营；只有土地规模的扩大，才能提升农业机械化需求。二是不宜过快扩张大型农用机械的发展规模。大型农机具具有前期投资大、回收期限长和风险较大等特征，应酌情发展。自2007年以来，绥化农机化的显著特征就是大型农机具的迅速增加。在千万元现代农机合作社的快速发展带动下，大型农机具从400台增加到3 028台，仅2012年一年就增加了1 529台，比之前大型农机具总量增加一倍。与此相适应，应当慎重考虑一系列问题，如经营者是否有应对大型农机具投资大、风险大的对策，如大型农机使用者是否能迅速掌握操作技巧和保养经验，又如大型农机具的代耕面积是否能满足。

在未满足这些条件下过快推进大型农机具发展，可能引起农业投资的扭曲或打击农业生产积极性。

（四）关于农机合作社的良性发展

红光现代农机专业合作社原则上装备投资达1 000万，其中由国家的农机购置补贴和省财政部门筹集或协调银行贷款补助共同构成60%的补贴总额，其余40%由合作社自筹现金，不足者可以贷款，限额为200万元。这意味着，400万（甚至200万）的现金投资可以获取600万的直接补助。这种发展大型农机合作社的方式存在一定问题，应该予以完善。

首先，农业机械作为固定资产，其投资量应由农业生产者在市场经济条件下决定，过度补贴可能引起农机合作社虚增。就当前形势而言，仅2012年绥化的农机合作社数量就增加一倍，投资总额达27.29亿元，约为绥化全年财政收入的1/3。巨额的农机补贴必然会扭曲资源配置，造成农机合作社的过度发展和大型农机具的过剩投资，同时也挤压工业、服务业和农业等其他补贴数额。

其次，农机合作社资产中国有资产比例过高且权利分配不清，可能造成未来国有资产流失。根据黑龙江省农机合作社政策规定，60%的国家扶持资金所形成资产的产权属于国有，但是，合作社可以用其使用权进行贷款抵押，当出现不能偿还的情况时，可能侵蚀国有资产；由于合作社的自身贷款或省补助资金贷款均以合作社为贷款主体，贷款担保抵押由财政部门、合作社与银行协商，无法区分抵押来自国有资产还是来自自有资产；此外，绥化市规定，由财政部门和农机管理部门批准，农机合作社可以在折旧期限内出卖国家投资或者补贴购置的大型农业机械。这些规定都与合作社对国有资产的使用权而非所有权相冲突，可能引发未来的国有资产流失。

第七章
山东省供销社的服务规模化试验

近年来，随着国民经济结构的重大变革和城镇化进程加速，中国农业发展方式正在经历一场重大变革，农业劳动力成本上升诱发农业投入方式变化（主要表现为农业劳动投入减少，机械投入增加），农业生产率从以提高土地生产率为主向以提高劳动生产率为主转型，农业全要素生产率（TFP）上升。与此同时，农业经营制度安排也在发生变化，一些地区的土地流转速度加快，经营规模有扩增之势，经营主体和经营方式呈现多样化。但是，关于中国农业发展方式如何转变的观点不一，对于地方实践的看法存在重大分歧，有关中国农业现代化道路如何走的探索还将继续。我们能做的是在对地方探索进行深入调查的基础上进行客观分析，总结这些变化的内在规律和约束条件，在此基础上归纳可能的路径和制度安排。

山东省供销社的探索从土地托管起步，由外出打工的农民将所承包的土地以全托或半托方式委托给供销社经营和服务，到供销社与村集体经济组织采取"社村共建"，两者在服务农民与组织农民上各司其职，从扩大服务规模，再到按照农业服务半径，建立为农服务中心，形成"三公里"托管服务圈，提高服务规模报酬，实现服务提供者（供销社）的服务规模扩增和效益增加，以及被服务者（农户和其他经营主体）生产更加便利和成本降低，正在走出一条以服务规模化为核心实现农业现代化的路子。为此，我们对山东省供销社近年来的探索试验进行了长期观察与跟踪，对一些试验点进行了实地调查。

一、单纯扩大农地经营规模实现不了农业现代化

土地规模过小、细碎化程度高，一直被认为是妨碍我国农业现代化的突出

问题。土地流转不畅、制度不健全被认为是妨碍土地规模经营扩大的重要因素。近年来，随着我国农村人口向城镇流动份额加大，"80后""90后"成为农村劳动力转移主力军后所带来的观念变化，加上各级政府的行政和政策推动，我国的农地流转呈加快之势，一些大规模的农业经营主体正在各地涌现。但是，在我国资源禀赋和城镇化路径制约下，片面追求扩大农地经营规模的负面效果也在显现，一些地方的推动不仅没有达到提高规模报酬的效果，还影响到农民的土地权利，甚至对农村社会稳定造成不良后果。

（一）农地流转加快，但土地租金和雇工费用上升，农地规模经营利润下降

20世纪80年代初到90年代初，全国土地流转比例很小。根据全国农村固定观察点调查资料，1984—1992年间完全没有转让过耕地的农户比例达93.8%，转让一部分耕地的农户比例仅1.99%。到2003年时，土地流转比例有所增加，农业部农村固定观察点对全国东、中、西部20 842户的抽样调查显示，全国土地流转面积占总耕地面积的9.1%。

近年来，全国土地流转面积呈现快速增长态势，土地流转面积明显增加。截至2014年年底，全国家庭承包耕地流转总面积达到4.03亿亩，是2010年的2.16倍。农地流转总面积占家庭承包经营耕地面积的30.32%，比2010年提高15.65个百分点（见表7-1）。分地区来看，中部地区的流转率最高，增长速度也最快，东部次之，西部流转比例最低，增长速度也较慢。到2013年年底，东部地区土地流转率达到26.06%，中部地区为30.64%，西部地区为19.53%，分别比2011年增加10.44%、7.5%、5.28%（见表7-2）。发达地区的农地流转比例已经很高，截至2013年年底，上海市、北京市、江苏省和浙江省的承包耕地流转比重分别达到65.81%、48.79%、56.96%和45.32%。部分传统农区的农地流转比重提高很快，截至2013年年底，黑龙江省、安徽省和河南省的承包地流转率分别达到了44.39%、33.43%和33.18%，高出全国26%的平均流转率。

表 7-1　土地流转率的变化

	2010 年	2011 年	2012 年	2013 年	2014 年
承包耕地面积（亿亩）	12.73	12.77	13.10	13.27	13.29
流转面积（亿亩）	1.87	2.28	2.78	3.41	4.03
流转率（%）	14.67	17.85	21.25	25.70	30.32

表 7-2　东、中、西部土地流转率的变化

	2011 年			2013 年		
	东部	中部	西部	东部	中部	西部
承包耕地面积（亿亩）	3.55	5.15	4.08	3.59	5.25	4.43
流转面积（亿亩）	0.66	1.04	0.58	0.94	1.61	0.86
流转率（%）	18.56	20.20	14.25	26.06	30.64	19.53

伴随土地流转的加快，农地经营主体也在发生变化。从流转土地来看，尽管农户仍是土地转入的主体，但接包主体趋于多元化。2014 年，在全部流转耕地中，流入农户的比例占 58.31%，土地向其他主体的流转依次为：农民专业合作社占 21.84%，企业占 9.68%，其他主体占 10.17%。值得注意的是，与 2010 年相比，流入农户的土地比例下降了 11.04 个百分点；流入农民专业合作社的土地比例上升了 10.01 个百分点；流入企业的土地比例上升了 1.62 个百分点；流入其他主体的土地比例降低了 0.58 个百分点（见表 7-3）。

表 7-3　耕地流转转入主体

		2010 年	2011 年	2012 年	2013 年	2014 年
农户	面积（亿亩）	1.29	1.54	1.80	2.06	2.35
	比例（%）	69.35	67.54	64.75	60.41	58.31
专业合作社	面积（亿亩）	0.22	0.31	0.44	0.69	0.88
	比例（%）	11.83	13.60	15.83	20.23	21.84
企业	面积（亿亩）	0.15	0.19	0.25	0.32	0.39
	比例（%）	8.06	8.33	8.99	9.38	9.68
其他主体	面积（亿亩）	0.20	0.24	0.29	0.34	0.41
	比例（%）	10.75	10.53	10.43	9.97	10.17

分地区来看（见表 7-4），东部地区转入农户的耕地比例要低于中、西部地区，流入企业的耕地比例要高于中、西部地区。2011—2013 年，中、西部地区流入农户的耕地比例也迅速下降，流入专业合作社与企业的耕地比例有所增加，其中，流入专业合作社的耕地比例分别增加了 9.69% 和 5.34%。

表 7-4 东、中、西部耕地流转转入主体

		2011 年			2013 年		
		东部	中部	西部	东部	中部	西部
农户	面积（亿亩）	0.37	0.80	0.37	0.51	1.05	0.50
	比例（%）	56.61	76.51	64.23	54.31	64.98	58.01
专业合作社	面积（亿亩）	0.11	0.14	0.05	0.20	0.37	0.13
	比例（%）	17.38	13.12	9.41	21.34	22.81	14.75
企业	面积（亿亩）	0.06	0.05	0.07	0.10	0.10	0.12
	比例（%）	9.86	5.09	12.55	10.39	6.27	14.32
其他	面积（亿亩）	0.11	0.05	0.08	0.13	0.10	0.11
	比例（%）	16.16	5.28	13.81	13.96	5.93	12.92

从耕地经营的整体格局来看，农地经营正在从农户单一主体向农户与专业合作社、企业等多主体共营转变。在经营主体中，农户虽然仍然占据主导地位，但近年来其经营的面积与比例都在下降，如表 7-5 所示，2010—2014 年，农户的耕地经营面积由 12.15 亿亩下降到 11.61 亿亩，下降了 0.54 亿亩，农户经营耕地的比例从 95.44% 下降到 87.36%，下降了 8.08 个百分点。由专业合作社经营的耕地面积与比例均在快速上升，专业合作社经营的耕地面积从 2010 年的 0.22 亿亩增加到 2014 年的 0.88 亿亩，增长了 4 倍，专业合作社经营的耕地面积比例则从 1.73% 上升到 6.62%，增加了 4.89 个百分点。同一时期，由企业和其他主体经营的耕地面积也翻了一倍，由企业经营的耕地面积从 2010 年的 0.15 亿亩增加到 2014 年的 0.39 亿亩，占比从 1.18% 增加到了 2.93%，增长了 1.75 个百分点；由其他主体经营的耕地面积从 0.2 亿亩增加到 0.41 亿亩，占比从 1.57% 增加到 3.09%，增长了 1.52 个百分点。

表 7-5 不同主体农地经营面积与占比

		2010 年	2011 年	2012 年	2013 年	2014 年
农户	面积（亿亩）	12.15	12.03	12.12	11.92	11.61
	比例（%）	95.44	94.21	92.52	89.83	87.36
专业合作社	面积（亿亩）	0.22	0.31	0.44	0.69	0.88
	比例（%）	1.73	2.43	3.36	5.20	6.62
企业	面积（亿亩）	0.15	0.19	0.25	0.32	0.39
	比例（%）	1.18	1.49	1.91	2.41	2.93
其他主体	面积（亿亩）	0.20	0.24	0.29	0.34	0.41
	比例（%）	1.57	1.88	2.21	2.56	3.09

分地区来看，东部地区由农户经营的比例最低，中部次之，西部最高；东、中、西部都呈现农户经营比例下降，专业合作社与企业等其他主体经营比例上升的趋势。2011—2013 年，东部地区由农户经营的耕地比例从 91.83% 下降到 88.02%，下降了 3.81 个百分点；由专业合作社经营的耕地比例从 3.10% 上升到 5.57%，增加了 2.47 个百分点；由企业经营的耕地比例从 1.69% 上升到 2.79%，增加了 1.1 个百分点；由其他主体经营的面积则从 3.10% 上升到 3.62%，增加了 0.52 个百分点。中部地区由农户经营的耕地比例从 95.34% 下降到 89.33%，下降了 6.01 个百分点；由专业合作社经营的比例则从 2.72% 上升到 7.05%，增加了 4.33 个百分点；由企业和其他主体经营的比例都从 0.97% 上升到 1.90%，增加了 0.93 个百分点。西部地区由农户经营的比例从 94.85% 下降到 91.87%，下降了 2.98 个百分点；由专业合作社经营的耕地比例从 1.23% 增加到 2.93%，增加了 1.7 个百分点；由企业经营的比例从 1.72% 增加到 2.71%，增加了 0.99 个百分点；由其他主体经营的比例则从 1.96% 增加到 2.48%，增加了 0.52 个百分点。

表 7-6 东、中、西部不同主体经营规模与比例

		2011 年			2013 年		
		东部	中部	西部	东部	中部	西部
农户	面积（亿亩）	3.26	4.91	3.87	3.16	4.69	4.07
	比例（%）	91.83	95.34	94.85	88.02	89.33	91.87
专业合作社	面积（亿亩）	0.11	0.14	0.05	0.20	0.37	0.13
	比例（%）	3.10	2.72	1.23	5.57	7.05	2.93
企业	面积（亿亩）	0.06	0.05	0.07	0.10	0.10	0.12
	比例（%）	1.69	0.97	1.72	2.79	1.90	2.71
其他	面积（亿亩）	0.11	0.05	0.08	0.13	0.10	0.11
	比例（%）	3.10	0.97	1.96	3.62	1.90	2.48

农地流转、经营规模与经营主体的多样化，推动了地租等费用快速上涨，2008—2013 年间，三种粮食（稻谷、小麦和玉米）的每亩流转地租金年均增长 18.4%，每亩人工成本从 175 元提高到 429 元。由于地租和雇工费用快速上涨，农地经营利润下降。2008—2013 年间，三种粮食的每亩净利润从 186 元下降到 73 元，成本利润率由 33.14% 下降到 7.11%。

（二）农业经营规模扩大，土地单产下降

伴随土地流转加快，农户经营土地的规模也在增加。截至2013年年底，经营耕地在10亩以下的农户2.26亿户，占家庭承包户总数的85.96%以上，经营耕地在10亩以上的农户已经占到14.04%。在经营规模扩大的类别中，10~30亩和30~50亩两个组别的比例最高，分别达到10.28%和2.55%，到2014年，经营50亩以下的农户仍占绝大多数（98.71%），与农区人地关系、技术条件及农民经营能力比较相称（见表7-7）。

表7-7 农户经营耕地规模情况

经营规模		2010年	2011年	2012年	2013年	2014年
10亩以下	户数（万户）	22 390.6	22 659.3	22 531.2	22 666.4	26 210.5 (98.71)
	比例（%）	85.80	85.94	86.11	85.96	
10~30亩	户数（万户）	2 824.9	2 819.3	2 742.0	2711.8	
	比例（%）	10.82	10.69	10.48	10.28	
30~50亩	户数（万户）	609	611.4	603.6	673.6	
	比例（%）	2.33	2.32	2.31	2.55	
50~100亩	户数（万户）	201.1	197.1	204.9	225.8	235.4
	比例（%）	0.77	0.75	0.78	0.86	0.89
100~200亩	户数（万户）	48.8	53.2	56.9	62.9	75
	比例（%）	0.19	0.20	0.22	0.24	0.28
200亩以上	户数（万户）	23.3	25.7	25.7	28.9	31.0
	比例（%）	0.09	0.10	0.10	0.11	0.12

除此之外，另外几个经营规模较大的类别尽管占比不高，但农户数也不少，2014年，经营耕地50~100亩的农户有235.4万户，经营规模在100~200亩的农户有75万户，经营规模200亩以上的农户有31万户，在中国这样长期处于过小规模农业经营的国家，出现如此多的规模农户，对未来农业效率及收入分配的影响值得关注。

分地区来看，2013年东部和西部地区户均经营规模在10亩以上的占10%~15%，中部地区接近20%，但无论是东部还是中、西部，在10亩以上经营规模中均主要集中在10~30亩一组（参见表7-8）。

表7-8　东、中、西部农户经营规模的变化

规模		2011年			2013年		
		东部	中部	西部	东部	中部	西部
10亩以下	户数（万户）	8 911.2	6 896.5	6 851.6	9 565.1	7 026.1	6 075.2
	比例（%）	89.30	80.81	87.25	89.91	80.69	86.49
10～30亩	户数（万户）	892.2	1 240.0	687.1	900.1	1 186.0	625.8
	比例（%）	8.94	14.53	8.75	8.46	13.62	8.91
30～50亩	户数（万户）	141.6	246.5	223.3	122.5	327.4	223.8
	比例（%）	1.42	2.89	2.84	1.15	3.76	3.19
50～100亩	户数（万户）	21.8	108.9	66.4	34.1	116.8	74.8
	比例（%）	0.22	1.28	0.85	0.32	1.34	1.06
100～200亩	户数（万户）	6.1	27.2	19.9	10.4	33.7	18.7
	比例（%）	0.06	0.32	0.25	0.10	0.39	0.27
200亩以上	户数（万户）	6.2	14.7	4.8	6.0	17.2	5.6
	比例（%）	0.06	0.17	0.06	0.06	0.20	0.08

但是，土地经营规模的变化，也带来一个值得关注的事实，那就是规模户的土地生产率下降。基于全国农户的微观抽样数据测算表明，大规模户的土地单产远低于小规模户，2012年大规模户的单产为714元/亩，而小规模户则达到2 614元/亩，是前者的三倍多（参见表7-9）。规模扩大导致的土地单产下降，与我国耕地资源稀缺因而要提高土地利用率的基础政策相悖。

表7-9　不同经营规模农户的土地生产率

规模	平均值（元/亩）	标准差	户数
小规模户	2 614.42	40 578.05	171 697
大规模户	714.17	589.11	200 648
平均	1 590.42	27 574.58	372 345

注：以样本中农户土地经营规模的中位数为标准，大于中位数的为大规模户，反之为小规模户。

（三）随着土地流转加快和经营规模扩大，耕地用于种植粮食作物的比重区域差异加大

2010—2014年，农户流转出的承包耕地中，用于种植粮食作物的面积从1.03亿亩增加到2.29亿亩，占流转总面积的比例从55.06%增加到56.82%（见表7-10）。在土地非粮化方面，各省程度不一。2013年，吉林和黑龙江的流转土地仍然主要从事粮食生产，分别高达91.23%和86.98%，主要产粮区的土

地流转用于粮食生产的面积还是高于全国平均数，内蒙古74.03%、江西65.30%、安徽69.21%、河南65.08%。同一时期也出现部分产粮区流转土地非粮化的现象，北京88.83%、贵州76.99%、海南76.31%、广东74.67%、云南73.76%的流转土地用于非粮作物种植。从区域来看，不同区域流转耕地用于粮食种植的比例差异较大。如表7-11所示，2013年中部地区流转的耕地主要用于粮食种植，超过流转面积的七成，而东部和西部地区流转土地非粮化情况较为严重，仅占流转面积的四成左右。

表7-10　流转土地用于种植粮食的面积与比例

	2010年	2011年	2012年	2013年	2014年
粮食作物面积（亿亩）	1.03	1.25	1.56	1.93	2.29
粮食作物比例（%）	55.06	54.82	56.12	56.60	56.82

表7-11　东、中、西部用于粮食种植比例

	2011年			2013年		
	东部	中部	西部	东部	中部	西部
面积（亿亩）	0.24	0.74	0.27	0.38	1.17	0.38
比例（%）	36.82	71.20	45.60	40.29	72.62	44.11

（四）农业经营规模扩大受城镇化进程制约

随着城镇化水平提高，我国长期存在的人地紧张关系有所缓解，农户经营规模有所增加。2003—2014年，我国城镇化率从40.5%提高到54.8%，农村人地比率从2.4亩增加到3.1亩。但是，由于长期存在的城乡二元体制和候鸟式的城镇化政策，导致进城农民无法落脚城镇，大多数农民家庭就不可能放弃对耕地的承包经营权。到2014年，我国按常住人口统计的城镇化率为54.8%，按户籍人口统计的城镇化率为35.9%，2.6亿农民工在城乡间流动。按全国农民人均耕地计算，截至2013年年底，他们仍然持有20亿亩耕地。由于担心失去土地承包权，这些农民工的承包地主要由留守在家的老人、妇女或非正式地转给亲戚朋友耕种。

总体来看，我国农业生产规模扩大受资源禀赋和人口城镇化模式双重制约，农地经营规模扩大潜力有限。根据我国颁布的《国家新型城镇化规划（2014—

2020）》，2020年我国常住人口城镇化率的目标为60%，意味着仍有约5.5亿人口常住农村。如果城乡二元体制没有根本突破，进城农民仍然不愿放弃土地承包经营权，假定耕地总量保持20亿亩不变，到2020年时，我国的农村人均耕地仍然维持在3.5亩左右。假定在2020年2.6亿的农民工能全部融入城镇，且他们现在手中的土地全部流转给其他经营主体，农村人均耕地规模也不足5亩。

（五）政府强制性推进土地规模流转，不利于保障农民土地权利

近几年，土地规模化流转加快，与地方政府出台的各类政策优惠和行政推动有很大关系。从我们的典型调查来看，一方面各地近几年为了推进土地规模经营，相继出台过一些优惠政策来鼓励土地流转，包括给规模户直接补贴，有些是提供农机、农资优惠，一些规模主体在扩大土地规模的同时，也享受了比小农更优惠的政策，这也是一些规模主体经营利润并没有上升却仍然从事土地经营的重要诱因。另一方面，由于政府的行政推动，以及土地流转关系不规范，造成土地流转纠纷大幅上升。截至2013年年底，全国受理土地流转纠纷案件18.8万件，远远高于2011年年底的6.77万件。

由此可见，尽管我国快速的工业化和城镇化进程正在缓解农业社会人口和劳动力对土地的压力，土地流转的速度在加快，农地经营规模有所扩大，多种经营主体正在涌现，但是，由于我国人地资源禀赋的天然缺陷，以及一个超大规模人口国家的城镇化难以将农村人口吸纳，加上农业经营扩大以后出现的一些现实制约，如成本上升、利润下降，以及非自愿方式推动的土地流转和规模经营带来的农民问题和社会问题，我们认为，单纯依靠扩大农地规模不是推动我国农业发展方式转变的可选政策工具，也不是符合我国资源禀赋特征的农业现代化道路选择，我国的农业现代化需要在实践探索中找到自己的路。

二、探索农业服务规模化：山东省供销社的试验

（一）农业服务规模化的内涵

从理论上讲，规模经济是指随着要素投入规模的增加，生产率水平也随之

提高。它或者表现为单位要素投入所对应的产出水平提高，或者表现为单位产出所需的要素成本下降。在单要素生产函数情况下，由于只涉及一种要素投入，规模经济很容易理解。但是，在多要素生产函数情况下，规模经济的实现需要相关生产要素组合的优化。如果仅仅增加某一特定生产要素的投入量，其他生产要素投入没有相应的匹配，反而不利于生产率水平的提升。

农业是一个典型的依赖多要素提供产品的产业，除了土地和劳动力等传统要素投入，还依赖农业机械、农药、化肥等现代要素投入，以及农业生产的产前、产中、产后等各环节的服务。国际经验表明，服务规模化和专业化是农业现代化的重要标志。西方发达国家的农业服务业人口比重都较高，美国农业人口占全国人口比重只有2%，而为农业服务的服务业人口占全国人口比重高达17%~20%，平均一个农民有八至十人为其服务。

近年来，随着工业化和城镇化进程的推进，我国农业领域出现了一些趋势性变化。第一，随着农村劳动力大规模非农化，农业劳动成本上升，农业资本化深化和机械投入大幅增加，农业生产要素已经或正在发生重组。第二，随着农民外出打工，农户家庭内部劳动分工细化，农业种植者老龄化、妇女化，带来农业生产各环节服务需求的上升。第三，随着生产要素投入的变化，农业生产的组织和制度发生变化，同时新型农业经营主体的出现，带来农业服务的交易成本下降。在以上这些变化因素的诱发下，我国农业一方面将遵循资源禀赋特征和生产要素投入的重大变化，通过生产要素的优化组合来提高农业的生产率。另一方面，在农户经营规模难以大幅度扩大的约束下，将更主要依赖农业各环节服务规模的扩大和服务水平的提高，来实现农业的规模报酬，提高农业产业的竞争力。

农业规模化服务，就是农业服务主体根据各类农业生产经营主体在农业生产各环节的服务需求，通过单环节或多环节的规模化服务，降低生产经营主体各环节的成本，提高农业的生产效率和经营效益，实现农业服务主体的规模报酬和盈利水平。将服务环节外包给专业机构进行规模化供给，能大幅提升效率。

从各地近年的实践来看，农业生产的大多数服务环节，从传统的农资供应、农机耕作、农作物播种与收割、统防统治，到良种推广、测土配肥、技术培训，再到农产品储藏、物流与销售等，都适宜采取规模化集中供给的方式。第一，这些环节普遍具有较强的同质性，标准化程度高，易于监督，适合采用规模化供给方式。第二，其中有些环节，如种子、化肥和农药采购、病虫害防治等，具有较强的外部性，集中连片的服务提供能减少外部不经济。第三，有些环节的资产不可分性强，如大型农业机械、烘干设备、冷链储藏设施等，服务规模的扩大，可以减少单家独户或分散服务主体的投资不经济和资产闲置，也可以增强服务各环节的相互呼应。第四，这些环节对服务主体的专业化程度和组织能力要求较高，如果这方面的能力跟不上，服务环节的规模报酬潜力也难以实现。

（二）服务规模化的实施

山东省供销社的探索从土地托管起步，由外出打工的农民将所承包的土地以全托或半托方式委托给供销社经营和服务，到供销社与村集体经济组织采取"社村共建"，两者在服务农民与组织农民上各司其职，扩大服务规模，再到按照农业服务半径，建立为农服务中心，形成"三公里"托管服务圈，提高服务规模报酬，实现服务提供者（供销社）的服务规模扩增和效益增加，以及被服务者（农户和其他经营主体）生产更加便利和成本降低，正在走出一条以服务规模化为核心实现农业现代化的路子。

第一，供销社是农业规模化服务的主体。一方面，随着工业化、城镇化的推进，山东全省农民外出打工增加，农业就业比重下降。农业就业人员从2000年的2 887.7万下降到2013年的2 108万，降幅达到27%，58%以上的农村劳动力外出打工，1/3的村达到70%以上，农业从业人员中50岁以上的比重已超过40%。另一方面，随着新型农业经营主体的出现和适度规模经营的发展，新经营主体直接与农资企业建立化肥农药直供合约，基层供销社赖以为生的传统生资业务受到冲击。为了生存与发展，济宁汶上县等一批县级供销社，利用自身组织完整、网络健全等特点，将业务从农资供应转向开展耕、种、管、收、加、销等环节托管服务，被媒体称为"农民外出打工，供销社给农民打工"。山东省供销社在总结基层案例经验的基础上，将规模化服务确立为供销社"为农服务、壮大自我"的突破口,发展壮大一批农资供应、农机作业、统防统治、农产品加工流通等龙头企业,领办部分农民合作社,拓展和延伸供销社在农业不同环节与不同作物的服务,在关键环节破解服务规模化难题。如表7-12所示,到2014年12月,供销社领办农民合作社9 135个,入社社员933 135户,服务合作社、家庭农场等新型经营主体25 931个;发展日用品、农资、农产品、再生资源、烟花爆竹等连锁企业451家,配送中心1 065处,经营网点10万个,农村社区服务中心2 056处。经过几年探索实践,供销社已成为山东省推行服务规模化的主力。

表7-12 山东省农民合作社情况(截至2014年12月)

		鲁西北	鲁中	鲁南	胶东半岛	总计
供销社领办农民合作社	个数(个)	1 869	3 043	3 592	631	9 135
	入社社员(户)	323 852	186 703	344 405	78 175	933 135
供销社服务合作社、家庭农场等新型经营主体(个)		4 413	8 360	11 271	1 887	25 931
专业性农民合作社联合社(个)		83	150	182	51	466
乡镇级区域性农民合作社联合社(个)		35	129	203	40	407
县级区域性农民合作社联合社(个)		9	10	20	0	39

第二,以土地托管为服务规模化的突破口。无论是基层探索还是省社推进,始终明确不以土地流转和扩大经营规模、进入农业生产领域作为选项,因为这种方式不仅雇工费用和土地租金过高,难以获得经营利润,而且经营主体改变后导致农民预期和行为变化,不利于农业经营效率的提高。相比之下,"土地托管"方式既坚持了农户的主体地位,农民对生产决策和结果负责,供销社通过农业各环节的托管服务解决农民种地中面临的困难,还可以通过土地托管增大服务规模,实现农业经营利润。

土地托管分"全托管"和"半托管"两种方式。全托管有"流转式"托管、"订单式"托管、"参股式"托管三种类型。"流转式"托管是由村"两委"将农户土地集中起来交由供销社领办的合作社托管,农民按照约定产量或收入取得收益,土地收益的10%~20%给村集体,剩余增产增效收益全部留给供销社领办的合作社;"订单式"托管是按照比市场优惠的价格,对所有生产环节"打包"收取费用,由供销社领办的农机服务合作社承担全程托管任务,正常年份确保一定产量,土地产出全部归农户所有;"参股式"托管是由供销社领办的合作社向家庭农场、种植大户、农民合作社、土地流转企业等市场主体参股,提升农业的产量和效益。半托管是一种"菜单式"托管,围绕代耕代种、统一浇水、病虫害统防统治、统一收获等关键环节提供社会化服务,根据不同的服务收取相应费用。服务对象主要是通过村"两委"组织农民成立的种植合作社以及家庭农场、种植大户、农民合作社、流转土地的农业企业等众多适度规模的新型经营主体。2010—2014 年,山东供销社土地托管规模从 3 万亩增加到 826 万亩,参与的县从 4 个增加到 89 个(见表 7-13)。全托管主要是在少数绝大部分劳动力外出的村、供销社建立的基地,或是已有企业对农民收获的作物采取全部按订单收购的。大部分采取提供环节服务的半托管方式。

表 7-13　山东省供销社土地托管规模进展情况

	2010 年		2011 年		2012 年		2013 年		2014 年	
	合计	全托	合计	全托	合计	全托	合计	全托	合计	全托
托管面积(万亩)	3	—	62	2	260	8	530	51	826	137
参与的县	4	—	16	—	43	—	67	—	89	—
县均(万亩)	0.75	—	3.88	—	6.05	—	7.91	—	9.28	—

第三,搭建为农服务中心平台,提高为农服务水平。到 2014 年年底,山东省供销社已建成为农服务中心 365 个,投资总额达 75 059 万元(见表 7-14)。从实地调研发现,为农服务中心的服务项目主要有以下几类:一是农户和其他服务主体难以投资、但又是农业生产急需的项目,主要体现为增加烘干能力、仓储能力、冷藏能力。二是提升农业种植科学水平的项目,如投资智能配肥设备、土壤检测设备。三是增加市场主体难以提供的农业各环节的设备,试点后,在打药环节,省供销社专门成立了山东供销农业服务有限公司,开展病虫害统防统治"飞防"作业,2014 年已整合各类飞机 46 架,完成飞防作业 105 万亩。试点后,供销社系统已整合配置飞机近 300 架,飞防面积已达 680 万亩。在浇水环节,联合水利厅、农业综合开发办公室全力推进连片成方的大田作物实施喷灌浇水作业。试点后,济宁汶上、曲阜两县市加快实施各 10 万亩的喷灌作业。在晾晒环节,着力推进烘干、贮藏设施建设,解决规模化生产后抢收的时

间限制。济宁、潍坊、枣庄、临沂等地都建设了有烘干、晾晒设施的为农服务中心，为开展大田托管提供配套服务。在科学配肥环节，引导并支持各地供销社以乡镇为单位建立测土配肥网点，配备配肥智能机，在社区和中心村设网络终端，积极推进精准施肥的个性化服务。四是整合市场主体服务，累计整合机械 8 570 台，供销社与市场服务主体通过合约关系，形成互补性服务，实现两者共赢。

表 7-14　山东省供销社服务手段（截至 2014 年 12 月）

服务手段	鲁西北	鲁中	鲁南	胶东半岛	总计
为农服务中心已达到（个）	60	101	135	69	365
其中：投资总额（万元）	4 364	14 861	14 853	10 981	75 059
烘干能力（吨/日）	1 000	2 450	1 735	0	5 185
仓储能力（吨）	40 000	63 800	135 515	155 300	394 615
累计自购机械（台/套）	702	856	4 112	212	5 882
其中：投资额（万元）	2 252	5 465	6 904.3	1 156	15 777.3
累计整合机械（台/套）	1 795	2 003	4 605	167	8 570
其中：价值（万元）	6 327	10 292	13 368	1 138	31 125
智能配肥设备（套）	18	33	34	4	89
配套终端（个）	18	1 342	132	2	1 494
土壤检测设备（套）	101	130	69	75	375
冷藏能力（吨）	12 600	48 030	191 450	102 903	354 983
领办农机合作社（个）	146	120	152	43	461

第四，发挥村级组织作用，提高服务规模化组织程度。为了推进服务规模化，山东供销社开展党建带社建、社村共建，通过共建服务中心、共建合作社、共建发展项目、共建干部队伍，整合各种资源，激发多方活力，使供销合作社在原来简单的"供"和"销"的基础之上，真正具有了"合作"的色彩，实现了供销社与农民的深度联合（参见表 7-15）。以供销合作社与村"两委"紧密合作为基础，既发挥供销合作社提供规模化服务的能力优势，又发挥村"两委"与农民土地及地缘上的天然联系及组织优势，不仅实现了优势互补、多方共赢，还解决了当前农村基层发展面临的诸多难题，也为基层服务型党组织建设找到了有力抓手和载体。临沂、泰安等 16 市和 57 个县（市、区）对这项工

作专门发文做出安排,参与共建村已达 4 161 个,共建项目 6 136 个。

表 7-15　山东省供销社与村两委共建情况(截至 2014 年 12 月)

	鲁西北	鲁中	鲁南	胶东半岛	总计
市级共建社(个)	4	5	5	3	17
县级共建社(个)	20	24	36	9	89
基层社共建社(个)	1 371	1 828	1 786	564	5 549
共建合作社(个)	896	897	1 722	327	3 842
共建市场(个)	16	36	92	15	159
共建超市(个)	500	712	1 322	148	2 682
共建服务中心(个)	231	282	304	51	868
共建农产品基地(个)	284	568	668	268	1 788
交叉任职人数(人)	215	221	390	118	944
其中:由供销社到村"两委"(人)	114	87	197	48	446
由村"两委"到供销社(人)	48	111	193	63	415
共建出资金额合计(万元)	4 084	4 842	6 500	1 505	16 931
其中:3 万元以上的村(个)	248	821	809	310	2 188
5 万元以上的村(个)	165	317	234	59	775

推进以土地托管为切入点的服务规模化是山东省供销社着眼农业生产方式和组织方式变化,解决当前"谁来种地""怎么种地"问题的积极实践。它能够把分散的土地经营主体通过服务联结起来,比如机耕、机播、机收等服务,跨越地块和家庭的界限,客观上形成了土地和机械成片作业的规模效益。它把一家一户办不了、办不好的事情办好,比如农田整理、机械深耕、农业技术推广、动植物疫病防控、农产品销售、病虫害"飞防"作业等,既减轻了劳动强度,又提高了效率和效益。对一些无力耕种或劳力不足的农户,以土地托管、代耕等方式,实施"保姆式""菜单式"服务,有效解决了耕地闲置、经营粗放等问题。

(三) 农业服务规模化的效果

第一,服务规模化显现出普遍的生命力。到 2015 年上半年,山东省供销社规模化服务已从小麦、玉米、水稻大田作物,拓展到棉花、花生、土豆、瓜菜、果品等经济作物。截至 2014 年 12 月托管总面积 827 万亩,如果考虑复种指数,托管总面积达 1 124 万亩,其中小麦 489 万亩,玉米 343 万亩,水稻 29 万亩,棉花37万亩，花生46万亩，土豆14万亩，瓜菜42万亩，果品66万亩，其他作物56万亩（见表7-16）。

表7-16　山东省供销社土地托管面积（截至2014年12月）

服务规模	鲁西北	鲁中	鲁南	胶东半岛	总计
托管总面积（万亩）	273.43	361.95	441.87	46.84	1124.09
不含复种指数的托管面积（万亩）	187.60	277.27	319.67	42.08	826.62
其中：小麦（万亩）	121.38	156.71	196.87	14.12	489.08
玉米（万亩）	115.92	94.98	124.00	7.83	342.73
水稻（万亩）	1.60	0.60	26.55	0.13	28.88
棉花（万亩）	19.30	15.51	1.91	0.00	36.72
花生（万亩）	0.11	11.91	23.78	9.85	45.65
土豆（万亩）	0.00	8.63	5.10	0.65	14.38
瓜菜（万亩）	5.20	29.71	6.32	0.91	42.14
果品（万亩）	3.71	14.42	41.74	5.70	65.57
其他（万亩）	5.74	28.51	13.71	7.65	55.61

第二，大大提升了农业服务能力。通过土地托管，除了在产前、产中等生产环节提供服务外，还在科学种植、病虫害防治及农产品收购等方面，显现出更明显的服务优势。到2015年上半年，山东省完成测土面积702万亩，智能配肥面积500万亩，飞防面积356万亩，农产品收购量136万吨，收购额835 680元（见表7-17）。

表7-17　山东省供销社服务情况统计（截至2015年6月底）

	鲁西北	鲁中	鲁南	胶东半岛	总计
测土面积（万亩）	143.62	136.6	205.201	216.827	702.248
智能配肥面积（万亩）	125	101.8	103.081	170.15	500.031
农产品收购量（吨）	33 308	103 737	287 250	935 017	1 359 312
农产品收购额（万元）	64 176	150 565	157 907	463 032	835 680
飞防面积（万亩）	49.4	178.8	60.2	68.1	356.5

第三，服务规模化实现了成本节约和效益提升。以土地托管为突破口，通过开展耕、种、管、收等各个环节的产中服务，不仅较好地解决了农业科技推广"最后一公里"的难题，而且进一步提升了农资供应等产前服务的科学化水平，促进了向产后贮藏、加工、销售和品牌培育等领域的拓展延伸，形成了产前、产中、产后的全产业链服务，农业生产的综合效益得到前所未有的提升。

从山东省已经实施的项目看,每亩粮食作物可增产20%~30%,增效400元~800元,而经济作物则可达千元以上。到2015年上半年,由于实施土地托管,使生产成本总体降低了10亿元,增加效益22亿元。

与农户自种相比,土地托管有效降低了成本,提升了收入,净收益显著增加。以典型农作物小麦、玉米和花生为例(见表7-18)。农户自种小麦时,每亩总收入1 100元,总成本960元,净收益140元。实行土地托管后,每亩总收入1 250元,总成本620元,净收益630元。土地托管后的净收益是农户自种时的4.5倍。农户自种玉米时,每亩总收入1 210元,总成本880元,净收益330元。实行土地托管后,每亩总收入1 375元,总成本603元,净收益772元。土地托管后的净收益是农户自种时的2.3倍。农户自种花生时,每亩总收入2 700元,总成本1 740元,净收益960元。实行土地托管后,每亩总收入2 790元,总成本1 325元,净收益1 465元。土地托管后的净收益是农户自种时的1.5倍。

表7-18 典型农作物农户种植和土地托管的成本对比 (单位:元/亩)

	小麦		玉米		花生	
	农户	托管	农户	托管	农户	托管
总成本	960	620	880	603	1 740	1 325
总收入	1 100	1 250	1 210	1 375	2 700	2 790
净收益	140	630	330	772	960	1 465

资料来源:山东郓城县众邦农业发展有限公司;山东新泰齐云花生专业合作社。

土地托管后,其他作物也实现了收入增加、成本降低,效益大大提升(见表7-19)。

表7-19 土地托管与农户种植效益比较 (单位:元/亩)

品种	农户			土地托管			效益增加	服务主体收入
	投入	产值	效益	投入	产值	效益		
小麦	960	1 100	140	620	1 250	630	490	—
玉米	880	1 210	330	603	1 375	772	442	—
棉花	1 080	1 760	680	710	1 790	1 080	400	137
土豆	1 920	4 000	2 080	1 120	4 000	2 880	800	336
水稻	860	1 100	240	610	1 265	655	415	120
花生1	1 167	2 220	1 053	1 030	2 470	1 440	387	220

续表

品种	农户			土地托管			效益增加	服务主体收入
	投入	产值	效益	投入	产值	效益		
花生 2	1 740	2 700	960	1 325	2 790	1 465	505	250
茶叶	7 080	12 350	5 270	5 885	13 300	7 415	2 145	—
西葫芦	8 800	30 000	21 200	7 400	33 000	25 600	4 400	200
西红柿	1 800	15 000	13 200	1 450	17 250	15 800	2 600	200
生姜	5 340	18 000	12 660	4 845	28 000	23 155	10 495	1 000
葡萄	3 000	4 800	1 800	2 740	4 944	2 204	404	360
山药	8 035	10 500	2 465	6 955	11 960	5 005	2 540	300
草莓	25 250	51 600	26 350	34 760	76 800	42 040	15 690	300
富硒大蒜	2 330	3 600	1 270	2 520	4 750	2 230	960	450
菊花	4 660	30 000	25 340	4 100	35 360	31 260	5 920	400
地瓜	1 450	2 100	650	1 090	2 400	1 310	660	200
大红枣	2 850	8 100	5 250	2 635	11 600	8 965	3 715	430
苹果	6 565	12 450	5 885	4 950	15 320	10 370	4 485	200
西瓜	2 805	14 000	11 195	2 405	16 555	14 150	2 955	50
蜜桃	4 680	14 500	9 820	4 550	15 500	10 950	1 130	260~350

注：花生 1 根据莒南县乐力农机专业合作社提供资料进行测算；花生 2 根据新泰齐云花生专业合作社提供的资料进行测算。

第四，土地托管增加了农民收入，促进了农民非农化。通过与农民签订托管合同，根据农民往年同期收入确定底数，农民自己选择获取粮食或现金收益。服务规模化生产中增加的效益，70%以上归农民合作社，农民还可以从加入的合作社中取得股息或分红收益。通过土地托管，每亩粮食作物可提产节支增效400~800元，经济作物每亩可达千元以上。通过土地托管，既可保障农民安心打工获取务工收入，也能享有农业生产带来的收益，并且不必在农忙时返乡务农。实施土地托管后，每对外出打工的夫妻可增加收入6 000元以上。山东省汶上县参与土地托管的农民，2013年节约外出打工返乡务农成本和直接增加农业生产收入，二者合计增收5 300多万元。2014年，山东省供销社系统帮助共建村农民增收10.8亿元。

第五，增加了集体经济收入。村"两委"在发动和组织农民方面具有不可替代的优势，是连接合作经济组织和农户的重要桥梁。借助"四位一体"的为农服务方式，村"两委"能够通过发动和组织农民，取得规模化服务的部分收益，使村集体增收难的问题得到较好解决。2014 年，参与共建的村集体增收1.7 亿元。汶上县房柳村在合作协议中明确规定，服务规模化中新增加收益的 10% 归村集体所有，仅此一项村集体收益就达 5.8 万元。山东省梁山县韩塘村在供销社、村"两委"、合作社三方合作协议中明确规定，服务规模化中增加收益的 10% 归村集体所有，2014 年全村粮食每亩增收 500 元，3 000 亩托管土地给村集体带来的收益就达 15 万元。

第六，壮大了供销社经济实力。开展现代农业服务规模化，进一步密切了供销社与农民的利益联系，不仅使农资经营等传统业务有了更加稳定的市场，而且也在服务中得到了合理的回报。开展现代农业服务规模化，还促进了供销社基层组织体系向村居延伸，经营服务体系向田间地头延伸，使供销社在全托或半托服务中得到较高的经济收益。2014 年，全省基层供销社和社有企业实现盈利 9 809 万元。山东省汶上县供销社土地托管面积 6.4 万亩，实现服务收入 1 821 万元；山东省郓城县张营供销社托管土地 2.1 万亩，在助农增收的同时每年可从中实现盈利 150 多万元。另外，村"两委"通过分享规模化服务的部分收益，也较好地解决了村集体增收难的问题。

三、正确认识和客观把握中国农业现代化的战略重点

从我国农业各要素禀赋条件出发，结合现有制度体系，在保持农户作为农业生产基本单位的前提下，推进农业服务规模化的潜力巨大，应是未来我国农业现代化的主要方向和着力点。重点是围绕农户的各类服务需求，让各类经营服务主体来提供规模化服务，体现规模报酬递增效应。

从世界农业现代化的道路看，各经济体都是从要素禀赋条件出发，制定适合自身国情的、符合比较优势发展的农业现代化战略。以美国为代表的资本密集型农业现代化模式，禀赋条件是土地资源丰富、劳动力成本较高，加上高度发达的工业和科技基础，从比较优势出发，以低成本的土地、资本（机械设备等）和科技要素投入替代高成本的劳动要素投入，促进农业现代化的发展。另一类模式是以日本为代表的土地密集型现代化模式，基本特点是户均耕地规模不高和土地细碎化，通过农业生物技术的创新（密集使用高效化肥）和社会化

服务体系的构建（比如日本农协），提高单位土地面积的产出。总体来看，我国资源禀赋条件跟日本相近，不具备采取美国式大农场模式的条件。

农业规模经济不是单纯地扩大土地规模，规模报酬既存在于生产领域，也存在于服务领域。农业的规模经济效应要通过要素组合优化来实现，而不是简单地增加生产规模。尽管经历了大规模的农业人口非农户进程，我国农业仍处于劳动力要素相对富裕、资本相对稀缺的状态，而且这在未来相当长的时期内难以发生根本性变化。过度扩大生产规模违背了我国农业的要素禀赋特征，反而会导致要素结构扭曲和农业生产率下降。发挥农业规模经济效应的重点是提高服务环节的效率。通过规模化提供各类农业服务实现农业生产效率的提升，这包括产前的农资购买，产中的灌溉、病虫害防治，以及产后的集中收割、烘干和深加工等等。

服务规模化是农业现代化的重要实现途径。改革开放以来，不仅通过家庭联产承包责任制改革，恢复了农户的经营主体地位在任何情况下不动摇，而且随着农户在农业技术、病虫害防治等生产环节，在购买种子、农药、化肥以及农产品销售等供销环节，对合作的需求日益强烈，以农户为主体的服务体系逐步建立并日趋完善。随着农业结构变革和经营方式的变化，农业规模化服务的效应逐步显现，我国农业通过探求服务的规模经济提升产业竞争力的路径越来越明确。服务规模化不仅可以快速提高各环节的劳动生产率和附加值，促进农业技术创新，向"绿色、高效"农业转化，而且能够引导好各类社会资本更多投向服务环节，形成生产环节以农户经营为主、服务环节以社会组织为主的农业现代化"双轮驱动"机制。

下篇

城市土地问题调查

第八章
浙江省土地财政与城市化调查

一、引言

20世纪90年代中后期以来,在工业化继续高速推进的同时,城市化的提速,成为这一轮中国经济成长的主要力量。1998—2003年,中国工业产值以及投资继续维持9.83%和14.14%的高增长,城市化率从1998年的30.42%提高到2003年的40.5%。工业化和城市化的双引擎为这一时期GDP以8%~9%的高增长做出了卓越贡献。这一时期的高速城市化一方面依托于国家大规模基础设施投资,以2001年为例,以电力、煤气、水、交通运输和邮电通讯等为主的基础设施投资占到全社会固定资产投资的23.5%,另一方面依赖于启动住房消费信贷,以推动房产和土地市场的发展,为政府巨额的城市化资金解套。自1998年引入住房抵押贷款以来,房地产行业迅速起飞。新开工建设项目和每平方米销售价格都以每年24%的速度飞速上升,这大概相当于GDP增速的三倍。2003年房地产的销售额约占到GDP的9.2%,而1998年只有3.9%,房地产行业占到自1998年以来中国GDP增长的1/5。

在工业化继续"高歌猛进"和城市高速扩张的同时,由此引发的相关社会问题也越来越明显。主要表现为:(1)高速的工业化和城市的大规模扩张,使建设用地量增长加速,由此导致农地被大面积占用。在20世纪90年代的10年间,城乡建设用地增加2 640万亩,其中81%的新增建设用地来自对耕地的占用,也就是有2 138万亩耕地被占用,引起中央政府对粮食安全的担忧。(2)由于土地制度及其相关法律内生的对农民土地权益的不公平性,在大面积集中占用土地势不可挡时,势必加剧征地主体(政府)与被征地者(农民)之间的矛盾与冲突。据中国社会科学院调查，2003 年以来，农民土地权益纠纷已成为群体性上访的第一位原因。(3) 由于城市化的基础设施投资主要来源于政府对经营性用地的出让金和以土地作抵押的金融贷款，由此刺激了政府多圈占农民土地以多获取土地出让金，致使政府面临巨额的财政和金融风险。(4) 2004 年年初中央政府采取的以冻结土地进行宏观调控的措施，尽管将高额的固定资产投资压了下来，但由于没有改变地方经济发展中对土地财政依赖的供地机制，这种行政性管制措施也使一些地方的经济发展受挫，不利于经济的正常发展。

引发以上问题的背后，实质上源自在中国推进工业化、城市化的进程中，土地制度安排上的滞后。本章依托于对浙江省 90 年代以来工业化、城市化进程中出现的土地问题的调查。90 年代以来，浙江省的工业化进程在全国名列前茅，城市化进程也于 90 年代末期以后提速，使其成为中国经济成长最为活跃的地区之一。所调研的地区绍兴县、金华市和义乌市基本上可以作为浙江省经济高速成长的缩影。我们将使用所调查地区的资料，集中讨论以下问题：90 年代以来工业化、城市化的特征；土地一级市场垄断为政府推进城市化和园区建设所提供的制度保障；土地在城市化和工业化中所扮演的角色；以土地启动工业化、城市化的机制；在城市化进程中如何保护农民的土地权利；最后是相关的政策建议。

二、90 年代末以来工业化、城市化的主要特征：从自动自发到政府介入

（一）浙江省的工业化

80 年代中期至 90 年代中期，以乡镇企业为主体的农村工业化是这一时期浙江省经济高速增长的发动机。从 80 年代中期发轫，浙江省乡镇企业凭着比国营企业机制灵活的优势和乡镇企业经营者特有的精明禀赋和务实态度，绕开城乡户籍制度和其他城乡二元体制对农村劳动力转移的刚性制约，利用自有土地、房屋等生产资料和廉价的本乡本土劳动力优势迅速崛起。1980—1997 年，第二产业增加值从 84 亿元增加到 2 460 亿元，工业增加值占 GDP 的比重上升到

48.6%，1997年全省工业总产值中，村及村以下工业总产值占60.2%，农村工业吸纳的从业人员达到664万人，比1985年增加了92%。1997年农村个体工业个数51.3万个，从业人员292万人，工业总产值3543亿元，占全省工业总产值的34.1%。1997年一、二、三产业占GDP的比重分别为13.7%、54.1%、32.1%，就业比重分别为41.3%、30.9%和27.8%。

农村工业经过10多年的发展，到90年代中期，形成了独特的以县或镇、村为半径的产业集群。据浙江省委政研室2001年6月的调查汇总，在全省88个县市区中，有85个形成了以某一类产业为主导的集群，工业总产值超亿元的集群有519个，其中工业总产值10亿~50亿的集群有118个，50亿~100亿的集群有26个，100亿以上的集群有3个，全省有52个集群的产品在国内市场占有率达30%以上。产业集群的形成也带动了专业市场和小城镇的发展。到90年代中期，全省已形成了4400个专业市场，依托这些专业市场，各个产业集群生产的产品源源不断地发往国内外，市场成为连接全省85%的个体工商户和私营企业的桥梁，带动了服装、饰品、拉链、毛纺、针织、袜业、彩印包装等产业的发展。如义乌市小商品交易市场总面积70多万平方米，经营摊位3.5万个，经营人员7万多人，汇集了28个大类8万余种商品。柯桥镇的"中国轻纺城"，拥有19个专业市场，占地面积19.2万平方米，建筑面积60.5万平方米，营业用房1.35万间，市场年交易额达180亿元。农村工业化和产业集群的形成促进了浙江省的城市化。浙江省的建制镇由1978年的167个猛增到1998年的1006个，小城镇的增加使浙江省的城市化水平从1978年的14%提高到1998年的35%。

从1998年开始，顺应企业规模的扩大和产业升级，浙江省的工业化一方面继续受各县已形成的产业集群壮大的推动，另一方面则受工业园区发展的推动。截至2002年，全省已有经济技术开发区、高新技术开发区、特色工业园区、乡镇工业专业园区等各类工业园区818个，总规划面积1521平方千米，已启动开发面积484平方千米，完成基础设施投入406亿元，工业性投资1448亿元，入园企业35000家。2003年上半年，各类园区建设投资达443亿元，从而保证了浙江省工业的继续高速增长，使之成为"世界制造基地之一"。1998—2003 年，浙江省的第二产业仍保持了 13.1% 的高增长。

绍兴县的工业转型可以作为浙江省工业化的一个缩影。绍兴县是中国集体乡镇企业发展最为兴旺的地区之一，80 年代的"宁绍模式"曾与"苏南模式"齐名。在经历 90 年代中后期的乡镇企业改制以后，乡镇企业的资本积累和规模迅速扩张，基础设施薄弱的小城镇难以成为这些规模扩增的企业和产业集群的依托，绍兴县的工业也转向在园区发展。其中，著名的绍兴县柯桥开发区成立于 1992 年，1998 年以后工业发展提速，到 2000 年整个开发区成型，开发区企业以轻纺产品（纺丝、织布、印染）为主，重点发展较高档次的服装及新型材料。开发区到 2004 年为止已经引进工业项目 369 个，总投资 169 亿美元，引进外资项目 142 个，合同累积利用外资 6.1 亿美元，实际利用外资 3.1 亿美元，其中投资项目超过 1 000 万美元的外资项目有 50 个。累积工业总产值 600 多亿美元，利税 50 亿美元，自行出口 15 亿美元。到 2002 年，作为轻纺织业制造基地的滨海工业园已完成 4.3 平方千米的基础设施建设，27 个项目落户园区，总投资超过 40 亿元。新建和扩建了 17 个镇街工业园区，规划总面积达 3.1 万亩，一期开发 1.4 万亩。县城规划区内的三个工业园区和设在中心镇、重点镇的几个特色工业园区（第一个工业园规划面积 8 平方千米，第二个高新技术产业园规划面积 2.13 平方千米，第三个工业园规划面积 9.85 平方千米），成为产业集聚的重地，这些总规划面积 30 平方千米的工业园区按规划在五年之内能全部建成，工业产值占到全县一半以上。

与绍兴县从农村工业——产业集群——工业园区的扩展模式不同，义乌市经济所走的是一条"以商促工，工商联动"的发展模式。义乌市历经 20 多年的商贸繁荣，铸就了闻名全球的义乌市小商品交易市场，随着市场的发展，又不断形成了一批以市场为依托的——如服装、袜业、拉链、饰品、玩具、针织内衣、彩印、化妆品等产业集群。这些产业最早以家庭工厂形式分布在农村，90 年代以后移入工业园区。其中义乌市经济开发区于 1992 年 8 月 8 日成立，到 1998 年成型，2003 年时利税已达 1.8 亿元。该市另一个开发区一共开张了 193

家企业，147家企业投产，工业产值从2001年的18.2亿元增加到2003年的51亿元，上缴税收从2000年的1 300万元增加到2003年的1.4亿元。据义乌市工业园区2003年7月统计，在义乌市买地的企业3 800多家，共需净工业用地8万多亩，加上道路、绿地、花园等配套设施，土地需求还要多2~3倍，达200平方千米。金华市的工业园区建设则是从2000年上半年开始有实质性起步，2003年共有各类工业园区和经济开发区67个，规划占地总面积172.14平方千米，实际开发面积18.78平方千米。基础设施总投资2003年达16亿多元，新进园区企业996家，已投产企业322家，创造就业岗位约6.2万个，工业园区和经济开发区实现销售产值超百亿元，上缴税收约4亿元。

（二）城市化提速

在工业上重点发展园区的同时，浙江省的另一经济增长点就是城市化的提速。1996年，浙江省人均GDP已超过2 000美元，35个设市城市的城区人口占全省人口的17%，城区面积占全省土地的0.5%，却创造了80.4%的国民生产总值。1998年工业化水平已超过60%，而城市化水平仅为33.5%，城市化比工业化水平明显滞后。原先的小城镇发展已无法起到生产要素集聚、购买力提高以及人口向城市集聚的城市化效应。城市化进程加速势在必然。1998年以来，浙江省城市化水平每年以近2个百分点的速度提升。到2003年，全省城市化水平达到53%。在我们所调查的地区，义乌市的城市化最为典型。在1978—1988年间是以一个镇为商业贸易中心扩展，人口从3万余人增加到6.18万人，城市化水平从原来的8%提升到12%。到1988年撤县改市直到20世纪90年代初，城市化率从15%上升到40%。1998年以后城市化更加提速，到2001年城市化水平已达55.2%。城市化的提速促进了第三产业的发展，使第二产业和第三产业的比例更趋合理。1998—2003年，浙江省第三产业产值年增长率高达17%，比第二产业的13%高出4个百分点，其中金华市第三产业产值年增长率为近14%，比第二产业的9.7%也高出4个百分点；义乌市的情形则有别于其他城市，是因为它是以商为主，工业增长是步商业之后尘（见表8-1）。

表 8-1　调查地区 1998—2003 年三大产业产值年均增长速度　　　（单位:%）

地区	国内生产总值	第一产业	第二产业	第三产业
浙江省	13.55	3.46	13.09	17.15
金华市	10.51	3.37	9.69	13.72
义乌市	10.12	4.52	10.67	10.10
绍兴县	12.70	4.61	12.81	14.26

城市化提速的一个标志是城市的扩张，这在我们调查的一县两市表现得非常明显。绍兴县在这一时期经历了一次县城大搬迁，完成了从纯产业性开发区向以城市功能为主的县城的转化。绍兴县原来的县城在绍兴市里，被当地人戏称为"一街三府"，即市政府、县政府、街道委员会同处一条街道。该县于1993 年 11 月年成立开发区时就有了以此为中心形成县级经济板块的意图。到1995 年时，整个规划按照县城模式进行设计，尽管绍兴市没有批准绍兴县在柯桥开发区的基础上建立新县城的要求，但实质上已开始将开发区从产业区向城市功能区转变。到 1998 年再次调整规划时，已明确了整个开发区的城市定位，即成为县政府所在地。2000 年，绍兴县获得批准将整个县城搬到柯桥开发区，提出了将其建成"国际纺织中心、江南水乡名城"的目标。在从开发区向城市转变过程中，城市版图不断扩大，到 2000 年绍兴县由老城区搬到新城区时，城市面积已经由创办开发区时的 1 555 亩地，扩大到老城区面积 10 平方千米、新城区面积 12 平方千米。到提出建立"国际纺织中心、江南水乡名城"时，规划面积为 50 平方千米，规划人口 40 万人，到 2003 年新城区已建成 23 平方千米。

金华市是浙江省中西部的中心城市，下辖一城、两区，及另外四个市和三个县。城市面积 10 918 平方千米，人口 450 万，其中金华市市区面积 2 045 平方千米，人口 92.18 万，市本级建成区面积 60 平方千米。自 2000—2012 年拆迁旧城 200 万平方米以上，改造低水平居住条件 4 000 余户。新区建设围绕"一中两翼两个金三角"的规划思路展开；目前 400 平方千米的"三纵三横三环"城市道路在建；江北 3.2 千米景观带和人民广场改造项目已经完工。金华市这一时期的经济发展加速，也得益于城市每年以 5~6 平方千米的速度扩展。到 2001 年年底，金华市区和该市中心城区面积分别达到 49 平方千米和 146 平方千米。

更引人注目的是该市主城区的扩展。1984 年时该市还只是一个占地 2.8 平方千米、县城人口3.5万人的传统农业县城，1985年的第一次县城规划也是以一个镇为中心、仅10万人的小城镇规划，到1988年撤县建市，城区人口6.18万，建设用地5.08平方千米。1993年第二次规划时则不得不按20万人口的小城市规划，到1997年第三次规划时则须按30万人口的中等城市规划，并提出了建"现代化商贸名城"的目标，到2000年第四次规划时则成了50万人口、50平方千米的国际性商贸城市。一个在改革开放之初还只是一个农业县的义乌市，1984年的城区面积仅2.8平方千米，到1988年建市时就达到了11.05平方千米，到2000年以后每年以10多个平方千米的速度扩张，2000年时的城区面积达到27平方千米，2002年时为38平方千米，到2003年时更是达到45平方千米，2004年遇到土地调控才不得不慢下来，仍达到50平方千米（见表8-2）。

表8-2 调查地区的城市扩张

	2000年城区面积（平方千米）	2004年城区面积（平方千米）	城区面积年均增长率（%）
绍兴县新城区	12	23	17.7
义乌市	27	50	16.7

巨额的基础设施投资则是城市扩张的题中应有之义。这些基础设施包括交通、水利、城市建设、广场、办公大楼等。由于产业支撑、市场发展和政府职能的不同，在不同地区基础设施投资的构成可能不同，但是有一个共同点是：政府在城市基础设施投资中扮演了主要角色。以义乌市为例，尽管基础设施投资已有其他渠道，政府在这方面的投资额仍然巨大，1999—2003年，政府投入50亿元以上，其中城市基础设施投入28.5亿元，交通基础设施投入8.9亿元（见表8-3）。

表8-3 义乌市历年财政基本建设投入情况 （单位：万元）

年份	小计	城市基础设施	交通基础设施	教育基础设施	供电基础设施	农业基础设施	其他
1999	39 017	23 810	5 401	2 491	2 126	360	4 829
2000	56 289	28 590	12 351	5 296	1 819	2 657	5 576
2001	124 284	71 284	18 256	17 158	2 323	2 111	13 152
2002	126 234	63 634	22 680	14 264	1 729	1 876	22 051
2003	161 275	97 693	31 238	14 606	1 872	3 477	12 389
合计	507 099	285 011	89 926	53 815	9 869	10 481	57 997

注：本表财政基本建设投入数含市财政间歇资金列支的数额。

表 8-4　义乌市历年重大工程投入情况　　　　　　（单位：万元）

年度	小计	政府财政投入金额	非政府投入金额
1999	138 278	31 960	106 318
2000	191 003	58 900	132 103
2001	223 423	73 800	149 623
2002	483 320	105 350	377 970
2003	780 035	173 770	606 265
合计	1 816 059	443 780	1 372 279

很显然，城市扩张成为拉动这一轮经济增长的主要力量。1998—2003 年，浙江省固定资产投资保持了 23.67% 的高增长，我们所调查的"三县市"则更高，金华市和义乌市分别达到 27.64% 和 29.75%。在城市投资中最为显著的是房地产投资的高速增长。1998—2003 年间，浙江省房地产开发投资年增长率达到 34.81%，金华市和义乌市更是分别高达 45.08% 和 51.99%（见表 8-5）。

表 8-5　调查地区 1998—2003 年固定资产和房地产开发投资增长速度　（单位:%）

地区	固定资产投资	房地产开发投资
浙江省	23.67	34.81
金华市	27.64	45.08
义乌市	29.75	51.99
绍兴县	46.59	—

三、政府垄断土地一级市场：城市化扩张的制度保障

（一）建设用地需求的扩增与制度制约

伴随工业化和城市化的高速扩张，浙江省的用地量也大大增加。90 年代末以后，浙江省的年建设用地量一直保持在 40 万~50 万亩的高位数，建设用地总量从 1996 年的 993 万亩增加到 2003 年的 1 311 万亩，净增 318 万亩（见表 8-6）。我们所调查的地区，是浙江省经济增长最快的地区，建设用地量也更大。绍兴县城镇和工矿用地 1995—2003 年间一直以近 4% 以上的速度扩增，用地总量从 1996 年的 11.7 万亩增加到 2003 年的 17.6 万亩；义乌市建设用地增长在 1996—2003 年间也一直保持在每年近 2 万亩的高位数（见图 8-7），这个用地速度差不多是同一发展水平上的中国台湾、中国香港、日本的 2 倍。

表 8-6　浙江省建设用地增长　　　　　　　　　　（单位：万亩）

	1996 年（万亩）	2003 年（万亩）	新增量（万亩）	占新增用地量的比例（%）
建设用地总量	993	1 311	318	100
交通建设用地	157	192	35	10.9
水利建设用地	208	216	8	2.5
城镇建设用地（含工矿）	253	413	160	50.2

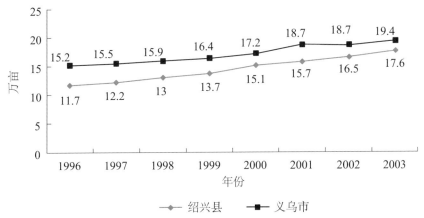

图 8-1　绍兴县和义乌市 1996—2003 年建设用地年均变化

事实上，高速工业化和城市化所产生的对土地的高额需求，很快就遇到了国家对建设用地计划供应制度的制约。为了防止地方"盲目"利用土地，各地的建设用地指标是由中央政府根据其 90 年代末制定的土地利用总体规划，在适当考虑各地的经济发展速度后，自上而下下达的，中央下达给各省的建设用地指标，由各省再根据本省地区之间的发展状况，进行建设用地指标的分配与调配。按照 1997 年制定的浙江省土地利用总体规划，中央政府下达浙江省在 1997—2010 年规划期内建设占用耕地为 100 万亩，而 1997—2003 年，全省已使用农用地转用年度计划指标，实际批准建设占用耕地累计 97.49 万亩，为中央下达 1997—2010 年规划指标的 97.49%；如加上 1999—2003 年全省使用土地整理折抵新增建设占用耕地指标，批准建设占用耕地 93.69 万亩，1997—2003 年全省合计依法批准新增建设占用耕地 191.18 万亩，超过中央下达的 1997—2010 年规划指标的 91.18%。

严格控制建设用地量，其目的就是为了保证基本农田拥有量，以免影响国家的粮食安全。但是，在工业化和城市化进程中，农地的非农化也是刚性的。为此，在国家的相关法律上就已经为地方留下了可以"发挥"的平衡空间，即作为中央这一最严格的耕地保护制度的配套制度之一，国家实行占用耕地补偿制度，规定非农业建设经批准占用耕地的，按照"占多少，补多少"的原则，由占用耕地的单位负责开垦与所占用耕地的数量和质量相当的耕地，同时还规定，没有条件开垦或者开垦的耕地不符合要求的，可以按规定缴纳耕地开垦费，以实行耕地的动态总量平衡。在操作中就变成：尽管基本农田每占一亩都要国务院审批，但是地方如果通过土地开发、整理、复垦等方式补充了耕地，保证了耕地的动态总量平衡和基本农田保护率不下降，地方就可以将所造的地折抵建设用地指标。为此，浙江省就十分精明地利用了这一政策，它们在建设用地必然超标的刚性条件下，选择了通过土地整理等方式来补充耕地，以换取越来越宝贵的"建设用地指标"。1997—2003年，浙江省已通过土地开发整理补充耕地234.85万亩，连续8年实行了占补平衡有余，累计占补节余43.65万亩，超过国家要求浙江省规划期内占补平衡有余16万亩目标任务的173%。表8-7反映的是金华市典型基本农田保护与保证经济建设供地之间的博弈。

表8-7 绍兴县各镇土地补偿费、安置补助费标准　　　　（单位：元）

	三年平均年产值	每亩土地补偿费	每亩安置补助费	土地补偿及安置补助每亩均值
1	1 560	12 480	12 850	25 330
2	1 360	10 880	11 570	22 450
3	1 410	11 280	12 690	23 970
4	1 330	10 640	10 430	21 070
5	1 330	10 640	10 430	21 070
6	1 260	10 080	7 850	17 930
7	1 110	8 880	8 330	17 210
8	1 330	10 640	11 950	22 590
9	980	7 840	9 160	17 000
10	1 510	12 080	12 840	24 920
11	1 400	11 200	11 590	22 790
12	1 340	10 720	10 370	21 090
13	940	7 520	12 500	20 020

续表

	三年平均年产值	每亩土地补偿费	每亩安置补助费	土地补偿及安置补助每亩均值
14	1 490	11 920	11 550	23 470
15	1 300	10 400	9 650	20 050
16	1 250	10 000	8 750	18 750
17	1 320	10 560	8 580	19 140
18	1 160	9 280	13 140	22 420
19	1 090	8 720	11 620	20 340
20	1 000	8 000	9 840	17 840

注：应调查对象要求，真实地名隐去。

（二）政府垄断土地真的一本万利？

经济的高速发展对土地的非农化需求增加本来是很自然的，但问题出在非农用地的供应方式。与珠江三角洲高速工业化时期靠集体建设用地供给工业用地的模式不同，浙江省在这一高速工业化和城市化时期的建设用地则主要通过政府高度垄断土地一级市场的方式来实现。在土地"农转非"过程中，不仅原来的集体乡镇企业用地要补办土地出让手续转为国有建设用地，而且所有集体农地转为非农建设用地一律只能通过征用来供地。从浙江省来看，1999—2002年全省批准建设用地总面积为172.58万亩（含耕地113.57万亩），其中新征用农村集体土地154.69万亩（其中耕地约为70万亩左右）。分年度看，1999年18.69万亩，2000年30.23万亩，2001年43.59万亩，2002年62.18万亩，2002年的征地量比1999年扩大了2.33倍。该时期土地征用面积占建设用地总面积的90%以上，其中1999年占81.88%，2000年占87.81%，2001年为90.82%，2002年达到91.98%。在我们所调查的三县市更是如此。绍兴县大规模地征用国有土地是从1999年开始的，2001年全县批准用地8 970亩，2002年达到18 765亩，2003年为16 170亩。1999—2003年，累计征地6.1万亩，在经批准使用的71 892亩建设用地中，征用土地占75%。金华市的土地征用也从1999年开始加速，1999年以来，全市征用农民集体土地29.8万亩，其中市本级征用67 065亩。具体而言，2001年全市征用52 650亩，其中市本级征用9 615亩；2002年，全市征用71 370亩，其中市本级征用16 515亩；2003年，全市征用 115 830 亩，其中市本级征用 29 340 亩；2004 年，全市征用 8 700 亩，其中市本级征用 2 325 亩。义乌市的用地量从 2000 年开始猛增，当年就达到 8 000 亩，2001 年 1.8 万亩，2002 年 2.3 万亩，2003 年 3 万亩，每年用地量都达到 2 万亩左右。

土地征用的实质是，政府利用《土地管理法》的规定，从农民那里获得土地，变成建设用地的供地者。既然土地的征用是政府强制性行为，国土行政部门也就理所当然地垄断了农民集体土地从征地到供地的全过程。在我们所调查的地区，一般由所在县（市）的统一征地办公室来具体承担被征土地的"统一申报、统一征地、统一补偿、统一报批和统一供地"。即只要涉及农用地转为建设用地，就要先行办理农用地转用审批手续，用地单位向国土行政主管部门提出用地申请，在初审后，由县（市）统征办通知被征地镇（街道）、村的征地范围和面积。被征地的镇（街道）、村在接到通知后即通知土地承包者。在征地通知发出后，由统征办实行统一征地，组织用地单位与被征地单位共同实地勘丈，调查地上建筑物、构筑物及其附属设施情况，确定土地权属，审查被征地村基本情况，商议征地补偿、安置补助方案，编制《征用土地方案》。征用土地补偿、安置补助方案经县政府批准后，用地单位按编制的《征用土地方案》向国土行政主管部门支付征地费用，再由统征办按照征用土地补偿方案向被征地单位、村民和其他权利人支付土地补偿费、安置补助费、青苗和地上附着物补偿费，国土行政主管部门将建设用地交付给建设单位。就这样，政府一手向农民集体征地，一手向建设用地者供地，合法地成为农地变为建设用地后的经营者。

也就是说，政府要成为供地者，必须先"搞定"农民，这实际上也不是一件很难的事。因为有现行《土地管理法》作为"尚方宝剑"，政府从农民那儿征地，要向被征地的农民集体支付土地补偿费、安置补助费、地上附着物和青苗补偿费，并明确规定补偿标准：土地补偿费为该耕地被征用前三年平均年产值的 6~10 倍，安置补助费为该耕地被征用前三年平均年产值的 4~6 倍，而且还做出了年产值以土地的原用途为依据及土地补偿费和安置补助费的总和不得超过土地被征用前三年平均年产值 30 倍的上限的规定。有用地者拎着钱袋子帮着"买单"，尽管这些用地者也会有这样那样的抱怨，但每亩仅支付 2 万~3 万元就能换来 50~70 年的国有土地使用权证，对他们来讲也是一件暗中喜滋滋的事。在浙江省的实施办法中，这个倍数补偿被明确为：征用耕地的土地补偿费为被征用前三年平均年产值的 8~10 倍，安置补助费为该耕地被征用前三年平均年产值的 4~6 倍。从表 8-7 可见，绍兴县各镇所定的三年平均年产值最高的为 1 560 元，最低的只有 940 元，土地补偿及安置补助每亩均值最高的为 25 330 元，最低的只有 17 000 元。政府给农民集体的补偿（三项加总）在 1999—2003 年间为 15.2 亿元（见表 8-8）。

表 8-8　1999—2003 年绍兴县征地安置情况

年份	性质	项目数	批次总面积（亩）	其中耕地（亩）	其中征用（亩）	补偿总额（元）	安置农业人口（人）	安置劳动力（人）
1999	计划	7	2 012.07	1 830.59	2 656.07	7 292.101 4	3 353	2 144
	整理	4	148.39	148.39				
	其他	8	740.13	455.42				
2000	计划	7	1 696.11	1 590.22	5 687.50	14 548.066 8	6 757	4 498
	整理	14	2 915.47	2 824.55				
	其他	25	1 080.09	1 042.39				
2001	计划	9	2 771.70	2 409.58	10 276.42	22 609.513 8	13 987	9 177
	整理	20	5 646.59	5 130.40				
	其他	6	1 867.13	778.96				
2002	计划	15	5 501.37	4 811.80	22 082.99	51 094.707 9	31 560	20 440
	整理	49	22 935.28	13 093.09				
	其他	2	1 219.47	864.62				
2003	计划	12	6 907.92	3 398.51	13 171.82	56 025.686 2	24 981	16 119
	整理	30	14 645.31	11 264.48				
	其他	5	1 639.85	1 804.55				

在"搞定"农民后，接下来就是政府和用地者之间的交易了。对于用地者来讲，要想获得国有土地使用权证，除了必须交纳给失地农民集体土地补偿费及安置补助费外，还须向政府缴纳与土地有关的各项税收和规费。与土地有关的税费包括耕地占用税、契税、耕地开垦费、新增建设用地有偿使用费、土地增值税、城镇土地使用税和土地管理费、土地闲置费、新菜地开发基金。对于这些土地相关税费的内涵我们将在下一节做进一步分析。除了这些比较明确的

土地相关税费外，还有在土地转性过程中的行政事业性收费，如征地管理费、土地权属调查及地籍测绘费、土地登记证书工本费、建设用地批准书工本费等。这些相关税费构成了政府财政及相关部门的收入。另一方面，作为建设用地的唯一供应者，政府当然不满足于在农民和用地者之间充当一个中间人的角色，因为如果以"生地"供应土地，不仅政府获得的土地收益有限，而且对失地农民集体也交代不过去①，于是政府也积极投入土地"从生地到熟地"的开发。在绍兴县、金华市和义乌市，为了招商引资，更为了土地升值，政府都积极投入基础设施建设和旧城改造，以获得高额的土地级差收益。以上给农民的征地补偿费、与土地转性相关的规费以及土地从生地到熟地的开发，构成了征地的成本。从绍兴县、金华市和义乌市的情况来看，根据金华市国土局的估算，这一期间土地总费用为17.2亿元，其中用于青苗费、土地补偿费、拆迁补偿费等补偿性费用9.7亿元；开发性支出5亿元，以上两项相加共为14.7亿元；土地出让业务费为4 144万元，其中提成2%给国土局，属于国土部门业务支出；另外在出让土地时交纳税费共2亿元，包括社保基金7 000万~8 000万元，耕地占用税及农发基金1 000万~2 000万元，新增建设用地有偿使用费、开垦费、三江治理费、土管费300多万元。义乌市国土局测算的每亩土地开发成本结构为：补偿性费用（包括土地补偿费、安置补助费、青苗和地上附着物补偿费）3.8万~4.2万元；新增建设有偿使用费9 000多元（14元/平方米），前期开发成本近5万~6万元，税费5万~6万元，这几项加起来，熟地出让时的成本达到16万元。

　　这些从农民手里征得的土地，再被分为以下几种用途：工业用地、道路和绿化用地、商业和住宅用地、公益性用地（科、教、文、卫）。在浙江省，国家征地首先保证了高速工业化和城市化对土地的需求。从1996—2003年的新增318万亩建设用地来看，用于城镇建设和工矿用地160万亩，占新增建设用地的50.2%，另外是35万亩交通建设用地和8万亩水利建设用地，分别占新增建设用地的10.9%和2.5%，年度分数据见表8-9。表8-10和图8-2提供了

---

　　① 在我们的调查中发现，以这种方式供地引起农民的不满最大。农民说，"你政府一转手就挣了那么多钱，给我们补偿却如此少，难道我们就不会卖地吗？"

1999—2003 年义乌市的建设用地构成，我们可以看到，在这期间的 4 573 公顷建设用地中，工矿仓储用地占 29.6%，商业和服务业用地占 7.5%，住宅用地占 12.8%，公共建筑用地占 8.7%，公用设施用地占 9.3%，交通运输用地占 31%。

表 8-9　浙江省建设用地利用结构　　　　　　　　　　（单位：公顷）

	1999 年	2000 年	2001 年	2002 年	2003 年
建设用地	781 734	791 893	810 678	846 842	844 239
城镇建设和工矿用地	574 974	587 742	606 971	637 365	667 020
交通用地	115 351	118 533	120 060	125 138	63 371
水利建设用地	91 410	85 618	83 647	84 339	143 849
未利用地	830 727	818 747	802 530	785 437	1 002 683

表 8-10　义乌市 1999—2003 年建设用地构成　　　　　（单位：公顷）

		1999 年	2000 年	2001 年	2002 年	2003 年	合计
商业和服务业用地		49.3970	74.0366	68.8060	72.3644	78.5782	343.2249
工矿仓储用地		157.8551	75.2100	138.7815	616.2343	366.5485	1 354.6294
公用设施用地		5.2053	58.2002	124.4287	192.0500	45.6189	425.5031
公共建筑用地		37.2131	39.2426	104.2097	190.0754	27.8961	398.6369
住宅用地		90.3061	142.2256	88.8673	135.7298	125.9563	583.0851
交通运输用地		24.1477	46.6872	280.1722	591.9046	474.8350	1 417.7467
水利设施用地			0.2000	1.8667			2.0667
特殊用地		0.6650	1.3813		19.1300	27.4263	48.6026
合计	新增	168.3731	347.1095	807.1321	1 817.4885	1 146.8593	4 286.9625
	存量	196.4589	90.0740				286.5329

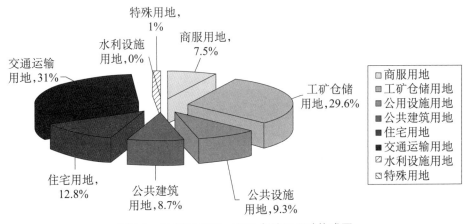

图 8-2　义乌市 1999—2003 年建设用地构成图

基础设施用地和公益性用地（科教文卫）的供给，仍然通过行政划拨，也就是，政府所拨付出的这20%以上的土地，是政府贴着本划出去的，因为这几类土地具有一定的公益性质，比如说，道路、绿化可以提升城市品位，带来城市商业服务和房地产市场价值的提高；科教文卫用地的公共目的性就更显得无从质疑了，尽管这类土地在一些地方成为部门牟利的资源。在一般年份，在绍兴县城市建设中，道路占15%，绿化占10%~15%，配套设施占10%~20%；在义乌市，基础设施占20%左右。如果赶上国家重点工程和铁路建设，政府在基础设施和公益性用地上的供地倒贴得就更多。以浙江省2002年的两条铁路线为例，其中一条线征了6 500亩，另一条线征了16 000亩，铁道部只肯出14 000元/亩，包括土地补偿和所有规费。浙江省规定土地补偿费和安置费两项就不能低于18 000元/亩，只好由地方贴。余杭区政府不包括税费，只是给农民的就倒贴8 600万元，杭州市政府补贴5 600万元，义乌市政府为沿线铁路贴了1.3亿元。

那么，从表8-11可见，工业用地占全部建设用地20%左右，但在城市内这一比例更高，有的高达40%，政府能从中盈利吗？从我们在浙江省几个地区的调查来看，尽管土地越来越稀缺，但为了留住入园企业，工业用地不得不继续采取协议出让，而且还规定最高限价，导致工业用地的出让价格无法反映土地的稀缺性。据浙江省统计局对全省721家工业园区的调查，全省平均土地开发成本9.88万元/亩，有些达到了20万元/亩。大部分工业园区由政府主导开发或授权业主开发，土地出让价格普遍低于开发成本，平均出让价格8.83万元/亩，有近1/4的园区土地平均出让价格不及平均开发成本的一半，5%的园区不到1/3。在绍兴县，从表8-12可以看出，从2000年以后，工业用地协议出让均价一直处于下降之中，从2000年的233元/平方米下降到2003年每亩的188元/平方米。在金华市，为了保证工业地价平稳，由政府对工业用地价格两年调一次，1999年为每亩5万~6万元，到2003年每亩也就是8万元左右。绍兴县为了避免本县范围内各镇在招商引资上恶性竞争，也规定了各镇的工业基准地价（见表8-13），从各镇的工业地价来看，也是低于土地的开发成本。在义乌市，为了招商引资，扼制土地稀缺导致的工业地价上涨趋势，政府不得不于

2000年制定最高限价，规定每亩工业用地不得高于18万元。在该市的一个工业重镇佛堂镇，当地政府官员估计，如果允许工业用地拍卖的话，至少在30万/亩以上，但他又认为从招商引资的角度考虑，工业用地不能拍卖，否则企业将受不了而转到其他地方去。只是到2003年宏观调控后，政府停止供地，企业用地供求矛盾更加突出，政府不得不出台政策，规定对于工业用地，有两个以上用地者采取招标方式出让。

表8-11　1997—2003年浙江省工业用地占建设用地的比重

	建设用地 （平方千米）	工业用地 （平方千米）	工业用地占建设 用地比重（%）
1997年	6 706.80	1 095.21	16.3
1998年	6 805.63	1 127.81	16.6
1999年	6 898.32	1 163.49	16.9
2000年	7 047.60	1 239.53	17.6
2001年	7 268.64	1 364.97	18.8
2002年	8 376.66	1 568.84	18.7
2003年	8 742.40	1 806.57	20.7

表8-12　绍兴县1999—2003年工业用地协议出让情况

	1999年	2000年	2001年	2002年	2003年
面积（平方米）	605 435	1 729 682	809 465	3 064 828	2 810 806
平均价（元/平方米）	203	233	210	176	188
总额（万元）	12 259	40 377	17 063	54 076	53 008

表8-13　绍兴县工业基准地价的变化　　　　　　　　　　（单位：元/亩）

	2000年	2003年	2004年
1	100 000	75 706	
2	98 000	76 026	100 000
3	99 000	76 986	100 000
4	96 000	74 786	100 000
5	93 000	75 086	100 000
6	96 000	74 336	100 000
7	97 000	80 636	100 000
8	89 000	69 846	
9	83 000	70 126	95 000
10	88 000	74 436	100 000
11	88 000	73 886	95 000

续表

	2000 年	2003 年	2004 年
12	86 000	71 806	95 000
13	84 000	70 726	95 000
14	86 000	73 346	95 000
15	80 000	66 996	90 000
16	75 000	65 046	90 000
17	80 000	68 556	90 000
18	77 000		
19	73 000	67 976	
20	77 000		90 000
21			100 000

注：应调查对象要求，真实地名隐去。

在政府每年所征的如此大量的土地中，真正能通过市场出让的也就是经营性用地了。根据表8-10的资料，在义乌市7.5%的商业和服务业用地基本通过市场招拍挂的方式供地，另外近13%的住宅用地中，实际上有近一半是以建经济适用房的名义通过半市场的方式供地，还有一半是作为房地产用地通过市场出让，也就是说，真正通过市场招拍挂出让的经营性用地也就占建设用地的15%左右。经营性用地，主要是指商业、娱乐、旅游、商品住宅等各类出让用地。政府为了保证经营性用地收入最大化，一是纷纷成立土地储备中心，它受当地县（市）政府委托，将需盘活的土地和为实施城市规划近期需用土地收回（购）予以储存，经前期开发利用后，根据城建规划和土地市场供求状况，由县国土行政管理部门通过招标、拍卖、协议等方式出让。土地储备中心受县政府委托，对单位搬迁、解散、撤销、破产等停止使用的土地，超过批准用地建设期限且无力继续开发和不具备转让条件的出让土地，国家建设代征的闲置地、无主地，依法收回的地及因城市建设需要征用的集体土地等实施土地收回（购）、储备和出让的前期准备工作，包括在土地使用权出让前完成地上附着物及建筑物的拆除、土地平整等前期开发工作，或原土地使用权人交付土地后，在土地出让前，依法将储备土地使用权单独或连同地上建筑物出租、抵押、临时改变用途。二是通过公开招标、拍卖、挂牌方式，以使这部分土地的市场化价值最大化。相对于土地的协议出让而言，经营性用地的招、拍、挂确实更加公正、公平、公开，在一定程度上减少了桌下交易和土地收益的权力租金化。三是加强对土地出让金的收缴、使用与管理，严格实行土地出让金收支两条线及土地出让金专款专用，以保证这部分资金尽量进入地方金库。

土地储备制度的设立，其起初的用意是为了盘活面临改制的国有企业土地存量资产，以解决下岗职工的生计出路，也就是说土地储备的来源应以收购（回）存量国有土地为主，但在调查中我们发现，政府储备的土地已远远超出了存量的内涵，早已延伸到以征用农民集体所有土地为主。绍兴县政府从1999年开始土地储备，到2004年9月，土地储备中心共储备土地84宗，面积324.90公顷。其中收回国有建设用地29宗，面积78.91公顷，占总储备土地面积的24.3%；征用集体存量建设用地5宗，面积4.97公顷，占总储备土地面积的1.5%；征用农民集体土地50宗，面积241.02公顷，占总储备土地面积的74.2%。如表8-14所示，土地储备中心初期的土地储备规模不大，而且体现了以收回国有存量建设用地为主的初衷，1999—2001年，土地储备分别仅14.28公顷、13.11公顷和26.12公顷，收回国有建设用地的比重分别占到当年总储备土地的68%、54.7%和85.6%，但到了2002年以后，不仅土地储备的规模大大增加，而且其来源也以征用农民集体土地为主。2003年绍兴县共储备土地211.31公顷，其中征用集体农地179.25公顷，占当年土地储备的84.8%。在金华市和义乌市也是如此，2003年义乌市土地储备中心共储备土地9宗，面积3.13公顷，其中国有划拨土地1.02公顷，占32.7%；集体农地2.11公顷，占67.3%。

表8-14 绍兴县土地储备中心储备土地来源构成和规模

年份	国有建设用地			集体建设用地			集体农地			合计	
	宗地数（宗）	面积（公顷）	比重（%）	宗地数（宗）	面积（公顷）	比重（%）	宗地数（宗）	面积（公顷）	比重（%）	宗地数（宗）	面积（公顷）
1999	3	9.71	68.0	0	0	0	2	4.57	32.0	5	14.28
2000	4	7.18	54.7	0	0	0	2	5.93	45.3	6	13.11
2001	1	22.37	85.6	0	0	0	1	3.75	14.4	2	26.12

续表

年份	国有建设用地			集体建设用地			集体农地			合计	
	宗地数（宗）	面积（公顷）	比重（%）	宗地数（宗）	面积（公顷）	比重（%）	宗地数（宗）	面积（公顷）	比重（%）	宗地数（宗）	面积（公顷）
2002	2	2.08	11.7	1	0.57	3.2	4	15.20	85.1	7	17.85
2003	11	29.56	14.0	2	2.49	1.2	31	179.25	84.8	44	211.31
2004年1—9月	8	8.00	19.0	2	1.90	4.5	10	32.32	76.5	20	42.22
合计	29	78.91	24.3	5	4.97	1.5	50	241.02	74.2	84	324.90

储备土地的用途更彰显出了政府储备土地的真实动机。从我们的调查来看，带有公益性质的用地和为了所谓社会经济可持续发展的工业用地，由于无利可图，当然不会在土地储备中心的供地之列，政府储备的土地全部用于了住宅、商业等经营性目的。也就是说，政府之所以对包括商业、住宅、综合等经营性用地实行统一收购储备，其目的是为了在土地的出让市场上通过招拍挂以实现土地收益的最大化。如表8-15所示，绍兴县自1999年成立土地储备中心以来至2014年9月所储备的3 248 962平方米土地中，靠招拍挂出让的土地达3 088 256平方米，其中住宅用地2 064 504平方米，占66.8%；商业用地290 431平方米，占9.4%；住宅和商业综合用地704 847平方米，占22.8%；加油站等用地1 313平方米，占0.4%。

在浙江省这类发达地区，只要宏观政策环境不变，经济的持续高增长带动对土地的火热需求，因此政府储备土地看起来是一桩风险不大、但收益颇丰的买卖。以绍兴县2003年的情形为例（见表8-16），全年收购储备土地43宗，面积213.13公顷，土地收购储备成本为2.47亿元，其中征地补偿费、房屋拆迁费13 281.9万元，占土地供应总价的6.9%；政府税费11 378.77万元，占土地供应总价的5.91%，土地取得成本合计占取得后土地供应总价的12.81%。而这43宗储备土地在全部以招拍挂出让方式供应后的总地价达19.25亿元，扣除土地收购储备成本，取得的土地净收益为16.78亿元（包括土地开发费用），占土地供应总价的87.18%。储备土地供应净收益（包括土地开发费用）是土地取得成本的6.79倍。绍兴县土地储备的甜头金华市和义乌市也尝到了，1999

表8-15 绍兴县土地储备中心储备土地供应情况

用途	项目	1999年	2000年	2001年	2002年	2003年	2004年1—9月	合计
住宅	宗地数（宗）	1	3	1	1	35	2	43
	储备面积（平方米）	15 167	59 312	223 712	4 151	1 828 832	23 067	2 154 241
	出让面积（平方米）	15 167	59 312	223 712	3 881	1 739 364	23 068	2 064 504
	成交总价（万元）	1 550	8 815	9 020	139	167 460	46 135	233 118
商业	宗地数（宗）	1	0	0	3	3	8	15
	储备面积（平方米）	3 672	0	0	117 889	39 553	140 761	301 875
	出让面积（平方米）	3 672	0	0	116 997	33 777	135 985	290 431
	成交总价（万元）	350	0	0	34 230	73 333	89 430	197 343
商住综合	宗地数（宗）	0	3	1	3	6	10	23
	储备面积（平方米）	0	71 810	37 490	56 451	244 728	358 670	769 149
	出让面积（平方米）	0	71 810	36 016	53 036	219 971	324 014	704 847
	成交总价（万元）	0	5 800	4 600	13 350	464 705	11 670	500 125
其他（加油站等）	宗地数（宗）	0	0	0	0	2	0	2
	储备面积（平方米）	0	0	0	0	2 304	0	2 304
	出让面积（平方米）	0	0	0	0	1 313	0	1 313
	成交总价（万元）	0	0	0	0	3 619	0	3 619
合计	宗地数（宗）	2	6	2	7	46	20	83
	储备面积（平方米）	142 816	131 122	261 202	178 491	2 113 112	422 219	3 248 962
	出让面积（平方米）	142 816	131 122	259 728	173 914	1 993 112	387 565	3 088 256
	成交总价（万元）	12 510	14 615	13 620	47 719	192 454	138 770	419 687

表 8-16　绍兴县 2003 年土地储备成本费用情况

土地供应用途	土地收购面积（公顷）	土地收购成本（万元）			土地供应总价（万元）	占土地供应总价比（％）		
		土地房屋补偿	政府税费	成本合计		补偿及拆迁费	税费	成本
商业用地	4.19	100.92	197.40	298.32	6 284.50	1.61	3.14	4.75
综合用地	27.94	1 153.44	1 588.10	2 741.54	29 940.00	3.85	5.31	9.16
住宅用地	181.00	12 027.54	9 593.28	21 620.82	156 229.06	7.70	6.14	13.84
合计	213.13	13 281.91	11 378.77	24 660.68	192 453.56	6.90	5.91	12.81

年以来，金华市通过土地储备，在市区城市改造、基础设施建设、企业改制、企业搬迁等方面盘活资金近 8 亿元，同时投放土地 175.67 公顷，其中经营性用地 43.33 公顷，获土地收益近 6 亿元。2003 年以来，义乌市以出让的方式供应储备土地 1.97 公顷，另有 1.16 公顷的土地尚未供应，通过土地储备，获取土地出让净收益 1.3 亿元。

土地收益的增加和政府对土地收益最大化的追逐，得益于经济发展水平的提高，老百姓购买力的不断提高和房地产业的兴旺，由此带来对土地的旺盛需求和地价的上涨。从表 8-17 可见，2000—2003 年，绍兴县商业、住宅用地的基准地价大幅上涨，按四类地划分的商业和住宅用地基价，商业Ⅰ、Ⅱ、Ⅲ、Ⅳ类基准地价分别上涨了 2.6 倍、2.3 倍、2.4 倍和 1.8 倍；住宅用地Ⅰ、Ⅱ、Ⅲ、Ⅳ类基准地价分别上涨了 2.4 倍、2.3 倍、1.6 倍、1.3 倍。土地招标竞投的平均地价也从 1999 年的每亩 58.4 万元上涨到 2004 年的 238.7 万元，上涨了 4.1 倍（见表 8-18），经营性用地拍卖均价从 1999 年的 2 640 元/平方米增长到 2003 年的 24 456 元/平方米，拍卖金额从 1999 年的 22 484 万元增加到 2003 年的 207 865 万元（见表 8-19）。

表 8-17　绍兴县基准地价的变化　　　　（单位：万元/亩）

级别	2000 年		2003 年	
	商业	住宅	商业	住宅
Ⅰ	1 200	520	3 090	1 260
Ⅱ	750	420	1 740	965
Ⅲ	455	360	1 080	575
Ⅳ	375	280	660	355

表 8-18 绍兴县 1999—2004 年土地招标竞投概况

年份	总面积（亩）	出让面积（亩）	成交总价（万元）	平均地价（万元）
1999	214.2200	214.2200	12 510	58.4
2000	196.6850	196.6850	14 615	74.3
2001	391.8000	389.5920	13 620	35.0
2002	267.7365	260.8700	47 719	182.9
2003	3 169.6690	2 989.6670	192 454	64.4
2004	633.3300	581.3492	138 770	238.7

表 8-19 绍兴县 1999—2003 年经营性用地拍卖情况

	1999 年	2000 年	2001 年	2002 年	2003 年
面积（平方米）	85 160	182 585	1 302 582	212 165	849 955
均价（元/平方米）	2 640	3 334	3 529	3 173	24 456
总额（万元）	22 484	60 869	45 971	67 341	207 865

四、土地财政与土地金融：城市扩张的两大依托

（一）土地财政详解

从我们所调查的地区来看，绍兴县、金华市和义乌市的城市扩张和大型基础设施建设都是从 1998 年以后加速的。为了推进城市化和进行基础设施建设，政府都投入了巨额资金，绍兴县新建成的城区 2000 年为 12 平方千米，2003 年达到 23 平方千米，到镇一级达到 38 平方千米，每平方千米需投入 3 亿～4 亿元，每年用于城市建设和基础设施的投资近 50 亿～60 亿元，为此，绍兴县四年新区总投入 140 亿～150 亿元。金华市从 1998 年开始进行大规模城市建设以来，5 年时间陆续投入 253 亿元，仅 2003 年负责该市城市建设和基础设施建设的城投公司就投入 20 亿～30 亿元的建设资金。义乌市 1997—2003 年政府投入城市建设和基础设施建设近 50 亿元，每年投资十几个亿，2003 年财政用于城市基础设施投资 18 亿余元。如此巨额的城市基础设施投资资金是如何筹措的？尤其是土地收入和土地作为一种资产在其中到底起到什么样的作用，以及政府是如何通过政府性公司来进行城市化运营的，其中存在什么样的可能性风险？这是我们在本部分要关注的重点。

我们发现，尽管像浙江省这样的经济发达地区，随着经济发展，财政收入

也大幅增长，但是预算内财政对城市基础设施投资的贡献份额却很小。我们所调查的绍兴县、金华市和义乌市，尽管90年代末以后的财政收入大幅增长，且达到一个可观的财政规模，如绍兴县2003年、2004年的财政总收入分别达到30.8亿元和38亿元，但留在地方的收入分别仅为13.5亿元和17亿元，该县在2001—2003年间的地方财政收支，除2001年略有节余外，其他两年都是支出大于收入，地方预算内收入也基本用于供养公务人员、行政支出、社会保障和公共事业支出。金华市2000年财政总收入为42亿元，其中市本级10亿元，到2003年时财政总收入达到88.8亿元，其中市本级22.2亿元，三年的增幅在30%以上，但是地方财政收入仅占到50%左右，由于财政支出资料的欠缺，我们无法给出预算内的收支状况。2003年义乌市的财政总收入是58亿~59亿元，预算内（包括国税）收入是23.07亿元，其中地税、财政部门征收的收入13亿元，国税征收10亿元，其预算内收支状况要相对好一些，在2001—2003年间，地方预算内财政收入中除去地方预算内支出外，每年还略有结余，但每年的净盈余也分别仅有9 242万元、1 787万元、5 102万元，与每年十几亿的城市基础投资的政府支出部分相差甚远。

尽管预算内收入无法支持城市基础设施投资，但是，地方政府进行城市扩张的热情却有增无减，除了广受指责的政府官员政绩观偏误，导致他们靠形象工程谋求升迁外，更为重要的是，这种扩张也具有显著的地方财政收入扩增效应。进一步分析预算内财政收入的结构，我们发现，在现行分税制下，由于增值税部分75%上缴中央，25%留作地方各级分成；以及2000年以后增长较快的所得税也改为中央与地方分享，这意味着，尽管在浙江省这样的经济发达地区，工业在整个经济中的作用举足轻重，但它对地方财政收入的贡献却有限，从绍兴县的情形来看，尽管制造业对GDP的贡献份额达60%以上，但是，它对地方税收的贡献份额却只有27.9%。在这种情况下，地方政府理所当然地要想方设法扩大属于地方支配税种的征收渠道。从调查中发现，在这些地方可支配的税收渠道中，最为地方政府青睐的就是与土地直接和间接相关的税收。在绍兴县，2002年和2003年，地方财政收入的增长速度分别为7.1%和28.2%，而土地直接和间接税收的增长速度分别达到了28.2%和69.6%，其增幅远远高于总收入的增长速度，在总收入的增量部分中，土地税收的贡献率分别达109.9%和71.3%，在绍兴县，来自建筑业和房地产业的税收占到地方税收的37%以上（见表8-20）。很显然，土地直接和间接税收的增长成为地方预算内收入增长的主要力量。在我们所调查的几个地区，土地收入占预算内收入的30%~40%（参见表8-21）。

表8-20　2003年绍兴县制造业、建筑业和房地产业占地税部门征收税收比例

	税收（万元）	占第二产业比例（%）	占第三产业比例（%）	占总额比例（%）
制造业	27 326	54.3		27.9
建筑业	20 456	40.7		20.9
房地产业	15 883		33.3	16.2
其他	34 383			35.0
合计	98 048			100

表8-21　绍兴县土地相关税收情况　　　　　　　　　　（单位：万元）

			2001年	2002年	2003年
土地间接税收	营业税	建筑业	4 824	10 351	13 989
		房地产业	3 398	6 124	9 025
	合计		8 222	16 475	23 014
	增长速度（%）			100.40	39.70
	企业所得税	建筑业	3 418	2 144	1 576
		房地产业	4 515	1 450	2 285
	合计		7 933	3 594	3 861
	增长速度（%）			-54.60	7.40
土地直接税收	城镇土地使用税		75	219	234
	契税		2 983	6 016	7 739
	耕地占用税		8 064	4 755	11 027
	合计		11 122	10 990	19 000
	增长速度（%）			-1.20	72.90

从发达国家和其他发展中国家的经验来看，在经济发展过程中，随着经济的分权化，土地税及与土地相关的财产税往往成为地方财政收入的重要来源。在中国，与土地有关的税费名目、税率、税基都由中央政府制定，2003年时可以开征的税费有：农业四税（农业税、农业特产税、耕地占用税和契税）、耕地开垦费、新增建设用地有偿使用费。在这些税费中，农业税和农业特产税是直接向农地和农业活动征收，这一部分在发达地区已微不足道；耕地占用税是

对占用耕地建房或者从事其他非农业建设的单位和个人征收，它是以纳税人实际占用的耕地面积一次性征收；契税是在转移土地和房屋权属时承受单位和个人所缴纳的税收，包括土地使用权转让、出售、赠与和交换，房屋买卖，房屋赠与和房屋交换。城镇土地使用税是对实际占用或使用国有土地的行为征税，大城市0.5元/亩至10元/亩；中等城市0.4元/亩至8元/亩；小城市0.3元/亩至6元/亩；县城、建制镇、工矿区0.2元/亩至4元/亩。另外就是耕地开垦费和新增建设用地有偿使用费，耕地开垦费是因占用耕地进行非农业建设的单位和个人，因没有条件开垦耕地或开垦的耕地不符合要求，按照"占多少，垦多少"的原则所缴纳的专项用于耕地开发、复垦、土地开发整理等补充耕地的资源性收费；新增建设用地有偿使用费是在农用地转用、征用时，向取得出让等有偿使用方式的新增建设用地的县、市人民政府收取的平均土地纯收益，其中30%上缴中央财政，70%进入省级国库。

从实地调查中，我们发现现行土地税制在运营中有以下几个特点：

第一，土地直接税在地方财政收入中的比重不高。2002年，浙江省耕地占用税12.3亿元，契税30.16亿元，城镇土地使用税1.3亿元，土地增值税1.07亿元，当年该省地方财政收入为566.85亿元，在将土地契税和房产契税按7:3的比例分开后，与土地直接有关的税收占地方财政收入的比重不到6.3%。绍兴县2003年的耕地占用税11 027万元，契税7 739万元（其中涉及土地的契税7 889万元），城镇土地使用税233.7万元，当年该县地方财政收入13.5亿元，与土地直接相关税收占地税总收入的比例为12%。

第二，土地税的设置名目繁多，而且功能重叠。有直接的土地税，即我们所说的农业税、农林特产税、耕地占用税、契税、城镇土地使用税、土地增值税；直接的收费，如耕地开垦费，新增建设用地有偿使用费。其中耕地占用税、耕地开垦费和新增建设用地有偿使用费尽管功能表述不一，但征收对象都是新增建设用地。再比如土地增值税。这一方面表明税费项目多，存在重复征收现象，另一方面反映税收调节力度不够。如城镇土地使用税实行的是从量定额征收办法，由于税负偏低，起不到调节土地级差收益的作用。

第三，土地税费的设置"重转用，轻保有"，也就是重头都是农地转为建设用地环节的税费,而保有环节的土地税费只有城镇土地使用税和土地增值税,这就造成政府土地税收对耕地占用的高度依赖,而土地保有环节中土地增值的税收枯竭,更刺激地方政府多占耕地以多得土地税收。在绍兴县,2000 年以来由于非农建设用地量大,耕地占用税增长幅度比较快,2001—2003 年共征耕地占用税 2.557 亿元,其中 2000 年为 1 971 万元,2001 年为 8 064 万元,2002 年为 4 755 万元。但这部分税收高度依赖于占地量,如果占地量减少,税收也就减少了,最明显的是 2004 年受国家宏观调控的影响,由于停止土地供应,耕地占用税在 2004 年上半年就比 2003 年同期减少了 1 318 万元,减少了 17.6%。另一项增长较快的税费是以房屋和土地契税为主的契税。在绍兴县,2000 年的土地契税为 3 059 万元,2001 年为 6 016 万元,2003 年为 5 717 万元,同样是受宏观调控的影响,到 2004 年土地契税比 2003 年减少了 338 万元,下降幅度为 5.91%;房产契税在 2004 年 1—9 月为 1 728 万元,比 2003 年同期减少 517 万元。义乌市的情形也是如此,1999—2003 年,耕地占用税从 741.6 万元增长到 7 303.41 万元,土地契税由 1999 年的 1 323.5 万元增长到 2003 年的 7 073 万元(见表 8-22)。与保有环节的税收相比,在转让环节的税收征收和增长尽管潜力很大,但很不理想。2002 年,浙江省城镇土地使用税 1.3 亿元,土地增值税 1.07 亿元,绍兴县 2003 年的城镇土地使用税 233.7 万元,金华市 2003 年土地增值税为 2 000 多万元,占地方财政总收入的份额微乎其微。

表 8-22 义乌市契税和耕地占用税征收情况

| | 契税 | | | | 耕地占用税 | | |
| | 土地出让 | | 土地转让 | | | | |
	税率(%)	实征税额(万元)	税率(%)	实征税额(万元)	纳税单位(个)	应税面积(亩)	税额(万元)
1999	3	1 287.05	3	36.45	19	2 162.64	741.60
2000	3	3 391.89	3	156.99	78	2 892.00	2 557.75
2001	3	2 333.41	3	116.22	103	10 238.00	4 740.38
2002	3	3 585.55	3	58.84	76	10 668.00	5 740.29
2003	3	7 037	3		126	13 576	7 303.41
合计		17 634.90		368.50	402	39 536.64	21 083.43

第四，土地税费不能完全做到被地方拥有，如土地开垦费就是由占地者交由开垦土地的一方，在那些没有后备资源可供开垦的地方就不能享有这笔费用；新增建设用地有偿使用费更是由中央和省级政府分享，成为地方对上级土地收益的贡献。

土地开发除了提供"吃饭财政"的地方税源外，也成为部门"生财"和预算外收入的重要来源。我们在调查中发现，部门对土地的收费项目自主性较强，而且名目繁多，出自多个部门。其中主要有：土地部门所收的耕地开垦费、管理费、业务费、规费、登报费、房屋拆迁费、拆抵指标费等；财政部门所收的土地出让金。在土地征用过程中相关的一些部门，如农业、房产、水利、交通、邮电、文物、人防、林业等部门都会收费，这些收费项目大多由省级政府自行制定标准。此外还有中央和省级政府从地县级政府在办理土地征转用手续时事先提取的新增建设用地有偿使用费。这些收费由于政出多门，且比较隐讳，无法做出准确的估计，但从我们掌握的数据来看也十分可观。如绍兴县2003年国土部门收取的各项费用加总达到近2亿元，其中管理费为913万元、业务费3 849万元、规费6 011万元、登报费18万元、房屋拆迁费3 019万元、折抵指标费5 350万元、收回国有土地补偿费2 258万元，其规模远大于土地直接的税收收入。粗略估计，如果刨去土地出让金不算，则土地直接税、间接税和规费的关系约1:2.5:1.5左右。表8-23给出了三个地区预算外收入的基本结构。行政事业性收费中有些是基于土地转让的收费项目，但是我们很难将其区分出来。政府性基金收入中最大头的农发和社保基金都是按照土地转让收入的比例提取的，所以也可以看作是土地收入的一部分。基金和转让金两个部分基本上可以看作是政府从土地上取得的预算外收入。土地出让收入在所调查地区成为预算外资金的主要来源，其中2003年绍兴县土地出让收益19.2亿元，占预算外收入的69.3%；金华市的土地出让收入20亿元，占预算外收入的58%；义乌市的土地出让收入15亿元，占预算外收入的60%。

表 8-23 2003 年浙江省几个地区政府收费情况

	绍兴县		金华市		义乌市	
	金额（亿元）	比例（%）	金额（亿元）	比例（%）	金额（亿元）	比例（%）
行政事业性收费	4.8	18	13.6	39	5	20
政府性基金	5.1	19	1.0	3	5	20
土地出让金	19.2	69	20.0	58	15	60
预算外总收入	26.7	100	34.6	100	25	100

在预算内资金无法满足巨额城市建设资金和大型基础设施投资资金的情况下，这块资金就只能主要依托于以土地出让收入为主的预算外资金了。绍兴县的新城建设到 2003 年时投入了 140 亿～150 亿元，每年需投入的建设资金达 60 亿元左右，而预算内每年能提供的资金只有 1 亿～1.5 亿元，然后就是政府性基金，2003 年为 2.28 亿元，但是由于其中的农发基金 1.39 亿元是按照一定比例对于土地出让金的提成，所以应该归入土地出让金部分，真正的非土地出让金部分预算外资金只有 0.89 亿元；最大的一块资金来源是土地出让金收益，从 1999 年到 2003 年，一共约 40 亿元，其中 2003 年的土地出让金收益为 19.2 亿元，占年度政府城市基础设施投资资金的 1/3 左右。义乌市的城市投资与绍兴县比，呈现出多元化的格局，1999—2003 年，义乌市重大工程投入资金一共 181.61 亿元，其中政府财政投入 44.38 亿元，占 24.4%；业主和社会投资共 137.23 亿元，占 75.6%（见图 8-3）。不过，在政府投资中，资金大部分仍然来源于土地出让金，义乌市 2003 年本级土地出让金总额 20 亿元左右（如包括乡镇则有 26.09 亿元），其中本级用于城市建设的支出 12.39 亿元（包括乡镇的数字是 16.12 亿元）。金华市财政用于城市基础设施投资的资金（30 多亿元）差不多全部来自土地出让金（33 亿元）。

（二）土地抵押金融的支撑

尽管有巨大的土地出让收入为城市建设提供资金，但远远不能满足城市建设资金的需求，其资金缺口就只能依靠融资。在绍兴县，2003 年城市基础设施投资共 60 亿元，其中来自预算内资金 1.59 亿元，占 2.65%；政府性基金 0.89 亿元，占 1.48%；土地出让金 19.2 亿元，占 32%，而融资则达到 38.32 亿元，

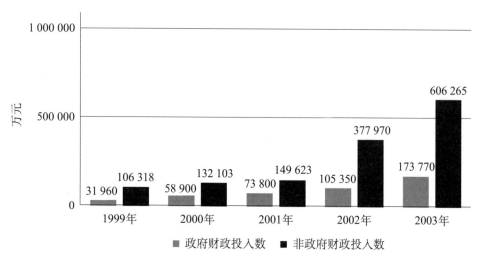

图 8-3　义乌市历年重大工程投入情况

占 63.87%。金华市政府自 2000 年以来一共在城市建设方面投入资金 233.27 亿元，其中财政支付 30 亿元，占 12.86%；土地出让收入约 33.27 亿元，占 14.26%；其余是银行贷款共 170 亿元，占 72.88%。

为了从银行融资，地方政府一是成立政府性公司来担当融资的载体。这些公司虽然在各个县市的名称各异，但是它们最主要的功能就是一个：给城市基础设施投资进行融资贷款。绍兴县城投公司成立于 2000 年 9 月，公司 2003 年的 3.26 亿元银行融资一是靠土地抵押，占全部融资贷款的 60% 以上（下面还将专门予以讨论）；二是靠各公司之间的相互担保，占 2003 年负债的 37%。公司 2003 年投资 15 亿元，建成城市道路 12 条，总长逾 25 千米，桥梁 34 座，配套雨污水管线 82 千米，新增绿地 90 万平方米。该县另一个融资主体是绍兴县交通投资有限公司，这家成立于 1998 年 7 月的政府性公司由财政注入资本金组建，其最初的职能主要是收费公路的建设、公路的收费管理、公路的养护和路政管理，后转为主要为大交通建设贷款融资，它的融资贷款一靠土地储备中心的土地进行抵押，二靠财政出具还款承诺书。截至 2003 年 9 月 23 日，公司贷款总额 83 250 万元，其中公司自营项目贷款 27 050 万元，政府性投资项目贷款 59 200 万元，由县财政预算内安排资金还本付息。2003 年贷款利息支出每天 13 万元，年支出 4 864 万元。金华市城开公司于 2000 年 6 月组建时是一家由财政注资、隶属于金华市建设局的政府性公司,该公司自成立到2003年前的主要职能是在承担基础设施工程的同时进行融资。其成立之后的第一个项目是旧城改造,由于缺少资金,只得以先出让后拆迁的形式将该项目进行招投标,这个项目占地400~500亩,招标3亿多元,在支付2.87亿元的补偿资金后,还有5 200万元的利润,公司又将这笔钱用于老城区基础设施改造和环境配套。一期旧城改造结束之后,该公司又得到政府4 000多亩商业用地的规划红线储备并以此去融资,以进行第二期的旧城改造。2003年抵押700亩给银行,银行评估价值为102亿元,可贷款70亿元,融资7亿元。直到2003年1月金华市城投公司成立,将融资和资金运作职能转交给城投公司,城开公司则主要负责城市建设。截至2004年9月,金华市城开公司负债43亿元,其中银行贷款余额32亿元,政府财政间歇资金借款11亿元,而2003年才成立的金华市城投公司已投入20亿~30亿元,其中20亿元来自土地出让金,还有3亿多元是通过融资而得。

另一个是通过土地抵押。按照中国《城市房地产管理法》《城镇国有土地使用权出让和转让暂行条例》等法律法规的规定,可设定抵押的土地权利仅限于出让土地使用权,如果房产抵押涉及划拨土地的,必须先补办土地出让手续、补交土地出让金或以抵押所获收益抵交土地出让金,并且土地使用权人必须是公司、企业等经营性组织或个人。以土地作为抵押物进行抵押贷款,必须有相应的土地证书作为抵押工具。为了在法律上合乎要求,浙江省绍兴县等地,在土地储备中由土地管理部门根据规划确定储备土地的供应用途、年限等,向土地收购储备中心发放土地使用权证,以此作为向银行申请土地抵押贷款的凭证。一些地方则通过政府财政担保的形式进行贷款。金华市土地储备中心进行储备土地抵押贷款时,要向银行提供的文书资料包括:(1)政府批文,这一文件用来证明土地储备中心的土地储备行为得到了政府的批准;(2)抵押贷款协议,由双方约定贷款的具体金额、还款期限、利率、抵押物等;(3)还款承诺书,即政府承诺并保证以储备土地供应收益还本付息的书面文件;(4)评估报告,即由中介评估机构提供的储备土地市场价格评估报告。2003年6月,中国人民银行发布的《关于进一步加强房地产信贷业务管理的通知》明确规定,对土地收购储备机构发放的贷款为抵押贷款,贷款额度不得超过所收购土地评估价值的70%，贷款期限最长不得超过2年。从浙江省绍兴县、金华市等地的情况来看，储备土地抵押贷款的还款期限一般为1~2年，个别贷款项目为3~5年，最长的达10年。贷款的主体一般是土地储备机构、园区开发公司和政府控股的投资公司。有时，土地储备中心在储备土地的收益权上设立质押，向园区开发公司或政府控股的投资公司进行贷款担保。

根据对绍兴县土地储备中心的土地使用权抵押登记台账统计（见表8-24），2003年绍兴县以土地储备中心名义进行的储备土地抵押共9项，抵押土地面积122.84公顷，抵押贷款金额94 318万元；2004年1—9月绍兴县以土地储备中心的名义进行储备土地抵押共20项，抵押土地面积95.68公顷，抵押贷款金额116 958万元。两年共设定储备土地抵押贷款项目29笔，抵押土地面积218.52公顷，通过储备土地抵押，土地储备中心获得各银行的贷款金额211 276万元。

表8-24 绍兴县土地资产储备中心储备土地抵押登记贷款规模

贷款银行	2003年		2004年1—9月	
	抵押面积（公顷）	抵押金额（万元）	抵押面积（公顷）	抵押金额（万元）
工商银行县支行	28.75	29 318	3.26	17 362
建设银行县支行	14.67	10 000	15.45	25 310
农业银行县支行	18.66	13 000	49.23	45 900
民生银行分行	32.03	22 000		
绍兴县商业银行	21.40	15 000	13.40	12 100
农村信用社联合社	7.33	5 000	14.34	16 286
小计	122.84	94 318	95.68	116 958

根据金华市人民银行提供的数据，2003年全市（包括县、市）各类银行对土地储备中心的贷款余额为11.72亿元，2004年9月增加到13.09亿元；不包括下辖的县、市，2003年市本级土地储备中心的贷款余额为3.02亿元，2004年增加到4.42亿元。

土地使用权抵押贷款为开发区、政府性公司、土地储备中心、房地产公司筹资以及工业企业的启动起到了重要作用。绍兴县开发区的土地抵押贷款2003年和2004年分别为26 886万元和8 350万元，主要用于开发区的基础设施投入；政府性公司通过土地的抵押融资分别为 32 453 万元和 28 000 万元；储备中心通过土地的抵押融资分别为 94 318 万元和 120 158 万元；房地产公司通过土地的抵押融资分别为 99 998 万元和 88 763 万元；还有工业企业也通过协议获得的土地使用权得到贷款 53 437 万元和 51 546 万元，为园区企业创办和发展做出了重大贡献（见表 8-25）。

表 8-25　绍兴县 2003、2004 年土地使用权抵押登记情况

年份	项目	开发区	工业用地	房地产公司	政府性公司	储备中心
2003	抵押面积（亩）	237.54	5 758.27	1 613.29	417.47	1 842.53
	抵押金额（万元）	26 886.27	53 437.42	99 998.00	32453.30	94 318.00
2004	抵押面积（亩）	309.89	3 878.79	1 454.72	451.48	1 435.24
	抵押金额（万元）	8 350.00	51 546.38	88 762.98	28 000.00	120 158.00

土地抵押首先为政府性公司融资提供了保障。根据对土地使用权抵押登记台账的统计（见表 8-26），2003 年和 2004 年 1—9 月绍兴县以各类政府控股的投资公司名义进行的储备土地抵押共 3 项，抵押土地面积 15.75 公顷，抵押贷款金额 65 000 万元，主要用于城市基础设施投资和城中村改造。

表 8-26　绍兴县各类政府投资公司储备土地抵押登记贷款规模

贷款主体	抵押面积（公顷）	抵押金额（万元）	贷款银行
城市建设投资开发有限公司	4.46	10 000	建设银行绍兴县支行
	5.09	10 000	农业银行绍兴县支行
城中村改造建设有限公司	1.63	30 000	农业银行绍兴县支行
2003 年小计	11.17	50 000	
城市建设投资开发有限公司	4.58	15 000	工商银行绍兴县支行
2004 年 1—9 月小计	4.58	15 000	
合计	15.75	65 000	

土地抵押贷款也支持了园区开发。根据对绍兴县土地使用权抵押登记台账的统计（见表 8-27），2003 年绍兴县以各类园区开发公司的名义进行储备土地抵押共 3 项，抵押土地面积 15.84 公顷，抵押贷款金额 26 886 万元；2004 年 1—9 月绍兴县以各类园区开发公司的名义进行的储备土地抵押共 4 项，抵押土地面积 20.66 公顷，抵押贷款金额 8 350 万元。两年共设定储备土地抵押贷款项

目7笔，抵押土地面积36.50公顷，通过储备土地抵押，各类园区开发公司获得各银行的贷款金额35 236万元。从调查中了解到，2002年前绍兴县K镇经济开发区投资有限公司的贷款余额为9 400万元；2002年各类贷款余额为4.35亿元，其中担保贷款1.0亿元，土地抵押贷款3.35亿元；2003年年底各类贷款余额降为4.15亿元。

表8-27　绍兴县各类园区开发公司储备土地抵押登记贷款规模

贷款主体	抵押面积（公顷）	抵押金额（万元）	贷款银行
柯岩风景开发公司	7.20	4 000	建设银行绍兴县支行
柯桥镇经济开发区投资有限公司	4.52	14 286	工商银行绍兴县支行
	4.12	8 600	县农村信用社合作联社
2003年小计	15.84	26 886	
柯岩风景开发公司	1.48	1 020	建设银行绍兴县支行
	1.48	1 330	中国银行绍兴县支行
柯桥镇经济开发区投资有限公司	1.93	4 000	县农村信用社合作联社
县工业园建设发展有限公司	15.78	2 000	县农村信用社合作联社
2004年1—9月小计	20.66	8 350	
合计	36.50	35 236	

金华市2003年全市（包括下辖的县、市）各类园区和市政基础建设的贷款余额为45.46亿元，2004年1—9月为43.56亿元。义乌市在园区清理整顿前，共有1区12园，每个街道和镇都设有自己的工业园区，当时各类园区的贷款余额为11亿元，清理整顿后1区12园整合为两个园区，2003年两个园区的贷款余额有8亿元，这些贷款中多数为园区储备土地抵押贷款。

以经营性土地使用权进行抵押贷款也是房地产开发的重要资金来源。绍兴县1999年四大国有商业银行房地产开发贷款余额1 470万元，2004年1—9月增长到57 760万元，增长了38.3倍，年均增长108.38%。2000年，绍兴县四大国有商业银行各类贷款余额582 713万元，房地产开发贷款余额占1.45%，2004年1—9月各类贷款余额1 463 691万元，房地产开发贷款余额占3.95%（见表8-28）。

表 8-28　绍兴县四大国有商业银行房地产开发贷款余额增长情况　　（单位：万元）

	1999 年	2000 年	2001 年	2002 年	2003 年	2004 年 (1—9 月)
中国银行					1 660	12 860
工商银行	1 470	3 100	7 450	11 200	17 100	16 000
建设银行				12 395	17 900	15 900
农业银行		5 376	2 500	4 400	6 500	13 000
合计	1 470	8 476	9 950	27 995	43 160	57 760

据统计，2003 年金华市（包括市辖县、市）房地产开发和自营性房地产贷款余额为 42.59 亿元，占当年贷款余额的 4.86%；2004 年减少到 41.7 亿元，占当年各项贷款余额的 4.14%。

1998 年，义乌市商业银行房地产开发和自营性房地产贷款余额 8 015 万元，2003 年增长至 55 330 万元，2004 年 1—9 月为 48 065 万元，1998—2004 年平均每年增长 34.79%。1998 年，义乌市各商业银行贷款余额 637 716 万元，其中房地产开发和自营性房产贷款余额占 1.26%；2004 年 1—9 月各商业银行贷款余额 2 949 325 万元，其中房地产开发和自营性房产贷款余额占 1.63%。

个人住房贷款则支持了房地产市场的发展。中国曾长期实行居民住房福利分配制度。20 世纪中期以来，开始推行住房商品化、货币化改革，住宅消费市场随之兴起，住房消费信贷需求日益显现。为了支持城镇居民购买住房，规范个人住房信贷管理，1997 年 4 月 28 日，中国人民银行根据《中华人民共和国商业银行法》《中华人民共和国担保法》和《贷款通则》，制订并颁布了《个人住房担保贷款管理试行办法》。后来又对该办法做了重新修改，并于 1998 年 5 月 9 日正式发布了《个人住房贷款管理办法》。1998 年后，居民住房消费信贷开始飞速增长。

从绍兴县来看，1999 年四大国有商业银行开始随绍兴县的成立分设县支行。1999 年四大国有商业银行住房消费担保贷款余额为 1 420 万元，2004 年 1—9 月增长到 109 510 万元，增长了 77 倍，平均年增长 238%（见表 8-29 和图 8-4）。2000 年住房担保贷款余额占各类贷款余额的比重为 1.12%，2004 年 1—9 月这一比重增长到 7.48%。

表 8-29　绍兴县四大国有商业银行个人住房贷款余额增长情况　　（单位：万元）

	1999 年	2000 年	2001 年	2002 年	2003 年	2004 年 1—9 月
工商银行	0	0	12 905	18 471	17 227	16 624
中国银行	1 420	5 273	6 714	15 388	27 011	30 474
建设银行	0	0	1 249	2 330	13 761	14 574
农业银行		1 267	11 459	11 544	32 252	47 838
小计	1 420	6 540	32 327	47 733	90 251	109 510

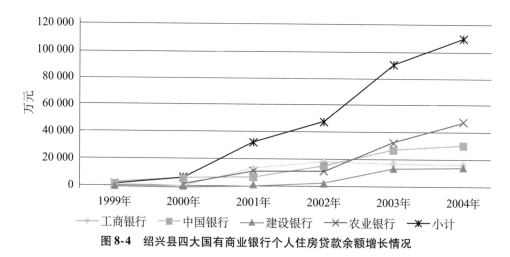

图 8-4　绍兴县四大国有商业银行个人住房贷款余额增长情况

金华市（包括下辖的县、市）2003 年各商业银行住房贷款余额 67 亿元，占各类贷款余额 877 亿元的 7.64%；2004 年 1—9 月，各商业银行住房担保贷款余额增长到 94 亿元，占各类贷款余额 1 007 亿元的 9.33%。

义乌市 1998 年各商业银行的住房贷款余额为 14 380 万元，2004 年 1—9 月增长到 225 437 万元，增长了 15.7 倍，年均增长 173%（见图 8-5）；1998 年住房贷款余额占各类贷款余额的比重为 2.25%，2004 年 1—9 月这一比重上升到 7.64%。

在浙江省，由于经济一直维持着持续的高增长，因此，总体来讲，以土地抵押的金融贷款，支持了该地区房地产市场的发展，也支持了该地区城市基础设施的投资，因此与高速的经济发展是相匹配的。但具体分析以土地抵押的金融贷款资金流向后，我们对土地金融风险进行了评估，初步判断：

第一，房地产和个人购房贷款金融风险可控。房地产商和个人购房贷款市

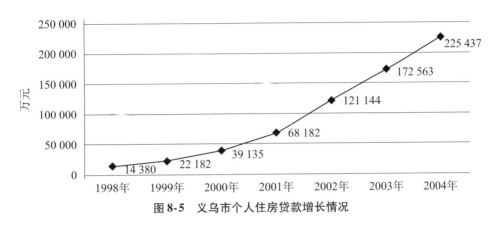

图 8-5 义乌市个人住房贷款增长情况

场化程度最高，房地产商的土地抵押贷款还款能力取决于所造房的销售程度，居民个人购房贷款的还款能力取决于居民收入的增长。在浙江省，尤其是我们所调查的几个地区，房地产市场一直走旺，居民收入增长也很迅速，这一部分的金融风险还不是很大。事实上，这两块贷款在几个地区商业银行的贷款占比也是银行可以控制的，2004 年 1—9 月，绍兴县四大国有商业银行个人住房消费贷款余额 10.951 亿元、房地产开发贷款余额 5.776 亿元，二者合计 16.727 亿元，占当年四大国有商业银行各类贷款余额（146.3691 亿元）的 11.43%。2003 年，金华市（包括下辖的市县）个人住房贷款、房地产开发和自营性房地产贷款合计为 109.6 亿元，占当年各商业银行贷款余额的 12.5%。2004 年 9 月，义乌市个人住房贷款、房地产开发和自营性房地产贷款合计为 27.35 亿元，占当年各项贷款余额的 9.27%。

第二，由政府在背后做信誉支撑的土地抵押贷款长期看可以消化，短期内需与地方财政可承受能力相匹配。包括土地储备中心贷款、政府性公司贷款，以及园区贷款，这类贷款的还款能力一是取决于政府对经营性用地的运营收入，二是取决于当地政府的财政收入状况。在我们所调查的地区，出让土地的获利能力还是很诱人的，财政收入的增长也因经济高速发展呈现高增长态势，因此，以政府信誉支撑的金融贷款从一个长时段来看还是可以消化的。但是，从短期来看，政府以土地抵押的金融贷款到底多大规模适宜，尤其是如何与其财政收入的增长相匹配，也是值得认真加以考虑的。2003 年绍兴县以土地储备中心、各类园区开发公司和政府控股投资公司的名义进行的储备土地抵押贷款金额17.1204亿元,超过了上一年度政府地方财政收入,2004年1—9月政府依靠储备土地进行的抵押贷款14.0308亿元,也超过了上一年度地方财政收入。2003年,如表8-30所示,金华市(包括下辖的市县)园区开发贷款、土地储备中心依靠储备土地进行的抵押贷款余额合计57.18亿元,比当年地方财政收入(43.13亿元)还高。2004年9月,如表8-31所示,义乌市园区开发贷款余额14.54亿元,也超过了上一年度地方财政收入(2003年全市地方财政收入11.9亿元)。

表8-30　金华市土地金融规模　　　　　　　　　　(单位:亿元)

	2003年	2004年9月
每年向商业银行贷款余额	877.00	1 007.00
个人住房按揭贷款余额	67.00	94.00
房地产开发和自营性房地产贷款余额	42.59	41.70
园区开发贷款余额	45.46	43.56
基本建设项目贷款余额	128.00	143.00
土地储备中心贷款余额	11.72	13.09

表8-31　义乌市1998—2004年土地金融规模　　　　(单位:亿元)

	1998年	1999年	2000年	2001年	2002年	2003年	2004年
每年向商业银行贷款余额	63.77	78.84	97.33	119.82	164.96	254.49	294.93
个人住房按揭贷款余额	1.44	2.22	3.91	6.82	12.11	17.24	22.54
房地产开发和自营性房地产贷款余额	0.80	3.21	1.41	3.26	5.01	5.53	4.81
园区开发贷款余额	0.25	1.25	1.00	4.21	3.38	13.56	14.54
基本建设项目贷款余额	0.58	3.35	3.20	5.96	12.46	18.19	16.62

除了短期政府土地抵押贷款与地方财政收入的匹配以外,另一个更大的风险是政策风险。因为政府的还款高度依赖于土地出让收入,而建设用地的供应又是计划性质的,因此,一旦建设用地供应受到控制,政府的城市基础设施投资资金链和还款循环会立刻出现问题。在我们所调查的地区,伴随2004年土地调控,已出现经营性用地招拍挂低于底价,政府土地出让收入剧减的严峻局面。如在绍兴县,到我们调查时为止,2004年政府土地出让金净收益只有2.5亿

元，比上一年度少了近 4 亿元，而政府计划的城市基础设施投资需求资金近 10 亿元，出现巨大的资金缺口。金华市的情况比绍兴县还要严峻。

五、政府与农民之间的利益博弈

在整个工业化、城市化进程中，原来的土地所有者——农民集体的土地权利又是如何的呢？在已有的讨论中，农民在征地过程中的失地失业情形已被广泛关注，在本报告中，我们倾向于从城市化进程中农民与政府之间围绕土地和其他财产权益的利益博弈展开，这样可能更符合真实的图景，也有利于找到更稳妥的解决方案。由于此议题牵涉的农民群体面太大，本报告只是结合我们已访问的村来讨论。

城市化对农民来讲首先是土地被一批批征走。1999—2002 年，浙江省全省被征地农民人数达 170 万人。柯桥镇街道的变迁就是一幅农民集体失地的活生生的画面。这个街道原来是一个典型的农业乡镇，1991 年时共有 17 个村，12 812 亩土地，1991 年年底，柯桥镇开发区启动。先是该镇 A① 村的 516 亩地全部被征用（除了一块留用地外）；接着是另外三个村的土地于 1993 年被全部征用，其中 B 村在 1991 年时还有 576 亩土地，到 1992 年时就只有 117 亩，到 1993 年时也被征光；C 村 1991 年时有 501 亩土地，到 1992 年时仅剩 21 亩，到 1993 年被完全征光；D 村 1991 年时有 362 亩土地，到 1992 年时还剩 237 亩，到 1993 年时也被征光了。随着柯桥镇开发区的延伸，企业和市场用地激增，其余 13 个村子的土地也被陆续征光，到 2003 年年底，只有一个村还剩 80 多亩土地未被征用。

国家征走的不仅是农民集体的土地，更是附着在土地上的农民财产权。绍兴县关于土地征用补偿的原则就很好地体现了这一点：第一，国家需要原则。征地是国家强制行为，不得以土地买卖形式进行补偿。第二，按用途补偿原则。必须按被征地原用途给予补偿。第三，依法补偿原则。必须严格在国家统一制定的标准范围内进行补偿。第四，依法收回土地承包权原则。经上级人民政府批准，当农用地转为建设用地时，土地承包合同自行终止。征用耕地的补偿费

---

① 应调查对象要求，隐去此处四个村的真实名称。

标准为征用前三年平均年产值的 8 倍,安置补助费为征用前三年平均年产值的 4～6 倍,同时规定,土地补偿费属村级所有,由农村集体经济组织或村民委员会管理;安置补助费原则上落实到个人,但集体经济组织或者村委会动员他们参加养老保险和社会保险。地上附着物和青苗补偿费支付给所有者。以上这些原则体现出对失地农民的不公平性。第一,在浙江省这类发达地区,由于非农收入大大上升,农民的土地很少有继续种植粮食作物的,农民种植经济作物、花卉、蔬菜等,每亩年净收入不低于一万元,按年产值标准给失地农民补偿,也就是相当于他们每亩地种植经济作物时两年的亩净收益。第二,政府将农民的土地征走后,无论是搞工业协议出让,还是搞经营性用地的招拍挂,尽管对政府来讲所征土地有 20% 要作为公共用地,而且 60% 的工业用地在考虑开发成本后基本以成本价出让,但失地农民只知道政府给的补偿是每亩 3 万元左右,但工业用地的协议出让价有 18 万元/亩,而经营性用地的招拍挂更是高达 100 万元/亩,由此产生极大的心理和现实落差,导致政府与被征地农民的矛盾越来越大。据浙江省国土厅信访室统计,反映征地补偿与安置问题的来信 2000 年为 512 件、2001 年为 586 件、2002 年为 1 058 件,分别比上一年度上升 14.5% 和 80.55%;因土地征用问题而来省上访的,2000 年为 342 批(1 015 人),2001 年为 333 批(1 010 人),2002 年为 470 批(1 615 人),2002 年批数比上一年度上升 41.14%,人数增加 59.90%。在 2002 年受理的反映征地问题的 1 862 件(次)来信来访中,反映征地补偿标准偏低的 773 件(次);反映征地补偿费分配不合理的 190 件(次);反映征地程序不合法的 168 件(次);反映征地拆迁补偿与纠纷的 162 件(次)。

  为了稀释征地过程中与农民之间的对立,政府必须在法律许可的范围内做出变通。最直接的办法就是调高土地年产值的标准,进而提高农民的土地补偿额。在绍兴县,补偿标准在 1999—2002 年间为每亩 2.35 万元,到了 2003 年,按照省政府文件调整到每亩 2.65 万元,增长了 12.77%,土地补偿办法也改为按照产值区片价的办法,将农地分成四个等级,一等地 1 600 元,二等地 1 500 元,三等地 1 400 元,四等地 1 300 元。到 2004 年,又将三、四等的两档调高到了 1 500 元。在做出这种调整以后,每亩地的补偿将近 3 万元。在金华市,

1999年给农民的补偿为每亩8 000~10 000元,1999—2003年平均给失地农民的补偿为每亩2.2万元,2003年开始采取按区片综合价的办法,每亩地的补偿达到了3万多元。义乌市也是从2003年开始实行的区片综合价,每亩耕地的补偿达到3.8万~4.2万元。

然而,仅在《土地管理法》规定的范围内提高补偿额是不够的,精明的浙江省政府又想出了第二种变通方法:给被征地村留出一块经济发展用地。这种办法在绍兴县、金华市和义乌市都有采用。绍兴县规定,在城区范围内,土地(耕地)征用面积超过该村耕地面积60%以上的,原则上可考虑规划预留村级发展用地。留用面积按村规模大小划分为大、中、小村三档,土地面积1 000亩以上的划为大村,留用25亩;土地面积670~1 000亩的划为中村,留用20亩;土地面积670亩以下的为小村,留用15亩。留用地按成本价办理出让手续,县净收益部分全额返村。出让成本包括征地补偿费(包括土地补偿费、安置补助费、地上附着物和青苗补偿费)、报批税费以及建设用地折抵指标款三部分。留用地块一般在本村范围或就近按规划统一留用,要求必须符合土地利用总体规划和城市规划。留用地由村建造标准厂房、写字楼、商业用房出租,或以土地作价投资入股,成为村级经济的重要且稳定的来源。以柯桥镇街道为例(见表8-32),该镇在2004年进行资产量化时,各个村积累的经营性净资产,最少的村有1 270万元,最多的村达到5 693.9万元,这些资金主要就是靠土地和厂房出租所得。

表8-32 绍兴县柯桥镇街道村级集体资产情况 (单位:万元)

	核实后经营性净资产	剔除保险、福利、提取公益金	生产队及公益性资产	剩余可量化经营性净资产
1	4 986.2	1 721.4	489.7	2 775.1
2	5 693.9	1 103.4	550.9	4 039.6
3	3 578.0	1 739.2	275.8	1 562.9
4	1 270.1	693.1	86.5	490.4
5	1 478.4	532.6	141.9	803.9
6	1 979.1	693.6	192.8	1 092.7
7	2 791.9	412.9	237.9	2 141.1

注:应调查对象要求,真实地名隐去。

由于城区内的留用地会影响城市规划,从 2002 年开始,在绍兴县等地又采取了对村留经营性用地进行二次货币补偿和招拍挂的办法,其招拍挂的土地净收益 80% 返回到村集体。第二次货币补偿是相对于第一次征地时的土地补偿的,即在对村级留用地进行市场化拍卖之前,先对被征村按 1992 年的土地实际面积,分别按 1.5 万元/亩、1.2 万元/亩、9 000 元/亩和 6 000 元/亩进行货币补偿,比如征地村 1992 年时的土地面积为 1 000 亩,按 1.5 万元/亩的标准,补偿 1 500 万元;然后再对村留用地进行招拍挂。这样每亩征地补偿为 7.2 万~7.5 万元左右。

被当地政府一再作为经验强调的给被征地农民的社会保障,一是被征地农民的基本生活补助,即 2002 年 12 月 31 日以前的被征地农民,土地全部或一半以上被征用的,女年满 55 周岁、男年满 60 周岁时,享受基本生活补助。补助标准:土地被全部征用的,每人每月为 100 元;土地一半或以上被征用的,每人每月 60 元。二是被征地农民的养老保险,实行被征地农民、村集体经济组织、政府共同出资负担。以绍兴县为例,其缴费标准为:被征地农民个人和所在村共同缴纳 7 000 元,其中由村缴纳不低于 3 500 元,而个人出资部分不得低于养老保险总额的 5%(1 150 元),政府出资 16 000 元,因此每个入保者入保障基金共需要 23 000 元。参保的被征地农民女年满 55 周岁、男年满 60 周岁,可按月享受被征地农民养老金每人为 220 元。在资金盘子中,16 000 元由政府出资的部分,资金来源是土地出让金,由村与农户共同缴纳的 7 000 元,则根据各村的情况,有的村多拿点,有的村少拿点,一般是五五比例,农民最低拿出 1 150 元。村里出资的部分,其资金来源一部分是征地补偿金,一部分是留用地的租金收入。政府投入社保的 16 000 元每年从财政预算外资金中拨付,2015 年资金才全部到位。金华市财政拿出 1.8 万/人给失地农民建基金,每年增加,2004—2008 年,人均每月增长 10 元,老了以后有保障。义乌市从土地出让金中拿出 5% 做社保,每个农民交 4 000 元,政府贴 2.1 万元,男年满 60 周岁、女年满 55 周岁,每月拿 120 元,全市有 1 万人可享受。

更为农民看中的则是房租收入。我们访问的绍兴县的一个村,在旧村改造中,对农民的房子实行拆一补一,在此基础上每户还可以按成本价买 30 平方米,这样,农民在旧村改造后的房子的面积比原来大,而且由于办理了土地国有使用权证,他们可以将多余的房子合法出租,每户每年通过房租可以多收入6万~10万元。在义乌市的某村,于2003年进行了旧村改造,全村共168户、380.5间,通过旧村改造规划,面积大了一倍。村里做好规划后,农户的房子位置依靠抽签,每户交5万元押金,由村里建房,总造价是11万元左右,不够部分村里出面担保贷款。三口之家占地108平方米,4~5口之家占地126平方米。农民可以造4层,也就是说,三口之家的房子就有近500平方米。如果农民的旧房面积大于新房安置标准,多余部分就按0.7的系数折算。如一个三口之家,旧房200平方米,先按照标准配108平方米,超出部分打7折造房,就是64平方米,这样总占地面积就是172平方米,总建筑面积近700平方米,农民将多余的房子用来出租,每年出租收入10万元以上。

伴随村的土地被征用完的命运是原来的村庄被改为居委会(即村改居),扩而大之,随着一个镇的土地被征用完,原来的镇即被改为街道。我们调查的柯桥镇街道就是从2001年开始由镇改为街道的。从1991年至2003年年底,原来全镇17个村的12 812亩土地被陆陆续续征光,到2003年仅剩80多亩土地。在2001年柯桥镇被改成柯桥镇和柯岩街道。村一级实行拆村建居,先将村级资产进行评估、量化,用总资产减资源性资产,再减非经营性资产,再减福利提留,剩下的按照人口的60%、农龄的40%分配到人。该镇村级集体资产普遍比较好,最好的村净资产有4 000万~5 000万元,最差的村也有2 000多万元。村改居时将这些资产变成股本,人均股本最少的5 000元/人,最高的26 000元/人,平均14 000元/人。这就是"城市化"的另一面。

六、基于实地调研的几点政策考虑

(一) 低价征地的收益与成本转化

中国现行土地制度安排为20世纪90年代末以来城市化的加速扩张提供了重要的制度保障。一方面,政府只是以耕地原产值的一定倍数低价从农民那里获得土地,另一方面又通过土地一级市场的垄断来配置土地资源和经营性用地的市场化出让来获取巨额土地出让收益,以及以土地这一预期会升值的资产抵押来获取巨额城市基础设施建设资金,从而保证了城市化的加速和这一时期经济高速增长的实现。这可能是中国为何能在短短几年内将城市化率提高近 10 个百分点的真正秘密。

但是,为了支持城市化的高速扩张,我们已经并正在付出越来越高的制度成本。失地农民对土地和财产权利的申张,使政府通过《土地管理法》进行合法拿地的行为,越来越受到农民朴素地要求自己权利的合理性的挑战。当然,政府可以继续无视农民对土地和财产权利的申张,但是,农民的无声和有声的抵制甚至对峙,越来越成为社会的不稳定性因素,由此加大了社会的管理成本。当然,政府也可以通过提高土地补偿费和允诺向失地农民提供社会保障以及加大对地方政府违法行为的查处等来缓解这一矛盾,但是,面对土地资本化以后出现的巨额土地出让收益,农民的要求已经不再是按土地的原产值多涨几百元钱就能打发的了;至于向失地农民提供社保,从我们的调查发现,这一部分对于安抚不在劳动年龄的老人还有些用处,而对于大多数处于劳动年龄的农民来讲,要他们相信未来自己老了可以拿到几百元的社会保障而心平气静地将土地交出来,这实在有点低估了农民的智慧,当然,姑且不说这种制度设置是否能让失地农民满意,就是这么一点微不足道的社会保障,如果真正实行起来,也会成为政府的巨大财政包袱。

(二) 政府垄断一级市场并非一本万利

政府完全垄断土地供应一级市场的成本在显化和上升。这一事实在我们的实地调研中,多次被地方国土部门的同志提到,他们对于社会上和被征地农民说他们"以很低的价格从农民那儿拿地,几倍、甚至几十、上百倍地出让土地"的说法感到"十分委屈",他们的委屈也确实有道理,因为确实不是把从农民那儿征来的地都拿去卖出好价钱了,确实只有 15% 的经营性用地实行了招拍挂的市场性出让,但是还有 85% 的土地仍然在通过行政性划拨和半市场化方式出让,问题是我们已经和正在为这种土地配置方式付出代价。

第一，近30%的建设性用地的行政性划拨，已经导致了稀缺耕地的占用和利用不经济。在各地风行的百年不过时的大广场、大马路、严重超越其财政能力的豪华办公楼的出现，开发区的大规模圈占土地，等等，除了政府的政绩观偏误以外，更重要的是土地行政配置的结果。

第二，40%甚至比例更高的工业性用地的低价、甚至零地价协议出让，看上去是留住了企业就留住了购买力和税源，但也导致一个地方的工业化用地比重过高，而城市化用地比重过低，影响一个地方的城市功能配置，也不利于区域工业结构的转移和重新配置。例如，由于政府对工业用地的协议出让，地区之间在招商引资中的地价竞争，其背后实质上是政府财力的竞争，如西部政府由于其财力不如东部，造成西部的工业用地协议价还高于东部地区，地区之间正常的产业转移就无从实现，这既不利于东部地区土地市场价值的最大化，也不利于西部工业的发展。

第三，靠15%的经营性用地的市场化运营，弥补在其他85%的行政性配置和半市场化配置中土地政府要支付的成本，政府无疑要在这部分经营性用地上"好好经营"。好好经营的奥妙也就是垄断权的实现，一个是供地权的垄断把住经营性用地的供应量，一个是规划权的垄断保证政府推出的经营性用地在上好的地段，以"只赚不亏"，这两条对于中国房地产市场的发展在制度上有抬升土地价格、从而加大房产和商业性地产成本的效应，这些费用又摊到购房者身上，加大了购房者的支付额。

因此，政府通过垄断土地一级市场，获得了对经营性用地的经营权，但是，政府还得为更高比重的其他行政性划拨和协议性出让土地支付成本，由此导致的关联代价也是很大的。

（三）土地金融的风险必须防范

政府以土地出让收益及以土地抵押获得金融为支撑推进城市化，隐含巨额的财政和金融风险。在我们所调查的浙江省，之所以这两块风险看上去不是很大，关键的一点是，这一地区的经济高速发展，特别是民营经济的发展，一方面培养了税源，使政府财政收入大大增加；另一方面则提高了居民的收入水平和购买力，从而支持了该地区房地产市场的发展，为土地市场的发育和政府土地出让金的大幅增长提供了支撑。但即便如此，财政和金融风险不容忽视，一个是政府以土地抵押的信贷超过政府地方财政收入，一个是面临中央土地政策的变化，造成资金链的中断，从而导致政府负债的增加。因此，2000年以来城市化由于有土地出让金收入和积极财政政策和金融政策的支持，为政府以土地经营城市提供了便利，但它的负面影响是使政府更深地卷入巨额城市投资，这既加大了城市化的基础设施投资成本，也增加了政府负担，而更为有效的城市化应该是增加城市基础设施投资的主体，减轻政府压力，这样才能保证一个可持续的城市化。在我们的调查中，义乌市就是一个成功的例子。

（四）土地财产税的改革秩序

土地及财产税的改革必须提到议事日程上来，但是对土地及财产税的改革必须在土地制度和税制有根本性改革的前提下进行。正如我们在本章第四部分已讨论的，中国土地税制的根本弊端是：重费轻税，重流转轻保有，这种税制结构为政府多占耕地提供了很大的激励。但是，这种税制结构又与现行的分税制下中央与地方的税收分成机制有关，也与土地一级市场的垄断有关，还与公共财政体制的改革有关，只要继续维持现在的分税制框架，地方政府就必然会继续想办法扩大能为地方独享的税源，土地相关税费自然是首选；只要土地一级市场继续为政府垄断，土地"低进高出"的管道就在，谋求土地出让收益最大化的动机就不减；只要公共财政体制不改，地方公共品的提供继续由政府提供，地方政府就会想法找到提供巨额基础设施资金的渠道，土地收益当然是首选。因此，以上格局不打破，靠增加税种或增加已有税种的征收和监管，都不会取得好的效果。

（五）农民参与城市化进程

在为失地农民争取权益时，除了土地权利以外，另一个更为重要的权利是农民以土地参与工业化的权利和以房租收入参与城市化的权利。我们在调研中发现，这两块虽然不像农民土地权益那样引起关注，但是对农民收入的增长和失地以后的生计可以起到实实在在的效果。第一块在我们所调查的地区表现为"留地安置",尽管给村集体只留下10%不到的建设用地,但在整个建设用地都被政府垄断的前提下,这10%土地的合法非农化,增加了集体的收入,也增加了农民的分红。第二块就是农民住宅的商品化与出租,在我们所调查的地区,在土地被征走的情况下,房租是失地农民可以依赖的、也是他们真正看中的重要收入来源。因此,在城市化进程中,保护农民的这两块财产性收益,将在城市化推进中为政府与农民之间创造一个相对友好的"界面"。

(六) 平衡土地配置与耕地保护

最后一个问题是,高速城市化和工业化对土地的需求与现行耕地保护制度的矛盾会越来越大,为此,必须找到既能向城市化和工业化高效配置土地,又能使耕地保护和粮食安全落到实处的机制。从浙江省的情况来看,它们在90年代的高速工业化和城市化进程中,靠土地整理等保证了耕地总量的动态平衡,但是,在接下来的发展中,继续从哪儿解决用地指标,已成为"巧妇难为无米之炊"的局面!在该省,根据不同方法预测,到2020年,预计需要占用耕地370万~488万亩,如维持原规划下达的耕地保有量3 084万亩不变,靠补充耕地还有175万亩的余地,也就是说可供建设占用耕地仅175万亩,那将意味着还有200万~300万亩的供需缺口。在政策选择上是继续按兵不动,让地方和中央继续"玩猫捉老鼠"的游戏,还是实事求是地制定新的耕地保护和粮食安全方略,也是需要解决的战略问题。

第九章
陕西省土地融资与城市化调查

一、引言

20世纪90年代末,中央政府"西部大开发"战略的启动与实施,正在实实在在地影响那片广袤而贫瘠的黄土地,以及那些世世代代以地为生、"面朝黄土背朝天"的人们的生存状态。自2000年以来,中央政府在西部新开工重点工程60项,投资规模8 500亿元,中央财政性建设资金累计投入4 600亿元,中央财政转移支付和专项补助资金累计安排5 000多亿元。新增公路通车里程9.1万千米,其中高速公路5 600千米;新建铁路铺轨4 066.5千米,建成投产铁路新线2 819.6千米,复线1 653.6千米,电气化铁路1 831.3千米;建成干线机场和支线机场22个,在建项目16个。由各级政府主导的城市基础设施建设此起彼伏。西部地区交通、水利、能源、通信等重大基础设施的大规模建设,一方面改变着西部的面貌,但另一方面也占用了大量耕地,造成大批农民失地失业,这使仍以土地为生的西部农民直接面临生存的考验。

与东部沿海发达地区相比,西部地区2000年以来以基础设施投资拉动的经济增长提速,更加突显出中国土地制度的缺陷及其与经济发展的不适应性。第一,当东部地区在推进城市化时,有高速的工业化做后盾,工业化带来的就业机会和收入增长事实上缓解了强制低价的征地制度对被征地农民的不公,而当西部在启动一个个大型公共工程和城市基础设施建设时,由于大多数地区的工业化处于停滞状态,被征地农民除了政府按土地管理法给予的一点点补偿外,将直接面临失地失业的困境,而且由于这些项目大多是国家重点工程,给被征地农民的补偿数额低且常常不到位，还被本来处于"财政饥渴"状态的各级政府层层克扣，因而相当一批被征地农民的生存状况堪忧。第二，由于经济发展水平低，西部地区的城市扩张并没有带来与之相匹配的商业和房地产市场的发展，不规范和不完善的土地出让市场，以及没有像预期一样上升的土地级差收益，使地方政府的城市基础设施资金缺少最重要的依托，对金融信贷的高度依赖使地方政府处于更为危险的金融和财政风险中。

本章内容是基于对陕西省及两市一区（西安市、咸阳市和西安市长安区）的实地调查。陕西省位于内陆腹地，南北长 870 千米，东西宽 200~300 千米。截至 2004 年年底，全省人口 3 689.5 万人，其中农业人口 2 481.6 万人，土地面积占全国的 2.1%，城镇居民人均可支配收入为 7 492 元，经济总量占全国 GDP 的 2.11%。陕西省以其独特的地理位置，人文、教育资源和相对较好的产业基础，被认为是西部大开发的中枢。1998 年以后，大量重点工程和基础投资在该省落户，正在构筑的"西—咸"一体化，被认为是西部大开发后最有希望崛起的地区之一。在引言之后，我们在第二部分描述陕西省是如何利用西部大开发的政策，依赖基础投资和城市扩张来拉动经济增长的；第三部分揭示该省土地资源的配置及市场发育程度低的特征；第四部分分析土地税费和土地收益对地方财政的贡献；第五部分揭示所调查地区在土地级差收益极低的制约下，政府启动城市基础设施建设依托金融贷款和巨额负债的现实；第六部分反映了被征地农民的命运；最后是结论和政策建议。

二、依赖基础投资和城市扩张支撑的高速增长

（一）没有工业化的城市化

到 90 年代末，当中国沿海地区，尤其是珠三角和长三角地区，经历 80 年代乡镇企业异军突起带来的经济高速增长，到 90 年代忙于产业升级和推进城市化时，中国的西部地区差不多错过了一轮又一轮的发展机遇，导致东西部差距的进一步拉大，成为全社会关注的全局问题之一。以东部具有代表性的浙江省和西部具有代表性的陕西省相比，到 1998 年时，浙江省的工业化水平已经达到

60%；相比之下，陕西省的工业化水平仅为41.1%，两者相差近20个百分点。由于工业化水平落后，陕西省与浙江省的收入差距呈现扩大之势。到1998年时，两省的收入差距仍高达1.86倍。地区差别越来越大，直接促成了中央政府于1998年实施西部大开发战略的决定。陕西省由于其在西部的区位优势和已经积累起来的相对好的经济基础，因而从这一战略的实施中明显受益。其GDP总量从1998年的1 387.5亿元，增加到2003年的2 398.6亿元，年均增长9.4%，人均GDP由1998年的3 834元提高到2003年的6 474元，到2003年，城镇居民人均可支配收入达到6 806元。

值得注意的是，在陕西省这一轮的经济增长中，工业对经济增长的贡献仍然十分微弱。1998—2003年，全省工业化水平仅从1998年的41.1%提高到2004年的47.3%，6年时间仅增加近6个百分点，一、二、三产业的比重由1998年的20.5∶41.1∶38.4，调整到2003年的13.3∶47.3∶39.4（见表9-1和图9-1），与工业化程度进一步提高的浙江省形成强烈反差，仅相当于浙江省90年代末的水平。与浙江省的工业化进程相比，另一个显著差别是，浙江省的工业化形成以县为半径的产业集群和全省工业的一体化；而陕西省的工业化推进基本上集中于西安市和咸阳市等几个城市及其周边地区，辐射半径很短。其中，西安市的经济总量差不多占到全省的42%。从1988年以来到2004年治理整顿以前，全省共创办各类开发区87个，其中经国务院批准设立的5个，省级批准的15个，还有有关部门批准设立的67个园区。各类开发区规划面积769.7平方千米，已征地面积139.8平方千米，已供地面积107.6平方千米，已建成面积157.9平方千米。其中，西安市的用地规模就占到全省建设用地量的1/3强。

表9-1 陕西省1986—2003年三大产业产值变化　　（单位：亿元）

年份	国内生产总值	第一产业	第二产业	第三产业
1986	208.31	58.00	91.13	59.18
1987	244.96	67.84	104.58	72.54
1988	314.48	82.69	133.32	98.47
1989	358.37	91.28	149.64	117.45
1990	404.30	105.56	157.14	141.60

续表

年份	国内生产总值	第一产业	第二产业	第三产业
1991	466.84	116.88	185.81	164.15
1992	538.43	127.02	218.86	192.55
1993	661.42	148.67	279.41	233.34
1994	816.58	181.78	336.46	298.34
1995	1 000.03	227.25	405.53	367.25
1996	1 175.92	268.75	469.54	437.63
1997	1 300.03	267.52	519.21	513.30
1998	1 381.53	283.49	567.66	530.38
1999	1 487.61	267.51	641.90	578.20
2000	1 660.92	279.12	731.90	649.90
2001	1 844.27	287.24	816.34	740.69
2002	2 101.60	288.55	947.84	865.21
2003	2 398.58	320.03	1 133.56	944.99

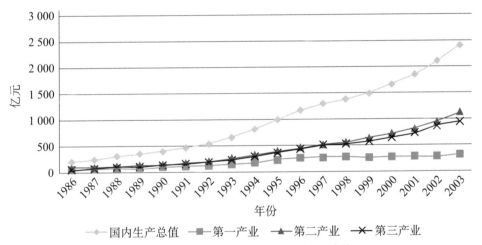

图 9-1　陕西省 1996—2003 年三大产业产值

（二）基础设施支撑的城市扩张

在工业没有作为经济增长引擎的情况下，陕西省经济的提速实际上主要依赖于国家大型基础设施投资、重点工程建设和城市的扩张。"九五"期间，基础设施建设五年累计完成投资 862 亿元（其中交通 408 亿元，城建 150 亿元，通信 220 亿元，城乡电网改造 85 亿元），约占同期全社会固定资产投资的 1/3。

1998—2003 年，全社会固定资产投资从 544.89 亿元增加到 1 278.72 亿元，增长了 2.35 倍，其中基本建设投资从 278.52 亿元增加到 688.7 亿元，增长 2.47 倍。2004 年，全年全社会完成固定资产投资 1 543.89 亿元，其中，基本建设投资 813.02 亿元，更新改造投资 259.09 亿元（见表9-2）。重点建设项目更是成为这一轮投资扩张的主角。在投资高峰的 2001—2004 年间，陕西省共完成 433 个重点建设项目，总投资达 1 188.6 亿元，占同期全社会固定资产投资的 28%。其中，2001 年，全省 72 项重点建设项目共完成投资 244.2 亿元；2002 年，全省 89 项重点建设项目共完成投资 212.02 亿元；2003 年，全省 102 项重点建设项目共完成投资 256.7 亿元；2004 年，全省 170 项重点建设项目，共完成投资 507.86 亿元。

表9-2　陕西省 1998—2004 年固定资产投资、基本建设投资情况

（单位：亿元）

年份	固定资产	基本建设
1998	544.8916	278.5159
1999	619.2743	306.8551
2000	745.8497	376.0285
2001	850.6562	444.9100
2002	974.6298	515.5200
2003	1 278.7197	688.7000
2004	1 543.8900	813.0200

然后是高速的城市扩张。城市扩张首先表现为城区的大面积外延扩张。从 1998 年到 2003 年，陕西省全省城镇建成区规模从 1 270 平方千米增加到 1 561 平方千米，后者是前者的 1.3 倍，年均增长 23%。13 个城市的人均道路面积由 1998 年的 5.58 平方米增长到 2003 年的 6.15 平方米。在我们所调查的咸阳市和西安市长安区也反映了这一特征。长安区 1993 年建成区规划面积为 26.4 平方千米，2003 年的新城区规划建成区面积达到 74 平方千米，控制区面积 134 平方千米。咸阳市 1986 年实施第一个城市总体规划时，城市用地规模为 18.5 平方千米；到 1992 年第二次城市总体规划修编时，城市用地规模为 28.29 平方千米；到 1998 年第三次城市总体规划修编时，市区面积已达 48 平方千米。2004

年第四次修订的城市总体规划,将咸阳市确定为由西安市—咸阳市组成的西安市都市圈的副中心城市,以发展电子、医药、食品、能化和纺织等工业为主的现代化工业城市。城区用地规模为 100 平方千米,控制面积 500 平方千米。其中规划面积为 30 平方千米的沣河新区自 2001 年起已建成面积为 18 平方千米,加上咸阳市建成区面积 48 平方千米,一共为 66 平方千米。从 2001 年至 2004 年城区面积年均增长 6 平方千米,增长率超过了 11.19%。表 9-3 是咸阳市 1992 年和 2004 年两次城市规划的简要内容。

表 9-3 咸阳市 1992 年和 2002 年两次城市规划内容

规划时间	规划期限	人口规划	用地规划
1992 年咸阳市城市规划	近期至 2000 年,远期至 2010 年。	现状人口(1989 年)39.61 万,规划近期(2000 年)人口 49.75 万,远期人口(2010 年)57.4 万。	现状用地总面积(1989 年)28.29 平方千米,规划近期(2000 年)用地 41.23 平方千米,远期(2010 年)用地 56.66 平方千米。
2004 年咸阳市城市规划	近期至 2010 年,中期至 2015 年,远期至 2020 年。	现状人口(2001 年)53.29 万,规划近期(2010 年)人口 64.65 万,中期(2015 年)人口 75.68 万,远期(2020 年)人口 112.54 万。	规划末期咸阳市用地面积为 116.3 平方千米。其中:咸阳市主城区城市建设用地为 89 平方千米,电厂片区用地规模 1.7 平方千米,航空港产业园用地规模 2.1 平方千米,新划入的一个片区用地规模 23.5 平方千米。

城市扩张必然以巨额的城市基础设施投资为前提。陕西省全省以城市基础设施为主的社会服务业投资,2001 年为 29.85 亿元,比上年增长 60.2%;2002 年为 38.56 亿元,比上年增长 29.2%;2003 年为 67.01 亿元,比上年增长 73.8%。在咸阳市,2000 年以来,城市建设资金投入量逐年上升,2003—2005 年城市基础设施建设投资总额超过 14.2 亿元,仅 2003 年安排用于城市基础设施建设的国债资金就达 3 亿多元,2000—2003 年利用银行贷款搞城市基础设施建设的力度非常之大,如人民路拓宽,从国家开发银行贷得 9 400 万元,世纪大道从工商银行贷款 1.1 亿元、开发银行还提供了 9 个亿的基础设施贷款,同时财政也在预算内安排 1 200 万元资金用于基础设施建设及城市基础设施建

配套费 3 000 多万元。在长安区，城市基础设施投资 2001—2003 年总计 1.4 亿元，其中 2001 年投资 1 900 万元，2002 年投资 3 950 万元，2003 年投资达 7 860 万元。先后完成近 10 条城市道路建设改造工程，对城区主要大街两侧 100 多处市容建筑进行综合改造，新建门店 9 万多平方米，铺设人行道彩砖 18 万平方米，安装路灯 1 400 多盏，城区新增绿化面积 11.5 万平方米，建成 13 个住宅小区，6 座城市雕塑和长安区广场等 4 个综合型城市广场。

政府的巨额城市基础设施投资也换来了城市化水平的提高。陕西省全省城市化水平由 1998 年的 30.5% 提高到 2004 年的 37%，这一期间，城镇化水平差不多每年提高一个百分点。这一进程从 2000 年以后速度更快，年增长率为 3.5%。长安区的城镇人口由 2000 年的 10 万增长至 2004 年的 30 万，年增长率为 31.61%，其城市化水平由 2000 年的 20% 增长至 2004 年的 30%，年增长率为 10.67%。咸阳市在 1986 年实施第一个城市总体规划时，城市人口为 25 万；到 1992 年第二次城市总体规划修编时，城市人口已达 39.61 万人；到 1998 年第三次城市总体规划修编时，市区人口 56 万人，城市化水平 34%；到 2004 年第四次城市总体规划修编时，城区人口由 2002 年的 48.7 万人，到 2020 年规划人口达到 116.3 万人。

（三）建筑业和房地产业支撑的城市产业

从城市化的产业效应来看，利用陕西省和咸阳市及西安市长安区的数据，我们发现，城市扩张确实带来了建筑业的发展，但并没有带来作为城市化核心特征的服务业的相应发展。2000—2004 年，陕西省建筑业总产值年均增长率高达 21.33%，咸阳市更是高达 25.21%，而同期全国水平为 12.31%，全省和咸阳市的增长分别比全国的增长率高出 9 和 13 个百分点，与全国城市化速度最高之一的浙江省差不多。但是，伴随城市化的进程，商业、服务业、金融业等第三产业却没有呈现出相应的高速发展。2000—2004 年，第三产业年增长率为 12.36%，比全国的 9.63% 高，但远远低于浙江省的水平，同期浙江省第三产业的年增长率高达 19.07%。这在一定程度上反映了由政府主导的城市化，可以带来与城市扩张相关产业的发展，但真正作为城市化内涵的商业、服务业水平的提高，却受制于当地的经济发展水平和居民的购买力。

表 9-4　全国、陕西省和浙江省第三产业、建筑业产值变化　（单位：万元）

	全国		陕西省		浙江省	
	第三产业	建筑业	第三产业	建筑业	第三产业	建筑业
2000 年	30 032	6 017	672.41	242.29	2 180	300
2001 年	32 254	6 462	745.03	275.97	2 570	335
2002 年	34 533	7 047	806.39	300.26	3 065	401
2003 年	37 669	8 166	944.99	422.47	3 648	520
2004 年	43 384	9 572	1 071.71	525.01	4 382	664
年均增长率（%）	9.63	12.31	12.36	21.33	19.07	21.95

房地产业的发展成为城市扩张的主要支撑力量。如表 9-5 所示，2001 年，陕西省房地产开发投资 99.24 亿元，比上年增长 25.8%。2002 年，房地产开发投资 123.58 亿元，比上年增长 23.8%。全年商品房建设投资 94.86 亿元，比上年增长 25.5%；商品房施工面积 1 844.97 万平方米，比上年增长 43.8%；竣工面积 636.07 万平方米，比上年增长 9.9%。在住房制度改革的政策效应激发下，房地产市场日趋活跃。2002 年陕西省全年商品房销售面积 472.54 万平方米，比上年增长 20.9%，其中商品住宅销售 437.16 万平方米，增长 27.4%。在商品房销售面积中，个人购房比重已达 93.8%，比上年提高 19.9 个百分点。2003 年，房地产开发投资 188.56 亿元，比上年增长 52.6%。全年商品房建设投资 143.67 亿元，比上年增长 51.5%；商品房施工面积 2 279.74 万平方米，比上年增长 23.6%，其中，商品房住宅施工面积 1 750.94 万平方米，增长 12.6%。商品房竣工面积 713.78 万平方米，比上年增长 12.2%，其中，商品房住宅竣工面积 620.79 万平方米，增长 10.2%。商品房销售建筑面积 581.45 万平方米，其中，销售给个人 536.02 万平方米，分别比上年增长 23.0% 和 20.9%；商品房销售额 89.27 亿元，比上年增长 22.3%。2004 年房地产开发投资 231.17 亿元，比上年增长 22.6%。

在 2001—2003 年间，与全国房地产投资增幅在 20% 以上的高增长相比，陕西省房地产投资增长率分别高于全国 0.82、4.77、20.1 个百分点。同期，全国商品房施工面积比上年同期增长 20% 以上，陕西省商品房施工面积同比增速超过全国平均增速一倍。但是，在房地产投资高增长的背后也隐含着一定的风险，2000—2003年，全国商品房销售增长明显快于房地产投资增长，两者相差最高年份达到10多个百分点；而陕西省商品房销售额从2002年开始大增，当年增幅达到316.1%，到2003年恢复平稳状态，增幅为19.97%，其商品房销售增长率除了2002年外，其他年份均低于全国水平，并且商品房销售增长低于房地产投资增长。过快的投资没有相应的销售来支撑，反映出陕西省房地产业投资过旺、销售不足的问题。

表9-5 调查地区房地产开发投资年度变化　　　　　（单位：亿元）

	2000年	2001年	2002年	2003年	年均增长率（%）
全国	4 984.00	6 245.00	7 791.80	10 106.00	26.57
陕西省	78.89	99.24	123.58	188.56	33.70
咸阳市	3.19	4.35	6.55	11.60	53.78
长安区			3.18	4.97	56.29

三、发育不充分的土地市场

（一）不规范的土地征收

集中而大量的基础设施和重点工程建设、高速的城市化，必然带来建设用地的数量增加，由此导致对农民耕地的大量征占。2000—2003年，陕西省全省各类建设用地总面积42.1万亩，其中征占耕地面积26.70万亩，占63.4%。除了合法用地外，这一期间还查出7.93万亩非法建设用地，其中有3.99万亩是违法占用的耕地。西安市是全省建设用地大户，1997—2003年，全市新增建设用地17.31万亩，其中申请征用农民土地16.05万亩，占92.7%，已批准11.04万亩，已供地9.85万亩。在我们所调查的咸阳市，20世纪90年代末至2001年，每年批准的建设用地为6 000~7 000亩，2001年以后每年达到9 000~10 000亩的用地规模，1999—2003年，共报批建设用地5.4万亩。在咸阳市用地规模较大的秦都区，各类非农建设项目用地，在1999年以前每年基本上是500亩左右，到2000年时上升到2 699亩，2001年为2 530亩，2002年2 500

亩，2003年2 083亩，2004年1 788亩，几年下来共计12 200亩。2000年以来，国家正式批准占用的建设用地约为三分之二，还有三分之一属于未批先建。在西安市的长安区，在撤县设区后建设用地需求突增，从1999年到2004年，该区征用农民集体用地18 317.8亩。

政府如何从农民手中征得如此大面积的耕地呢？首先给被征地集体和农民以按照《土地管理法》规定的标准进行补偿是必不可少的，至于是多是少，是否公平，另当别论。1999—2004年陕西省土地征用和补偿情况见表9-6。按照陕西省政府的文件规定，征地补偿费和安置补助费，稻田为每亩1.2万元，菜地为每亩0.7万~1.2万元，水浇地为每亩0.6万~0.7万元，旱地为每亩0.35万~0.5万元，林地为每亩0.34万~0.35万元。实际补偿情况是，全省建设用地平均每亩耕地补偿2.77万元，其中，公路一般为0.6万元/亩，铁路一般为0.82万元/亩，其他重点项目一般为3.5万元/亩，经营性开发项目一般为6.5万元/亩。从1999年1月以来，陕西省全省征用土地应补偿给农民集体的金额为71.48亿元，2003年已补偿农民70.89亿元，另外还拖欠5 966万元，截至2003年年底已经还清5 434万元，还欠几百万元。西安市由于地价上升以及开发区征地相对规范，给农民的补偿要高一些。按照西安市政府规定，城市三环路征地，菜地每亩3万元，其他土地为每亩2.5万元，市政道路征地为每亩不超过6万元。

表9-6　陕西省1999—2004年征地安置情况

年份	项目数	批次总面积（亩）	耕地（亩）	征用（亩）	补偿总额（万元）	安置农业人口（人）	安置劳动力（人）
1999	12	28.045 4	18.364 9	27.385 4	1 399.550	7 367	4 069
2000	115	386.680 0	207.820 0	356.210 0	18 228.090	39 283	17 775
2001	242	5 508.717 0	3 135.970 0	5 340.530 0	131 877.655	568 78	19 697
2002	226	2 029.124 4	1 324.415 6	1 882.389 0	220 133.275	434 30	24 189
2003	224	4 281.380 0	2 822.950 0	4 268.800 0	229 165.087	787 7	4 044
2004	193	4 939.299 0	4 703.250 0	4 852.180 0	395 845.656	113 182	66 430
1997—2004年合计	1 012	17 173.245 8	12 212.770 5	16 727.494 4	996 649.313	268 017	136 204

征用耕地的土地补偿费为每亩0.4万~5万元，其中旱地为每亩0.3万~2万元，水浇地为每亩1.2万~3万元，菜地为每亩1.8万~5万元；安置补助费为每亩0.2万~10万元，其中旱地为每亩0.2万~4万元，水浇地为每亩0.8万~6万元，菜地为每亩1.2万~10万元。由于用途和地类的不同，实际发生的征地补偿和安置补助费总额，耕地约为每亩0.6万~15万元，建设用地约为每亩4万~27万元，未利用土地为每亩0.5万~10万元。咸阳市自1999年以来，征地16 504.57亩，给予农民土地补偿70 562.9万元。按照咸阳市政府的规定，每亩耕地给失地农民的土地补偿费标准为前三年平均年产值的6倍（即菜地1.5万~1.8万/亩，水浇地1.2万/亩，一般耕地0.6万/亩），安置补助费按该地前三年平均年产值的4倍补偿（菜地1万~1.2万/亩，水浇地0.8万/亩，一般耕地0.4万/亩）。在西安市的长安区，从1999年到2004年，征用农民集体用地一共16 249亩，给农民的土地补偿费3.0181亿元，安置补助费1.487亿元，两项合计4.505亿元，每亩土地补偿费1.65万元，每亩土地安置补助费0.81万元，两项合计每亩补偿2.46万元（参见表9-7）。

（二）不规范的土地转用

在测算好了给农民的补偿额后，接下来进入征地程序，按当地国土部门的专业术语是实施"公告征地"。在我们对咸阳市秦都国土局的访谈中，了解到了政府征地的实际操作过程。当地实施征地的国土部门同志告诉我们，在1998年10月30日以前，实施的是"协议征地"，也就是说，由用地者与所在村组直接见面，由双方协商确定土地出让价格，国土部门在其中只起一个中介作用，那时农民得到的还多一些。在1999年新《土地管理法》颁布以后，为了加强耕地保护，实行用途管制，将土地审批权收归国务院和省两级政府，"协议征地"原则上变成了"公告征地"。在陕西省，直到2001年10月以前，由于上面没有出台公告征地的具体细则，所以仍然沿用"协议征地"的方式。到了2001年10月22日，随着国土部的规定和陕西省的实施办法出台，从2002年1月1日起正式实施"公告征地"。所谓"公告征地"，就是，第一，由国土部门代表政府直接去征地，从此用地单位和农民就不再见面了；第二，政府和被征地农民集体

表 9-7 长安区 1999—2004 年度征用集体土地补偿情况

年份	批准征地面积（亩）							土地补偿费（万元）		安置补助费（万元）		土地补偿和安置补助费总额（万元）		已付土地补偿和安置补助费数额（万元）
	征地总面积	农用地面积				建设用地	未利用地	总额	每亩土地补偿费	总额	每亩土地安置补助费	总额	每亩土地补偿和安置补助费	
		农用地总面积	其中：耕地	占征地面积（%）										
1999	213.3590	213.36	213.36	100.00				842	3.947	842	3.948	1 684	7.895	1 684
2000	3 123.7450	2 449.02	2 335.87	74.78		105.5	569.20	1 363	0.436	656	0.210	2 018	0.646	2 018
2001	3 533.4500	2 966.71	2 617.28	74.07		165.5	401.30	5 222	1.478	3 002	0.850	8 224	2.328	8 224
2002	2 561.9860	2 361.76	1 799.29	70.23		142.0	58.21	4 001	1.562	2 175	0.849	6 176	2.411	6 176
2003	7 018.7305	6 476.71	5 274.43	75.15		455.2	86.82	16 496	2.350	7 057	1.006	23 553	3.356	20 757
2004	1 866.5745	1 781.59	1 560.91	83.62		81.0	3.95	2 257	1.209	1 139	0.610	3 395	1.819	210
合计	18 317.8500	16 249.16	13 801.14	75.34		949.3	1 119.00	30 181	1.648	14 870	0.812	45 051	2.459	39 070

之间也没有什么可协商的，政府就是把要征的耕地面积按照《土地管理法》的标准应该给予农民集体的补偿告知他们而已；第三，在政府从农民那里征得土地后，与用地单位签订供地协议。从此，征地的过程，就变成政府根据用地的需求，以《土地管理法》为依据，从农民那里合法、强制获得土地的行为。咸阳市秦都区陈阳镇街道办的农民反映，这里1998年时采取协议征地时，由用地单位和农民讨价还价，一亩地还能得到8.4万元，其中有7.2万元是给到农民头上的，在实施公告征地后，农民得到的反而下降了，只有6万~7万元了，原因是公告征地和农民不见面，政府只是按照法律规定，把四项费用一测算，告知农民了事，农民没有讨价还价的余地，而政府为了招商引资，只得降低征地价格。据实地访谈，由于农民无法参与其中，政府给被征土地的补偿在很多地方只是将青苗和地上附着物补偿费给到了农民头上，而把土地补偿费和安置补助费给了村组集体，由它去处置，农民最后能拿到手上的钱微乎其微。

和所有地方一样，要将耕地变为建设用地，就得想法应对中央的基本农田保护制度，并实行耕地的动态总量平衡。按照1997年的详查数及80%的基本农田保护率，陕西省全省基本农田保护面积为7 100万亩耕地，减去2000年以来落实"西部大开发"政策退耕还林的1 400万亩耕地之后，确定为4 660万亩。为落实建设占用耕地"占一补一"的占补平衡，1999—2003年，全省非农建设占用耕地32.65万亩，加上2003年1月1日至2004年4月29日期间占用的耕地6 417.4公顷（折合9.63万亩），共计42.28万亩，补充耕地45.4万亩，在全省范围内做到了耕地动态总量平衡。事实上，随着农地的不断被占用，陕西省大多数地方的基本农田保护面积远远高于80%，在陕南甚至高于90%。另一方面，所谓的耕地总量动态平衡，具体落实到一个地区，尤其是发展速度快、用地需求大的地方，事实上也是很难做到的。在西安市，1997—2010年的建设用地指标是13.5万亩，到2003年年底，西安市已用去17.13万亩建设用地，也就是说，截止到2003年该市已经把2010年的建设用地指标用完，还超用了3万多亩。全省到2010年年底的规划建设用地指标是80万亩，到2003年已用掉了41.23万亩，还有将近一半。在具体到一个地区无法平衡的情况下，就只得由省有关部门出面，从其他地方调整建设用地指标了。当然，例如已经造不了地的西安市，就得交一笔造地费给国土资源厅，由国土厅和财政厅两家一起去审查项目，然后按照项目补充耕地。

在咸阳市，1997—2010年，可用建设用地指标11.5万亩，到2004年用了5万多亩，还有6万多亩，按2003年每年6 000亩的用地规模，到2010年基本够用，也就是说，建设用地指标还不是一个问题。即便指标暂时还不是一个问题，地方政府也得想办法求得耕地的动态总量平衡。以咸阳市2002—2004年的情形来看，这实际上成为上下级政府之间玩的耕地保护游戏。2002年，咸阳市建设占用耕地8 008.7亩，当年地方政府通过开发、复垦、整理等方式补充耕地9 247.3亩；2003年，该市建设占用耕地5 646.3亩，当年地方政府又通过开发、复垦、整理等方式补充耕地5 887亩；到了2004年，该市建设又占用耕地6 877.8亩，当年地方政府又通过开发、复垦、整理等方式补充耕地9 394.7亩。尽管在占补账面上做到了耕地占补平衡有余，但耕地减少的事实是无法改变的，2002—2004年，咸阳市年度耕地净减少分别为50 955亩、230 930亩和29 037亩，如此大的耕地缺口，就只能从数额也很大的农业结构调整和生态退耕上去做文章，而这对那些编制耕地动态平衡的人来说，早是心知肚明的数字游戏了。

表 9-8　咸阳市 2002—2004 年耕地变化　　　　　　　　（单位：亩）

		2002 年	2003 年	2004 年
耕地增加	开发	2 014.9	698.8	1 628.4
	复垦	6 957.2	4 207.5	6 757.3
	整理	270.2	980.7	1 009.0
	农业结构调整	5381.5	4 803.8	23 076.0
	小计	14 623.8	6 695.5	37 331.4
耕地减少	生态退耕	52 692.5	173 036.2	3 552.6
	农业结构调整	4 020.6	47 126.3	54 577.8
	灾毁	856.2	9 572.1	542.6
	其他	—	—	818.0
	建设占用	8 008.7	5 646.3	6 877.8
	可补充耕地	—	—	2 122.3
	小计	65 578.0	237 626.8	66 368.8

在编制好应对上级政府的耕地动态总量平衡、上缴相关费用以及付给农民的土地补偿费以后，地方政府便成了土地的垄断性供应者。既然是政府对土地实行行政性配置，理所当然要反映政府的偏好和意志。在陕西省，政府对建设用地的配给也体现出"谁贡献大、就供应更多地给谁"的原则。在陕西省，西安市对全省的经济总量贡献大，配给该市的建设用地指标也就较多。从 2000 年至 2003 年，在全省建设用地占用的 26.7 万亩耕地中，西安市就占了 12.45 万亩，占全省的 46.6%。这种建设用地的集中供应化趋势，具体到一个地区内部也十分明显。以咸阳市为例（见表 9-9），2004 年供应的 7 285 亩建设用地中，秦都区就用掉了 3 483.6 亩，占当年全市供应的建设用地的 47.81%。尽管如此，建设用地指标的行政配置，仍然无法与地区经济发展对建设用地的需求相匹配。由于配给各个城市的建设用地指标，是在上一轮土地利用规划中，依据其土地面积比例下达的，无法考虑其经济发展的速度和区位，这样在土地的实际供应中，就不可避免地出现许多城市用地指标年年过剩、年年作废，而那些处于用地高峰的城市又年年不够、年年超标的局面。比如，西安市尽管截至 2003 年年底，建设用地量已比规划指标超过 3.81 万亩，但 2003 年前后急需建设的重点项目还有 84 个，需占地 6.18 万亩，因无用地指标，处于无法批地征用的境地。

表 9-9　2004 年咸阳市建设用地集中化趋势

	面积（亩）	比例（%）
咸阳市	7 285.9	100
1	3 483.6	47.81
2	105.2	1.44
3	107.9	1.48
4	320.0	4.39
5	1 530.8	21.01
6	170.4	2.34
7	444.2	6.10
8	57.4	0.79
9	66.1	0.91
10	96.3	1.32
11	782.1	10.73
12	22.9	0.31
13	99.0	1.36

注：应调查对象要求，真实地名隐去。

（三） 建设用地配置的扭曲

与全省90年代拉动经济成长的力量相对应，90年代末以来陕西省的建设用地供应也表现出以下几个特点：

第一，城市基础设施建设和公共投资（公路、铁路等）占地比例过高。1998—2004年，全省公用设施、公共建筑和交通运输占地分别达到537.1公顷、835.6公顷和1 243.3公顷，占这一时期建设用地供应的7.4%、11.5%、17.1%，三项相加达到36%（见表9-10）；西安市1997—2003年的新增建设用地中，有33.3%用于城市基础设施及公路、铁路用地，高校用地占12.1%，这几项以公共目的名义的供地占到45.4%；咸阳市的数据由于分类的方法不同而不可比，但也显示了相同的趋势，2002—2004年，城市用地（包括基础设施建设和住房及商业服务业用地）占30.19%，交通运输用地占15.13%，几项相加也达到45.32%（见表9-11）。

第二，随着城市化的加速推进，作为城市重要内容的住房和商业服务业用地也占一定的比例。1998—2004年，全省商业、服务业用地占5.93%，住宅占18.64%，两者相加为24.57%，如果按照其他城市的测算，住房中经济适用房占一半，商品房和商服用地也在15%左右，与全国水平差不多。西安市1997—2003年的城市拆迁安置、经济适用房及村民住宅用地2.36万亩，占13.6%，商业、旅游、娱乐、房地产开发用地1.93万亩，占11.1%。

第三，工业用地比重偏低。全省1998—2004年工矿和仓储用地占22.12%，西安市由于西安市高新区和经济开发区有一定的产业基础，工业用地的比重还高一些，1997—2003年高新技术及工业产业用地占29.9%，咸阳市1997—2003年的工矿用地占26.13%。

比建设用地供应结构更引人关注的是，建设用地的供应方式。陕西省的建设用地供应明显表现出行政性配置程度高、市场化程度过低的特点。

首先表现为划拨用地比重过高。从全省来看（见表9-12），1998—2004年，划拨用地占批准建设用地的比重高达45.1%，其中1999—2002年这一比重均在50%以上，分别为73.6%、75.24%、58.16%和57.3%，在2003年以后才降

表 9-10 陕西省建设用地供应结构

已供应面积（按用途分）

年份	批准用地总面积（公顷）	商服 面积（公顷）	商服 占总面积（%）	住宅 面积（公顷）	住宅 占总面积（%）	工矿仓储 面积（公顷）	工矿仓储 占总面积（%）	公用设施 面积（公顷）	公用设施 占总面积（%）	公共建筑 面积（公顷）	公共建筑 占总面积（%）	交通运输 面积（公顷）	交通运输 占总面积（%）	其他 面积（公顷）	其他 占总面积（%）
1998	24.6667													24.6667	100
1999	250.2089	16.7750	6.70	60.6838	24.25	3.8300	1.53	89.2644	35.68	2.9780	1.19	74.8727	29.92		
2000	768.5501	13.3844	1.74	81.2300	10.57	195.5795	25.45	39.8981	5.19	41.1059	5.35	457.8174	59.57	3.2783	0.43
2001	903.4124	19.7561	2.19	161.6104	17.89	190.7074	21.11	42.3568	4.69	105.7841	11.71	361.4340	40.01		
2002	1 587.9822	60.1712	3.79	328.9771	20.72	398.9401	25.12	84.8071	5.34	212.6804	13.39	124.3617	7.83	433.6129	27.31
2003	2 809.9781	302.2773	10.76	561.9981	20.00	545.7856	19.42	200.8014	7.15	375.6398	13.37	175.9411	6.26	44.2407	1.57
2004	951.9263	20.6712	2.17	165.4154	17.38	278.8996	29.30	79.9659	8.40	97.3826	10.23	48.8497	5.13	7.2882	0.77
1998—2004年合计	7 296.7250	433.0352	5.93	1 359.9150	18.64	1 613.7420	22.12	537.0937	7.36	835.5708	11.45	1 243.2770	17.04	513.0868	7.03

表9-11 2000—2004年咸阳市建设用地结构

		2002年		2003年		2004年		2002—2004年总计	
		面积（亩）	占总面积（%）	面积（亩）	占总面积（%）	面积（亩）	占总面积（%）	面积（亩）	占总面积（%）
居民点及工矿	城市	1 851.9	16.38	2 967.8	47.16	3 466.8	35.21	8 286.5	30.19
	建制镇	561.9	4.97	54.3	0.86	760.9	7.73	1 377.1	5.02
	农村居民点	2 614.1	23.13	1 293.6	20.55	2 019.8	20.51	5 927.5	21.60
	独立工矿	3 265.0	28.88	1 819.6	28.91	2 287.5	23.23	7 372.1	26.86
	特殊用地	68.5	0.61	13.5	0.21	150.2	1.53	232.2	0.85
	铁路用地	10.3	0.09					10.3	0.04
交通运输	公路用地	2 889.5	25.56	93.2	1.48	1 106.6	11.24	4 089.3	14.90
	管道运输	7.5	0.07	14.1	0.22			21.6	0.08
	交通运输			36.9	0.59			36.9	0.13
	港口码头					14.4	0.15	14.4	0.05
水利设施	水工建筑	35.1	0.31	0.6	0.01	40.5		76.2	0.28
合计		11 303.8	100	6 293.6	100	9 846.7	100	27 444.1	100

表 9-12 1998—2004 年陕西省建设用地供应方式

年份	批准用地总面积（公顷）	划拨		招拍挂出让		协议出让		其他	
		面积（公顷）	占总面积（%）	面积（公顷）	占总面积（%）	面积（公顷）	占总面积（%）	面积（公顷）	占总面积（%）
1998	24.6667	24.6667	100						
1999	250.2089	184.1466	73.60			64.2573	25.68		
2000	768.5501	578.2217	75.24			254.0719	33.06		
2001	903.4124	525.4195	58.16	4.0280	0.45	352.2013	38.99		
2002	1 587.9822	909.9522	57.30	54.6034	3.44	678.9949	42.76		
2003	2 809.9781	833.3560	29.66	270.8223	9.64	1 093.5803	38.92	8.9254	0.32
2004	951.9263	234.7012	24.66	18.6130	1.96	444.3556	46.68	0.8028	0.08
总计	7 296.7247	3 290.4639	45.10	348.0667	4.77	2 887.4613	39.57	9.7282	0.13

了下来，2003 年和 2004 年分别为 29.66% 和 24.66%。在咸阳市，2004 年划拨用地占当年总供应建设用地的 43%。划拨用地比重高，主要是因为这几年用地需求以基础设施、重点工程及城市建设为主，因为按照《土地管理法》规定，这些用地都是为了公共利益，因此不需要支付获得土地的代价。有意思的是，当细问到底哪些用地是通过行政划拨时发现，在 2004 年 152.64 公顷划拨用地中，除了 49.8 公顷公共建筑用地和 60.79 公顷交通运输用地属于众所周知的公益性用地外，还有 4.33 公顷、7.1 公顷和 30.6 公顷分别记入工矿仓储、经济适用房和普通住宅名下（见表 9-13）。

表 9-13 咸阳市 2004 年建设用地供应方式和收益

土地用途	供应面积（公顷）	供应方式						
		划拨	招拍挂出让			协议出让		
		面积（公顷）	面积（公顷）	成交价款（万元）	其中纯收益（万元）	面积（公顷）	成交价款（万元）	其中纯收益（万元）
工矿仓储用地	79.5908	4.3298				75.2610	13 641.6363	2 074.5414
公共建筑用地	108.9578	49.7985				59.1593	15 727.4713	1 771.5915
交通运输用地	62.9150	60.7941				2.1209	4 245.1790	115.0358
经济适用房用地	13.4085	7.1140				6.2945	2 620.3000	524.0600
普通商品房用地	48.0946		43.2506	6 580.42	1 545.702	4.8440	1 101.4550	220.2900
其他住房用地	32.9549	30.6036				2.3513	1 353.6430	270.7286
商服用地	8.3575					8.3575	1 002.9000	200.5800
合计	354.2791	152.6400	43.2506	6 580.42	1 545.702	158.3885	39 692.5846	5 176.8273

其次，在用于非公共目的的土地供应上，通过协议这种半市场化方式出让是其主要形式。1998—2004 年，全省共计协议出让土地 2 887.5 公顷，占此期间批准用地总面积的 39.57%。和划拨用地比重下降的趋势相比，协议出让土地的比重不降反升。1999—2004 年，协议出让的土地占批准建设用地的比重，分别为 25.68%、33.06%、38.99%、42.76%、38.92% 和 46.68%。在土地出让市场发育比较好的地区，通过协议出让的建设用地主要是用于工业，在陕西省，对经营性用地采取招拍挂方式直到 2003 年才推开，也就是说，在非公益性建设用地的供应中，不仅工业用地采取了协议出让的方式，而且经营性用地在 2003 年之前也主要采取这种方式。以咸阳市为例，2004 年以协议方式供应的 158.39 公顷建设用地中，除了 75.26 公顷作为工矿仓储用地外，排第二位的是公共建筑用地 59.16 公顷，其他为交通运输用地 2.12 公顷，经济适用房用地 6.29 公顷，商品房和普通住房用地各 4.84 公顷和 2.35 公顷，另外还有 8.36 公顷商业和服务性用地仍在采取协议的方式。政府对工业性用地采取协议方式，主要是地方政府之间由于招商引资，为了留住或招徕企业而竞相压价，从培养税源的角度考虑不得不做出的选择。事实上，2000 年以后在一些发达地区的地方政府出现以"零地价"招商的方式，背后拼的是地方政府的财力。陕西省地方政府招商引资上的土地优惠显然不能和东部地区比，因而即便以协议方式供地在价格上也没有什么优势，在我们的实地调查中了解到，陕西省一些开发区的工业用地协议出让价为 25 万元/亩左右，咸阳市为 18 万元/亩左右，这比浙江省一些地方政府的工业供地价格还高。因此，如果采取招拍挂，就更没人来了。但是，商业服务业用地及住房用地还有一定数量继续采取协议出让的方式，但这就不能用政府为了招商引资等来解释了。

（四）对土地招拍挂的更大依赖

通过招拍挂出让的建设用地比重奇低。1998—2004 年，全省土地招拍挂面积仅占批准用地面积的 4.77%。全省的土地招拍挂从 2001 年才开始，期间除了 2003 年达到 9.64% 的比重外，2001 年、2002 年和 2004 年仅为 0.45%、3.44% 和 1.96%。从 2000 年 4 月到 9 月，全省有偿供给面积 9.162 万亩，总交易额是

114.3亿元，其中招拍挂挂牌出让的约0.979 9万亩，交易额是43.95亿元。咸阳市经营性用地从2003年才开始，此前建设用地主要通过协议出让，2000—2002年，每年协议出让收益约2 000多万元，2003年实行经营性用地招拍挂后，当年的土地出让收入就达到了6 000多万元，2004年达到了8 000多万元。

尽管经营性用地招拍挂启动晚、比例低，但它已经让到处找钱进行基础设施投资，特别是正在大力推进城市化的各级政府尝到了甜头。从陕西省来看，1998—2004年，尽管经营性用地招拍挂面积只有348公顷，但以这种方式出让的土地纯收益已经达到60 904万元，每公顷纯收益更是达到174万元，与协议出让方式相比，明显显示出其优势。1998—2004年，通过协议出让的建设用地共2 887公顷，而其土地出让纯收益只有93 635万元，协议出让的每公顷纯收益只有32万元，仅相当于招拍挂的30%（见表9-14）。因此，尽管经营性用地的招拍挂会使某些人的利益受损，但它却会使政府受益，因而得到更多政府官员的支持。因此，各级政府通过更透明的市场化方式招拍挂来经营土地，以使政府收益最大化的积极性高涨。从2001年4月到2002年7月，全省招拍挂出让土地0.066 9万亩，交易额3.58亿元，分别占同期有偿供地的5.16%和26.6%；2002年7月至2003年12月，全省招拍挂出让土地0.4万亩，交易额16亿元，分别占同期有偿供地的15.8%和76.2%；2004年1月至9月，全省向各类建设项目有偿供地约5.331万亩，交易额80.03亿元，其中招拍挂出让土地0.513万亩，交易额24.35亿元，分别占有偿供地的9.62%和30.43%。全省实施招拍挂出让面积占出让总面积的比例从2000年的4.5%，上升到2003年的约20%，招拍挂出让收入占出让总收入的比例，从2000年的20%上升到2003年的76.2%。

为了经营好土地，陕西省各地政府在2002—2003年前后纷纷成立土地储备中心。2002年，陕西省人民政府发布了《关于建立土地收购储备制度意见的通知》，要求全省各市、县建立政府储备、统一供应、公开交易、竞价出让的土地供应机制。到2003年为止，全省已有10个市、82个县（区）建立了专门的土地收购储备机构。它们一般由政府财政注资启动，其职能是，受政府委托从事土地的收购、储备和出让前的前期准备工作，以及负责实施城市规划区内的土地征用和国有存量土地的收购、前期开发、储备和出让。土地储备中心的土地

表 9-14 1998—2004 年陕西省土地供应收益

年份	招拍挂出让				协议出让			
	面积（公顷）	成交价款（万元）	每公顷价款（万元）	纯收益（万元）	每公顷纯收益（万元）	面积（公顷）	成交价款（万元）	每公顷价款（万元）	纯收益（万元）	每公顷纯收益（万元）

年份	面积（公顷）	成交价款（万元）	每公顷价款（万元）	纯收益（万元）	每公顷纯收益（万元）	面积（公顷）	成交价款（万元）	每公顷价款（万元）	纯收益（万元）	每公顷纯收益（万元）
1998										
1999						64.2573	26 555.0863	413.2618	1 974.4009	30.7265
2000						254.0719	23 586.9477	92.8357	7 468.3816	29.3948
2001	4.0280	2 219.8200	551.0973	967.9533	240.3062	352.2013	45 900.9341	130.3259	9 778.1697	27.7630
2002	54.6034	22 472.8147	411.5644	13 318.6652	243.9164	678.9949	78 707.1007	115.9171	15 254.5791	22.4664
2003	270.8223	134 407.0276	496.2923	43 084.2451	159.0868	1 093.5803	162 960.6008	149.0157	34 919.5480	31.9314
2004	18.6130	6 365.1264	341.9721	3 533.1772	189.8231	444.3556	76 537.9234	172.2448	24 239.7456	54.5503
合计	348.0667	165 464.7890	475.3824	60 904.0408	174.9781	2 887.4613	414 248.5930	143.4646	93 634.8249	32.4281

来源包括：依法无偿收回的土地，如用地单位已经撤销或迁移的用地、连续两年未使用的土地、土地使用者擅自改变土地用途责令限期改正逾期不改的用地、土地使用期届满土地使用者未申请续期或申请续期未获批准的用地、长期荒芜闲置的土地，国有河滩地，公路、铁路、机场、矿场等核准报废的土地；依法收购的土地，如因公共利益或实施城市规划调整使用的土地、旧城改造重点地段土地、因企业关停并转或产业结构调整等调整出的土地、土地使用者依法取得出让土地使用权后无力开发和不具备转让条件的土地、土地使用权人申请收回的土地、土地使用权转让价格明显低于市场价格的土地、城市规划区范围内通道两侧的预留地或空地以及按照规划需要统征的土地；征用的土地，即根据城市规划，按土地利用总体规划和年度用地计划分批次报批征用的新增建设用地；等等。除了政府土地储备中心外，各园区也被允许储备土地，进行土地开发，它由园区开发公司（或管理委员会）负责土地征用、进行基础设施建设，并协助政府组织土地供应。据统计，2000—2004 年间，陕西省全省由土地储备中心收购储备土地面积 32 763 亩。

尽管各地的土地储备中心列举了可以收购土地的各种来源，但它们在真正实施土地储备时，仍然以征用集体土地为主，突显出土地储备中心追求收益最大化的目的。以咸阳市为例（见表 9-15），2003—2004 年两年间，土地储备中心收购储备的土地中，有 92.2% 来自集体土地，其中有 87% 属于直接对农民集体农地的征用，还有 3.9% 是集体存量建设用地，还有 7.4% 是国有划拨地，真正通过国有土地出让储备的只占 0.8%。

表 9-15　陕西省咸阳市 2003—2004 年土地收购储备及供应规模（不完全统计）

	集体农用地		集体建设用地		集体未利用地		国有划拨土地		国有出让土地		合计	
	面积（亩）	占比（%）	面积（亩）	占比（%）	面积（亩）	占比（%）	面积（亩）	占比（%）	面积（亩）	占比（%）	面积（亩）	占比（%）
土地收购面积	1 487	87.0	67.1	3.9	21.8	1.3	126.4	7.4	5.9	0.8	1 708.2	100
土地供应面积	539	71.0	67.1	8.8	20.4	2.7	126.4	16.6	5.9	0.8	758.8	100

为了实现储备土地的出让收益，土地储备中心也要支付相关费用，包括：（1）土地取得费用。主要用于对被收购土地、房屋等财产的补偿。如收购国有土地，将以土地使用权价格的评估为依据确定补偿费用；如以划拨方式取得的土地，则按现行征地成本的补偿标准进行补偿；征用农民集体土地的，按照《土地管理法》对失地农民进行土地补偿费、安置补助费、青苗和地上附着物补偿费的补偿。（2）政府有关税费。在咸阳市，主要有耕地占用税 3 866 元/亩；耕地开垦费 1.0 元/亩，军事、科研用地减半收取；水利建设基金 1 000 ~ 1 500 元/亩；上缴省财政的土地出让金 1.6 万元/亩，军事、科研用地免收；新增建设用地有偿使用费 1.0 万元/亩左右；城市建设配套费 3.5 万元/亩；不可预见费及支付给政府土地管理部门的土地管理费。一般情况下，在城市拓展区域内农地转用时的政府税费在 7 万~8 万元/亩左右。（3）土地开发整理费用。即从生地变熟地过程中发生的土地平整、通路、通电、通上下水、通信等的开发费用。（4）中介费用、财务费用。包括土地储备、供应过程中发生的中介评估费、测绘费、控制性规划费、勘察费、贷款利息等，根据有关中介和行业管理规定确定费用并按照实际发生的费用计算成本。一般情况下，这几项为 0.1 万元/亩左右。（5）土地储备业务费用。按照土地收益的一定比例提取，其中土地收益在 3 000 万元以上的，按 2% 提取；土地收益在 3 000 万元以下的，按 3% 提取，用于土地储备中心的日常开支。以上各项费用合计至少在 15 万元/亩以上。

由于政府土地储备中心供应的土地一般在区位上具有垄断优势，只要操作得当，还是可以获得丰厚的土地收益的，但是也取决于市场态势、金融形势和市场透明度等各种因素。以咸阳市沣河区 2003 年 Ⅱ-Ⅰ 号土地收购储备项目为例，该项目共征用集体农地 83 亩，收购后以协议方式供应土地 78 亩，土地供应用途为商住综合用地，土地供应价格为 51 万元/亩，扣除各类成本费用，该项目每亩土地取得的纯收益为 29.4 万元（见表 9-16）；另一个文家堡土地收购储备项目，征收集体建设用地 5.6175 亩，收购后进行招拍挂供应，供应价格同样达到 52 万元/亩，但是，土地供应的纯收益只有 11 万元/亩。咸阳市 2003 年开展土地储备以来，土地储备供应中心共收购土地近 1 800 亩，供应储备土地约 900 亩，取得纯收益 1.6 亿元，平均每亩土地供应取得的纯收益约 18 万元（不包括土地开发整理费用）。

表 9-16　陕西省咸阳市沣河区 2003 年 Ⅱ-Ⅰ 号土地储备项目成本收益表

（单位：元）

成本收益	金额
1. 土地收购储备成本费用	15 736 594
（1）土地取得费用	83 908 79
征地补偿费（土地补偿费、安置补助费、青苗和地面附着物补偿费）	7 593 238
拆迁补偿费	250 000
不可预见费	379 662
土地管理费	167 979
（2）政府税费	6 285 898
耕地占用税	291 458
水利建设基金	86 287
土地开垦费	361 776
土地出让金（上缴省财政部分）	1 171 920
城市配套费	2 555 000
新增建设用地土地有偿使用费	703 457
契税	1 116 000
（3）财务、中介费用等	396 000
贷款利息	287 000
评估费	20 000
控制性规划费用	10 000
勘察设计费	18 000
测绘费	13 000
围墙费	48 000
（4）土地储备中心计提的业务费	663 817
2. 土地拍卖收入	37 200 000
3. 土地储备纯收益	21 463 406

与政府储备土地以获得土地出让收益的目的相同，园区也在很大程度上依赖土地开发的收益。园区的土地储备成本费用构成项目与土地储备中心的基本相同，差别只在于园区的储备土地在供应之前需要投入更多的基础设施配套费、公共设施配套费等土地开发费用。以西安市高新技术开发区三期开发为例，2003 年给农民的征地补偿费平均为 6.78 万元/亩左右，对集体或国有破产企业土地回购的补偿为 1.21 万元/亩，对居民住宅的补偿为 3.79 万元/亩，三类费

用相加约为 11.76 万元/亩；上缴政府有关税费，包括耕地占用税（5 333 元/亩）、耕地开垦费（0.7 元/亩）、新增建设用地有偿使用费（2.33 万元/亩左右）等，每亩政府税费合计为 4.78 万元；土地平整和基础设施建设费用，每亩为 8.64 万元；公共设施建设费用一般为 2.53 万元/亩；贷款利息及手续费，每亩为 3.11 万元；不可预见费每亩一般为 1.15 万元。上述各项费用合计的每亩土地储备成本费用达到 31.97 万元。2003 年、2004 年西安市高新技术开发区共招拍挂 24 宗经营性用地，商品住宅用地的招拍挂出让价格一般在 70 万元/亩以上，最高的达到 112.95 万元/亩；汽车制造、销售服务行业用地的招拍挂出让价格也在 45 万元/亩以上。24 宗经营性用地的招拍挂出让价格平均为 90.97 万元/亩。按照这一平均价格计算，开发区以招拍挂方式每出让一亩经营性用地，就可取得纯收益 59 万元。2001 年西安市高新技术开发区国有土地出让金达到 35 653.48 万元，2002 年达到 56 307.08 万元，2003 年达到 43 078.63 万元（见表 9-17）。取得的土地出让金收入主要用于基础设施建设、公共设施建设、土地平整等建设性支出和征地补偿、房屋补偿等财产补偿性支出以及向中央、省级政府缴纳新增建设用地土地有偿使用费的支出。

表 9-17　西安市高新技术开发区国有土地出让金收入支出情况　　（单位：元）

年度	土地出让金收入	建设性支出	财产补偿性支出	新增建设用地有偿使用费
2001	356 534 858.9	2 642 222.5	322 081 344.6	31 811 291.7
2002	563 070 851.7	155 944 154.5	375 304 361.2	31 822 336.0
2003	430 786 285.2	135 739 235.8	271 478 471.5	23 568 577.9

地方政府已经认识到，土地储备运作得当可以获得丰厚的土地出让收益。但是，由于受土地需求的制约，并不是每个地方政府都能分得这杯"肥羹"。事实上，尽管陕西省成立土地储备中心的地方有 10 个市、82 个县，但真正运作起来的也就集中于省会城市和部分大中等城市，许多县级市和小城市政府收购储备土地的量很小。据统计，2000—2004 年间，省会西安市收购储备土地 16 113 亩，占到全省收购储备土地总面积的 49.2%。另外，地处关中平原的渭南市收购储备土地 5 435 亩，占全省收购储备土地总面积的 16.6%；咸阳市收购储备土地 1 800 亩，占全省收购储备土地总面积的 5.5%；宝鸡市 1 137 亩，

占全省收购储备土地总面积的 3.5%。这意味着，全省 74.8% 的土地收购储备集中在关中地区的几个大中城市。另外储备土地有一定量的，仅有地处汉中盆地的陕南市收购储备土地 3 120 亩，占全省收购储备土地总面积的 9.5%；地处陕北的延安市收购储备土地 2 382 亩，占全省收购储备土地总面积的 7.3%；安康、汉中、榆林等地收购储备土地的规模在 1 000 亩以下；杨陵市收购储备土地的面积则很小。

由于土地市场需求相对狭小，土地储备的出让也不理想。2000—2004 年间，陕西省各级政府土地储备中心收购储备的土地大部分尚未实现供应。全省收购储备的 32 763 亩土地中，已经供应的土地有 10 220 亩，占所有收购储备土地面积的 31.19%，尚未供应的土地有 22 543 亩，占 68.8%。其中，省会西安市储备土地的供应面积为 6 000 亩，占储备土地总面积的 37.2%；咸阳市储备土地的供应面积为 900 亩，占储备土地总面积的 50%；渭南市储备土地的供应面积为 512 亩，占储备土地总面积的 9.4%；宝鸡市储备土地的供应面积为 87 亩，占储备土地总面积的 7.7%；陕南市储备土地的供应面积为 1 582 亩，占储备土地总面积的 50.7%；安康市储备土地的供应面积为 345 亩，占储备土地总面积的 36.6%；汉中储备土地的供应面积为 693.5 亩，占储备土地总面积的 77.0%；榆林储备土地的供应面积为 624 亩，占储备土地总面积的 72.5%；延安市储备土地的供应面积为 456 亩，占储备土地总面积的 19.1%。

四、土地税费及土地收益对地方财政的贡献

在本部分，我们将分析土地收益在地方财政中的重要性。在我们对东部沿海地区进行分析时发现，一方面，高度的工业化带来税收和地方财政收入的大幅增长；另一方面，随着经济发展水平的不断提高，由房地产市场的勃兴带来土地市场的发展，使政府土地收益大大增长，成为城市基础设施投资的重要来源。在西部地区的情形又是如何呢？尤其是当这些地区相比东部地区工业化进程受阻、完全靠城市扩张和重点工程投资拉动经济增长的情况下，土地收益在地方财政和城市投资中起到什么作用？

当 2000 年以来的西部大开发政策启动时，陕西省各地的财政处于艰难的窘

境。全省整体财政状况是,在2000年前发放工资都很困难,2000年以后通过加大转移支付等手段,只是基本上解决了2000年以后的欠发工资问题,还有2000年前欠发的13亿~14亿元的工资没有解决,2003年已能做到当年不欠。从我们所调查的地区来看,基层财政在1998年以后的"吃饭"困难确实有所缓解,具体表现为预算内财政收入的大幅增长。1997—2003年间,咸阳市的一般预算收入从1997年的112 507万元增长到2003年的253 058万元,净增140 551万元,一般预算收入在财政总收入中的比例由1997年的76.6%提高到2003年的84%(见表9-18)。在西安市长安区,一般预算收入由1999年的9 056万元增加到2003年的21 131万元,净增12 075万元,这种增长态势在2000年尤其明显,2002年和2003年分别比上一年增长了45%和24%,远远高于同期该地区GDP18.5%和13%的增长速度,预算内收入占总收入的比重由1999年的46%上升到了2003年的62%(见表9-19)。

表9-18 咸阳市1997—2003年政府收入结构及其变化

年份	一般预算收入			财政基金收入		预算外收入		总收入（万元）
	当年收入（万元）	补助收入（万元）	占总收入之比（%）	当年收入（万元）	占总收入之比（%）	当年收入（万元）	占总收入之比（%）	
1997	75 835	36 672	76.60	6 015	4.10	28 353	19.30	146 875
1998	85 963	39 041	74.72	6 717	4.01	35 580	21.27	167 301
1999	95 330	54 277	74.71	10 031	5.01	40 603	20.28	200 241
2000	104 370	69 344	76.55	9 701	4.28	43 506	19.17	226 921
2001	109 483	92 430	77.13	13 008	4.97	46 867	17.90	261 788
2002	112 381	116 154	84.41	3 318	1.23	38 888	14.36	270 741
2003	121 813	131 245	84.05	4 900	1.63	43 115	14.32	301 073

表9-19 长安区1999—2003年政府收入结构及其变化

年份	一般预算收入		财政基金收入		预算外收入		总收入（万元）
	当年收入（万元）	占总收入之比（%）	当年收入（万元）	占总收入之比（%）	当年收入（万元）	占总收入之比（%）	
1999	9 056	46.0	2 318	11.8	8 305	42.2	19 679
2000	10 055	52.4	1 204	6.3	7 937	41.3	19 196
2001	11 760	57.0	1 916	9.3	6 963	33.7	20 639
2002	17 080	68.2	274	1.1	7 685	30.7	25 039
2003	21 131	61.7	2 564	7.5	10 530	30.8	34 225

预算内收入的增长,一部分来自上级的补助收入,另一部分就是地方税收增长所做出的贡献。这两部分对地方财政收入的贡献份额在地区之间呈现出一定的差异性。在咸阳市,上级补助比地方收入的贡献更大,2003年政府得到的补助收入比1997年增长了258%,从2002年开始,该市从中央得到的补助收入已经超过了其当年一般预算收入规模。2003年其可支配财力较1997年增长了120 968万元,其中中央的净补助增加了75 008万元,占总增量的62%,一般预算当年财政收入增量为45 978万元,仅占总增量的38%。而在西安市长安区,地方收入的贡献则要大于上级补助收入,上级的净补助在可支配财力中所占的比重约在30%~40%,而政府自身收入占60%~70%左右。

表9-20　1997—2003年咸阳市政府可支配财力构成　（单位：万元）

年份	预算内收入	补助收入	上解支出	净补助	可支配财力
1997	75 835	36 672	8 085	28 587	104 422
1998	85 963	39 041	8 024	31 017	116 980
1999	95 330	54 277	11 955	42 322	137 652
2000	104 370	69 344	13 185	56 159	160 529
2001	109 483	92 430	16 320	76 110	185 593
2002	112 381	116 154	26 708	89 446	201 827
2003	121 813	131 245	27 650	103 595	225 408

表9-21　1999—2003年长安区政府可支配财力构成　（单位：万元）

年份	预算内收入	补助收入	上解支出	净补助	可支配财力
1999	9 056	6 367	2 234	4 133	13 189
2000	10 055	7 298	2 536	4 762	14 817
2001	11 760	10 365	3 133	7 232	18 992
2002	17 080	15 264	4 389	10 875	27 955
2003	21 131	19 928*	5 266	14 662	35 793

注：*为估计数。

细分上级对地方政府的补助名目发现,补助收入的增长主要是财力性补助增长,并非用于建设和公共投资的补助增长。咸阳市得自上级的补助收入中,在1999年以前主要是税收返还补助和专项补助,从1999年开始则变为主要来自中央的增加工资补助,这一补助从1999年的6 478万元增长到2003年的

48 733万元，其占当年的补助收入由12%提高到37%。从2002年开始，来自上级的补助收入又增加了一般性转移支付和农村税费改革转移支付两项，2003年这两项补助合计达到33 024万元（占当年补助收入的25%）。在西安市长安区，除2002年因为所得税分享改革和税费改革新增了两种补助以外，上级补助的最主要一项就是"增加工资补助"，2003年的上级补助比1999年增长了1个亿，其中一半是增资补助，另外的1/3是所得税返还和税费改革转移支付，其他的补助增长幅度则都比较小。

既然中央政府现行的财政补偿机制主要就是"管吃饭"，地方政府为了把日子过得更好一些，也有谋求发展以扩充自身财力的动力。那么，从哪些方面来谋取财源呢？对西部地区来讲，依靠工业发展的希望不大，这一方面是因为这里发展工业的软硬环境不足，在招商引资上处于劣势；另一方面则是由于现行分税制为地方发展工业提供了"反激励"：工业增值税的75%和企业所得税的一半要被中央抽走。为此，地方政府只得想法扩充可以为自己充分享有的税源。与东部情形一致，西部地区政府也选择了加速城市化这条路径，因为城市的扩张可以使地方政府从建筑业和房地产业的发展中开辟税源。咸阳市和长安区的数据也印证了这一判断。在这两个地区，由于工业发展不足，增值税和企业所得税对地方财政的贡献很弱，而与城市扩张密切相关的产业发展——房地产业和建筑业，成为地方扩增财力的主要来源。在咸阳市，2001—2003年，制造业对地方税收的贡献比例下降了近2.6个百分点，同期建筑业和房地产业对地方税收的贡献在不断增长，增幅分别达3.8和2.9个百分点，这两块所产生的税收已占到地方税收收入的四分之一强（见表9-22）。在西安市长安区，增值税占预算收入的比重不升反降，从1999年的13%降到2003年的7%；企业所得税更是出现负增长，由1999年的276万元减少到2003年的173万元，年均下降9%；与之相比，营业税占预算收入的比重则有了大幅上升，由1999年的31%上升到2003年的56%（见表9-23），营业税的增长则主要是由于城市扩张带来的相关产业的发展，到2003年，对地方税收贡献最大的分别为：建筑业61%、房地产业11%（见表9-24）。2003年建筑业创造的税收将近是1999年基数的6倍，房地产业创造的税收更是1999年的20倍。从2001年到2003年的短短三年间,长安区的地税收入翻了一番,其中建筑业和房地产业的税收增量就占了96.7%。

表9-22 咸阳市不同产业对地方税收的贡献

年份	合计（万元）	制造业		建筑业		房地产业		其他行业	
		税额（万元）	贡献率（%）	税额（万元）	贡献率（%）	税额（万元）	贡献率（%）	税额（万元）	贡献率（%）
2001	51 296.8	11 481.0	22.38	9 677.5	18.87	1 241.7	2.42	28 896.6	56.33
2002	54 288.2	11 302.2	20.82	10 322.9	19.02	2 030.7	3.74	30 632.4	56.43
2003	58 311.5	11 547.4	19.80	13 202.5	22.64	3 150.0	5.40	30 411.6	52.15

表9-23 1999—2003年长安区预算内收入来源 （单位：万元）

年份	收入合计	增值税	营业税	个人所得税	城市建设税	农业五税	企业所得税	其他各项收入
1999	9 056	1 186	2 816	474	195	1 662	276	2 447
2000	10 055	991	3 572	494	239	1 946	393	2 420
2001	11 760	1 129	4 927	754	255	1 844	552	2 229
2002	17 080	1 270	8 471	194	371	3 492	124	3 158
2003	21 131	1 448	11 926	155	535	3 795	173	3 099
年均增长率	33%	5.5%	81%	-17%	44%	32%	-9%	6.7%

表9-24 1999—2003年长安区按行业分的税收增长情况 （单位：万元）

年份	第二产业		第三产业		合计
	制造业、采矿及能源	建筑业	房地产业	其他	
1999	187	1 482	79	2 561	4 309
2000	313	2 059	54	2 801	5 227
2001	495	2 984	185	3 354	7 018
2002	269	5 563	969	3 778	10 579
2003	322	8 730	1 526	3 762	14 340

表9-25 2001—2003年咸阳市建筑业和房地产业税收的增长 （单位：万元）

年份	间接税					间接税占财政收入的比例（%）
	营业税		企业所得税		房产税	
	建筑业	房地产业	建筑业	房地产业		
2001	7 075.8	911.7	784.1	80.9	5 275.7	12.90
2002	7 525.3	1 544.5	569.3	106.3	5 090.9	13.20
2003	19 322.2	2 543.9	170.6	224.7	5 349.7	22.67

来自土地的直接税收呢？先从全省的数据来看到底征了哪些土地税，以及数额有多大。在陕西省，政府允许征收的土地税包括耕地占用税、契税、城镇土地使用税、土地增值税，具体如下：

（1）耕地占用税。它是对占用耕地建房或者从事其他非农业建设的单位和个人征收，它是以纳税人实际占用的耕地面积一次性征收。陕西省耕地占用税的征收以县为单位，适用税额最高为 5.5 元/平方米，最低为 2.5 元/平方米。1998—2003 年，陕西省共批准占用耕地面积 189 025 亩，实际占用耕地面积 228 740 亩，应征耕地占用税 57 526 万元，实征耕地占用税 58 874 万元，实征耕地占用税从 1998 年以来每年的征收都是净增加，从 1998 年的 6 949 万元增加到 2003 年的 13 680 万元。体现了耕地征占越多，地方政府从中获得的税额越大的特点（见表 9-26）。但是，作为耕地减少应补偿的税收，这一块也常常因为是国家重点工程征地而被减免掉，这对当地来讲就面临"农民失地、政府失税"的双重损失。2001 年后，国务院就专门出台文件，对西部地区公路建设免征耕地占用税，陕西省于 2004 年 10 月执行。在实施重点工程时，往往采取暂缓征收一切税费的办法，仅西安市 1997—2000 年"暂缓征收"耕地占用税就达 4 175 万元，全省 1998—2003 年共减免耕地占用税 7 178 万元。

表 9-26　耕地占用税征收统计表

年份	纳税单位(个)	实际批准占用耕地面积（亩）	实际占用耕地面积（亩）	耕地占用税计税面积（亩）			计征税额（万元）	减免税额（万元）	应征税额（万元）	实征税额（万元）
				合计	其中：应税面积	免税面积				
1998	22 017	40 778	41 087	41 087	40 325	762	9 738	228	9 510	6 949
1999	17 582	24 122	28 691	28 691	22 490	6 187	7 769	1 717	6 052	8 143
2000	25 754	22 891	30 565	30 565	27 689	2 876	9 123	735	8 388	9 336
2001	32 791	21 751	39 657	39 801	30 485	9 221	11 745	2 794	8 951	9 128
2002	23 137	35 211	39 645	39 645	34 527	5 118	12 038	953	11 085	11 637
2003	31 777	44 272	49 095	49 095	44 596	4 499	14 291	751	13 540	13 680
合计	153 058	189 025	228 740	228 884	200 112	28 663	64 704	7 178	57 526	58 873

（2）契税。契税是在转移土地和房屋权属时承受单位和个人所缴纳的税收，包括国有土地使用权出让，土地使用权转让、出售、赠与和交换，房屋买

卖、房屋赠与和房屋交换。陕西省的契税税率为3%。1998—2003年，全省共发生土地权属转移面积5 293万平方米，计税金额1 434 485万元，计征税额36 787万元，实征税额36 143万元。这一块从1998年以来也有较大幅度的增长，实征税额从1998年的650万元增加到2003年的12 243万元。但这一税种也面临与耕地占用税同样的命运，即重点工程的减免，1998—2003年共减免税额851万元（见表9-27）。

表9-27 契税征收情况统计表

年份	土地权属转移面积（万平方米）	平均单价（元/平方米）	计税金额（万元）	计征税额（万元）	减免税额（万元）	应征税额（万元）	实征税额（万元）
1998	422	55	231 532	695	44	650	650
1999	380	244	92 877	2 789	119	2 670	2 670
2000	473	295	139 446	4 172	76	76	4 096
2001	656	324	212 363	6 383	56	6 327	6 327
2002	2 247	153	343 867	10 316	367	367	9 949
2003	1 115	372	414 400	12 432	189	189	12 243
合计	5 293	271	1 434 485	36 787	851	35 935	36 143

（3）城镇土地使用税。城镇土地使用税是对实际占用或使用国有土地的行为进行征税。全省城镇土地使用税按年一次征收，其幅度为：城市0.3～5元/平方米；县城、建制镇、工矿区0.2～1元/平方米；1999年又进行了一次调整：城市0.9～9元/平方米，县城、建制镇、工矿区0.5～4元/平方米。1998—2003年，共征收109 348万元，从1998年的11 038万元增加到2003年的25 647万元（见表9-28）。

表9-28 陕西省城镇土地使用税和土地增值税收入情况

年份	城镇土地使用税		土地增值税	
	收入（万元）	同比增长（%）	收入（万元）	同比增长（%）
1998	11 038		601	
1999	13 341	20.86	762	26.79
2000	17 555	31.59	607	-20.34
2001	18 611	6.02	1 041	71.5
2002	23 156	24.42	848	-18.54
2003	25 647	10.76	701	-17.33
合计	109 348		4 560	

（4）土地增值税。土地增值税是对有偿转让国有土地使用权及地上建筑物和其他附着物产权、取得增值性收入的单位和个人征收的一种税，按照条例，对普通住宅、高级公寓、别墅、度假村等的计税标准和扣除项目为，增值税超过扣除项目金额50%的，税率为30%；增值税超过扣除项目金额50%未超过100%的，税率为40%；增值税超过扣除项目金额200%的，税率为60%；对普通标准住宅增值额未超过扣除项目金额20%的，免征土地增值税。1998—2003年，全省仅征收4 560万元，这项小税种自开征以来，收入呈下降趋势（见表9-28）。

那么，土地税收在地方财政收入中的地位到底如何？通过咸阳市和长安区两个基层财政的土地税征收情况，我们所给出的答案是：土地税收对地方财政的贡献在提升，但2003年对地方财政总收入的贡献仍然有限。在咸阳市，1998—2003年间，耕地占用税、契税、城镇土地使用税和土地增值税四项合计从1998年的3 139万元增长到2003年的5 050万元，这四项除土地增值税以外，其余三项税收都呈不同幅度的增长，契税增量接近1 000万元；其次是城镇土地使用税和耕地占用税。这四项合计占财政收入的比重从1998年的3.65%提高到2003年的4.15%（见表9-29）。在长安区，耕地占用税、契税和城镇土地使用税三项合计，从1999年的311万元增加到2003年的2 019万元，土地税收占地方财政收入的比重从1999年的3.4%提高到2003年的9.6%（见表9-30）。

表9-29 1998—2003年咸阳市土地税收征收情况

年份	城镇土地使用税（万元）	土地增值税（万元）	耕地占用税（万元）	契税（万元）	直接税占财政收入比例（%）
1998	1 011	40	1 510	578	3.65
1999	1 100	27	1 572	1 005	3.89
2000	1 175	8	2 138	1 190	4.32
2001	1 536	185	1 959	1 133	4.40
2002	1 636	32	1 563	1 134	3.88
2003	1 619	15	1 862	1 554	4.15

表 9-30　1999—2003 年长安区土地税收征收情况

年份	城镇土地使用税（万元）	耕地占用税（万元）	契税（万元）	合计（万元）	占财政收入的比例（%）
1999	83	201	27	311	3.4
2000	102	600	30	732	7.3
2001	132	609	80	821	7.0
2002	116	1 124	300	1 540	9.0
2003	144	1 375	500	2 019	9.6

在分析完土地税收（包括直接从土地获取的税收和由以圈占土地为特征的城市扩张带来的建筑业及房地产间接税收）对地方政府预算内财政收入的贡献后，我们接下来要关注一下土地收益对政府预算外财政收入的贡献，这一考察的意义就在于：一方面，在我国现行财政体制下，预算内财政一般管吃饭，预算外财政一般管建设，一个地区获得预算外收入的能力，直接决定了地方政府提供公共品的能力和一个地方的公共服务水平；另一方面，从各地经验来看，一个地方财政预算外收入的增长能力，主要取决于地方政府获取的土地收入量。从我们调查的咸阳市和长安区两个基层财政的状况来看，预算外收入的增长主要来自土地出让收入和与土地相关收费的增长。一般而言，地方政府的预算外收入中与土地收入直接相关的有两类，即（1）土地出让金；（2）城市配套费。在长安区（见表9-31），土地出让金的总量不大，且在年度之间有比较大的变化，2001年的土地出让金收入为 790 万元，2002 年却只收了 55 万元，而到 2003 年猛增到 2 459 万元。另一项城市配套费，被长安区政府当作城市开发建设的主要资金来源渠道之一，规定凡在城市规划区内的所有规划项目都按规定足额收取配套费，这项收费在 2001 年是 904 万元，2002 年是 1 488 万元，2003 年 2 772 万元，三年的时间里征收了 5 000 万元。这两项收入相加，在地方预算外财政收入中的重要性越来越大，它们占非税收入的比重从 2001 年的 19.1% 提高到 2003 年的 40%。

表 9-31　长安区土地收费及其在非税收入中的比重

年份	土地出让金（万元）	城市配套费（万元）	合计（万元）	占非税收入的比例（%）
2001	790	904	1 694	19.1
2002	55	1 488	1 543	19.4
2003	2 459	2 772	5 237	40.0

在咸阳市，土地有偿使用收入也在 2000—2003 年间增长迅速，2000 年收取的土地有偿收入为 583 万元，2001 年为 1 255 万元，2002 年为 1 744 万元，2003 年为 3 366 万元，2001 年在 2000 年的基础上翻了一番，2003 年又在 2002 年的基础上翻了近一番（见图 9-2），土地有偿使用收入占政府基金收入的比重由 2000 年的 6%，提高到 2003 年的 68.7%。

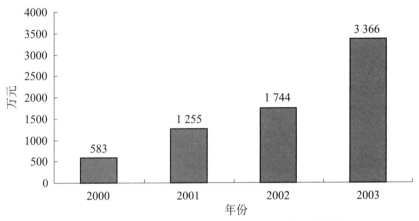

图 9-2　2000—2003 年咸阳市土地有偿使用收入增长情况

表 9-32　1997—2003 年咸阳市基金收入　　　　　（单位：万元）

	1997 年	1998 年	1999 年	2000 年	2001 年	2002 年	2003 年
工业交通部门基金收入	0	460	500	520	500	518	850
文教部门基金收入	3 584	3 247	4 573	5 237	7 623	0	0
社会保障基金收入		267	1 599	0	0	0	0
农业部门基金收入	95	205	354	596			1
土地有偿使用收入		0	0	583	1 255	1 744	3 366
地方财政税费附加收入	1 757	2 538	3 005	2 765	3 630	1 056	683

从全省来看，省、市县政府确实从土地收益的增长中获益。主要表现为：第一，中央和省两级政府通过收取新增建设用地土地有偿使用费，增加了各自的财政收入。按照规定，新增建设用地土地有偿使用费收入的 30% 上缴中央财政，70% 缴省财政，专项用于耕地开发项目支出、耕地信息与监督系统建设支出及其他相关支出。陕西省自 2000 年开征到 2004 年（见表 9-33），共收取土地有偿使用费 136 048 万元，其中省级 94 465 万元，上缴中央 41 583 万元。到 2003 年为止，省级收入中已支出 21 898 万元用于耕地开发整理及其他相关支

出，累计资金结余 72 567 万元；上缴中央部分，从 2000 年以来，全省共申报国家投资开发整理项目 41 个，截止到 2004 年 11 月底，已正式批准立项 38 个，下达项目 31 个，资金预算 17 830.73 万元，仅占上缴费用的 42.88%。第二，省、市县政府从土地有偿出让收入中不断增加收益。按现行财政体制规定，6 个市土地出让金收入，按省、市三七比例分成，西安市等 5 个市（区）出让金收入全留。根据财政决算（见表 9-34），1998 年至 2004 年 11 月，全省土地出让金收入总额为 325 875.5 万元，由 1998 年的 2 869.5 万元增加到 2004 年 11 月的 87 100 万元；其中，省级收入在这一期间的总额为 9 865.4 万元，从 1998 年的 373.5 万元增加到 2004 年 11 月的 2 452.7 万元；市、县收入在这一期间总额为 316 010.1 万元，从 1998 年的 2 496 万元增加到 2004 年 11 月的 84 647.3 万元。截至 2003 年，省财政已从省级财政出让金收入支出 6 886.65 万元，分别用于农民种植地膜玉米补贴（3 500 万元）、种子工程（1 000 万元）和城市基础设施建设（2 333.6 万元）等项支出。省级累计资金结余 2 978.75 万元。据陕西省财政厅 2003 年对全省市县财政 1999—2002 年土地出让金使用情况调查统计，市县财政将出让金收入的 77.35% 用于城市基础设施建设，22.14% 用于土地开发，个别财政困难市县将少量资金用于平衡预算。

表 9-33　陕西省新增建设用地土地有偿使用费上缴使用情况表

（单位：万元）

年份	上缴数			支用数	省级结余
	小计	上缴省级	上缴中央		
2000	3 626	2 538	1 088		2 538
2001	24 921	17 138	7 783	817	16 321
2002	17 271	11 860	5 411	1 602	10 258
2003	44 475	30 888	13 587	8 400	22 488
2004	45 755	32 041	13 714	11 079	20 962
合计	136 048	94 465	41 583	21 898	72 567

表 9-34　陕西省土地出让金收入统计表

（单位：万元）

年份	土地出让金收入		
	小计	省级收入	市县收入
1998	2 869.50	373.50	2 496.00
1999	20 486.32	648.64	19 837.68

续表

	土地出让金收入		
	小计	省级收入	市县收入
2000	46 703.68	970.38	45 733.30
2001	34 060.98	1 060.24	33 000.74
2002	51 344.60	1 716.93	49 627.67
2003	83 310.42	2 643.01	80 667.41
2004年1—11月	87 100.00	2 452.70	84 647.30
合计	325 875.50	9 865.40	316 010.10

但是，在其他政府收费路径越来越窄的情况下，土地出让收入的增长还不足以支撑地方预算外财力的增长。从咸阳市和西安市长安区两个基层财政的情况来看，2000—2003年，咸阳市的土地有偿使用收入占财政总收入的比重尽管有所提升，但份额仍很低，分年度为0.2%、0.47%、0.64%和1.1%。长安区的情形也类似，2001—2003年，土地出让金占当年财政总收入的比重分别为3.8%、0.22%和7.18%。土地收益的增长乏力，不足以阻止预算外收入在地方总财政收入中的比重下降趋势。在咸阳市，地方预算外收入从1998年的35 580万元增加到2003年的43 115万元，2003年比1998年净增了7 535万元，但是，预算外收入占财政总收入的比重却从1998年的21.27%下降到2003年的14.32%。在西安市的长安区，预算外收入从1999年的8 305万元增加到2003年的10 530万元，2003年比1999年净增了2 225万元，但是，预算外收入占地方财政总收入的比重也由1999年的42.2%降至2003年的30.8%。

土地开发对政府财政和建设的意义。总的来看，由积极的财政政策和西部大开发启动的重点工程建设和城市扩张，带动了建筑业和房地产业的发展，使这两个产业成为除中央补助和财政转移支付外，地方税收增长的主要来源；由于这一扩张是以大规模征占土地为前提的，因而也使土地的直接税收有所增长，不过由于国家重点工程造成的减免，使耕地占用税和契税的征收大打折扣，使西部地区面临既减少耕地又减少税收的双重损失；更为严峻的局面是，由于产业发展不足和经济发展水平落后，西部地区尽管大片土地被圈占，但并没有带来地方以工业为主的长期税源的培育，也没有带来土地市场的发展，从而使地方财力用于发展的能力不足，也缺乏可持续性。

五、依赖金融和负债支撑的城市化

我们在前面揭示了以陕西省为代表的西部地区2000年以来的经济成长主要靠巨额的基础设施投资拉动,我们在第四部分又解剖了土地出让收益的增长无法改变用于建设的预算外资金在总财政收入中的比重下降的现实。那么,2000年以来如此巨额的城市基础设施建设资金从何而来呢?土地在城市扩张中的作用如何?它是如何参与的?

对于一个城市来讲,如果没有出现外延的扩张,它就只需支付维护一个城市的费用,主要包括:(1)道路排水工程;(2)绿化;(3)路灯照明;(4)市政设施建设。但正如我们在第二部分所反映的,事实上2000年以来各地方政府都将大量的精力和资金花在了城市档次提升、建新区上,为此投入了巨额的基础设施资金。在咸阳市,1999—2003年,政府用于城市维护的资金总投资共40 067万元;同时,由于对原有城市进行全面改造提升、启动沣河新区建设及投入巨资进行渭河途经咸阳市段的整治,使之成为城市标志性景观等,自2000年以来,开工的城市基础设施投资项目就有15项之多,这些项目的计划总投资达173 320万元,到2004年实际已投资95 308万元,这样,该市用于城市维护和基础设施建设的资金就达21亿元之巨。在长安区,自2002年撤县变区后,规划为西安市的副中心,形成"一城(城中心)三园(韦曲航天产业园、郭杜工业园和大学园)"的新城格局,城中心的改造加速,几个园区的投资也正在铺开,其中城中心板块2001—2003年的城市基础设施投资为13 760万元,另外几个园区的城市基础投资总额没有准确统计,据调查分别为1.5亿元之多。

如此巨额的城市投资资金从何而来呢?在地方财政仍然没有走出"吃饭财政"境地的制约下,财政用于城市投资的资金有限。在地方政府的财政安排中,首先肯定是保证政府部门的工资发放和运转费用,在行有余力的情况下,才会安排资金用于公共品和公共服务的提供。在咸阳市和长安区,尽管预算内财政收入在2000年以后大幅增长,但它仍是"吃饭财政",只是饭比原来吃得好一些而已。对比2002年与1998年咸阳市财政一般预算支出结构,2002年的财政支出比 1998 年增加了 93 059 万元，增长了 76%，其中教育事业费、行政事业单位退休费和行政管理费在总支出中所占的份额则从 1998 年的 46% 增加到 2002 年的 55%。在长安区，自 1999 年至 2003 年，财政支出规模增长了 138%，其中行政管理费和行政事业单位离退休事业费这两项最大的支出就分别上升了 6.1 个百分点，由 1999 年的 20.4% 上升到 2003 年的 26.5%。在 2003 年的 3.5 亿元总支出中，人员工资支出就达 2.55 亿元，占总支出的 73%，其余则大部分用于部门运转费用，预算内的可支配财力"没有任何用于基本建设支出"。那么预算外资金有多少用于搞建设了呢？在预算外资金中，"行政事业费支出"基本上属于"列收列支"的服务性支出，很少会用于建设；只有"基本建设支出"和"城市维护支出"两项会用于建设性的投资，但是我们在咸阳市和长安区看到的情况是，这两项在预算外资金中所占的比重并不高，在咸阳市，基本建设支出和城市维护支出两项 1999—2003 年分年度占预算外支出的比重为：16.2%、5.8%、6.5%、11.4% 和 13.7%；在长安区这两项 1999 年占 21.5%，2002 年占 29.3%，2003 年占 30%。

事实上，一方面，财政上收取的城建税和城建配套费连用于基本的城市维护都吃紧。在现行财政体制中，允许为城市维护和建设收取的费用主要就是预算内的城建税部分和预算外的城市建设配套费，另外就是土地出让金。在不考虑土地出让金收入的情况下，在咸阳市（见表 9-35），1999—2003 年的城市维护实际使用资金与实际到位资金相比缺口巨大，分年度来看，这五年的城市维护资金分别为 4 974 万元、344 万元、3 495 万元、6 565 万元和 24 689 万元，收取的城建税和城建配套费等费用分别为：4 213 万元、4 634 万元、5 060 万元和 6 773 万元，由于这两笔以城市建设及维护名义收取的税费是由财政统收统支，最终也不一定全用于城市建设，实际到位资金分别仅为 3 257 万元、220 万元、1 692 万元、3 042 万元和 14 883 万元，这样各年的资金缺口分别为 2 299 万元、124 万元、2 271 万元、3 523 万元和 9 806 万元。在长安区，2001—2003 年城市基础设施建设投资分别为 1 950 万元、3 950 万元和 7 860 万元，这三年收取的城建税和城市配套费分别为 994 万元、1 608 万元和 2 982 万元，仅这两项的资金缺口就分别为：956 万元、2 342 万元和 4 878 万元。

表 9-35　1999—2003 年咸阳市城市维护资金情况　　　（单位：万元）

年份	市政基础设施建设总投资	到位资金	资金缺口	城建税	城建配套费
1999	4 974	3 257	2 299	3 713	500
2001	3 495	1 692	2 271	3 934	700
2002	6 565	3 042	3 523	3 560	1 500
2003	24 689	14 883	9 806	4 525	2 248
总计	40 067	23 094	18 023		

注：2000 年数据因调查未获得，缺失。

另一方面，在东南沿海作为城市投资重要来源的土地出让金在咸阳市和长安区的城市基础设施建设方面的贡献比例并不是很大，并且大部分是用于平衡预算。咸阳市土地出让金上交省级的 30% 部分按照每亩 1.6 万元征收，作为土地出让成本核算，其本级的 70% 土地出让金的计算方法为 $1.6/0.3 \times 0.7 = 3.73$ 万元/亩。咸阳市本级土地出让金 2002 年为 1 678 万元，2003 年为 3 262 万元，但是作为财政的基金预算管理，这部分的基金并没有完全投入城市基础设施建设中，而是主要用于平衡预算。2002 年的城市基础设施建设财政拨款中，出现了基金预算投入即土地出让金投入；2003 年的财政拨款里也出现了基金预算投入，即 1 000 万土地出让金，但这个额度尚不及当年咸阳市本级土地出让金收入 3 262 万元的 1/3。长安区的土地出让金的贡献也不明显。2001 年和 2002 年土地出让金并没有用于城市基础设施建设，而是被用于平衡预算；2003 年土地出让金中有约 500 万资金投入城市基础设施建设中。不过数据显示土地出让金的作用随着城市发展将会越来越明显。2004 年年初至当年 12 月 16 日，长安区土地出让金为 4 000 万元，全部用于城市道路建设。

贷款成为城市基础设施建设的主体。从咸阳市 2000 年以来已经完成的城市基础设施投资来看（见表 9-36），已经完工和正在施工的 15 个项目，总投资额 173 320 万元，其中，通过财政和部门拨款 5 471 万元，另外就是国债和国债转贷资金两项 6 500 万元，余下的资金就只能通过银行贷款了。

在城市基础设施资金严重不足的情况下，地方政府只得采取欠款施工和拖欠工程款的办法。1995—2002 年，在咸阳市城市建设管理局负责管理与完工的项目中，共欠款 5 393 万元，占总投资的 23.5%（见表 9-37）。在 2003 年完工

表 9-36　2000 年以来基础设施投资项目及资金结构　　（单位：万元）

项目名称	开工时间	完工时间	总投资	实际投资	国债	国债转贷	拨款	地方自筹	银行贷款	其他
人民路拓宽	2001.4	2001.12	20 400	12 607		2 500	1 471	120	9 400	
世纪大道	2001.4	2001.12	22 758	19 600	1 500	2 500	4 000	600	11 000	3 000
迎宾大道	2003.9	2003.8	11 845						6 500	
玉泉西路	2003.12	2003.7	4 043						1 705	
咸通路立交桥	2003.6	2003.6	1 535						1 100	
世纪西路工程	2003.11	2003.6	9 192						4 018	
人民西路工程	2003.5	2005	4 200	1 815					600	
段家路工程	2004.1	2005.4	3 153	1 000					900	
河南街路工程	2004.1	2005.5	2 041	106					300	
阳光大道	2004.7	2005.6	13 050	3 035						
钓台路高速桥	2004.7	2005.6	3 900	100						
崇文路	2004.7	2005.5	6 878	1 485						
渭河治理	2004.2	2005.6	46 575	17 836					32 575	
东区热网	2004	2005	9 050	7 641					2 500	
沣河新区供热	2004.8	2006	14 700	1 712					2 500	
总计			173 320	66 937	1 500	5 000	5 471	720	73 098	3 000
占实际投资比（%）					1.60	5.20	5.70	0.80	76.7	3.10

表 9-37　1995—2002 年咸阳市城市建设管理局完工项目付款表（单位：万元）

项目总数	总投资	到位资金	资金缺口	已付款	欠款		
					工程款	贷款利息	管理费
40	22 981	16 927	6 054	17 588	4 582.67	630.56	179.77

注：（1）工程款包括拖欠各施工单位、绿化公司的工程款、设计费、勘探费等；
　　（2）管理费：包括管理费、监理费和建管费等。

的工程项目中，欠款额达 2 055.75 万元，占到总投资的 54.8%（见表 9-38），其中有 17 项与照明和绿化相关的工程完全是欠款施工，没有到位资金。截至 2004 年年底，咸阳市城建局共欠施工单位 2.7 亿元。在这些城市基础设施项目中，政府所拖欠的工程款一般要占到工程款总额的 50% 以上。在一些政府性质公司和国有建筑企业施工的项目中，拖欠款更加严重，诸如市政公司、铁二十局等施工的项目，拖欠款超过了工程款的79%。工程款拖欠现象在长安区的城市基础施建设中也非常突出。2001—2003 年，长安区城市基础设施建设和维护资金共 13 760 万元，其中财政资金 6 271 万元，占 45.6%；上级补助资金 580 万元，占 4.2%；银行借款 2 500 万元，占 18.1%；企业和其他欠款 4 009 万元，占 29.1%（见表 9-39）。

表 9-38　2003 年咸阳市城市建设管理局完工项目付款表　（单位：万元）

项目总数	总投资	到位资金	资金缺口	已付款	欠款
33	3 754.08	693	3 061.08	1 698.33	2 055.75

表 9-39　2001—2003 年长安区城市基础设施建设及维护投资资金结构表

（单位：万元）

年份	预算外资金和基金投入	一般预算	上级补助资金	企业捐资	企业欠款	银行借款	其他欠款	总计
2001	1 000	90	180			500	180	1 950
2002	1 780	120	200	200	900	500	250	3 950
2003	3 071	210	200	200	2 400	1 500	279	7 860
总计	5 851	420	580	400	3 300	2 500	709	13 760

欠款只能由这些施工单位与负责城市基础设施的主管单位去磨嘴皮了，到底如何解决不得而知。那么作为城市基础设施投资的主要资金——银行贷款是如何获得的呢？在这一环节就突显出土地作为金融杠杆的作用了。为了从银行获得贷款，各地政府首先动用的是土地储备中心储备的土地作为抵押。根据我们的调查，土地储备中心利用储备土地进行抵押贷款，主要发生在土地储备中心成立以来的近两三年中。据统计（见表9-40），截止到 2004 年 9 月 30 日，陕西省土地储备中心利用储备土地进行抵押贷款的合同金额达 334 760 万元，实际贷款余额达 194 478 万元，占合同金额的 58.09%。全省土地储备抵押贷款主要集中在省会西安市，该市土地储备抵押贷款合同金额 288 000 万元，占全省的 86.03%；土地储备抵押贷款余额达 157 100 万元，占全省的 80.78%。其次是地处关中平原的宝鸡市和咸阳市，两市贷款合同金额分别为 25 060 万元和 10 300 万元，分别占全省贷款合同金额的 7.49% 和 3.08%；贷款余额分别达到 21 260 万元和 7 300 万元，分别占全省实际贷款余额的 10.93% 和 3.75%。关中

平原的西安市、咸阳市、宝鸡市三个城市的土地储备抵押贷款合同金额占到全省的96.6%，土地储备抵押贷款余额占到全省的95.46%。从实际贷款情况看，各地土地储备中心的实际贷款余额占合同金额的比重一般在50%以上。

表9-40 陕西省土地收购储备抵押贷款规模

地区	合同金额或授信额（万元）	贷款余额（万元）	贷款余额占授信额度比例（%）
西安市	288 000	157 100	54.55
咸阳市	10 300	7 300	70.87
宝鸡市	25 060	21 260	84.84
延安市	500	500	100.00
汉中市	3 600	2 000	55.50
安康市	1 000	400	40.00
陕南市	6 300	5 918	93.94
合计	334 760	194 478	58.09

其次是园区的土地储备抵押贷款。事实上，许多园区很早就利用园区开发公司的法人资质和园区内储备的土地进行抵押贷款。以西安市高新技术开发区为例，1994年开始利用国有综合用地和在建工程进行抵押贷款，当年抵押土地3亩，获得贷款金额100万元；1995年开始利用工业用地进行抵押贷款；1999年随着房地产市场的发展，开始利用住宅用地进行抵押贷款。1994—2003年间，利用综合用地和在建工程进行抵押的土地面积累计865.35亩，抵押物评估价值106 786万元，获得的贷款金额累计69 427万元。1995—2003年，利用工业用地和在建工程进行抵押的土地面积累计3 327.50亩，抵押物评估价值340 543万元，获得的贷款金额累计210 806万元。1999—2003年，利用住宅用地和在建工程进行抵押的土地面积累计350.89亩，抵押物评估价值37 552万元，获得的贷款金额累计24 557万元。1994—2003年间，各类用地抵押的面积总计达4 543.74亩，抵押物评估价值484 881万元，抵押获得贷款金额304 790万元。

与开发区内部用地结构特点相一致，西安市高新技术开发区储备土地抵押贷款以工业用地抵押贷款为主，工业用地抵押贷款成为开发区储备土地抵押贷款的主要形式。1995 年，工业用地抵押贷款金额占储备土地抵押贷款总金额的 75.82%，2003 年工业用地抵押贷款金额占到 59.78%，综合用地抵押贷款金额占到 28.55%，住宅用地抵押贷款金额占到 11.67%。开发区储备土地抵押贷款金额的变动趋势与国家土地政策密切相关，在 1997 年后国家清理整顿土地市场、严格用地管理、修改《土地管理法》的两三年里，开发区储备土地抵押贷款金额下降，由 1997 年的 26 740 万元下降到 1999 年的 7 920 万元；之后随着政府用地计划管理放松，开发区储备土地抵押贷款金额迅速增加，到 2003 年增加到 91 011 万元，平均每年以 84.12% 的速度增长（见图 9-3）。

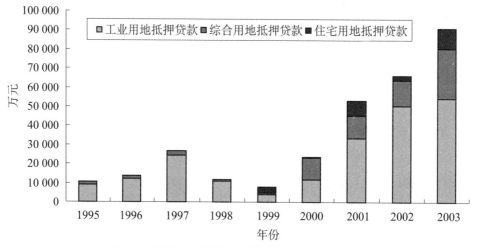

图 9-3　西安市高新技术开发区土地抵押贷款金额

在陕西省等西部地区，仅以土地储备中心或园区开发公司储备的土地作为抵押来获得的贷款，只能用于支付土地补偿、房屋财产补偿、拆迁补偿、政府税费等土地开发所需支付的费用，但是，2000 年以来的"西部大开发"中地方政府的资金更多用于自来水、供热、道路、桥梁、防洪、垃圾处理、公园绿地等市政基础设施建设方面。这些市政基础设施，即所谓的城市"大配套"项目，其投资所需的资金数量一般都很大，而且回收周期很长甚至一部分会难以收回。虽然国家在实施西部大开发战略以来，中央政府加大了对西部地区的基础设施建设投资，但是许多国家投资项目需要由地方政府筹集相当数量的配套资金。在地方政府的公共性投资资金需求量很大而地方财政收入和土地出让收益都有限的情况下，许多地方通过储备土地收益权质押的方式提供担保，以支持市政基础设施建设项目的贷款融资。所谓的储备土地收益权质押，是以储备土地收益权为质物的质押担保方式，其实质是一种权利质押，而非不动产抵押。如果说，土地储备抵押贷款是以储备土地（作为不动产的生地，其土地价值表现为土地取得成本价格）作为抵押物设立债权担保的话，那么，储备土地收益权质押贷款是以储备土地（生地）经公共性投资开发后取得的公共性增值（收益而非不动产）为质押物设立债权担保的。许多地方之所以选择储备土地收益权质押的方式为市政公共性投资提供融资担保，主要原因是，市政基础设施建设投资资金需求量大，投资回报周期长，而中国人民银行规定的储备土地抵押贷款期限太短，一般只有1~2年，与长期投资不相适应，而储备土地收益权质押担保的贷款期限则可以很长；另外，储备土地收益权质押以储备土地投资开发的预期收益作为债权担保，这样完全可以在储备土地的抵押价值之上再提供额外的融资担保。这就是说，除了土地储备抵押贷款外，储备土地收益权质押贷款也是地方政府公共性投资的一种重要融资方式。在法律不允许地方政府发行政府债券的情况下，许多地方政府正是借助土地储备，通过土地储备抵押贷款和储备土地收益权质押贷款进行短期和长期的公共投资融资。

土地收益权质押贷款的主体一般是市政建设开发公司或园区开发公司。贷款期限一般较长，多数项目为15年期，少数项目为10年期，个别项目为5年期。如表9-41所示，截至2004年9月30日，陕西省土地收益权质押贷款的合同金额达1 165 500万元，贷款余额644 000万元，占合同金额的55.25%。全省土地收益权质押贷款主要集中在西安市，该市土地收益权质押贷款合同金额917 000万元，占全省的78.68%；全市土地收益权质押贷款余额达547 000万元，占全省的84.94%。其余贷款主要分布在地处关中平原的咸阳市、宝鸡市和渭南市。关中平原的西安市、咸阳市、宝鸡市、渭南市四个城市的土地收益权质押合同金额占到全省的98.41%，贷款余额占到全省的97.52%。通过土地收益权质押获得的贷款绝大部分用于园区基础设施及配套建设、城市供热项目、卫生设施项目、垃圾处理项目、防洪综合治理项目、路桥基础设施配套项目、环境治理工程项目等基础设施配套和市政建设。

表 9-41　陕西省土地收益权质押担保贷款数量及使用情况　（单位：万元）

地区	合同金额	贷款余额	贷款使用方向
西安市	917 000	547 000	高新技术产业开发区和经济技术开发区等产业园区基础设施及配套项目、旅游度假区土地储备项目、高科集团基础设施项目
咸阳市	90 000	46 000	城市路桥基础设施项目、渭河防洪综合治理项目、城市集中供热项目
渭南市	60 000	20 000	城市基础设施项目
宝鸡市	80 000	15 000	城市路桥基础配套设施项目、城市防洪及综合治理项目、城市环境治理工程项目
延安市	17 000	15 500	城市供热项目、城市卫生设施项目
榆林市	1 500	500	城市垃圾处理项目
合计	1 165 500	644 000	

　　土地储备中心或园区开发公司利用自己储备的土地通过抵押获得的贷款，将通过储备土地（主要是经营性用地）的市场供应而得以收回，而经营性用地的市场化回报则要通过房地产市场的发展来得以实现。房地产市场的繁荣则依托于金融对房地产开发企业和个人住房贷款的金融支持。据统计，2003 年，全省金融机构房地产贷款余额为 351.10 亿元，2004 年 9 月末达到 423.53 亿元。截至 2004 年 8 月，陕西省全省房地产开发资金来源中，国内银行贷款 34.18 亿元、自筹资金 80.90 亿元、其他资金来源 64.77 亿元、利用外资 1.65 亿元，分别占到资金来源总量的 18.3%、44.57%、35.69% 和 0.91%。自筹资金中，大部分是企业通过各种渠道间接获得的银行贷款。事实上，银行信贷构成了房地产融资的主要方式，银行对房地产的间接融资和直接融资的比例已经高达 6 至 7 成以上。

　　从我们调查的咸阳市来看（见表 9-42），1998 年全年的房地产开发企业贷款金额为 5 880 万元，2004 年 1—11 月达到 23 105 万元，增长了 2.93 倍；其中，土地抵押贷款金额由 5 000 万元增长到 19 040 万元，增长了 2.8 倍。1998 年个人购房贷款 2 532 万元，2004 年 1—11 月达到 57 170 万元，增长了 21 倍；其中，土地抵押贷款金额由 1 509 万元增长到 29 255 万元，增长了 18.4 倍。1998 年到 2004 年 11 月，房地产企业抵押贷款和个人购房抵押贷款等余额 99 665 万元。

表 9-42　陕西省咸阳市房地产金融规模　　　　　　（单位：万元）

年份	合计		房地产企业贷款		个人购房贷款	
	金额	土地抵押	金额	土地抵押	金额	土地抵押
1998	8 412	6 509	5 880	5 000	2 532	1 509
1999	18 254	13 909	9 706	8 000	8 548	5 909
2000	19 529	12 064	12 055	5 000	7 474	7 064
2001	44 862	10 908	3 680		35 182	10 908
2002	63 998	31 018	22 368	14 859	37 630	16 159
2003	141 503	64 114	93 348	42 325	48 155	21 789
2004年1—11月	80 275	48 295	23 105	19 040	57 170	29 255
合计	376 833	186 817	170 142	94 224	196 691	92 593

金融风险评估。由于以陕西省为代表的西部经济大开发高度依赖于银行金融支持，银行贷款的风险在土地抵押的贷款、土地收益权质押的贷款以及房地产企业和个人购房贷款三个方面都存在。具体而言，在土地使用权抵押方面，截至 2004 年 11 月 30 日，陕西省银行业采取土地抵押担保方式发放的贷款共计约 294 亿元，其中由土地储备中心以土地抵押方式的贷款大概 37 亿元；以土地及其上面所含建筑物抵押担保的房地产贷款 294 亿元；另外 51 多亿元则是土地收益权的质押贷款。

在土地使用权担保方面，由于这一块的还贷取决于经营性用地的市场出让收益，我们前面的分析已表明，由于经营性用地的市场化程度低，以及对土地的需求不旺，会影响这种形式的还贷，这是经济方面的风险评估；在法律方面问题也比较大，各家商业银行做土地抵押担保贷款的时候，它的一些相关法律政策依据除了《土地法》《担保法》之外，有的还依据《土地管理法实施条例》《城镇国有土地使用权出让和转让暂行条例》《商品房销售管理办法》《关于土地使用权抵押登记有关问题的通知》《银监会办公厅关于防范国有划拨土地使用权抵押贷款风险的通知》《关于国有划拨土地使用权抵押登记有关问题的通知》《陕西省建设项目统一征地办法》《陕西省城市房地产市场管理条例》《西安市土地储备条例》等等，这里有国家大法，也有部门法律、地方规定，其中有些根本不是法律法规，只是一些政策依据，其法律背景不同，政出多门，因此,执行很难,监控更难。第三个风险是土地储备中心的法律地位和操作中的问题。一是土地储备中心自有资金不足,其自有资金是靠财政拨款,而实际上拨款金额非常少,比如,西安市财政给土地储备中心拨付的自有资金只有5 000万元,而建设银行提供的贷款是20亿元,等于基本上靠银行信贷资金来运作,这对银行信贷资金来说潜在的风险很大,因为它本身没有实力来抵御风险。一旦市场发生变化,它很难依靠自身实力来规避风险。二是有效的土地储备贷款抵押登记手续之后,贷款存在担保真空,土地储备贷款主要是以土地储备中心准备用来储备的土地使用权作为抵押的,由于贷款的时候土地还处于征用当中,使用权还没有取得,因此土地储备中心只有先拿到贷款,等整个手续完成以后,才能正式补办抵押登记,这中间实际上存在很大的风险,如果土地使用权拿到手后不去补办这个手续,就存在不能落实的情况。三是土地储备中心市场风险不容忽视。由于土地储备中心具有房地产开发的经营特征,所以它收购的土地储备价值的市场前景存在不确定性,如果遇到工程周期、国家相关政策的变化,或者储备中心在储备土地的时候市场判断有所失误的话,会造成将来土地出让困难或者价格波动。比如购进的时候价格比较高,后来预期发生变化,都会影响土地的价值。四是政府信用贷款问题,因为作为借款人的土地储备中心是政府下辖的机构,所以政府的信用带有比较大的风险,一方面土地中心贷款依据主要是土地拍卖的收益,而土地拍卖的收益不是土地一卖就能把钱收上来,卖地以后收益一般是交由地方政府,由地方政府财政掌握,然后再由财政把一部分成本拨给土地储备中心,财政的拨款是否能正常到位,对它们有直接的影响;另一方面政府的政策也会影响土地市场价值。如地方政府为了招商引资把土地中心的土地用远远低于市场的价格或优惠的价格卖给开发商,价格的落差就使中心的还款能力出现问题。

风险更大的是土地收益权的质押贷款,到2004年9月末,陕西省全省这类贷款项目共18个,面向省内6个地市及2个国家级开发园区,一共51.05亿元,贷款余额占到国家开发银行全部贷款的16.98%。如前所述,土地收益权质押实质上是把一个地区的未来发展作为预期收益的质押。其风险来自两个方面,一方面是对土地收益权的质押在《担保法》里没有特别明确的规定,在法律上存在不确定性；另一方面，它完全依赖于质押人的信用，在办理收益权质押时，一般是由贷款主体出具一份承诺书，法律漏洞太大。另外，土地收益权质押还没有一个专门的登记部门，这样就可能造成重复质押，这种情况下银行的权利没有办法得到保证。

房地产贷款尽管更多是一种市场行为，但也存在一些风险。主要的风险就是房地产企业和购房者的还贷能力。陕西省房地产的开发面积远远超过商品房的销售率，这就意味着这两个主体的还贷都存在风险。在法规方面，一些房地产地方性法规也会加大这方面的风险。如西安市房地产交易中心印发的《预售商品房抵押登记备案证明》中，在2003年5月增加了一条，取得房产证30日以内，应当重新办理房地产抵押登记，否则登记作废，责任自负。由于2003年我们的市场信用还不是非常完善，开发商一期完工以后办理了产权证，如果不通知银行、不及时转换房屋抵押登记，30日以后这个房屋登记备案就作废，如果他恶意不还贷款，银行要用抵押的土地使用权来变卖的时候，银行将缺少有效的登记证明，这在法律上存在漏洞。此外，2003年市场上的房地产评估机构非常多，评估机构为了争夺业务，容易导致评估价偏高，这加剧了风险。

六、城市化进程中的农民土地权利

当一个个大型基础设施项目和重点工程项目在西部落地，当地方政府下大力气在仍处于落后的西部推进城市化时，这些面朝黄土、背朝天的农民命运又如何呢？他们到底从这场大推进中得到了什么呢？征地城市化带来大量的失地、失业。按全国2000年前后每征1亩地造成1.4个失地农民的标准计算，1994—1999年，陕西省全省各类非农建设占用耕地42.1万亩，造成失地农民55万人，2000—2003年，全省各类非农建设占用耕地30.69万亩，约造成失地农民42.97万人，也就是说，1994—2003年十年间，全省累计失地农民约为98万人。这些失地农民的境况如何呢？据陕西省农办的一项调查，在失地的劳力中，有35.63%仍以农业为生，19.2%进入非农领域，18.9%外出打工，还有26.2%的人赋闲在家，也就是说，在这批劳动力中，失地又失业的有12.8万人。在征地最为集中的西安市，截至2003年年底，全市被征用耕地

177 754.837 亩，涉及 155 755 户、693 680 人，其中，完全失地的有 32 906 户、119 543 人，失地农民中 2003 年时耕地面积人均不足 0.3 亩的有 33 455 户、111 251 人，失地农民中耕地面积人均在 0.3 亩以上的有 89 394 户、462 886 人。另据西安市临潼区的调查，50% 的失地农民生活水平较失地前下降。

由于大量的建设用地被以划拨或协议方式用于基础设施建设和市政建设，政府从土地上获取的收益就难以大方地用于对失地农民的补偿。因此，在西部土地的占用中，对农民的土地补偿十分低，这在基础项目及重点工程中表现得尤其严重。据陕西省农村工作领导小组办公室对全省 2000—2003 年因各类非农建设用地造成的失地农民生计状况进行的 11 个县（区）及 432 户重点调研显示，全省建设用地平均每亩耕地补偿 2.77 万元，其中，公路一般为 0.6 万元/亩，铁路一般为 0.82 万元/亩，其他重点项目一般为 3.5 万/亩，经营性开发项目一般为 6.5 万/亩。在我们实地调研中了解到，征地补偿的标准一般按粮食计算产值，在咸阳市，土地征用的年产值确定为，粮田每亩 2 000 元，菜地每亩 3 000 元，补偿额一般为所确定的年产值的 15~24 倍。重点工程农民尤其吃亏，一些国家投资项目要求地方资金配套，自行解决征地问题，并且按每亩平均价或每千米平均价包干费用，大多数情况就只能按法定补偿标准的低限执行。西安市绕城高速土地最高补偿标准为 6 000 元/亩，调高后也只有 8 000 元/亩。府（谷）—店（塔）一级公路征用耕地补偿标准为 600~3 200 元/亩；吴（堡）—靖（边）高速公路为 800~3 200 元/亩。2003 年全省农民人均纯收入为 1 675 元，即使按 6 000 元/亩来计算，仅相当于农民三年半的收入。农民对公益性用地补偿低意见很大，当政府向农民解释，"公益性用地可以使包括农民在内的所有人受益"时，农民反问："修路用的钢材、水泥为什么不低价'征用'，单单低价征用农民的土地？农民低价把土地贡献给国家，上高速路收费、坐火车买票为什么不给农民优惠？"征地补偿费用本来就低，还出现科目繁多的税费挤占农民利益，随意坐收、克扣、截留、挪用，款项还不落实。西安市对自 1999 年以来征地补偿安置款落实情况进行清理，共清理出拖欠被征地农民征地补偿费、安置补助费 13 宗，涉及金额 5 575.2 万元。

重点工程和基础设施项目的补偿低，但是在了解其资金盘子后，就不足为奇了。整个陕西省收费还贷公路到 2003 年时建成收费公路 4 459.5 千米，其中收费高速公路 1 032.4 千米，二级收费公路 3 427.1 千米，2003 年时的债务规模是 380 亿元。已经建成的 1 000 多千米高速公路总投资 259 亿元，交通部专项补助 56.6 亿元，省（靠养路费、客货附加费）补助 26.4 亿元，国内贷款 94.5 亿元，项目法人贷款自筹 46.3 亿元，国外贷款 18.7 亿元，国债补助 3 亿元，国债转贷 13.4 亿元。在建的高速公路 1 148.1 千米，总投资规模概算 498.8 亿元，交通部补助 97.5 亿元，其余是项目贷款 400 亿元，还没算国债补助和国债转贷，2003 年时一年利息就达 20 亿元。西安市绕城高速公路是陕西省以西安市为中心规划的米字形交通框架的主体工程，全长 80 千米，分北南两段分期建设，北段全长 34 千米，总投资 18.2 亿元（交通部补助 2.4 亿元，国内银行贷款 11.5 亿元，国债 2.9 亿元，省交通厅客货附加费补助 1.16 亿元），1998 年 10 月份开工建设，2000 年 10 月建成通车。绕城南段全长 45 千米，总投资 29.07 亿元（交通部补助 5.77 亿元，国内银行贷款 14.5 亿元，国债 4 亿元，省交通厅规费 4.8 亿元），2000 年 10 月开工建设。在整个建设费用中，征地拆迁大概占不到三分之一，施工大概占三分之二。贷款主体是省交通厅，通过收费权质押，靠收费还贷。2003 年西安市绕城高速公路项目中交通厅已贷款 100 多亿元元，总债务 400 亿元元。按照国务院的收费条例规定，政府还贷最长不超过 20 年，西部是 25 年，也就是说，政府用这 20 年的收费权作为质押，从银行获得贷款来修路，未来就靠 20 年的收费来还贷。如此算来，该项目每年偿还利息要 1.8 亿元，债务巨大。但 2003 年基本上收的费仅够付利息，连养护费都不够，还不算管理费用。在自身都债务累累的情况下，当地政府自然无力去保障农民的征地费用。

这种基础设施项目，之所以带来的农民失地问题更加严重，还因为它往往是成片的大面积征地，其波及面大，征迁十分集中。以我们调查的咸阳市秦都区陈阳街道办为例，该街道办位于渭河南边，辖 12 个村 2 个社区，人口 3.5 万，其中农业人口 2 万。2001 年时还有 9 300 亩土地，到 2003 年时已征掉了近 6 000 亩，仅剩 3 000 亩地。其中城市基础设施项目占地 2 000 亩左右，房地产项目大概是 1 500 亩地，医药用地占了 200 亩左右，工业项目占地不到 300 亩，学校占了大概600亩，还有清华工业园占了998亩。2000年以来咸阳市城区南扩，建沣河新区，政府已拿不出钱来搞城市基础设施建设，就向农民租地近300亩，其中有5个村的地已经被征完。政府为了缓解征地中与农民的冲突，一是让这些被征地的农民农转非，享受低保，老年人享受养老保险，7个村的农民搬到一个比较大的居民小区。

实际上对农民来讲，真正能得到实惠的是留地安置的办法。为了保障失地农民的生活，安置农民拆迁户，咸阳市政府于2003年出台相关暂行办法，在沣河新区探索多渠道解决途径。一是由政府出资建设两个农民小区，先安置后拆迁，10个村全部农转非，享受城市居民最低生活保障。小区全部由政府出资建设，两个小区总占地面积597亩，总建筑面积51.3万平方米，涉及总户数3 714户，总投资5亿元。2003年已基本建成36幢楼房，面积17万平方米，可安置1 428户。二是实行留地安置，按村组算，每人35平方米土地，在城市规划范围内，把农用地依法变为商业用地，村组可以搞二、三产业，可以出让，可以租赁。农民可以从以上两种方案中二选一，就实际情况来看，农民情愿留地安置，将来产生的收益可以作为补偿。按照市政府的规定，农村集体经济组织的留用地在办理用地手续时，应缴纳的费用：（1）新增建设用地有偿使用费；（2）耕地开垦费；（3）上解省级部分的土地出让金。免缴的费用：（1）土地管理费；（2）土地登记发证费；（3）城市建设配套费；（4）市级土地出让金。留地位置要符合新区城市规划，且为工业、商业、旅游、娱乐等用途由被征地村组建设经营的，依法征为国有后，按协议方式出让给被征地集体经济组织。村组留地后无法自筹建设的，可以土地使用权入股、合资、联营等形式开发。如还不行，可由市土地储备中心代村组选址征地，以招拍挂形式出让，土地处置后取得的土地收益，扣除相关费用后，归村集体经济组织。我们在调查中看到一份《关于沣河新区牛家村等六村留地安置规划选址的批复》：牛家村，用地位于陈阳北路以南，牛家路两侧，占地共99.6975亩，用地性质为商业、服务业；新胜堡村，用地位于滨河南路以南，沣西路以东，占地共19.4775亩，用地性质为商业、服务业；伍家堡村，用地位于滨河南路以南，段家路以东，占地共39.9亩，用地性质为商业、服务业；陈阳寨村，用地位于会展路以南，里仁路以西，占地共140.7亩，用地性质为绿地（公园）；河南街村，用地位于陈阳北路以北，河南路以东，占地共136.5亩，用地性质为商业、服务业；段村，用地位于渭河综合治理工程800米线以南，围墙子路以西，占地共150.6225亩，用地性质为商业、服务业。一亩地集体经济组织要交各种规费2万元左右，村里成立公司，把地作为公司资产，村民成为股东。留地安置的办法早在2000年西安市高新技术开发区的征地中就采用了，它将征用过的土地，按4%的比例留出57亩，交给被征地农民按城市规划用途开发使用，或由农村集体经济组织以转让或入股方式再交给开发区，由开发区统一开发建设。

事实上，从长远来看，更为重要的是农民用集体的土地参与工业化的权利。我们在咸阳市调查了一个以集体土地开展工业化并一步步发展壮大的例子——留印村。该村从1991年开始起步时，还是一个很穷的村子，当时还背着5万多元的外债，没有一家工业企业，工资都发不出来。村集体一开始就提出，要兴工富村、多经富民、重教育人、招商合流。在1991—1993年间，提出"在土地上种工厂"，打破农民祖祖辈辈在土地上种庄稼的思想。利用村上的窑厂和一些村边的闲散土地共30来亩，办了两家集体股份制企业，运作了很短一段时间就面临亏损。由于它完全是集体性质的，最后是富了个人，滥了集体。在认识到这是一条死胡同走不通之后，村内马上掉头，采取新的办法，村里只提供基础设施建设，将场地厂房用水通电通信等设施等不动资产租赁给企业，完全由个人经营。通过这种"公有私用、集体所有"的办法，办了10来家企业，租厂房办企业的主要是本村人。房子的出租也简单，没有严格按平方米算，一般按一间房子多少钱出租。村里在这一阶段实现了差不多20来万元的收入。

到了1994—1997年间，留印村提出"允许外村人在自己的土地上种工厂"，因为仅靠本村人办企业，遇到了资金、项目、人才的问题。在这三年时间里，引进了40多家企业，仍然是由集体提供基础设施建设。由村里以每亩700元从农民那里租来了500亩地，有签10年合同的，也有签5年合同的。村里把这500多亩农田转为集体建设用地，当时由省发文就可以转变土地的使用性质。

从1998年到2003年，留印村又提出"从打工仔到老板"，因为在引进外村人办企业一段时间后，本村人有意见：企业老板拿得多，自己拿得少，群众拿得少。于是在本村的年轻人挣到了工资，学到了技术，更重要的是具备了管理经验后，就支持他们开办自己的企业。2003年大小企业已经超过70家，产值超过3亿元，销往国外的产品差不多占到50%。尽管企业数量增加了，规模也上去了，但村里的建设用地却因政策不再允许无法再供应了，一些效仿的村庄违规用地被当地政府推平。留印村因为曾经被树为典型得以保留。此后，村集体经济组织在已经转变用途的地上做文章，动员效益不好的企业下马，上一些技术含量高的、没有污染的企业。留印村靠着这500亩地，解决了农民的致富和就业问题。全村4 500多亩地，3 432人，2003年外地在这里打工的就有3 000多人。村里每年能从厂房出租中收取200万元，每年从中拿出100多万元用于农民的土地灌溉、儿童免费入学和医药免费，再拿出近100万元搞村内的基础设施建设。每年农民除了得到一笔土地租金外，每个工人还可以拿到一笔工资，通过农村工业化，村里成长出一批本土企业家，在现有企业中，有一半是本村人办起来的了。农民和基层干部认为，政策就是钱，好的政策就是生产力，解决农村问题，就是要解决土地使用权的问题。政策放开以后，农民的用地问题就能解决。农民土地承包经营权30年不变，给农民发一个证，就应该允许农民有30年的用地权力，可以搞农业，也可以搞工业。现在城里人可以搞招商引资，可以建工厂，但是农民却不允许搞，这实际上是对农民的一种歧视。农村现代化，首先要实现农村工业化，农产品要用工业手段来加工，但用地的问题必须解决。如果把农村用地政策放开放活，农村很快就发展起来了。

集体建设用地的流转必须提到议事日程。陕西省从2001年开始，在全省8个县市试点。咸阳市参与流转的存量建设用地不到3 000亩，2003年已流转了2 000亩，都是原来的乡镇企业用地，以及乡镇粮站、供销社等用地。2003年有64家中小企业进入，用地755亩，这些地在城市规划区内，要符合"两规"。办手续收费，市一级不超过15%，收益主要在村组。所谓流转，就是土地租赁，由企业和村组来谈，签订租赁协议，可以租30年、20年，年租金不等，一般就是每亩每年1 500元，高的有2 000元的，低的有800元、400元的。当地国土部门的同志反映，这种办法城郊农民容易接受，所以应在不违背城市规划和土地规划的前提下，保留土地的集体性质，让农民自己开发。

七、基于调查的几点结论和政策含义

通过对陕西省尤其是西安市、咸阳市两市的调研和分析，让我们看到了一个地区在工业化发展不足的情况下启动城市化的局面。应该来说，2000年以来的西部经济提速得益于中央的西部大开发政策和大规模的城市扩张。但是，由于以陕西省为代表的西部地区在改革开放以后二十多年里错失了一轮又一轮的发展机遇，工业化发展不足带来的经济发展水平落后，使其靠大型重点工程投资和城市扩张拉动的经济增长缺乏重要的产业依托和老百姓的收入支撑，因而对其经济成长的可持续性提出了最严峻的挑战，具体而言，当这些国家重点工程相继完工以后，经济的高速增长靠什么来拉动？城市的外延扩张如何通过其内涵的充实来更好地发挥城市化的效应？没有收入水平的提高，又如何能支撑城市房地产市场的发展，进而促进其土地市场的发育？因此，从经济的可持续发展来看，西部的开发与发展才刚刚破题，大量现实和严峻的问题已摆在中央政府、地方政府，尤其是当事者面前！如何让2000年以来投下的巨额基础设施资金真正为西部的长远发展提供支撑，而不是成为一项项背着沉甸甸包袱的"形象工程"，这是对我们如何构建西部长期可持续发展战略的严峻考验。

一方面是经济发展水平低下，另一方面是高速扩张带来的耕地的大面积占用，更加凸显出我国现行土地制度的缺陷，导致土地问题在西部表现得更为严重，也更为棘手：第一，基础设施占地比重过大，用于产业发展的土地比重过低，使土地的经济价值并没有随土地的非农化而大幅提高；第二，土地的行政性配置比重过高，而市场化配置比重过低，土地市场的缺失，使地方政府没有从土地中获得应有的收益；第三，由于耕地被高比例地行政性配置于公共目的用地，对农民土地权利的保障程度更低，表现为强制性色彩更浓，补偿更低和更不到位，而且由于产业发展不足，西部农民失地失业的情形更为严重。

由于土地市场发育不充分，土地的收益对地方政府财政收益和城市投资的贡献很弱，这种局面和我们在东部调查中看到的情形形成鲜明的对照。在东部，随着工业化和城市化的快速推进，随着产业的发展地方政府不仅税收大大增加，因而使其预算内收入大大增加，而且经济发展也带来了土地市场的繁荣，使土地出让金收入成为地方政府进行城市基础设施投资的重要资金来源。而在西部,由于经济发展程度低,对土地的需求相对要低,加上土地配置的市场化程度低,土地的出让收益极低,在政府城市基础设施投资中的份额也极低。在土地出让收益微乎其微的制约下,城市基础设施建设的主要资金只能依靠以土地使用权抵押和土地收益权质押的信贷,从而面临巨大的财政和金融风险。

在西部的长期发展中,必须把农民以土地权利参与工业化和城市化摆上议事日程。之所以在同样不公平的土地制度下,西部失地农民比东部农民的境遇更差,主要原因是由于工业化发展滞后,西部农民没有增值的土地收益供其分享,也没有获得非农就业机会,因而更容易进入失地失业状态。工业化发展不足,有政策环境影响招商引资的因素,也有土地政策制约的因素。由于建设用地的行政性指标配置,陕西省的建设用地指标主要集中于大中城市,农民以土地参与工业化的进程完全被堵死。我们从实地调研了解到,如果能启动集体建设用地直接进入市场的政策,西部一些地区的工业化进程将大大加快,这既可以减少当地农民的失地失业,也有利于农民和地方政府从土地中获取更大收益,也可以解决西部工业化的补课及可持续发展问题。

第十章

20世纪90年代的集体建设用地入市调查

一、农地转集体建设用地政策演进

过去30年，中国经济的高速增长，伴随着高速的工业化和快速的城市化进程，与之相应的是农地的大面积非农化。由于我国《宪法》规定了城市土地国有和农村集体所有两种形式，农地转为建设用地，包括转为城市建设用地和农村建设用地，因而保留了国家征用和集体转用两种途径。

与农地转非农用的土地国有化趋势相比，农地转集体建设用地的政策则是完全不同的取向。

改革初期，主要是鼓励农民利用村集体土地创办乡镇企业，发展农村经济。

到80年代中期以前，包产到户改革的成果使农民收入增加，出现农民第一次建房热。农村建房导致占用大量耕地，为了对农村建房进行管理，1981年国务院发出《关于制止农村建房侵占耕地的紧急通知》，1982年制定和发布《村镇建房用地管理条例》，用于规范村镇内个人建房和社队企业、事业单位建设用地，要求办理申请、审查、批准的手续，农村土地进入集体非农使用从初期的自动自发纳入政府管理时期。

80年代中期以后，农村土地进入集体建设用地市场的通道一直还是开着的。1985年的中央农村工作文件还允许农村地区性合作经济组织以土地入股方式参与（小城镇）建设，分享收益或者建成服务设施自主经营或出租。1987年的《土地管理法》中，农村土地进入非农建设还保留三个通道：（1）只要符合乡（镇）村建设规划，得到县级人民政府审批，就可以从事农村居民住宅建设，乡（镇）村企业建设，乡（镇）村公共设施、公益事业建设等乡（镇）村建设。(2) 当全民所有制企业、城市集体所有制企业同农业集体经济组织共同投资举办联营企业，需要使用集体所有的土地时，可以按照国家建设征用土地的规定实行征用，也可以由农业集体经济组织按照协议将土地的使用权作为联营条件。(3) 城镇非农业户口居民在经县级人民政府批准后，可以使用集体所有的土地建住宅。

但是，1992年国务院出台《关于当前经济情况和加强宏观调控的意见》，对集体建设用地采取了关闭市场的态度，包括集体土地必须先征为国有才能作为建设用地；集体土地作价入股兴办联营企业的，其土地股份不得转让。

到1998年新修订的《土地管理法》时，农村土地进入非农集体建设使用的口子就大大缩紧了，农民使用集体土地从事建设在该法第四十三条已变成一个除外，即，兴办乡镇企业和村民建设住宅经依法批准使用本集体经济组织农民集体所有的土地的，或者乡（镇）村公共设施和公益事业建设经依法批准使用农民集体所有的土地的除外。明确提出了"农民集体所有的土地的使用权不得出让、转让或者出租用于非农业建设"，但"农村集体经济组织以土地使用权入股、联营等形式与其他单位、个人共同举办企业"这一条仍予保留。提出了农村村民一户只能拥有一处宅基地，农村村民出卖、出租住房后，再申请宅基地的，不予批准。

1999年，国务院办公厅《关于加强土地转让管理严禁炒卖土地的通知》（国办发〔1999〕39号）明确指出，农村居民点要严格控制规模和范围，新建房屋要按照规划审批用地，逐步向中心村和小城镇集中；乡镇企业用地要严格限制在土地利用总体规划确定的城市和村庄、集镇建设用地范围内；农民的住宅不得向城市居民出售，也不得批准城市居民占用农民集体土地建住宅。

2004年《国务院关于深化改革严格土地管理的决定》（国发〔2004〕28号），鼓励农民建设用地整理，城镇建设用地增加要与农村建设用地减少挂钩。加强农村宅基地管理，禁止城镇居民在农村购置宅基地。在符合规划的前提下，村庄、集镇、建制镇中的农民集体所有建设用地使用权可以依法流转。

2006年国务院颁发《关于加强土地调控有关问题的通知》，禁止通过"以租代征"等方式使用农民集体所有农用地进行非农业建设，但允许在符合规划并严格限定在依法取得的建设用地范围内,农民集体所有建设用地使用权流转。

二、农村集体建设用地进入市场进程

(一) 农村集体建设用地市场从自动自发到纳入规范

改革初期,农村是使用建设用地的大头。一方面,随着包产到户的推行,农民收入增加,农村出现第一轮农民建房高潮;另一方面,到1984年以后,农村剩余劳动力大量显化,国家政策鼓励农民大力发展乡镇企业,进行结构变革来增加农民收入和非农就业。1981—1985年,农村宅基地和社队企业建设用地的增长连续五年超过国家建设,成为占用耕地的大头。起初,农民需要宅基地只需向生产队长或党支部书记提出要求,经同意就可无偿取得一块宅基地;生产队办企业只需调整一下社员承包地即可兴办;公社、大队办企业只需调整一下生产队的土地,或仅吸收生产队若干劳力、支付少量青苗等地上物补偿费,即可取得生产队的土地。1981年国务院发出《关于制止农村建房侵占耕地的紧急通知》,1982年制定和发布《村镇建房用地管理条例》,该《条例》并未遏制这种局面。十一届三中全会把发展社队企业(人民公社解体后改为乡镇企业)作为振兴农村经济的重要举措。以苏州地区为例,1978—1980年三年耕地减少21万亩,国家占用8.7%,社队企业占34.7%,农民建房占25.2%。1978年全国乡镇企业用地估计235.5万亩,到1985年估计约844.5万亩,用地规模扩大了2.6倍。1978—1979年全国农村建房约4亿平方米,1980年约5亿平方米,1981—1985年新建农民住宅平均每年在6亿平方米以上,乡镇企业和农民建房占耕地:1982年7.7万公顷,1984年13.6公顷,1985年18.9万公顷。1982年全国农村集体与个人建房占用耕地115.5万亩,1983年129万亩,1984年204万亩,1985年283.5万亩。

1987年以后,实施老《土地管理法》,对集体建设用地进行了进一步规范,但是乡镇企业用地和农民建房用地这两个通道则一直还开着。因此,这一时期的集体建设用地仍占建设用地总量的半壁河山。从各年的集体建设用地量来看,1988年的集体建设用地为69万亩,1989年51.2万亩,1990年57.6万亩,

1991年71.3万亩，1992年93.5万亩，1994年71.3万亩。农村建房占地，1988年82.1万亩，1989年63万亩，1990年55.5万亩，1991年49.1万亩，1992年46.2万亩，1994年43.1万亩。

（二） 农村集体建设用地进入灰色领域

1998年新《土地管理法》的颁布并付诸实施，是中国集体建设用地市场变化的转折点。尽管该法在第四十三条还留了一个口子，但事实上，农地合法进入集体建设用地市场的通道已越来越窄。其原因是：第一，法律认可农民集体以土地自办或联营办企业，但1998年以后随着乡镇企业的改制，农民集体已没有了以法律的规定用土地办企业的条件。第二，1997年以后，同时实行了用地指标审批管理，省级政府自然将紧缺的用地指标用于省会城市和其他中心城市，大多数县域经济发展很少分配到用地指标。由此造成的结果是：(1) 集体建设用地量大大缩减，1998—2007年，真正用于建设的合法集体建设用地与之前的两个时期相比不可同日而语。(2) 非法用地蔓延。在得不到建设用地指标的情况下，地方为了发展经济，不得不冒违法违规的风险先行用地。从几次土地市场整顿的结果来看，非法用地量达75%以上，其中大部分是集体越级和违规用地，然后是农民盖房，1998年以后，尽管农村居民点用地在1996—2005年9年间仅增加176.3万亩，但在一些经济发达地区，已多年不再审批建房指标，在人口增长和分家的背景下，农村违规建房蔓延。

三、农村存量集体建设用地进入市场的几种途径

在集体增量用地通道被关闭、走入非法用地空间的同时，农村集体存量建设用地也以各种形式在进入市场。其中有自发进行的尝试，也有地方政府支持进行的探索，还有中央部门主导的试点。

（一） 浙江湖州： 规范存量集体建设用地的流转

对土地管理部门来说，一开始面对的主要是存量集体建设用地的管理问题，尤其是在新《土地管理法》颁布实施之后，乡镇企业的用地如何纳入统一管理

的问题。90年代末,随着乡镇企业的改制,这一问题变得尤为突出。一旦乡镇企业改制,企业的资产归属不再属于集体,企业占用社区的土地也不可能无偿。于是,在乡镇企业改制中,必须对乡镇企业的土地资产进行处置。在企业转制中,许多地方采取的是让企业到土地部门补办手续的办法,有的是直接将集体建设用地转性为国有用地,有的是先要用地单位补交相关税费和土地出让金,然后办理国有土地证。

浙江湖州的试点就是从解决乡镇企业土地资产处置开始的。该市到1997年年底,乡镇企业已占全市工业经济的80%以上,随着乡镇企业改制,土地使用权的处置成为焦点。湖州市的做法是:(1)乡镇企业无论以何种方式转制,改制前应具有合法的土地使用权,不具备的,须依法补办用地手续,并取得土地使用证书;(2)乡镇企业在进行资产评估时应同时包括土地资产评估;(3)企业改制方式不同,办理用地手续的原则也不同。

在处置转制乡镇企业土地资产的基础上,湖州市又将这一探索延伸到集体存量建设用地的流转。先期试点做法是,保留集体土地所有权不变,允许集体土地在符合如下原则时进行流转:(1)已经依法取得的镇、村集体非农建设用地使用权(即办理过使用手续的);(2)符合土地利用总体规划、村镇建设规划和相关流转条件的(一般村镇规划区内的流转,原则上征为国有;规划区外的,实行集体土地内部流转);(3)流转形式包括转(含作价入股或出资)、出租、抵押土地使用权;(4)土地收益分配,谁所有谁收益,土地管理部门按土地流转收益金额收取5%的手续费。随后,湖州又在试点的基础上,形成集体建设用地流转办法。流转适用的范围,一是工业园区;二是城市重大基础设施,允许在规划区外只使用不征用。但湖州方案对建成区和规划区范围的建设用地不搞流转和转权返利,也严禁集体土地搞商贸和房地产开发。用地者取得土地的方式,一种是一次性让与,按承包期30年一次性买断。一次性买断的,交纳各种税费外,价格不得低于国有土地基准价的30%。另一种方式是作价入股,土地权属为集体,用地者每年交纳一定数量的使用费。集体土地收益,全部纳入乡镇专户,乡镇提15%用于乡镇基础设施,土地所有者得85%,分配到户。

应该说，湖州市由解决转制乡镇企业土地权属所延伸的集体建设用地进入市场，为当地小规模个体私人企业发展提供了便利，农民集体也从中获益，到2004年，已办许可项目604个，总面积521.82公顷（7 000多亩），集体组织取得收益1.5亿元。但是该市在集体建设用地上的试点是相当谨慎的，对这一流转施加了严格的限制条件，如只允许在规划区外进行，不能搞商业性开发，且主要是存量建设用地流转，在集体建设用地流转中，存量部分占了90%以上。

（二）安徽芜湖：为国土资源部改革做政策和法律储备

在各地进行的农村集体建设用地进入市场的尝试中，安徽省芜湖市是第一个经过国土资源部批准、并在其直接领导下进行的。早在1999年11月24日，国土资源部就曾以国土资函〔1999〕641号文批准了芜湖为全国农民集体所有建设用地使用权流转试点市。在2000年2月18日对芜湖试点方案的复函（国土资函〔2000〕170号文）中，就芜湖试点的重要性做出过如下表述，芜湖市农民集体所有建设用地使用权流转试点是国土资源部批准的第一个农民集体所有建设用地使用权流转的试点，试点的成功与否直接关系到我国农民集体所有建设用地制度的改革。国土资源部部长、副部长、多位司长到芜湖考察，在试点方案形成阶段还派几位同志在一线蹲点帮助设计方案，主管这项工作的李元副部长对芜湖的做法也表示了肯定："安徽省和芜湖市土地管理局进行农民集体所有建设用地流转问题研究和试点，并且拿出了具有一定突破性的方案，是一个很大的进步。"而时任政策法规司司长、试点的最初推动者甘藏春更是道出了试点的目的："为什么要开展这项试点呢？因为农民集体所有建设用地流转是一项全新的工作，在现有的法律、政策当中，农民集体所有建设用地是不能直接进入市场的，这次试点就是要求直接进入市场。"

我们之所以对芜湖试点做以上交代，主要是想表明，芜湖方案是最能反映国土部门在集体建设用地流转上的意图的一个试点，而国土部门的倾向则在很大程度上会左右我国集体建设用地的政策走向。正如芜湖的《试点方案》在其试点宗旨中所明确表述的，通过农村集体所有建设用地流转的试点，探索在社会主义市场经济和贯彻新《土地管理法》确立的各项制度的条件下，农民集体所有建设用地流转的条件和形式，管理方式和程序，以及土地收益分配制度等，从而建立起农民集体所有建设用地流转的运行机制和管理模式。因而，我们可以从芜湖的做法了解国土部在农村集体建设用地流转上的态度和思路，从而有助于掌握农村集体建设用地流转的政策和法律的可能走向。

对于芜湖市来讲，国土部想在这里进行突破集体建设用地制度的试点，这是一个难得的机会。这个安徽省东南部的重要城市，历史上的"全国四大米市""皖之中坚"、国务院确立的五个沿江开放城市之一，到90年代末仍然是一个以农业人口为主的地级市，在全市216万人口中，农业人口就达150万。在试点前，农村集体土地自发流转就已普遍存在，据不完全统计，1997—1999年，全市共发生集体土地自发转让1 234宗，面积1 528亩。当时，市政府正筹划利用中央发展小城镇的政策和安徽省政府以芜湖为重点融入长江三角洲的政策，通过"让农民加快向小城镇集中、土地向规模经营者集中、工业向园区集中"，来推进该市的工业化和城市化进程。试点将为该市小城镇和工业的发展供应合法的建设用地。于是，在试点得到国土部的认可后，芜湖市委、市政府高度重视，成立了由副市长任组长、各局主要负责人参加的芜湖市农民集体所有建设用地使用权流转试点工作领导小组，仅三个月时间就形成了《试点方案》，并得到国土部的认可，正式付诸实施。

芜湖方案主要内容可归纳如下：

（1）乡（镇）村办企业、公共设施、公益事业、个体工商户、私营或者联户办企业以及农村村民建住宅等可使用集体建设用地。农民集体所有建设用地的取得可以不改变集体所有权性质，只需符合土地利用总体规划、城镇（集镇）建设规划和土地利用年度计划。

（2）集体建设用地由乡镇人民政府统一开发，采用招标、拍卖等市场方式提供土地使用权。

（3）集镇根据土地利用总体规划、城镇体系规划及国民经济和社会发展规划编制建设规划。并根据这一规划向县政府申报下一年度土地利用年度计划建议，并报市人民政府土地行政主管部门。试点乡镇土地利用年度计划由市人民政府实行计划单列。

（4）集镇建设使用农村集体经济组织所有土地，在涉及占用农用地时，须按规定办理农用地转用手续。

（5）农民集体建设用地经批准可以采用转让、租赁、作价入股、联营联建、抵押等多种形式进行流转；在流转时，要征得土地所有者同意，并由土地所有者与使用者签订书面协议。

（6）农民集体所有建设用地使用权流转分首次流转和再次流转。如发生首次流转，土地所有者和流转双方须持土地所有权和土地使用权证、同意流转协议、土地流转合同、地上建筑物证明等文件，向当地市、县人民政府土地行政主管部门提出书面申请，经批准后，方可领取农民集体所有建设用地使用权流转许可证，办理土地登记。如发生再次流转，流转双方须持土地使用权证、前次流转合同、本次流转合同、地上建筑物证明等文件，向市、县人民政府土地主管部门申请办理土地变更登记或租赁、抵押登记手续。

（7）农民集体所有建设用地的土地收益，要在土地所有权人与市、县、镇人民政府之间分配。农民集体所有建设用地使用权发生流转时，土地使用者须向市、县人民政府缴纳一定比例的土地流转收益。首次流转时，应当按照有关规定和流转合同的约定，如期向市、县人民政府缴纳土地流转收益。再次流转的，则要参照国有土地增值税征收标准缴纳土地增值收益。

（8）允许分属不同农村集体经济组织的农用地和建设用地进行置换，促进建设用地向小城镇集中和土地整理。

在确立上述基本原则后，芜湖市又制定了《农民集体所有建设用地使用权流转实施细则》（以下简称《细则》），对农民集体所有建设用地流转进行了细化和延伸：

（1）集镇建设依法使用农民集体所有的土地，按农用地的土地使用权基准地价，对农用地的承包经营者和建设用地的土地使用者进行补偿。

（2）农民集体所有建设用地流转的程序为：如发生首次流转：第一步，土地所有者与流转方签订同意流转协议；第二步，流转双方签订流转合同；第三步，土地所有者和流转双方向土地所在地市、县人民政府土地行政主管部门提出书面申请,并填写《流转申请表》;第四步,市、县土地行政主管部门对申请进行审核,填写《流转呈批表》报市、县人民政府批准,颁发《流转许可证》;第五步,流转双方按合同约定支付转让费等有关费用,并办理土地登记。如发生再次流转,流转双方直接向土地所在地市、县人民政府土地行政主管部门申请办理土地变更登记或租赁、抵押登记手续。

(3)农民集体所有建设用地使用权流转的土地可用于:(一)居住用地(70年);(二)商业、旅游、娱乐用地(40年);(三)工业、教育、科技、文化、卫生、体育、综合或者其他用地(50年)。

(4)农民集体所有建设用地使用权流转时,土地使用者向市、县人民政府缴纳土地流转收益,其标准为:鸠江区大桥镇、马塘区鲁港镇3元/平方米;芜湖县清水镇、繁昌县三山镇2元/平方米;南陵县三里镇1元/平方米。农民集体所有建设用地再次流转产生的增值收益,在减除前次流转所支付的金额、开发土地的成本费用、新建房及配套设施的成本费用后按一定比例进行分配。土地流转收益和土地增值收益,由土地所有者、镇、县(区)、市按2:5:2:1的比例进行分配。

那么,农民的集体土地是怎样流转出去的呢?为此,我们曾在国土部允许试点并封闭运行的芜湖县清水镇、繁昌县三山镇、南陵县三里镇、鸠江区大桥镇和马塘区鲁港镇进行了实地调研,发现:

第一,试点乡镇编制土地利用和集镇规划是集镇土地开发的第一步。各镇对1996年的土地利用总体规划和村镇建设规划进行了修编。以南陵县三里镇为例,2002年4月,镇政府修改了1996—2010年的土地利用总体规划,将城镇用地从12.12公顷增加到2010年的250公顷。引人注目的是,这次修改调减了基本农田保护区面积,增加了一般农田面积:基本农田从3 558.12公顷改为3 248.24公顷,一般农田从244.92公顷改为528.79公顷。从规划图上看,该镇规划区范围内的农地全部划成了建设用地和一般农地。

第二,土地的流转实际上是由村集体组织从农民手中收回承包地,再流转给镇政府。按照试点方案和实施细则,在鲁港镇,镇政府建设投资公司对土地使用者(或承包经营者)的补偿标准为:耕地具备安置条件且给予安置的每亩6 500

元,不具备安置条件的每亩9 500元,鱼塘每亩5 000元,荒地每亩6 000元;补偿青苗费,耕地每亩500元,菜地每亩800元,养殖水面每亩500元,已养水面1 000元;另外,再对土地所有者给予每亩2 000元的补偿。在大桥镇,可由镇政府建设投资公司,也可由土地使用者与土地所有者签订补偿协议,对土地承包经营者的补偿标准为:承包地每亩6 400元,自留地及其他土地每亩3 400元。

土地流转的步骤为:第一步,由村负责从农户取得土地。以孔村与农民王某签订的"收回土地承包经营权协议"为例,"为加快三里镇小城镇建设,甲方需使用乙方的承包土地,因此,需要收回乙方的土地承包经营权,经双方协商达成如下协议:一、甲方收回乙方1.6亩土地的承包经营权,年限为土地承包合同书的剩余年限23年。二、甲方付给乙方每亩土地补偿费7 000元(其中含劳力安置费、青苗补偿费),计11 200元。三、乙方自签订本协议后,即放弃土地承包经营权,并由甲方流转用于三里集镇建设。"第二步:由村将收回的农民承包地流转给镇政府。以三里镇孔村、西岭村村委会流转给三里镇土地开发公司的一块地的合同为例:"乙方从甲方流转16 431平方米(246.6亩),用于建公路站、文化美食城、农民住宅小区,转让期23年。"

第三,各试点乡镇成立镇政府建设投资公司,对集镇建设用地成片办理土地使用或征用手续,开发形成建设用地后,采取协议、招标、拍卖等方式转让或出租农民集体所有建设用地使用权。以三里镇人民政府与芜湖市兴杨木业有限公司的土地转让合同为例:"一、甲方同意流转318国道西侧、木业园内农民集体土地10亩(即其原租用地面积),给乙方兴办木业加工厂。二、土地流转价格为每亩2万元,乙方受用土地10亩,折合人民币20万元。在签订协议时付款43万元,余款16万元分三次付清。……五、乙方从2004年起承担该幅流转土地的农业税。"也有采取租赁方式的,如三里镇人民政府与木业加工户叶某的土地租赁协议:"一、甲方同意出租土地2亩;二、土地租期:5年,从2003年9月1日起至2008年9月1日止。每亩租金第一年按1 400元/年,从第二年起按1 200元/年计算,在签订协议时乙方交清一年租金,往后每年的租金必须提前一年一次性交纳。三、乙方租期满需继续租用,在甲方同意的前提下,年租金应根据市场价格再作商定。四、乙方在租期内若愿意购买,甲方同意按土地流转价格2万元/亩，将其租赁的场地转让给乙方，但已交纳的租金不抵减转让时的土地款。

第四，缴纳土地流转收益的方式。这几个镇规定，属于土地使用权转让的，一次性缴纳转让年限内的土地流转收益，每平方米3元；土地使用权出租的，按年缴纳土地流转收益，每平方米0.15元；以土地使用权作价入股或出租的，可一次性或逐年缴纳土地流转收益。土地流转增值收益按当地有关规定交纳。

第五，流转收益和增值收益在土地所有者、镇、区、市人民政府之间按2:5:2:1进行分配。2002年，明确市级不参加分成，将县、乡、集体经济组织分成比例调整为1:4:5。

从国土资源部直接介入的这一试点来看，我们可以了解主管部门的政策取向中一些积极的因素，那就是：集体建设用地可以在不改变土地所有制性质的前提下，以出租、出让、抵押等方式进行流转；农民集体可以分享土地流转的收益，这些与现行《土地管理法》相比，有根本性突破；在制度建设上规定了集体建设用地流转的程序和规则，还对集体建设用地首次和再次流转及其收益分配进行了规定，这体现了国土资源部在集体建设用地进入市场方面的努力；这一方案也体现了主管部门在形成建设用地统一市场方面的努力，那就是农村集体建设用地进入市场严格以《土地管理法》为依据、按照土地进入国有建设用地市场的方式进行，表现为先编制土地利用规划和集镇规划；给农民的补偿与征地补偿相当；土地的出租、转让、拍卖由镇政府进行。因此，芜湖方案尽管在农地变为建设用地过程中，保留了农民集体土地所有权的继续存在，但是，在土地出让期满之前，农民土地所有权在收益上的实现与国家征用没有什么不同，对农民的最大安慰是，在土地合约期满之后，农民仍然保留着集体的土地所有权，但是，农民如何分享工业化和城市化进程中土地价值的升值，将是芜湖方案面临的最大挑战。

（三）广东：从基层创新到地方立法[①]

与芜湖相比，广东的集体建设用地流转具有明显的自下而上的特性。它首

[①] 详见第十三章"广东省南海区的土地资本化与农村工业化"。

先在南海、中山、东莞等地，由农民集体自发进行。广东南海是这场制度创新的发源地。南海曾是一个地处珠江三角洲腹地的县级市，2003年改为佛山市的一个区。1992年前后，大量港资企业和民营企业要求在这里投资设厂，地方政府在企业供地上面临抉择。如果沿用国家工业化模式采取国家征用，必然受到农民集体的抵制，因为随着非农产业的高速发展，这里已经出现用地紧张，土地的价值大大提升，同样一亩地，在非农用后的收入是农用时的十倍，甚至数十倍。为了应对农村工业化对建设用地的需求，南海县政府的做法是，以行政村和村民小组为单位，对集体土地进行"三区"规划，由集体经济组织出面以土地招商引资。南海这种在不改变土地所有权性质的前提下，将集体土地进行统一规划，然后统一以土地或厂房出租给企业使用，避免了国家征地垄断农地非农化的格局，为农民利用自己的土地推进工业化留下了较大的空间。

南海的做法在当时没有遇到太大的政策阻力，因为它与当时的法律并不相违背，1988年4月第六届全国人民代表大会将《宪法》第10条第4款"任何组织或个人不得侵占、买卖、出租或者以其他形式非法转让土地"改为"任何组织或个人不得侵占、买卖或者以其他形式非法转让土地，土地的使用权可以依照法律的规定转让"。而且按照1988年修订的《土地管理法》，农村居民住宅建设、乡（镇）村企业建设、乡（镇）村公共设施和公益事业建设等，只要按照乡（镇）村建设规划进行即可，且县级人民政府就有权批准。对南海地方政府来讲，它们唯一要应对的是集体经济组织内每个农民的财产权利。因为南海随着土地的非农化，土地的使用由原先的集体所有、农民分户经营变成了集体所有、集体经营，如何处理土地非农化后的集体成员权呢？南海做出了如下制度安排：用集体土地股份制替代原来的农户分户承包制。具体办法是，将集体财产及土地折成股份，以社区户口作为配股对象，并根据不同成员的情况设置基本股、承包权股和劳动贡献股等多种股份，以计算不同的配股档次，按股权比例分红，农民手上的承包权证被置换成了股权证。

实行土地股份制后，农民不仅没有损失农地分户经营下的财产权益，而且随着土地的非农化经营，这份权益的价值还在不断增大。因为在新制度安排下，一方面，农地承包制时分配土地的基本原则得以保留，它将分红权严格限定为集体经济组织的合法成员，并对因婚嫁、入学、入伍等各种因素引起的人口变动所导致的成员权变化引起的股权调整做出了严格规定；在分红原则上，既体现了"人人有份"，凡"属本村的常住农业人口"每人一份"基本股"，又兼顾到"贡献大小"，将集体经济组织的成员从16周岁到56周岁以上分为四至五档，每档一份"年龄股"。另一方面，农民的土地收益权不仅得以保留，而且还有所延伸。在承包制下，土地承包权是农民对所承包土地投入使用后获取收益的权利凭证；在实行股份制后，股权则是集体组织成员所应享有的红利分配的权利证明。拥有股权的农户尽管不像承包制下的农户一样可以直接使用和处置土地，而是将土地的使用权让渡给了集体经济组织，但他们对土地的收益权以红利的形式得以保留，而且在土地作非农使用后他们还可分享土地的级差增值收益，因而使农民土地收益权的量增加了。因此，将农民的土地承包权变成可以永久享有的股份分红权，既保留了家庭承包制的合理内核，又将农民的土地收益权延伸到了土地非农化过程，使农民分享到土地非农化进程中土地级差收益上涨的好处。1993—2005年，南海农民每年通过股份分红平均达3 000多元。

与农民以土地分享工业化的好处相比，受益更大的是集体经济组织。因为在土地非农化进程中，集体经济组织已全面负责土地的规划、开发、出租与收益，成为一个实实在在的土地经营者。为了经营土地，南海对原有的农村集体经济组织进行了改造，以村为单位成立了股份公司，形成股东代表大会——董事会——监事会的权力结构。在实际操作中，股东代表大会的成员一般由本村村民小组成员兼任，董事长和副董事长是原来村里面的书记或村长，这些原来的村干部成了日益壮大的集体资产的实际处置者和经营者。在我们的实地调查中发现，股份公司主要负责土地开发、商业铺位建设和出租、鱼塘投包、土地投包，其中土地开发和商业铺位出租是主要的收入来源。在股份公司没有经济实力之前，一般是先出租土地，待通过这种方式积累了一定的经济能力之后，便开始盖厂房来出租，以使土地的附加值提高。股份公司的经营纯收入，在完成国家税收、上缴各种费用、弥补上年度亏损以及提留10%作为福利基金后，剩余的部分留51%作为发展基金和福利基金，为社区提供教育、医疗、养老、道路修建等公共服务支出；另外49%作为土地分红。1993—2005年，每个集体经济组织（村组两级）从土地和厂房出租获取收益每年高达 5 000 万 ~ 6 000 万元，高的达上亿元。

总的来讲，土地股份制的最大好处是，将土地非农化的级差收益大部分保留在了集体内部，让农民集体分享到土地非农化进程中土地级差收益上涨的好处；同时降低了企业创办的门槛，为农村工业化开辟了道路。对一个初创企业来讲，如果通过征地方式取得土地，企业不仅会因手续繁杂而影响开工进度，而且还要支付高昂的土地交易金和土地出让金。南海市通过租地的方式，使企业创办的费用大大降低。企业租用山岗地每亩每月仅 0.8 元，农地为 1 ~ 1.5 元，路边地为 2.5 元。正是这种灵活的土地使用方式，促使大量企业在南海落户、生根，形成珠江三角洲地区著名的工业带。

但是，这种以集体经济组织为主体经营集体建设用地的办法也面临困境。一个是传统集体经济的"囚徒困境"。主要表现为，由于集体经济实力过于庞大，给集体经济的运行和资金的有效管理带来一些隐患。而更大的问题是，集体建设用地入市面临无法逾越的法律障碍。南海的集体土地出租发生于 90 年代初，他们的做法在当时法律中还可以找到说法。但是，随着 1998 年新《土地管理法》的实施，尤其是明确规定了农民集体所有的土地的使用权不得出让、转让或者出租用于非农建设，农民利用集体土地从事非农建设处于两难境地，尽管法律还允许农民自用土地或以土地入股从事乡镇企业，但是在 90 年代末以后，由于乡镇企业发展不成功，这条路已缺乏现实基础。为了避开同法律的正面冲突，农民集体采取"以假乱真""无证用地"等应对办法，使出租地、厂房表面合法化。据当地政府部门统计，这使南海近一半以集体建设用地入市的建设用地处于非法状态。为此出现了大量与非法出租土地、厂房有关的法律纠纷，但由于现行法律障碍，法院依据《合同法》中的有关规定判决，这使得村集体不仅要返还租金、还要返还建筑物的价值，村集体处于不利地位。此外，尽管中小企业创办时租用集体土地门槛低，但到了发展时期，由于集体非农用建设用地不能抵押，用在租金、厂房和设备的资金较多，变成了不能流动的财产，成为企业进一步发展的掣肘。

为了有效管理农村集体建设用地，规范集体建设用地使用权流转市场秩序，保障经济正常发展，广东省政府于 2003 年出台《关于集体建设用地流转的通知》，并于 2005 年 6 月以省长令的形式颁布地方规章《广东省集体建设用地流转办法》（以下简称《办法》），《办法》于该年 10 月 1 日在全省范围内实施。这部地方规章开宗明义，旨在规范集体建设用地使用权流转，明确集体建设用地可用于：兴办各类工商企业，包括国有、集体、私营企业，个体工商户，外资投资企业（包括合资、合作、外商独资企业、"三来一补"企业），联营企业等；兴办公共设施和公益事业；兴建农村村民住宅。对集体建设用地使用权的出让、出租、转让、转租给予了明确界定，集体建设用地使用权出让，是指农民集体土地所有者将一定年期的集体建设用地使用权让与土地使用者，由土地使用者向农民集体土地所有者一次性支付出让价款的行为。以集体建设用地使用权作价入股（出资）的，与他人合作、联营等形式共同兴办企业的，视同集体建设用地使用权出让；集体建设用地使用权在出让、出租时，由农民集体土地所有者与土地使用者签订集体建设用地使用权出让、出租合同，农民集体土地所有者和土地使用者应当持该幅土地的相关权证、集体建设用地使用权出让、出租或作价入股（出资）合同（包括其村民同意流转的书面材料），向市、县人民政府土地行政主管部门申请办理土地登记和领取相关权证。集体建设用地使用权可以转让、转租，且应签订书面合同。当事人双方应当持集体土地使用权证和相关合同，到市、县人民政府土地行政主管部门申请办理土地登记和领取相关权证。更有意义的是，这部地方规章还提出允许集体建设用地使用权抵押。要求集体建设用地使用权抵押应当签订抵押合同，并向市、县人民政府土地行政主管部门办理抵押登记。农民集体土地所有者抵押集体建设用地使用权的，在申请办理抵押登记时，应当提供其全体村民三分之二以上成员同意抵押的书面材料。另外，它还规定了集体土地所有者出让、出租集体建设用地使用权所取得的土地收益的管理和使用方式。要求将其纳入农村集体财产统一管理，其中 50% 以上存入银行专户，专款用于农民社会保障安排，不得挪作他用。

《办法》的出台，在中国土地制度改革、尤其是土地市场的发展具有革命性意义。

第一，有利于实现土地的"同地、同价、同权"，打破政府垄断土地一级市场。在现行《土地管理法》下，同一块土地分属两种权利体系（农地集体所有制和建设用地国有制）、受到两种不同对待（集体土地只享有在承包期间农业范围内的种植权、收益权和转让权；国有土地享有建设用地使用权、土地增值收益权和转让权）的二元格局，尽管为我国快速城市化和工业化提供了便利，但也引发了一系列问题。《办法》实施后，一方面，农民的集体土地就可以不需要事先变成国有土地，而享有了与国有土地同等的出让权、出租权、转让权、转租权和抵押权，真正实现了国有土地与集体土地的"同地、同价、同权"。另一方面，作为土地的使用者，它们无论是兴办各类工商企业（包括国有、集体、私营、个体、外资、股份制、联营），还是兴办公共设施和公益事业，或是兴建农村村民住宅，都不必唯一使用国有土地，集体土地也纳入它们的可选途径，从而打破了国家垄断建设用地、独家供应一级市场的局面，有利于以市场为基础的城乡统一土地市场的形成。

第二，有利于土地市场的规范化，合法保护土地交易双方的利益。《办法》颁布与实施后，无论是集体建设用地的出让、出租，还是转让、转租，其相关的土地权属证明、出资合同等都在市县人民政府备案，因而有利于合法保护土地交易双方的利益。

第三，有利于农民以土地权利参与工业化和城市化进程，分享土地价值增值的成果。《办法》实施后，由于大量的建设用地不必非得转性为国有土地，农民就可以通过他们的集体所有土地，直接参与工业化和城市化进程；由于保留了土地的集体所有性质不变，农民集体还可以以此长期分享土地非农化后的级差收益。事实已经证明，与国家征地不同，集体流转的建设用地在上交了与土地有关的各项税费以后，土地级差收益的大部分由集体和农户享有。

第四，有利于降低工业化的门槛，加速农村工业化进程。在国家征地制度下，企业使用国有土地，除了交纳各项税费外，还必须交纳一笔不菲的土地出让金。而企业与农民通过租地的方式，则使企业创办的费用大大降低。这个模式不仅对广东农村工业化意义非凡，而且对于正在启动工业化、且储备着大量剩余农村劳动力的中西部地区，意义更大。这种模式除了因土地费用低导致工业成本降低外，另一个对使用集体建设用地的企业的利好消息是：《办法》允许集体建设用地有抵押权。这一规定意义非凡，在拥有抵押权后，企业租用的农民集体土地也就拥有了同国有土地使用权证一样的抵押权，企业在创办期可以以此土地到银行抵押，获得金融支持；在发展壮大的过程中，他们又可以利用土地使用权的抵押获得更大的资金，有利于企业资金周转和规模的扩大。

但是，广东农村集体建设用地入市的创新，只是一部地方法规，不可能从根本上突破国家大法，在一些规定上还留有我国现行法律的缺陷，如，《办法》规定，"通过出让、转让和出租方式取得的集体建设用地不得用于商品房地产开发建设和住宅建设"，对于城郊结合部主要靠房租为收入来源的农民来讲不利，这一规定也不利于农村宅基地的商品化；国家为了公共利益的需要，依法对集体建设用地实行征收或者征用的，农民集体土地所有者和集体建设用地使用者应当服从，在目前国家征地范围过宽的现实下，这对农民集体建设用地入市的规模和集体所有权的长期保持带来威胁；等等，这些问题还有待国家土地法律法规的修改和土地制度改革的深化，唯其如此，才能真正形成城乡统一的土地市场，发挥市场对土地这一最稀缺资源的配置作用。

（四）昆山车塘村与南海洲村：农民集体土地进入市场的新途径

在南海制度创新中，我们提到它仍然面临的"集体所有制困境"。即，它在面对土地非农化进程中的价值增值，通过成员权分享土地级差收益，将土地级差收益留在了集体内部。但是，这种以成员权为基础建立的土地收益分享机制，又成为土地资本化和社区发展的桎梏。农民在分享土地级差收益的进程中，如何从这一桎梏中走出来，是我国城市化和工业化进程中农村发展面临的根本挑战。好在农民的实践露出了解决这一问题的端倪。

在中国的经济奇迹中，昆山的崛起无疑让人拍案称奇。1992年以前，昆山基本上是个农业县。从1992年开始，随着一个个台商在这里开厂创业，这块仅77平方千米的版图上就吸引了448家外商和台资企业，给这个县级市创造了2 053亿元的财富。在昆山的发展中，土地的作用功不可没，这是人所共知的事实，即以土地招商引资，成为大批台资和外资企业选择这个硬环境比上海和周边县市相差很远的县落户的秘密。那么，在昆山以土地富县、强县的进程中，农民如何分享到发展的好处呢？昆山的办法是，靠激活集体土地流转，让农民以地生财，以地致富。首先是盘活集体存量建设用地。1998 年，由于建设用地审批仍处于冻结状态，而正处于腾飞的昆山又急需土地，当地国土部门便将目光盯在了存量建设用地上，出台了《关于集体存量建设用地流转管理的意见》，全市先后盘活内资企业存量土地 200 余宗、面积 5 583.9 亩，盘活土地资产 6.4 亿元，农民的就业也有了出路。在昆山开发区 8 万多亩工商用地当中，未经国家征地、由农户转让使用权的土地约 2 万亩。2001 年 1—3 月，全市共办理集体土地转让 32 宗、348.5 亩，出租 4 宗、17.3 亩，合同转让金 2 715 万元，土地年租金 12 万元，用地量和合同转让金同比增长 177.7% 和 140%。

另一个问题是，在土地大幅度增值的现实下当地农民如何分享土地利益。随着台资和外商到昆山开发区买地建厂，土地越来越值钱。种稻谷油菜，一亩地一年仅收入 800 来元，而政府从农民手中征地后再转租给外商，一亩地的年租金就有 6 000 多元，如果是出让，一亩地则达到 20 多万元。可是土地收益的上涨跟农民没有任何关系，他们仅仅得到一点微薄的补偿，最多也就 2 万多元。昆山市陆家镇车塘村是毗邻昆山经济技术开发区的一个村子，该村农民集体就面临以上的尴尬局面。1996 年年底，有一个台商找到村书记，先是要求"买地"，后是提议由村子盖标准厂房出租给他，但都遭到村书记的回绝。但是，在接下来的两年间，不断有台商拿着现金上门来谈，要求买地或者租厂房。这期间附近已出现有的村子冒险将集体土地私下出租出去的情形。这时车塘村的村民也给书记施加了很大压力。在诱惑和压力面前，村干部决定冒险一试。他们也仿效地方政府的做法，为了获取建设用地指标，通过买土填平村头村尾的烂泥塘、沟渠，仅在 1997 年，该村就通过这种方式"复垦"出 40 亩土地，这样，他们就按政策得到了 40 亩的建设用地指标。如何将这好不容易得来的建设用地指标用出效益来呢？租地给这些台商，钱当然来得快，但租金毕竟比较少；盖厂房，村里又一下子拿不出那么多钱。1999 年，村民陈振球找到了一条路子，他提出向村里租一亩地，联合村民投资建厂房出租，得到了村委会的首肯，于是，他联合 4 户村民，出资 15 万元，建造了一个 432 平方米的标准厂房。厂房出租后的第一年，他们就获得了 12% 的投资回报。这种方式迅速为其他村民所仿效。到 2001 年 12 月，车塘村共成立了 9 个投资协会，总计投资 679 万元，参加投资协会的农户总数为 105 户，接近总户数的 1/5。除了 15 栋标准厂房，协会兴建的项目中，包括两座打工楼（宿舍楼）、一座农贸市场和 66 间店面。昆山市委把车塘村的做法称为"农村专业股份合作制"，并作为该市的一个试点。后来，昆山市委在出台的相关文件中，明确提出：发展农村专业股份合作制经济，是富民的主要手段之一。到 2002 年，昆山市已经有 1 600 余户村民自发加入各种以土地收益为目的的合作社，投资总额已经超过了 6 000 万元。

有意思的是，车塘村的做法，在以推行集体土地股份制闻名的南海也出现了。2006 年 2 月中旬，我们又回到南海进行农村调查。在探讨集体土地股份制的出路时，听到当地农村工作部干部提到这种新形式的股份合作制也在南海罗村、洲村等村出现，便前往进行了调查。下面就是我们在洲村所了解到的情况。洲村隶属南海里水镇，与广州的白云区仅一水之隔，1994 年开始搞社区股份合作制，股份按年龄分配，满股 10 股，2004 年每股分红 300 元，2005 年每股分红 400 元，每人平均分红 3 060 元。股份制企业收入主要来自土地和厂房出租。到了 2005 年年初，村里干部意识到，一方面，土地租一亩，少一亩，剩下的土地已经不多，而这里靠近广州，广州的一些企业正向这里转移，土地愈显金贵。另一方面，集体土地股份制的弊端也越来越显露出来，一个是其福利性使农民分红额达不到预期水平，另一个是参与分配的成员只关心股份分配，不关心股份公司的管理。而 2003 年，该村有 5 个合伙组织从集体租地，获利甚丰，他们从村里租地每亩 10 000 元，厂房出租每平方米 7.5 元，比村里租金每平方米 1.8 元高出许多。2003 年以来，全村已有 200 亩地以此形式出租。其他村民受到很大震动，村里干部也认为，村里剩余的土地寸土寸金，开发不能用租地的方式，但也不能用老的福利性很强的社区股份制，于是，从 2005 年年初开始，发动村里人以资购股，每人可购一股，每股 1 万元，股份的分红按资分配，经过一年的动员，先收 1 000 元认股，全村 2 395 名村民，入股的达到 85%。村里收认股资金 200 多万元，第一期开发 50 亩地，向集体租地以每亩 1.4 万元交地租。村干部认为，这种新型的股份制，必将发展壮大，因为每个股民对资产的运营更为关心，也不会被高额的福利所拖累，每个股民的股份分红会更高。待这种新型股份制发展壮大以后,由它来收购老的社区股份制,从而走出集体经济的泥沼。

(五) 山东德州开发区的农民宅基地进入建设用地市场

在城市化进程中,对农民宅基地权利的处置是集体建设用地市场发展中极为关键的一环。浙江、江苏、广东、上海等地对此做了大量有益探索,而山东德州开发区的经验尤其值得重视。该开发区1992年设立,1998年进入成长期,大量企业开始入驻,开发面积从启动时的1平方千米扩大到23平方千米。到2006年,共征地1.9万亩。德州开发区采取了货币补偿和留地补偿相结合的物业补偿方式。具体做法是,首先按照基本生活保障标准每人每年5 000元、人口基数、预期租金水平和建筑容积率,反推出给集体留用的建设用地面积。村集体在取得留用土地后,先不进行土地变性,仍保持农村集体建设用地性质,让村集体先建物业,然后再办转地手续。在实施货币补偿和留地补偿的同时,德州开发区又把征地补偿与旧村改造恰当结合起来。对旧村改造中征收的集体所有的宅基地,按一定比例返还经营性商品房进行补偿,即"每占一亩耕地补偿村集体100平方米经营性用房,每占用一亩村庄用地补偿村集体25平方米经营性用房"。这些经营性用房由负责旧村改造的政策性开发公司建设,并由政府协调,把一些最具市场价值的所谓"金角银边"的经营性用房让给村集体。2002年,区内各村集体已经投资3.53亿元,建成物业面积达61.44万平方米。这样,德州开发区就走出了一条"把土地补偿金变成不动产,依靠不动产收益安民富民"的集体经济发展模式。在旧村改造中,德州开发区采取了"动迁上楼"的方式,即先建新社区,安置农民上楼,再拆除村民原来的宅院式住房,对原村落实行整体改造,统一搬迁。其具体做法不仅符合国家政策规定,完成了土地变性、收储、招标出让等规定程序,而且把土地增值收益通过新房价格优惠让予农民。

四、土地农转非市场发展的几个政策问题

(一) 关于集体建设用地进入市场问题

农村集体建设用地的规模和数量巨大,随着城市化和工业化的发展,农村集

体建设用地的资产性质逐渐显现，尤其在经济发达地区，以出让、转让（含以土地使用权作价出资、入股、联营、兼并和置换等）、出租和抵押等形式自发流转农村集体建设用地使用权的行为大量发生，其数量和规模不断扩展，集体建设用地隐性市场客观存在，"合法"流转和"非法"流转同时发生。与其隐性和非法流转，不如让集体建设用地直接进入市场。我国现行的供地制度，是现行农地转用制度的重要组成部分，政府不仅掌控着征地权，而且充当了建设用地的唯一供应者，垄断着集体土地从征地到供地的全过程，其限制和阻碍集体建设用地直接进入市场交易，对我国进一步工业化造成了极其不利的影响。行政划拨土地过多过泛，造成土地严重浪费，直接侵犯集体和农民的利益。政府采取招拍挂的方式有偿出让建设用地，旨在遏制地方政府压低地价招商引资，促进土地的集约利用，但结果却事与愿违。须知，我国正处在工业化的关键阶段，农业劳动力的转移和工业向中西部地区的转移，都有赖工业化继续保持一定的增长速度。地方经验表明，在符合土地规划的前提下，农民直接将集体建设用地以出租、出让、转让等形式供应给企业，既大大降低了企业的用地成本，又保证了农民可以长期分享土地增值收益，地方政府可以获得企业税收和土地使用费。开放农村集体建设用地直接进入市场，有利于大量企业到中西部落户和促进制造业向中西部地区转移，继续保持我国制造业在全球的竞争优势。事实上，我国存量集体建设用地占建设用地总量的比重很大，在国家相关法律迟迟不推出的情况下，各地采取各种变通做法进入市场，但是由于没有上位法律支持，农民集体作为出租土地的一方和企业作为用地者的另一方都得不到法律的保护，既使农民集体利益受损，也使企业缺乏长期行为，尤其是土地无法获得金融贷款，影响企业长远发展，因此，必须尽快出台有关集体建设用地进入市场的法律。

（二）关于宅基地的商品化资本化问题

随着城市化进程推进，一方面，农民宅基地的商品化越来越显化，房屋出租成为农民收入的主要来源，宅基地开发成为集体和农民股份分红的主要收入来源。另一方面，由于城市房地产价格节节攀升，城里人到农村买宅基地、农民房屋，乡村房地产市场发展越来越红火，如果一味采取禁止的办法，只会助长非法用地的蔓延,而且也不利于城乡生产要素互通,不利于农民实现财产性收入,不利于农村城市化进程,为此,必须尊重市场经济规律,打通城乡资本、土地和住宅市场双向流通,研究乡村房地产与城市国有房地产两个市场接轨的政策和法律问题。

随着城市的加速扩张和中央土地严管、房地产信贷政策的出台,农村集体建设用地、尤其是农民宅基地成为地方政府和房地产商觊觎的主要对象,造成对农民宅基地权利的直接侵害。应当明确赋予农民宅基地以完整物权,防止出现新一轮对农民的剥夺。现行农民宅基地具有明显的福利性质,其商品属性和财产属性未被法律确认,地方政府和房地产商利用这种产权缺陷,在给农民补偿时,往往只考虑房屋价值,未考虑宅基地的财产价值,宅基地征用以后的级差收益数倍增加,但与原集体组织成员无关。因此,(1)必须赋予宅基地完整的使用权,发放统一的、具有法律效力的宅基地证书,进一步完善农民宅基地的统计和登记工作,同时,积极试点,探索宅基地的入市流转办法。(2)促进农民宅基地商品化。伴随城市化的进程,出租房屋已成为城郊结合部和发达地区农民最主要的收入来源。在一些发达地区,农村进行的"以新房置换旧房"试点,事实上已承认了农民的房屋具有财产的性质,还需增加"农民宅基地及其房屋所有权人依照法律规定享有占有、使用、收益和处分的权利"。必须正视住宅商品化是城市化进程中实现农民财产权利的不可分割的部分,尽快结束现行法律限定农民宅基地"一户一宅"、转让限于本村的半商品化状况,赋予农民宅基地及其房屋所有人以完整的物权。

第十一章
广东省南海区的土地资本化与农村工业化

农民参与工业化的主要资源，一种是劳动力，一种是土地。随着改革的深入，每年约几千万农村劳动力到农外就业，农民通过就业来分享工业化成果的路已经打通。但是，农民拥有的另一种资源——土地，却遭遇着另一种命运。在工业化进程中，农民不仅未能分享土地增值的级差收益，反而会丧失这一祖祖辈辈传下来的生存资源。忽视乃至剥夺农民的土地权利，是酿成"三农"问题的深层根源。广东省佛山市南海区让农民以土地的权利参与工业化，既促进了地方经济发展，又惠及农村和农民，值得关注。

一、工业化进程中的农民土地权利：南海模式

几十年来，为了保证国家工业化的推进，政府通过国家征地制度，将原来属于农民集体所有的土地，强制性地变性为国家所有，然后由国家无偿划拨（计划经济时期）或是出让（新土地法实施以后）给企业使用。国家对被征土地的补偿也只是按照被征用土地的原用途给予包括耕地补偿费、安置补助费以及地上附着物和青苗补偿费在内的产值补偿。这种通过国家征地将农地非农化的方式，其根本缺陷是忽视农民的土地权利。农民对集体土地的所有权永久性地变成了国家所有权，对农民的补偿没有充分考虑到土地的使用、收益和转让权，失地农民越来越不满，由此引发大量纠纷，甚至群体性上访等恶性案件。

20世纪90年代初，广东省逐步取消粮食定购任务，加大了农业结构调整，农村中出现重工转农和弃耕抛荒现象。与此同时，南海非农产业高速发展，造成用地紧张，土地的价值大大飙升，土地的资产特性逐渐显现。

为了解决国家征地制度带来的社会问题，南海地方政府从1992年开始，利

用大量本地和外地资金在当地投资设厂的机遇，认可集体经济组织在不改变土地所有权性质的前提下，将集体土地进行统一规划，以土地或厂房出租给企业使用，打破了国家统一征地、垄断农地非农化的格局，为农民利用自己的土地推进工业化留下了一定的空间。到2002年，南海全区工业用地共15万亩，其中保持集体所有性质的有7.3万亩，几乎占了一半，这个数还不包括一些集体经济组织将宅基地、村边地和部分果园改成的非农用地。以平洲镇为例，镇集体非农建设用地在区国土局统计数为2000亩，而实际数达8000亩，比上报数高出3倍之多。区领导说，集体非农用地的实际数字很难统计，农民不愿讲，集体也不愿报。在19个镇中，经济发达的镇此类现象较突出。就这样，南海的农村工业化靠土地的资本化得以形成气候，同时也没有排斥地方政府对土地的国有征用。相反，两者达到了相互促进。地方政府通过国有征地建设城市、发展配套工业的整体环境，吸引大的投资；集体、农民用租地方式吸引中小企业，形成上下游相关的产业链，以增强产业和地区的竞争优势，带来土地的进一步升值和巨大的财富效应，为整个南海工业化的提升提供了政策环境和基础设施。

南海的农村工业化模式具有以下显著特征：

第一，以集体土地启动工业化，降低了工业化的门槛。对一个初创企业来讲，如果通过征地方式取得土地，企业不仅会因手续繁杂而影响开工进度，而且还要支付高昂的土地交易金和出让金。在南海市，1亩农地要转为非农建设用地，如只办农地转用手续，牵涉到的费用有：耕地占用税4000元；征地管理费1500~1800元；垦复基金1万元；农业保险基金6000元；农田水利建设费1333元。如办出让手续，除了上述费用外，还要再加上土地出让金，工业用地为1万~2.5万元；商业用地为12.5万元；住宅用地以前为8万~10万元，2002年改为招投标。由于土地级差地租上升，在南海按国家征地办法来测算企业用地价格，工业用地每亩15万元，高的达40万元；商业用地每亩40万元，高的达150万元。南海市通过租地的方式，使创办企业的费用大大降低。企业租用农地每亩每月为500元，路边地价格相对高于这个数，而偏远地段、山冈荒地价格会偏低。正是这种灵活的土地使用方式，促使大量企业在南海落户、生根，形成珠江三角洲地区著名的工业带，走出了一条新型工业化的路子。

第二，将土地非农化的级差收益保留在了集体内部。与国家征地不同，集体在上交了与土地有关的各项税费以后，土地级差收益的大部分由集体和农户享有。在南海，集体将一块土地租给企业使用，一般年租金为6 000元/亩，企业至少要先交3~5年的租金。这样，集体和农民不仅可以一次性获得地租收益每亩1.8万~3万元，而且由于土地的集体所有制性质未变，他们还可以不断分享土地的级差收益。

第三，将农民的土地承包权变成可以永久享有的股份分红权，既保留了家庭承包制的合理内核，又将农民的土地收益权延伸到了土地非农化过程。1994年，农民人均股金红利纯收入1 062元，2000年为1 951元。成员权的保留使农民在选择到农外就业时没有了后顾之忧，从而也加速了农民的非农化程度。至2002年，农民的非农化程度已达到92%。2002年农村人均纯收入7 617元，农民的收入来源已主要依赖非农经济活动，南海农民已从消费主体变为投资主体。全市7万多家工商企业，85%是本地人投资兴办。

第四，地方财力大大增加，政府行为更加规范。推行新型农村工业化后，地方政府不再扮演投资者和经营者的角色，而是靠税收的增加来提供公共服务。2002年，地方财政收入达27亿元之多，其中税收就占85%以上，民营企业对税收的贡献高达85%。

二、南海土地股份制的实质

为了配合农村工业化的推进，南海在土地制度上做出了土地股份制的安排。这一制度于20世纪90年代初由少数几个村开始尝试，到1993年，在区委、区政府的总结和推动下，土地股份制已遍及全区农村。其基本的做法可以归纳为两条：一是进行"三区"规划，把土地功能划分为农田保护区、经济发展区和商住区，有利于保护农田和实施城镇规划，使土地资源得到重新和有效利用；二是将集体财产、土地和农民承包权折价入股，在股权设置、股红分配和股权管理上制定出章程，一切经营活动按章办理，农民称之为"村宪法"。

随着农村土地股份制的实行，以村委会或村民小组为单位的对土地的集体经营权替代了以家庭为单位的农民土地承包权。土地使用者角色的转换，使农村土地由过去的集体所有、农民家庭分散承包变成了集体所有、集体经营。所有权与经营权的又一次统一，导致了农村土地向集体经济组织的又一次集中。如何对待土地集中利用过程中农民的土地权利，这是南海土地股份制必须面对和解决的问题。因为包产到户改革已经赋予农民对土地的使用权、收益权和转让权，股份制的推行，必然带来土地使用方式和收益分配的重大变化，即主要改变包产到户制度下农户使用、经营和支配土地收益的制度安排，而代之以集体经济组织管理、经营土地和支配土地收益的安排。要使这一制度调整得以完成，显然不可能采取强制性的做法。因为那样不仅有悖于中央关于家庭承包制长期不变的基本政策，而且农民也不答应，实践也推不动。为此，地方政府必须找到与现行制度相衔接的，为农民所接受的创新性制度。

为了既满足工业化对土地的需求，又保障农民对土地的收益权利，南海的制度创新是用集体土地股份制来替代原来的农户分户承包制。即，将集体财产及土地折成股份，把全村或全社的土地集中起来，由管理区（现行政村）或经济社（现村民小组）实施统一规划、管理和经营，配股对象以社区户口为准确定，并根据不同成员的情况设置基本股、承包权股和劳动贡献股等多种股份，以计算不同的配股档次，按股权比例分红。就这样，他们通过股权证来换取农民手上的承包权证，从而取得了对社区土地的经营权。

实行农地股份制后，尽管农地使用权的主体发生转移，村集体作为土地所有权的代表人又重新获得土地经营权，农民获得股份的分红权益，但是这种股份的分红同农民以往作为公社社员时的劳动分红有本质区别，前者是法律赋予农民使用和处置土地的收益，是财产的凭证；而后者是集体劳动的收益，只是劳动的凭证。况且，土地股权不仅承认土地在作农用时农民对土地的收益权，还承认土地作非农使用后农民对土地增值的收益权。因此，土地股权同农地承包权就其强化物权性质来看，是一脉相承的，而且还将在农地承包权中隐含的物权性进一步显现出来。土地股权是农地承包权在农民工业化过程中的自然延伸和新的实现形式。

在新的制度设计出来以后，还要让农民切实相信：放弃土地的使用权和直接经营土地的收益权，去获取股权证中的收益权，不仅在理论上是划算的，而且集体经济组织确实也能将他们的红利兑现。南海的做法正是通过试点，让农民亲眼看到：实行股份制以后，不用上工后又回来干农活，他们只要把土地拿出来，参与二次分配即可。他们原来所享有的承包权也没有改变，只是共同拥有股份，即便有什么变化，他们随时可以按股权重新分配土地。

表 11-1 列出了村庄一级股份制中的股份构成和股权设置。

从中我们可以看出，尽管各村在具体方案上有一定的差异，但它们的做法中还是有些共同遵循的原则，具体而言：

第一，"人人有份"的制度安排使成员权得到了切实的考虑。为了保证股份制与原有承包制的衔接，各股份经济组织在建立的时候，充分考虑了土地集体所有制内涵中的一个最为核心的因素，那就是，将土地的分红权严格限定在集体经济组织的合法成员内；在制度设计中，为"人人有份"的成员权制度安排专门留有一个空间。如在平洲的几个村（或组），在其股份构成中，都设置了资源股，它由原经济社的土地，包括禾田、鱼塘、旱地、晒场、厂房用地、宅基地未批建部分等构成，这部分股份就采取了自然配给的办法，凡属本村农业户口的村民，每人均可配得 0.2 股，在其他各村也有类似的设置。

第二，年龄成为集体组织成员股份分配差异的依据。由于每个成员对集体资产的贡献不同，在股份的设置中，也必须要有所体现。怎么来体现这一差异性呢？无论是过去集体经济时期的做法（如按年龄确定工分），还是包产到户时的分田办法（如人分口粮田，劳分责任田），以年龄因素来体现，最容易为集体组织成员所接受。因此，按年龄来作为集体组织成员股份分配差异的依据，便成了各村在推行股份制时的一个共同做法。

第三，对于因人口变动带来的成员权的变化，在股权的调整上会得到及时的体现。由于股权与成员权的密不可分，各村在制定股份制章程和每年的股红分配，就必然会对每年因人口变动带来的股权的调整极为敏感，而且也必须要做出让集体成员信服、让他们感到公平的规定。在一个集体组织内部，人口的变动可能因各种因素引起，如出生、死亡、婚入和婚出、参军、考学、出外工作等导致的户口迁入、迁出，征地引发的户口"农转非"等等，而每一种情形对相关当事人的影响，进而使他们对股份权利的申张也是不一样的，为此，集

表 11-1 村庄一级股份制中的股份构成和股权设置

		夏西三联村	下柏村	山根村	罗祥村
股权设置	股东资格	1. 行政村内常住农业人口 2. 现役义务兵享有同等股权 3. 大、中专学生在校期间保留股权，毕业后分配股权，第二年取消，回本村的保留股份 4. 因征地安排"农转非"的，享有同等股权	1. 行政村内常住农业人口 2. 结婚嫁出第二年取消股份，娶入者第二年享受股份 3. 死亡者下半年取消股份 4. 应征入伍者服役期同享受股份，提干或退伍不享受取消股份 5. 户口迁出包括自理口粮者有取消股份	行政村内常住农业人口	1. 行政村农业人口 2. 现役义务兵 3. 考上大、中专学校
	股权设置	1. 设资源股和物业股 2. 本村常住农业人口人均0.2股资源股 3. 物业股分五档： 10周岁以下0.3股； 11~20周岁0.6股； 21~30周岁0.9股； 31~40周岁1.2股； 41周岁以上1.5股	男16~57岁为1股； 女16~55岁为1股； 男57岁、女55岁以上的享有70%股份； 16岁以下的小孩享有50%股份	1. 设基本股和年龄股 2. 凡本村村民分得每人3股基本股 3. 年龄股： 0~9岁1股； 10~15岁2股； 16~25岁3股； 26~35岁4股； 36~45岁5股； 46~55岁6股； 56岁以上7股	1. 设资源股和物业股0.5股 2. 资源股人均0.5股： 3. 物业股分6档： 10岁以下0.5股； 11~20岁1股； 21~30岁1.5股； 31~40岁2股； 41~50岁2.5股； 50岁以上3股
	股权分配	除去国家税收、办事处和村委会各种费用、归还到期债务、弥补上年度亏损后，当年利润58%作为股东分红	51%作集体积累股，41%作社员分配股	20%的收入作为公益、公积金，其余全部分红	

续表

	夏西三联村	下柏村	山根村	罗祥村
股权处置	1. 下列人员可现金购入物业股：①父母双方或一方是本村农业户口的新生儿；②因结婚而迁入本村的农业户口者；③纯女户的一个入赘女婿 2. 下列人员必须退股：①迁出户口的外嫁女；②义务兵由国家安排工作，转自愿兵，部队提干者；③考上大中专，5年内不迁回本村者；④户口迁出者；⑤死亡人员	股权没有继承权，不得转让、赠送、抵押	1. 新入户参股条件：①合理生育的新生婴儿；②女方属农业户口的新婚迁入户；③纯女户的，其中一个女方农业户口迁入人 2. 户口迁出或者中途死亡的下年度中止股权 3. 参军者保留股权分红 4. 读大学、中专迁出户口者，参加分红	1. 下列人员可现金购入物业股：①父母双方或一方是本村农业户口的新生儿；②因结婚而迁入本村的农业户口者；③纯女户的一个入赘女婿 2. 下列人员必须退股：①迁出户口的外嫁女；②义务兵，转自愿兵，由国家安排工作，部队提干者；③考上大中专；④5年内不迁回本村者；⑤死亡人员
附加条款	1. 违反计划生育，抱生子女及其父母停止7年股份分红；违例抱养生育的按超生处理；姘居或借腹生育的，取消所生子女及父母股权 2. 股东受刑或劳动教养期间，停止股份分红，刑满后表现良好3个月恢复 3. 其他违法行为，村委会可暂停其股份分红2~3年 4. 逃避兵役者，停止股份分红2年	1. 违法犯罪者从执刑之日起取消股份，刑满后经审查确定恢复股份 2. 不够间隔抱生第二胎，到间隔时才享受股份	违反计划生育的处罚办法： ①1987-1993年12月15日超生子女不足14岁的只能有基本股，夫妇双方只能有年龄股 ②凡超生第二胎的，从小孩出生日期起，到够4周年止，父母又小孩不得享受股权分红 ③凡生育第三胎的，从小孩出生日起，停止其父母双方股权分配5年，小孩从出生日起，满5周岁后才能按规定基本股配足股	1. 股东外出两年以上不回本村，只保留股权，但福利待遇取消其他福利 2. 股东受刑判事处罚或劳动教养期间，停止股份分红及一切福利，刑满后3个月表现良好恢复 3. 逃避兵役者，停止股份分红及一切福利待遇2年

续表

	夏西三联村	下柏村	山根村	罗祥村
附加条款			④凡超生第四胎的，从小孩出生日起，停止父母双方分红10年，小孩入户后只配基本股，满10周岁以后，才配足股。依此类推，每多超生1个小孩，加停父母双方及小孩6年的股红分配 ⑤非婚生育的，男女双方及小孩当年不得享受股红分配，直至办理了婚姻登记手续1周年后才能配股分红	4. 违反计划生育的：①在逃期间停止股份分红及一切福利待遇；②抱生第二孩的夫妻连同孩子停止股份分红及福利待遇7年；③超生一切孩的，其孩子不得享受股份分红及一切福利及一切分红14年，夫妻双方停止分红及一切福利20年；④非婚生育一孩的，该孩父母停止7年股份分红及一切福利

体经济组织必须认真对待。

第四，为了便于村社管理，设置了一些附加条款。特别是为了执行有关计划生育、义务兵役政策和治安维护，各股份经济组织都设置了一些集体成员获得股权和参与股份分配的附加条款。

第五，村民享有的股份具有很强的福利性质。它没有继承权，不得转让、赠送、抵押，不得抽走。

股份制的实行，确实使农民从中得到了实惠。根据对桂城、平洲、里水、大沥、黄岐部分村社的调查统计，1994—2000年，农民人均股红分配从1 016元增加到1 951元，多数地区农民的股红收益占农民年人均纯收入的1/4～1/3，有的高达1/2。南海市农业局对实行股份制的村庄的分析也表明，1997—2000年，全区农村股份经济社每股分配金额从310.81元增加到314元，人均分配金额增加到1 046元，股份集团公司每股分红金额从97.74元增加到99元，人均分配金额增加到566元。

集体组织与农民就土地股份置换原来的土地农户承包权达成交易，其中根本的一条就是土地在集中使用后的经济价值要高于分户农用时的价值。正如当地政府官员所言，对一个村子来讲，如果土地没有更高的价值，股份制即便建立起来也是白建；一个股份合作组织在建起来以后，如果继续只搞种养，土地的经济效益不高，就没有分红的基础，而没有分红，股份合作组织的建立就没有多大意义，至多也只是在完成政治任务。南海市股份制的整体推进情况也证明了这一点。从1993年到2002年，已先后建立农村股份合作组织1 870个，其中以村委会为单位组建集团公司191个，占全部的近80%，以村民小组为单位组建的股份合作社1 678个，占99.8%。但建立了股份制有分红的村只有34个，仅占17.8%，有分红的股份合作社974个，仅占52%。

土地股份制的推行，强化了社区农民对土地成员权的观念。在村庄一级每年兑现的土地分红，使农民认识到，保留住社区身份便具有了实际的经济含义，即，他（或她）只要能保住社区成员资格，就有权按股参与土地的分红，这样无论他（或她）从事何种经济活动，这笔分红都可以成为一个不用劳动就能获得收入的蓄水池。因此，在村庄一级调查时我们了解到，在一些推行股份制的村子，普遍出现两种现象。一种是，原来征地后，农民都热切地转为居民，有了股份分红以后，不仅村民不愿意当居民，而且原来转为居民的村民现在反而要求转回为村民。另一种现象是外嫁女的问题。分田到户时有些外嫁女嫁到城镇，不能把户口迁到城镇，她们提出不要承包田，因为当时要交公粮，不划算。到后来公粮任务取消了，实行股份制后，如果不要耕田，一个劳力一年少分几千元。她们又提出，户口仍在村里，为何不给股权？

同时，实行股份制以后，对于放弃土地承包权而享有土地分红权的农民来讲，他们真正看中、或者说真正看得见的，就是土地的分红。也就是说，只要每年的土地分红有所增加，他们就不会对现任的集体组织领导提出异议。于是，在许多村庄股份分红的决定上，村干部与农民之间形成一种默契：村干部要保住位子，就得使农民每年的股红收益有所增长，相应地，农民只要当年的股份分红比上一年的高，也不会对现任领导提出什么异议。这种制约机制，好处是可以保证农民的分红收入不下降。但弊病也很多，那就是，一方面农民对集体组织成员的约束缺乏积极性，另一方面也有可能出现农民实际分得的股红收益与其土地权益价值不对等的倾向。尽管没有准确的数据来支撑这一观点，但有一点是可以肯定的，各村都有50%的土地收入没有拿来分配，尽管农民可以从这些公共收入所提供的公共品中受益，但土地权益的外溢还是显而易见的。

更为长远的问题是股权的社区化倾向：一是股权的封闭性。从集体资产作价评估到确认股东资格，从股权设置到股份分配，从存量配股到增量扩股，从股权管理到股红分配，从股份合作经济组织经营管理到收益分配，都严格限制在社区范围之内，社区之外的个人和法人资本不能进入，社区之内的股权不能流出；这种格局，使社区股权凝固，不具有流动性、资本性、社会性，造成了产业布局的分散和资本规模的狭小，影响了人口与资本的流动和产业的集中与升级。尤其是一些远离城镇的村社，依靠集体厂房、店铺出租增加社区收益的能力越来越弱，继续依赖租金收入维持股份分红不断增长的可能性越来越小。二是股权的社区福利性。社区集体组织通过给农民配置股权、参与分红的形式，来换取农民直接分包经营集体资产尤其是土地的权利，实行统一规划、经营和开发，取得了较大成效。但由于大都实行股权无偿配给，并按"五不准"的要求"人走权失",而且在大部分社区,股权还要进行定期调整,个人股权只是分红依据,不能转让、继承、赠送、抵押,农民退出社区得不到补偿,使得股权具有极高的社区福利性。这一方面使农民只关心股份分红的数量,形成刚性增长的惯性,只想行使参与分红的权利,不愿付出应尽的义务,只有追求收益的要求,没有任何的风险意识;另一方面也限制了人口和资本的转移和集中,低福利社区的农民无法进入高福利社区,高福利社区的农民不愿进入低福利社区,这不利于农村股份合作制向更高层次发展。从社区股权的高福利性来看,对股份合作经济组织的增量收益全部按福利股份分配,不仅在社区成员之间无法体现增量收益公平分配的原则,也不利于股份合作经济的进一步增值;而且大部分社区设置单一的福利性股份,使股份合作经济组织资产运营的好坏,不影响股东福利分红水平,股东不直接承担经营性风险,违背股权的基本属性,这将为进一步推进股权的资本化、社会化流转带来极为不利的影响。三是股权的合理性。从股权的设置看,不同社区股权数量、股值确定的标准和配股计算系数不同,有的满股为20股,有的满股还不到2股,社区之间人均股权数量差别较大,更大的问题是,由于每份股权所含的资产净值太高,最高的可达几万元一股,最低的也达近万元一股,这给股权流转带来较大困难(虽然这只是个技术问题)。

三、集体经济组织实体化

以土地启动农村工业化,也带来集体经济组织在功能、权力和经济实力上的变化。为了推进农村工业化,地方政府和集体经济组织要做的第一件事就是集中土地,以便连片开发。一方面,经济组织从农业向工业的转变,需要土地利用方式也相应地跟进,工业企业与农业的一个根本差别就在于它的集群效应,一个企业是否选择在一个地方落户,除了考虑政策环境和地理条件等因素外,还要考虑是否有利于地区内部各个企业之间的专业分工和对外部市场交易费用的节约。一个个相关企业所形成的产业集群,就需要进行土地的连片开发,这显然是包产到户制度下一家一户的小块土地拥有方式所无法满足的。另一方面,则是源于集体经济组织仍然握有对集体土地的所有权。在发现农地转为非农地所存在的巨额级差收益后，它必然会参与土地级差收益的争夺，并以土地所有者的身份来分享土地级差地租。

在市政府的统一部署下，地方政府积极将包产到户时分到农户经营的土地集中到村经济社（即村民小组）或管理区（即行政村），经济社或管理区再将集体土地划成三个区作统一规划利用，然后以土地或在土地上建好的厂房、商铺对外出租。就这样，集体经济组织便将包产到户时分配给农户在农地上的土地经营权集中到了自己手中，从事起土地的非农经营。以罗村镇下柏村为例，该村1993年投入搞三区规划，其中，农业保护区1 300亩，商住区60亩，工业区1 700亩。管理区统一规划，道路、土地批文、用地都是管理区出钱。

集体经济组织通过集中土地重新获得土地实际支配权的过程绝不是一个简单的行政过程，而是一个复杂的财产权利交易过程，是一个操作难度很大的市场合约行为。在这个市场交易过程中，集体经济组织实际要做出两项交易承诺。一要承诺集体把土地集中后对农民的分红要比以往包产到户时获得的明显增加，同工业化进程级差地租收益相适应。二要承诺所有权和使用权实际变更后，确认和保护原来土地所有权单位对土地及其他资产享有的权益以及利益补偿。如果土地的开发是以村民小组为单位，只涉及土地使用权的变更，即将包产到户时分包到农户手上的土地集中到村民小组来统一开发经营；但如果土地的开发是以行政村为单位，就不仅牵涉到土地使用权的变更，而且还要进行土地所有权的变革。

所有权的变更（农民称之为"并村"或"并社"）有两难：一则难在各村民小组原来的资产和土地数量就不平衡，二则由于各组本身的地理位置不一样，在工业化的推进中，有些组的土地升值快，有些组的土地升值却较慢，他们对土地级差收益的预期便不一样，因而对并村的态度也会不一样。南海第一个实行股份制的下柏村，在1992年实行股份合作制之前就进行了并村工作，将原来的10个生产队并成5个村民小组，并对各生产队的土地及资产作价。好在当时各小队的家当还不是很大，有的有些小工厂，如砖厂、五金、鱼塘。进行资产折算，高的也就4万元，有些小队什么也没有，因此还必须面对各小组之间的收入不平衡。最后经开会做出的决定是：以最低的小组为依据，一次性把钱补给收入高的，其结果，高的小组得到 20 多万元的补偿，少的得到将近 10 多万元，村委会为此补下去 100 多万元。我们在调研中发现这个并社过程是十分细致的精算作价过程，在资产作价中，小到连一个碗橱都列入作价清单。因为只有细致，才可能顺利完成所有权的变更。与此类似，作为南海土地股份制标本的平洲夏西村，也于 1992 进行了合并小组的工作，将原来的 26 个生产队并成为 5 个经联社，村委会干部形象地称之为"第三次土改"，可见当时的震动之大。

由于所有权变更的背后暗含着巨大的利益调整，因此，各村在进行土地由经联社向行政村的归并时，要承认各经联社的资产差异，在股份的构成和未来的股红分配中必须考虑这一差异，并且归入行政村的土地只能采取向经联社购买的方式。以夏西村为例，它在成立股份公司时所设立的土地股，就是以其属下的 5 个经联社（罗芳、三联、平稳、简池、良溪）的土地作为股本，土地以 1992 年并社时的土地面积为依据，以人均用地面积最高的罗芳经联社为标准，各社低于这一标准的土地以每亩折价 2 万元再入股到股份公司中，村则以每亩 2 万元购买股份公司总股本 30% 的股权，余下 70% 的股权归 5 个经联社按入股比例共同占有。合并而成的股份公司，其土地入股面积为 823 亩，以每亩折 10 股计算的股数为 8 230 股，由此形成一个既反映原有资源占有格局，同时又有行政村持股的股份分配格局：行政村占 2 470 股，罗芳经联社占 1 610 股，简池经联社占 1 400 股，三联经联社占 1 240 股，平稳经联社占 810 股，良溪经联社占 700 股。经过这一变更，原来的行政村及各经联社之间就完全以土地的股份形成了一种经济利益的关系，原来的夏西村变成了一个由夏西村委会、5 个经联社组成的股份公司，各股东按股份公司章程选举股东代表，行使表决权，按股份参加该股份公司的股红分配。

正因为土地所有权变更上的难度，在农村的工业化推进中，大多数村庄便采取了尊重既存所有权格局的做法，也就是说，他们主要是以村民小组一级为主来组建股份公司。在南海，以行政村为单位建立股份公司的占 20% 左右，而以经联社为单位建立股份公司更为普遍，占 79.1%，而且在实际操作和利益处置中，很多村即便是以行政村为单位组建了股份公司，也由于完全由行政村统一开发和分配的办法有很大的难度,于是只是由村抓规划和经营,利润则按股份分到村民小组。我们上面一再提到的平洲夏西村,起初是 5 个经联社组建 5 个工业小区,由各社自行出租土地,村委会不介入土地开发事务,只是鼓励他们发展,在南海区将第一笔征地款划下来后,村委会才开始推行以村为单位的股份制,他们在将征地款的 30% 分到农户后,其余 70% 用作发展,村里通过向村民小组购买土地来寻求发展(村先向各小组买了 200 多亩地,以后又陆续购买,共 600 亩。1992 年前为 1.5 万元/亩,后来是 2 万元/亩),这样行政村和各村民小组便都成了有经济实力的组织,在成立夏西股份公司之前,村委会的资金已达 700 万元,有的村民小组的资金也超过 100 万元,后来他们尽管也成立了村一级的股份公司,但同时也保留了各个村民小组搞工业区的权利,村领导形象地称之为"一步半"的股份制模式。为了进一步发展,他们在将以前的 5 个小组巩固下来的前提下,用新发展的土地筹备一个村股份集团公司,村委会拿出 30% 的资金购买各组 30% 的土地,以每人平均用地为基数,剩下的土地全部上调到村委。以土地入股,各小组则根据它们的土地数量占股。同时,各小组自己的股份公司,照样自我运行发展。因此,在行政村和村民小组两级搞土地开发的村,就形成了两级分红体系,一级是村一级的分配,另一级就是村民小组一级的土地分红。

事实证明,招商引资和经营土地成了股份公司的主要工作和收入来源。在我们所调查的村,股份公司的经营内容有:(1)土地开发;(2)商业铺位出租;(3)鱼塘投包;(4)土地投包。其中土地开发和商业铺位出租是主要的收入来源。在股份公司还没有经济实力之前,他们一般是先出租土地,待通过这种方式积累了一定的经济能力之后,便开始通过盖厂房来出租,以使土地的附加值提高。平南村的做法就是其中的一例。为了发展经济,该村的干部动了很多脑筋,1989 年曾引进一家台商企业,村里为了留住它,筹措 200 多万元资金,盖了一幢 2 400 平方米的厂房租给该企业使用。接下来 5 年村集体又通过一步步引进台商、港商及民营企业,形成包括 32 家台资企业、2 家港资企业及 230 多家个体企业的工业区,村组织及各小组则靠土地出租供企业自建(地租)、厂房出租(厂租金)、市场店铺出租(店租金)而获得了稳定的土地收入,到2001年,村委会可支配收入2 600万元,4个小组也有2 100万元的收入,纯收入达1 005万元。在夏西村三联小组,农田差不多全被征走以后,小组领导只得在将征地款的30%分给村民后,将剩余的钱在余下的土地上盖厂房出租,这样该小组2000年以后每年靠租厂房及店铺可得80万~90万元,租地一年可得600万元的收入。

土地收入的集体部分既然被冠以了"集体"的名义,它就成了一块由集体组织核心成员支配,每个成员都有权分享和监督的资产。集体经济组织在获得这笔收入以后,除去保证完成国家税收、上缴各种费用、弥补上年度亏损、提留10%作为福利基金,以及拿出49%作为土地分红后,将整个利润的51%用于行政管理、公共福利事业、社区文明建设和扩大再生产等项目的开支,正好弥补了分税制后财政不再承担提供社区公共品功能的不足。

随着土地的非农化和土地级差收入的不断提高,整个村社变成了一个以经营土地为目的、以分配土地收益为纽带的实体。对集体资产的管理,也与分户经营下的集体经济管理大为不同。各个村社成立了便于各方利益制衡的股东代表大会——董事会——监事会的权力结构。其中,股东代表大会是最高权力机构,对年度经营计划、财务收支预算、决算和股红分配方案进行审核和监管,董事会和监事会职责分明,相互制约。尽管有上述制度创新,但由于集体经济实力过于庞大,集体经济运行和资金的有效管理也存在一些隐患,必须对集体经济进行根本改革。

四、农村集体非农建设用地进入市场的法律困境

广东省南海利用集体非农建设用地,推进了本地的工业化,促进了地方经济的高速发展和农民的普遍致富。然而,集体非农建设用地的实际状况是土地、厂房的非法出租,处在法律所禁止的范围。2001年,该市法院房地产厅受案780件,其中农村集体非农建设用地案78件,占10%;2002年上半年受案110件中,其中同类案件33件,约占33%,呈急剧上升趋势。这种大量的、非法的、禁不止、查不清的租地现象,暴露出在法律上和政策上的严重问题。

南海农民之所以对农村集体非农建设用地进入市场情有独钟,是土地利用

的不同价值带来的。在南海，农地农用一亩地的年收入约为800~1 000元；国家征地，农民获得土地补偿费和安置补助费每亩最高为2.4万元，其代价是永远失去土地；集体租地每亩月租约500元，如按合约提前收取五年租金，其收入为3万元，土地仍永远属于自己。以上几种利用土地的价值，对农民来讲，孰优孰劣，清清楚楚。因此，当大量的本地和外地企业涌入，对集体土地产生用地需求时，农民和集体将土地用于非农建设的执著，九头牛也无法将他们拉回。

但是，我们的法律和政策关于集体非农建设用地的规定，仍然停留在以农村集体组织投资创办或合作创办企业的阶段，对民间私人资本推动的农村工业化，引起的对集体非农建设用地需求的扩张估计不足。具体而言，我国现行法律没有为私人创办企业留下合理的用地空间。从理论上讲，他们可以在国有土地上创办企业，但是，政府怎么可能为这些区区小规模的企业去征地呢？唯一的办法就是租用集体土地。

然而，一方面，《土地管理法》规定，只有集体为"兴办乡镇企业和村民建设住宅"或者"乡（镇）村公共设施和公共事业"，经依法批准才可以使用集体经济组织农民集体所有的土地。另一方面，尽管法律允许集体自用土地或以土地入股与他人联办企业，但集体和农民却认定这条路已走不通。第一，集体利用自己的土地办乡镇企业，由于产权天然不清，且缺乏有能力的企业家，这类企业个个负债累累，纷纷改制，当地人不会再去仿效。第二，用土地入股合办企业也不成功，集体产权所有者缺位。企业盈利，土地方得不到分红；企业亏损，股东还要背债。在万般无奈之下，农民集体选择了将土地出租或者建好厂房、仓库、店铺连同土地一道出租。他们只得采取应对办法，避开《土地管理法》第63条：农民集体所有的土地的使用权不得出让、转让或者出租用于非农建设的强制性规定，使出租地、厂房表面合法化。由此出现（1）"以假乱真"，在办土地转用手续时，上报的合同是合作、合资合同，而背后的合同都是土地使用权租赁、转让合同，合同期少则5年，多达50年。也有的表面是自用，由集体经济组织提出申请用地办企业，土地使用权证办在申请方名下，出资人实际是承租方，他凭一纸租赁合同取得土地的使用权，政府管理部门很难发觉。(2)"无证用地"。集体在出租土地和厂房店铺等时，根本不到国土部门办理登记转用手续，完全是黑市行为。

但是，集体非农建设用地非法流转的最终受害者仍是农民。

第一，它不能保护农民集体正当的财产性收入。由于《土地管理法》不允许农民集体将集体所有的土地出让、转让或出租用于非农建设，集体组织出租非农建设用地就不受法律保护，农民集体出租、转让非农建设用地就是违法行为，所立合同属于我国《合同法》第52条规定的以合法形式掩盖非法目的的无效合同。法院的判决结果只能是：将土地使用权还给集体，土地租金返还交租者。尽管建筑物是以土地所有权人的名义合法报建的，但承租方为出资建筑方，作为不当得利，集体还得向他们返还建筑物的价值，承租方反而能从集体拿回投资。致使一些企业开始钻法律的空子，在合同期满之前，故意不交租金，以此提起诉讼，坑害农民和集体。农民骂法院保护坏人，但法院也没有办法，只能这么判，其结果只能是农民集体的财产性收入受损。

第二，影响中小企业的发展后劲。一方面，我国法律遵循的是"房随地走"的原则，集体非农建设用地不能抵押，在其之上兴建的厂房等建筑物也不能抵押，企业无法通过它们所投资的固定资产在银行获得贷款。另一方面，尽管中小企业创办时租用集体土地门槛低，但到了发展壮大时期，级差地租增加，地价已今非昔比，难以承受，而许多资金都用在租金、厂房和设备上，变成了不能流动的财产，企业成天为流动资金发愁，为扩大企业规模发愁，有些企业开始考虑外迁。

随着经济发展，集体非农建设用地的流转已相当普遍，特别是沿海经济发达地区，城乡经济相互融合，这种流转异常活跃。非农建设用地的流转对现行法律法规已形成倒逼之势。据我们了解，浙江温州、广东顺德、东莞等地，凡是私营企业发达的地区，集体出租土地现象较为普遍。集体经济组织已经不会再去办企业了，那些鼓励集体组织创办乡镇企业的法律政策规定已形同虚设。集体创办的乡镇企业纷纷改制，所剩无几。企业改制后的该土地使用者已不是本集体组织，他们要么向农村集体组织交纳土地租金，但法律不答应；要么通过国有土地出让获得土地使用权，这又有违国家征地的公共目的，农民不答应。

这是一个两难的困境。要使农民增收，必须要在土地政策上做大文章。2002年春节，西樵山根村委会主任在办公楼前张贴了一幅他亲手编写的对联。上联"顺民意招商引资，增加百姓收入"，下联"用政策与时俱进，减轻农民负担"，横批"政通人和"。他说："与时俱进，用好政策指的就是土地政策，这比给农民再多的钱都重要。"

五、结论和政策建议

我国将进入工业化和城市化的关键阶段，占人口绝大多数的农民要进城工作，大量的农地也将变为非农用地。据《全国土地利用总体规划纲要（2006—2020）》，2001—2030年的30年间，全国占用耕地将达5 450万亩以上。正确对待农民的土地权利，不仅关系到广大农民的根本生计，而且关乎我国现代化的进程。

第一，在法律上明确集体土地所有权与国家土地所有权是两个平等的民事权利主体。土地是民生之本，保护土地是一项基本国策。要保护土地，首先必须完善土地产权，根本改革征地制度，尊重和保护农民集体的土地权利。农民集体土地所有权与国家土地所有权不平等，政府和企业的手便共同伸向农民，征地行为就不可能规范，圈地运动也不可能扼制，土地市场秩序就不可能建立。同样的土地，不能同权、同价，农民的土地财产权利被长期剥夺，农民集体的最大一块财产性收入不能实现。明确两种土地所有权是平等的民事权利主体，应作为修改土地法的重中之重。在符合规划的前提下，集体土地应与国有土地一样，可以出租、出让、转让、抵押；可以获得与国有土地具有同等权利的《集体土地使用权证》；农民可以获得土地流转的绝大部分收益；国家为了公共目的，可以用行政权力向农民征用集体土地，但必须征得被征地农民的同意，并向被征地农民支付与市值等同的征地补偿。在新修订的《土地管理法》出台以前，要密切注意和防止有些地方出现"搭末班车"的现象，引发新一轮征用农村土地的行为，国务院应暂缓审批兴建各类园区、大面积村改居等项目。

第二，让农民获得土地级差收益，分享工业化的成果，应成为农村深化改革、增加农民收入的重要突破口。增加农民收入，不能仅靠增加劳动性收入，还应该考虑要素参与分配的问题。要让农民的土地所有权这块最大的财产性收入得以实现，就应在法律上和政策上允许和鼓励农民以土地为资本参与农村工业化，将土地级差收益的一部分留给农民，让农民切实得到实惠。

第三，促进农村集体建设用地规范、有序、健康地流转，形成城乡统一的土地市场。（1）要坚持规划控制和用途管制的原则。农村集体建设用地必须在规划控制下依法取得，严禁农地搭车入市，严格保护耕地。（2）要坚持统一管理的原则。建设项目用地变为国家和集体多元供地，但交易的确认和审批及管理必须统一到国土部门。要对所辖地域农村建设用地作一次普查，制定出补办转用手续的最后期限和罚则，严禁土地黑市。（3）合理分配土地收益的原则。在农村集体建设用地直接入市后，政府不可能再通过土地出让金的方式获取土地收益，但可以通过设立土地增值税和土地交易税来实现。（4）要扼制地方政府盲目追求经济发展，乱占滥用农村集体建设用地，造成大量农民失地。

第四，加强集体土地收入的管理，确保农民成为土地流转收益的主要获得者。在土地产权上，严格界定集体经济组织和农民在土地权利和流转收益上的分配，逐步摸索农村集体产权从共同共有到按份共有的转变；在制度上严格制约集体经济组织对集体资金的使用；将土地流转收益最大限度地运用于农民的社会保障，以保障农民的长远生计。

第十二章
广东省南海区集体土地入市与城乡一体化调查

一、集体建设用地上的工业化和城镇化

佛山市南海区地处珠江三角洲腹地，辖区面积 1 073.8 平方千米，户籍人口 120.9 万人，常住人口 260.8 万人。2012 年，实现地区生产总值 1 966 亿元，城镇居民可支配收入 36 348 元，农村居民纯收入 16 673 元，率先达到国际通行的中等收入水平。

与依靠征地和土地国有化推动的工业化、城镇化模式不同，南海区的工业化、城镇化主要是在集体建设用地上展开。据第二次土地调查结果，南海区建设用地面积是 79.75 万亩，其中农村集体建设用地面积 56.55 万亩，占全区建设用地总量的 71%；宅基地面积超过 17 万亩，接近建设用地总面积的 22%。

从 20 世纪 90 年代初开始，为满足企业用地需求，南海区村组两级集体经济组织以兴办乡镇企业名义申请用地，办理土地使用权证，然后将土地出租给企业投资建设。2012 年，南海区工业总产值达到 4 226 亿元，有一半以上的工业用地是集体建设用地，为南海区工业化做出了巨大贡献。

随着工业化的快速推进，土地资源对南海区发展的制约越来越大。一方面，南海区基本农田占国土面积的比重不到 13%，而建设用地已占到国土面积的 33%，土地过度开发现象严重。另一方面，"旧城镇、旧厂房、旧村居"普遍存在缺乏规划指导、布局分散、安全隐患较大、土地利用率低等问题。以石肯村南都片区为例，该片区位于禅桂中心组团黄金地块，占地面积约 140 亩，原有企业 105 家，但大部分都是些低矮的简易旧厂房，聚集的是低端的粗放型行业，这些厂房每月每平方米租金收入在 3~4 元。2008 年全球金融危机爆发后，

南海区出现了"部分工厂关闭、厂房闲置"等现象。南海区政府意识到，对存量建设用地的改造，既可以增加农民集体租金收入，又可以大大提高土地利用率，还可以为南海区产业升级和城市建设提供用地空间。从 2010 年开始，南海区在国土资源部和广东省政府的支持下，率先实行对"旧城镇、旧厂房、旧村居"进行改造，在广东省 2009 年出台《关于推进"三旧"改造促进节约集约用地的若干意见》后，南海区累计出台了 26 份区级"三旧"改造文件。到 2008 年，南海区除作为房地产和商业等经营性用地须转性为国有以外，大部分产业升级用地、市场用地和城市用地均保留了集体所有性质，大部分集体建设用地直接参与城市化建设，用于城市建设的地有 70%~80% 都是集体用地。

二、做法与效果

经过 20 多年的实践，南海区不断探索集体建设用地进入市场的有效形式，基本形成了比较完善的制度安排，为土地制度的全局改革提供了经验。

1. 开展农村集体土地确权

一是明确集体土地确权登记的范围，包括全区范围内的农村集体所有土地，除耕地、河流、滩涂、鱼塘外，还包括已经进行非农建设的工业和三产用地。二是界定历史遗留建设用地范围，规定对以下类型的土地一次性予以解决：符合土地利用总体规划建设用地范围内的土地；1999 年 1 月 1 日以前已成为建设用地，仍未取得合法用地手续的土地，但不涉及土地利用总体规划所划定的基本农田保护区的土地；已取得集体土地所有权证、属建设用地性质的土地。三是对符合确权登记发证条件的农村集体经济组织和用地主体颁发权利证书。土地所有权证书直接发给符合规定条件的农村集体经济组织。

截至 2013 年 3 月，南海区的 2 031 个经济社均核发了土地所有权证书，发证宗数达 13 987 宗，发证覆盖率达 98%；完成集体建设用地使用权初始登记 30 549 宗，发证覆盖率为 96.43%，完成宅基地使用权初始登记468 216 宗，发证覆盖率为 91.93%。农村集体土地产权主体的确定，为集体建设用地使用权流转顺利进行奠定了基础。

2. 将集体建设用地纳入规划控制

南海区将全区划分为东、中、西三大片区，东部以金融高新区为主，重点发展金融业、商业和居住业；中部为高新工业技术园区，重点发展制造业；西部以西樵山为主，重点发展旅游业。对集体建设用地实行规划管理，要求集体建设用地的开发，必须符合三大片区的开发规划和发展理念。农村集体建设用地选址必须符合土地利用总体规划、城镇建设规划和村庄、集镇规划，地上建筑物建设必须按批准的规划要求实施。

3. 制定规范流转政策和流程

为了规范和促进集体建设用地流转，广东省人民政府于 2005 年出台《广东省集体建设用地使用权流转管理办法》（第 100 号令）。南海区在此基础上制定了《佛山市南海区集体建设用地使用权出让出租管理办法》和《集体建设用地使用权转让、转租、抵押管理办法》，明确提出农村集体建设用地和国有建设用地的"同地、同价、同权"，允许农村集体建设用地在市场上出让、转让、出租、转租和抵押。还明晰了集体建设用地的流转流程，即以村集体经济组织名义办理规划条件等手续→村集体经济组织拟定流转方案（包括流转方式、流转价格等）→流转方案提交村（居）党组织审查→集体表决流转方案→村（居）党组织审查备案→提交集体资产交易平台进行公开交易→签订流转合同。

4. 建立基准地价体系

为了规范集体建设用地流转市场，南海区早在 2011 年就开始着手建立集体建设用地基准地价体系，通过 2 年多的研究，在 2013 年年初顺利完成。2013 年年初，区政府印发《佛山市南海区人民政府关于公布实施南海区集体建设用地基准地价的通知》，从 2 月 1 日起执行。南海区公布的集体建设用地基准地价的范围包括现有建设用地及规划期内的建设用地的集体建设用地基准地价和基准租金。对不同用途的集体土地制定基准地价，为集体土地交易提供了依据。

5. 建立集体建设用地税收体系

集体建设用地流转涉及的税费项目主要包括物业出租税和土地使用税。以南海区农村集体物业类资产 2011 年度出租收入 18 亿元为基准计算，公司化运营后的物业出租税款至少为 3.66 亿元；以南海区集体建设用地面积为

389 477.19 亩来计算，土地使用税至少为 7.99 亿元，合计约 11.45 亿元，占集体经济组织可支配收入 50.8 亿元的 22.54%。

南海区集体建设用地进入市场，开创了集体建设用地上的工业化城镇化模式，为农民分享城镇化进程中的土地增值收益提供了机遇，实现了政府与农民、农村与城镇发展的共赢。

第一，农民分享了土地级差收益，缩小了城乡居民收入差距。集体土地租金收入从 2008 年的 22.6 亿元增加到 2012 年的 30.2 亿元。村组两级分红从 2008 年的 16.8 亿元增加到 2012 年的 26.7 亿元，两级人均分红从 2008 年的 2 347 元增加到 2013 年的 3 516 元。社员股东总数 75.9 万，占农村居民的 99.4%。南海区农村居民人均纯收入从 2008 年的 11 158 元增加到 2012 年的 16 673 元，城乡收入比从 2008 年的 2.33:1 缩小到 2012 年的 2.18:1。

第二，壮大了村组两级集体经济。到 2012 年，农村经济总收入超亿元的村居 216 个；村民小组集体经济总收入超 1 000 万元的村 79 个，其中超 5 000 万元的 15 个；村村级可支配收入超 100 万元的村 200 个，其中超 3 000 万元的 13 个；可支配收入超 100 万元的经联社 934 个，其中超 1 000 万元的 41 个。村组两级集体资产总额 306 亿元，其中经联社级 161 亿元；两级货币资金存量 76 亿元，其中经联社级 52 亿元。集体经济组织对村居公共服务供给的支持与投入逐年增加，2011 年和 2012 年分别达到 24.78 亿元和 31 亿元。

第三，为城市发展拓展了空间，促进了土地集约利用。2007—2012 年，南海区实施"三旧"改造，为城镇发展和产业升级拓展了空间。全区共认定"三旧"项目 41 批次共 3 446 项，涉及土地面积 18.5 万亩；已完成 200 多个"三旧"改造项目，改造土地面积 6 000 多亩，已投入改造资金 150 亿元；2002 年开展的项目 168 宗，土地面积 1.9 万亩，已完善历史用地手续土地面积 1.8 万，正在完善历史用地手续土地面积约 2 万亩。

三、保护耕地和保障农民权益的措施

1. 实施基本农田补贴，严格耕地保护

根据南海区土地利用总体规划（2010—2020），至 2020 年，全区基本农田保护任务目标不少于20万亩，耕地保有量不少于21.5万亩。土地资源特别是耕地资源保护面临前所未有的压力。但是，由于农产品特别是粮食作物的附加值不高，与第二、三产业的产出投入比形成巨大差异，基本农田拥有者"守土有责，护土无利"，给南海区耕地和基本农田保护带来现实威胁。

为了加强基本农田保护区建设，缩小基本农田与建设用地的利益差距，增加基本农田保护区农民收入，南海区于2009年5月在全国率先制定了《佛山市南海区实施基本农田保护区财政补贴试行办法》和《佛山市南海区实施基本农田保护区财政补贴试行办法实施细则》，明确了对承担基本农田保护任务的农村集体经济组织进行经济补贴的制度。规定基本农田保护区补贴标准为每年500元/亩，基本农田保护区财政补贴资金列入当年区级财政预算。2010—2012年间，南海区累计用于基本农田保护资金补贴超过3亿元。

除此之外，南海区还通过开展农田及鱼塘整治，提高了村集体收入和土地产出收益，2009—2011年，南海区共投入资金6 695万元，整治农田10 000亩，鱼塘15 000亩；经初步统计，农田整治区内种植农户一年增加收入5 750万元，鱼塘整治区一年增加产量1.13万吨，增加产值1.9亿元，养殖户年增加收入3 720万元。由于实施土地整治，整治区种养农户收入普遍提高3～5倍。

2. 搭建集体资产交易平台，保障农民权益

根据2012年年底数据统计，南海区村组两级在管账面资产总额达到305.89亿元，在管货币资金76.32亿元，在管合同7.6万宗，总标的金额达到480亿元。为了保障集体建设用地流转过程的透明化和公开化，南海区建立了镇村两级集体资产交易平台。将经联社和经济社的所有集体资产，包括每间物业、每个鱼塘、每块土地、每份合同在清产核算后全部输入交易平台的软件系统。南海区自2010年起全面推行农村集体资产平台搭建工作，8个镇（街道）先后组建成立了农村集体资产管理交易中心。截至2013年5月底，全区进入集体资产管理交易中心成交的资产共28 088宗，标的总金额149.4亿元，成交溢价约20%；共有2 885个村组账套纳入集体经济财务监管平台，在管货币资金80亿元。据统计，进入资产管理交易中心交易后，全区集体资产成交价格升值了20%以上。

四、政策建议

尽管南海区进行了 20 多年集体建设用地进入市场的探索，并且取得了显著成效，但是，地方政策创新和制度试验一直面临难以突破国家大法的困境，给地方发展造成制约。一是由于存在制度障碍，南海区大部分已流转的集体建设用地无法办理产权登记，难以获得物权法保护；二是由于集体建设用地使用权流转制度不完善，银行一般不愿办理集体建设用地使用权抵押，土地使用者很难靠集体建设用地本身获得融资；三是集体建设用地流转后监管不严，可能会出现"小产权房"。

因此建议总结南海区试验制度成果，建立城乡统一的市场体系。

第一，建立集体建设用地进入市场制度体系。包括实行统一的土地不动产登记制度、集体建设用地使用权流转制度、集体建设用地宗地登记制度、集体建设用地抵押融资制度。

第二，总结南海区的经验，制定集体建设用地入市规则。形成从规划、土地准入到地价、地税等的管理办法，在规划和用途管制下，实现国有土地和集体土地"同地、同价、同权"，让两种所有制土地平等进入非农用地市场。

第三，对集体建设用地公平征收土地相关税收。鉴于国有土地要交纳土地出让金，为了兑现集体建设用地入市后的"涨价归公"，实现与国有土地同等义务，建议对进入市场的集体建设用地按不同功能和价值征收土地增值税，既能为城市建设募集一笔税收，也可以解决两种所有制土地的义务对等问题。当然，由于政府对集体土地上的基础设施建设只投入少量资金，以及没有拆迁安置等成本性支出，因此集体土地的税率要低于国有土地，要合理确定征收集体土地增值税和房产税的税率。

第十三章
北京市昌平区郑各庄村调查

本章基于对北京市一个村庄的实地调查发现，土地资本化是城市化的重要依托。土地资本化的不同方式决定了城市化的模式。一种模式是政府主导的城市化，它依托于土地的国有化和政府攫取土地的级差收益。另一种模式是农民自主的城市化，即在不改变土地集体所有制性质的前提下，在规划范围内，农民集体一方面通过宅基地的商品化和资本化，发展房地产，将土地级差收益留在村庄，用于企业发展、村庄改造；另一方面通过土地的非农化发展第二、三产业，推进农村的工业化和城市化。在政府主导的城市化越来越导致社会矛盾激化的情况下，研究农民自主城市化的经验、效果，客观评价它对中国农民参与城市化进程具有的意义。

一、引言

在中国土地包产到户的发源地——凤阳县的城墙上，至今还留着那位出生于斯的明朝开国皇帝朱元璋撰写的"万事根本"的牌匾。在农耕社会，土地无疑是万事之根本，是农民的衣食父母，是国家税收的主要来源。伴随农业社会向市民社会的转变，土地更是焕发出神奇的魔力，它已不再仅仅出产粮食，而是长出了一块块的工业，长出了一片片的城市；它不再仅仅是农民生存保障的源泉，而是成为升值最快、最稳定的生产要素，成为非农产业和城市投资融资最可信赖的担保品，成为各利益相关者追逐和争夺的对象。土地的资本化成为一个国家、一个区域、甚至一个村社高速成长的发动机，是它们创造经济奇迹的秘密。北京城郊的郑各庄村，就是一个集体土地资本化推动村庄巨变的典型个案。30年前，这里绝大多数人口被束缚在土地上以农为生，人均年纯收入182元。改革开放以来，尤其是1998年以后的20年间，郑各庄村发生了翻天覆地的变化。2007年与1998年对比，村级总资产从0.36亿元增加到32亿元，提高了88倍；经济总收入从0.35亿元增加到12.8亿元，提高了36倍；上缴税金从33万元增加到6 800万元，增加了205倍；村民人均收入从3 100元提高到21 000元，增加了6.8倍；兑现村民福利增长了39倍；人均土地收益分配从50元增加到2 000元。实现了一个传统村庄向工业化、城市化的现代社区的转型。

本章以郑各庄村这块土地上如何长出工业和城市为线索，记录宏福集团利用村庄土地的资本化发展与壮大、郑各庄村伴随宏福集团的发展从传统村庄迈向工业化城市化的进程。着重分析集体土地资本化的组织、体制和机制基础，揭示农民土地资本化与政府土地资本化的差异，以及农民集体土地资本化对农村工业化和城市化的意义。

二、宅基地商品化与土地资本化

（一）化危机为机遇的土地资本化

郑各庄村在经历了集体办企业和村民在外闯荡的历程后，于20世纪90年代末明确了要利用村里的资源谋发展，而且是在保住集体土地所有制性质不变的前提下，通过土地来自我谋发展。当时，房地产开发已经在郑各庄周边蔓延，以王府名义开发的房地产项目——王府花园、王府公寓、王府农场等在相邻的村庄拔地而起，郑各庄这片土地理所当然成为许多房地产商垂涎的版图。但是，郑各庄人做出了另一种选择——明确提出了自己的土地利用和开发目标：第一，郑各庄祖辈留下的地不卖，自己的地自我开发；第二，土地开发不能急功近利，要考虑可持续发展；第三，村庄开发要有规划地进行。

从事后来看，郑各庄村的土地开发，并不是因为郑各庄人比别人多么有远见，从一开始就窥视到了土地资本化的魔力，从而甘愿冒着政策的风险成为较早吃螃蟹的人，而是出于宏福集团当时陷于困境所采取的无奈之举。

第一，到 1997 年时，随着企业发展规模的扩大，已吸引大量非本村人进入企业，在企业就业员工中，外村人占到 91.4%，其中有些人已成为企业发展的骨干，在集团骨干中，外来人已达 51 人。由于这批人不是本村人，就不能享受福利化的宅基地制度的恩惠，但他们又是在为本村企业服务，作为村企合一体制的领导人就不可能不解决这批人的住房而将他们推向商品房市场来解决。因此，解决这些人的住房成为宏福集团留住人才、发展自己的重要手段。要盖房就需要地，那么地从何而来？当时全村土地的情况是：村域面积 4 332 亩，其中耕地 2 000 多亩，农民宅基地 1 050 亩，荒废土地 400 余亩，已办公和厂房用地 6 亩，另外就是村庄道路、学校等公共用地 1 000 来亩。他们在用地上也可谓小心翼翼，耕地转用要审批，公共用地动不了，改造宅基地和荒废地需要巨额资金，解决这批人的住房用地就落在了原村办企业的加工厂、老村的大队部和农业公司所占的 6 亩地上。

第二，为了消化企业的"三角债"。90 年代末作为以建筑、施工为主的宏福集团已经被"三角债"拖得"债权高筑"，到 1997 年，集团债权高达 3 000 多万元。于是集团不得不决定以物折款的方式盘活资产，凡是集团的债务单位，有水泥出水泥，有钢材出钢材，没有材料的出人工，作为启动住房建设的资源。

令郑各庄人喜出望外的是，这一本来为企业解困的初衷却让他们尝到了土地商品化的甜头，产生了通过土地资本化发展企业、改造村庄的念头。

郑各庄第一批住宅楼经过八个月的盖建正式完工。这批住宅楼的入驻取得了意想不到的效果，上楼的村民和员工以预付款方式进行订购。所得的 500 万元预付款不仅救活了企业，而且企业以此作为周转金，在首都机场、汉威大厦、甘家口等工程中的八个月时间里，净赚了 2 000 万元。这给宏福集团通过旧村改造实现土地资本化予以很大启发。在仅仅 6 亩地上就盖出了 4 栋 15 236 平方米的楼房，全村 1997 年为 415 户，占地 1 050 亩，不仅用地不集约，而且毫无规划，未来新增人口还得申请宅基地继续盖房，更要命的是，农民祖祖辈辈只要有点活钱，随着娶妻分家，就要不断地翻盖房屋，如果让全体村民都住进楼房，整个村子将省出大量宅基地，宏福集团在土地上也就大有文章可做了，把郑各庄建成现代生态庄园就有了突破口。

就这样，在郑各庄人面前，危机变成了机遇。起初只是为了解决企业员工住房、消化企业债权的无奈之举，变成了一个对未来宏福集团和郑各庄发展起决定作用的决定：进行旧村改造，盘活宅基地，为集团发展开辟土地空间。

（二）细致工作和利益兼顾促成的旧村改造

要进行旧村改造，就必须动用农民已经占有的宅基地。但是，盘活宅基地谈何容易，一大堆的问题有待发动旧村改造的领头人去解决：

（1）村里的每个农户祖祖辈辈都是一家一院自盖院落的传统，房子里要摆放农具，四周要养猪禽增加收入，要他们住到一间一间的阁楼上去，大多数农民表示不习惯、不方便。

（2）祖辈留下的院宅房屋是几代人奋斗的结果，每块砖瓦、每根椽子都流着血汗，况且大多数农民的房屋都是在改革以后收入提高时新盖的，一些农户的房子还盖得很有水准，要拆掉他们的房子，不仅费钱，更主要是他们舍不得。

（3）农民住自己的房子时，都是自我维护和自我管理，上楼以后就要有专门的物业管理，用电用煤费用都比原来高，农民反映收入低、住不起。

（4）农民对于上楼更是心存后顾之忧，"今天上楼，明天养不起楼怎么办？"

（5）还有法律对宅基地制度的规定。按照《土地管理法》的规定，"农村村民一户拥有一处宅基地"，上楼以后这个权利如何保障，如何实施？会不会上楼以后，这个权利就没有了？

但是，农民上楼既是郑各庄旧村改造的题中应有之意，也是旧村改造能否进行和能否成功的关键。因为农民不上楼，旧村改造就无法展开，土地节约就无从谈起，土地资本化也就成了空想。

如何让农民上楼？改革以后，人民公社时期的归大堆和平调之风肯定行不通了，唯有耐心地说服、沟通、解释、以身作则，还有就是公开、公平、公正，才有可能打动村民，得到他们的理解与支持。为此，村一级班子做了大量细致的工作：包括摸清村民意愿，通过入户调查、座谈，了解村民们对旧村改造的看法、希望和要求；摸清人员、设施现状。

更为重要的是形成和制定符合村民实际、顾及他们利益的政策，做出有利于保障村民居住权益和经济利益的制度安排。党总支召开会议提出三条原则：

一是要引导村民解放思想，要设身处地为村民着想，决不让老百姓吃亏，既然有好的初衷，就要实现良好的目的。

二是实行不让农民吃亏的房屋作价评估。

三是制定相关优惠政策，政策主线就是不让村民吃亏。既然要让村民上楼，就要让村民住得起楼、养得起楼。

按照这几条原则形成了郑各庄村旧村改造中关于村民拆迁安置的规定。包括：（1）拆迁安置：凡是具有本村常住户口的村民以及在上学期间户口迁出并长期与父母生活居住在一起的未婚人员，每人40平方米。为了缓解住房安置压力，零岁以上的未婚人员每人为120平方米；原住宅面积如大于拆迁安置住宅面积，按原住宅面积进行安置。（2）拆迁补偿办法及标准：分期进行补偿。（3）在综合考察村民拆迁补偿水平的基础上，确定出售给村民楼房的价格。（4）将村民拆迁的前期补偿总额与村民认购楼房的总额进行互抵，多退少补。（5）确定住房福利待遇标准。（6）解决村民临时居住的办法。

在做出有关农民拆旧换新制度安排的同时，郑各庄的旧村改造规定中，也制定了相应的企业和教师购房办法和外来人口购买宅基地改造剩余用房办法，通过盘活宅基地和旧村改造，实现土地资本化收益的目标彰显。

一是关于教师购房办法。有资格购房的教师是指工作在本村域内院校中非本村村民属性的相关人员。

中小学校（过去属于民办公助性质的中小学校）老师：给予40平方米村民（相当于一个人的指标）福利房价，其余的按每平方米1 680元售给，但购房总面积不能超过家庭人口现状的人均40平方米，超过部分按市场价格购买；

引进的大学教职工：按市场价格的80%售给，委托校方对购房标准实施控制。

二是企业员工购房办法。有资格购房的企业员工是指工作在本村域内企业中非本村村民属性的相关人员。根据员工的贡献（工龄、职务），按照市场价格的60%~80%售给。住房面积控制在90~160平方米。

三是有住房的外来人员房屋兑现办法。指在旧村改造之前购买村民宅地内房屋的人员。按旧房屋同等的建筑面积、以村民福利房价格标准售给楼房。超过原房屋建筑面积的部分，按市场价格购买。拆迁后，不享受村内福利。

四是外来人购房办法。把村民、企业员工、教职工认购住房后的剩余房推向市场。在不做宣传、不推销的前提下，外来人自愿前来购买。执行市场价格，以弥补旧村改造的资金缺口。

正是由于细致的工作、以保障村民利益为前提的制度规范，以及先上楼农户的示范效应，郑各庄391户祖祖辈辈自己盖院、几代人生活在一个院落的传统，转变为按门牌号和楼层、户与户之间彼此不相识的多层楼居住方式。

（三）盘活宅基地实现多赢的效果

第一，改善了村民的居住和生活条件。

从1998年3月到2007年年末，郑各庄共拆除旧房屋3 084间，计50 000平方米，院墙16 000平方米。旧村改造后，村民住房共1 130套，建筑面积101 700平方米；另外为新生及合理迁入的村民预留福利房120套，建筑面积11 300平方米，共计113 000平方米。人均居住面积达到70平方米，相当于上楼前23平方米的3倍。差不多原来的一个农户在旧村改造后获得了3~4套公寓楼。实施旧村改造，村民陆续搬迁上楼，基本一代人一套住房，打破了原来"一宅一家一户"的格局。同时也把农民从多少年来劳其一生省吃俭用、一辈子心血都用在盖房上的生活模式中解放出来。

第二，以优惠价格配置住房给企业核心员工，为发展企业留住了人才，积累了人力资本。

产业配套房，用于安置宏福集团及合作企业的员工、大中小学校的教职工，筑巢引凤的效应愈加显著，使郑各庄村的经济建设蒸蒸日上。在不扩大住宅用地的前提下，建了一批产业配套住房，安置企业员工、院校教职工以及周边村农民。通过旧村改造，为企业员工及大中小学教职工建造1 377套房，建筑面积181 901平方米。还预留了产业配套房182套，建筑面积191 215平方米，共计 373 116 平方米。这两类群体只是以成本价购房，成为商品房改革大潮中的赢家。

第三，土地的资本化收益，为公司创造了巨额资金。

建成后第一批对外销售 298 套，33 475.48 平方米，实现销售收入 34 008 990.26 元，到 2007 年，共对外销售 18 批房、4 452 套，销售面积 418 383.27 平方米，平均单价从 680 元提升到 5 680 元，共实现销售收入 1 378 013 540.75 元。

第四，节约了土地资源，为郑各庄的产业发展腾出了土地空间。

由于历史缘故，民居散落，415 所民宅却占用土地多达 1 050 亩，占全村土地总面积的 25.5%；村内共两个大水坑和两条自然河沟，荒废土地达 400 余亩，约占土地总面积的 10%，造成了土地资源的严重浪费。通过旧村改造，住宅用地由原来的 1 050 亩减少到 250 亩，节约土地 800 亩。

第五，改善了村民居住环境，使郑各庄从一个传统农村变成现代城市社区。1998 年前的郑各庄，生活环境差。现在的郑各庄已成为一个规划科学、村里人和外来人共处、环境优美的现代城市社区。村先后投资开发的四眼地热井，日供水量达 4 000 多立方，部分用于村民家庭洗浴，提高了村民的生活水平，有效地避免了因燃煤供热供暖所造成的环境污染。污水处理厂的兴建，可以将处理后的中水回用到人工湖和护城河水系。在农民陆续上楼的同时，中小学校、幼儿园、社区公园、文化体育广场、健身娱乐中心、老年活动站以及超市、餐厅、银行、邮局等公益设施逐步完善，实现了整体功能的配套，营造了良好的人居环境。

（四）宅基地商品化、资本化的意义

第一，郑各庄的旧村改造，创造了农民以自主投资、自我管理的方式进行村庄改造的模式。

无论是城市旧城改造还是城市化推进过程中的旧村改造，都不仅是让政府头疼的问题，也是困扰被拆迁主体当事人的最大问题。郑各庄村在旧村改造中，村民的拆迁补偿、住宅楼和基础设施建设以及物业管理等方面的投资完全由村

里企业负担，没有给地方政府财政增添任何负担，而且在旧村改造中不依赖开发商，完全靠自己投资、自己开发、自己管理、自我完善，避免了农民和村庄利益的流失，减少了征地拆迁中农民集体与开发商的利益纠纷，也避免了政府为了拆迁改造给开发商让利，造成政府与农民的冲突。

郑各庄旧村改造运营成功的经验表明，只要在宅基地政策上敢于创新，允许宅基地的商品化、资本化，允许集体宅基地作为房地产市场的适当补充，就可以打通旧村改造的资金流，也可以改变目前国有土地垄断供应下房价居高不下的局面，为城乡生产要素的对流和农民参与城市化进程打开一条通道。

第二，郑各庄的旧村改造，开辟了乡村房地产开发的新模式。

我国政府认定的房地产开发模式是，政府供应土地，由房地产商在国有的土地上开发与经营，政府通过土地的招拍挂获得巨额土地出让收入，房地产商从住房销售中获得利润。

郑各庄村的房地产开发则完全是另一种模式，他们利用村庄宅基地盘活节约的土地，从事了部分商品房开发对外销售，因此，其土地是集体所有的宅基地，住房建设的主体是村里的企业。

从旧村改造以后的房屋入住结构来看，安置村民住房占房屋建设总量的24.7%，产业配套房占房屋建设总量的30.8%，外销房占房屋建设总量的44.5%。因此，土地资本化的收益留在了村庄和企业，房地产销售的利润也归本村企业，促进了企业发展和村庄面貌的改善。

由此可见，郑各庄的旧村改造取得了多赢的效果，农民居住条件改善，为企业员工解决了后顾之忧，而宏福集团则成为旧村改造和土地资本化的最大受益者。

三、集体建设用地入市与农地非农化

事实上，郑各庄对村庄土地的利用并不仅仅局限于实施旧村改造来改变农民的居住方式和村庄环境，他们在谋划着一个更大的目标：利用集体土地实现村庄的工业化和城市化。

要实现农业向工业的转变，就必须要改变土地的用途和使用方式。对于宏福集团的决策者来说,全村土地总量4 332亩中,已有1 370.57亩作为村庄道路、广场、宏福学校等公益性设施用地,另外近3 000亩地分别为通过旧村改造腾挪出的800亩宅基地和2 200亩耕地。我们下面就来展示郑各庄人是怎样在政策与法律的夹缝之中,通过企业、村庄与农民巧妙的合约安排,依靠这片土地的非农化,推进村庄工业化和城市化的进程。

(一) 化解土地非农化的政策制约

要在这片土地上做工业化的文章,首先就要得到各主管部门的许可和批准。

第一关是规划关。按照《城乡规划法》规定,乡规划、村规划的内容应当包括:规划区范围,住宅、道路、供水、排水、供电、垃圾收集、畜禽养殖场所等农业生产、生活服务设施、公益事业等各项建设的用地布局、建设要求,以及对耕地等自然资源和历史文化遗产保护等的具体安排。乡、镇人民政府组织编制乡规划、村规划,报上一级人民政府审批。村规划在报送审批前,应当经村民会议或者村民代表会议讨论同意。

早在1984年,郑各庄村就绘制过自己的第一个规划——郑各庄大队规划图。不过,当时的规划主要还是界定村内三个生产队的边界;在规划图上,菜园与耕地分工明确,农田环绕着村庄,仍是一个以农为主的典型农业村落形态。

到了1996年,郑各庄人绘制出自己村庄的第二个规划。这个被称为《郑各庄村21世纪生态庄园》的建设规划,由郑各庄人聘请一批专家绘制完成。它依据北京市及昌平区总体规划布局和功能定位,按照人与自然、人与资源、人与环境和谐的理念,结合本村所处的地理位置以及具有的人文特征、资源特点和未来产业发展方向等因素,遵循可持续发展的主导思想,将郑各庄村288.7公顷村域,规划出生活居住、科技产业、教育科研、旅游休闲、商业服务等五大功能。这一规划突出了产业支撑、生态环境改善以及基础设施配套等,计划用20年的时间,打造一个以经济繁荣和高度精神文明为主体,拥有优美的人居环境、完善的基础设施和配套的服务体系的生态型主题村庄。

尽管这个规划按照郑各庄人对未来自己家园的憧憬绘制,但其科学性和前瞻性丝毫不亚于任何一个高标准的、高花费的规划。鉴于此,2005年3月北京市规划委员会正式批复的《郑各庄片区平西府组团控制性详细规划》就是在这个规划基础上形成的。

这个规划是郑各庄人的第三个规划。它按照北京市和昌平区总体规划以及北七家小城镇功能定位，对村域内4 331.3亩土地做了规划，除了保留73.5亩农业用地外，大部分土地规划为集体建设用地即非农产业用地。具体用地功能如下：村民及企业配套住房用地646.8亩，高档住宅用地494亩，工业用地355.95亩，教育科研用地533.59亩，温榆河绿化带用地763.6亩，人工湖、护城河、温榆河等水域用地230.8亩，商业文化娱乐用地161.55亩，公共设施用地25.8亩，道路用地680亩，行政办公用地34.05亩，绿地及绿色产业用地833.66亩。

这个规划不仅给郑各庄的发展吃了一棵定心丸，而且为郑各庄村的建设和发展提供了法律保护、科学凭据和规划保证。从1996年自我制定的规划到2005年规划得到批复，以及规划批复以后的整个时段，郑各庄真正做到了以规划统领全村的空间布局、产业配置、基础设施建设和村庄发展，真正落实了规划的权威性和严肃性，而没有像某些城市那样花大价钱绘制完规划以后，让其变成"规划、规划、墙上挂挂"，也没有因长官意志和领导人的个人喜好而随便更改规划。规划真正成为郑各庄从传统农区变成现代、宜居、功能完善、布局科学与和谐发展的城市的基础。

第二关是宅基地使用关。通过旧村改造节约出来的800亩地，审批起来还相对容易，因为这些地已经是集体建设用地，只需办理相关手续即可使用。

第三关是土地审批关。因为1998年施行的修订后的《土地管理法》，对土地实行用途管制、严格耕地保护和加大审批等规定，对土地转为非农用途做出了非常严格的规定。对于宏福集团来说，更难的是第三道关，2 200亩耕地要转变用途，就要到国土部门办理土地转用审批手续。不过，实事求是地讲，90年代末的土地管制还没有现在这样严格，加上农业部门对农民发展经济的支持，又从另一角度分担了农民利用土地发展非农产业的风险。在这一历史关头，当时北京市大力发展乡镇工业区的政策支持了郑各庄创办的"宏福创业园"。村集体就通过整理置换、交纳复垦费等方法，逐步将其中的1 600亩耕地调整为建设用地。也就是说，宏福集团靠盘活宅基地节约的 800 亩存量集体建设用地加上整理置换的 1 600 亩地，已经拥有了 2 400 亩土地的开发经营权。

（二）与农民集体达成租地合约

更为关键的是，解决好村民与土地的关系，核心是村民对土地的利益保障。

节约出来的宅基地属于全体村民集体所有，集中利用的核心是保障每个村民的土地利益。那 2 200 亩耕地就要复杂得多，这些土地于 1984 年包产到户时已下放到每个农户，尽管在大部分农户转向非农产业以后，这些土地已由村农业公司代为经营，但是承包权和收益权仍然属于郑各庄村的每个农户。如何将这些每个农户拥有权利的土地转为集团集中开发经营呢？

郑各庄在 1998 年实行旧村改造的同时，还有另一个举动，就是做出了村庄农民集体土地委托公司经营的制度安排。当时正值落实中央关于土地延包 30 年不变的政策，郑各庄结合本村的特点，在尊重农民意愿的前提下，建立了确权、确利、保收益的土地流转机制，为集团经营村庄农民集体所有土地提供了制度保障。具体而言：村委会与宏福集团签订土地流转协议。集团一律采取有偿租用的形式，保证每亩每年不低于 5 000 元的土地租金。对尚未租出的土地，则由宏福集团按每亩每年 500 元的租金标准支付给村委会。村委会收回的土地租金，全部分配给享有土地承包权的农民。

这一制度规定带来土地利用主体的重大变化——宏福集团从村集体手中获得了对郑各庄村域全部土地有规划的开发与经营权，它成为宏福集团对村庄土地实行统一规划、统一招商、引进企业，依靠市场机制推动土地流转，推动村庄工业化和城市化的重要合约安排。

这一合约安排之所以为大多数农民所接受，主要是基于：

第一，在土地经营上，郑各庄村召开村民代表大会通过决议，明确了土地只租不卖的思路，只是将土地经营权委托给了集团，集体土地所有权性质并未发生移转，也就是说，宏福集团只是通过出租方式获得了郑各庄村农民集体土地 20~30 年的使用权，集体土地所有权仍然握在郑各庄农民集体手中。这就避免了国家征地或房地产商买地开发导致农民集体丧失土地所有权。

第二，集团支付给农民集体每亩土地租金不低于 5 000 元，未出租土地则按 500 元支付。集团使用郑各庄村的土地，无论盈亏与否，都必须按时交付租金，保障了农民的土地租金，避免了农民直接参与市场经济的风险。

村民作为原土地使用权人，不参与土地经营，但享受土地租金，保障了农民的土地权益。集团在与村委会签订委托经营土地合同、交纳土地租金后，可以自行经营土地，也有利于集团做出整体规划，优化产业布局。

第三，村委会保证收取的土地租金，除公共福利外全部分配给村民，每年将土地利用情况、租金标准、租金收入及分配方案向农民张榜公布，保障了村民的知情权和监督权，使农民集体的土地租金得到足额分配。

（三）集体建设用地非农化的方式

在通过出租取得集体土地的经营权后，宏福集团对郑各庄村域土地采取了自用、入股、土地出租和厂房出租的方式，以推进村庄的工业化进程。

从 1998 年到 2007 年，宏福集团自用土地创办属于集团旗下企业 18 家，自用土地 410 亩；宏福集团以参股及合作方式引进企业 8 家，合作利用土地 515 亩；园区以厂房出租方式引入企业 27 家，占地 61 亩。

通过这三种方式，郑各庄土地被转化为企业用地 576 亩，占全村土地面积的 13.3%，占全村建设用地面积的 17.2%。正是通过土地的自用、集团参股、合作利用土地、租厂房和租地招商引资，到 2007 年，郑各庄已有企业 60 家，创造产值 12.8 亿元，上缴税收 7 000 万元。制造业产值和就业占到全村的 47.8% 和 14.5%，基本实现了村庄的工业化。

在自身大力发展、引入企业、推进工业化的同时，宏福集团还通过调整产业结构、大力发展第三产业、引入学校进入村庄聚集人气，推进村庄的城市化。为了适应产业结构的转型和城市化的进程，宏福集团在土地配置上也做出了相应调整：

一是自用 240 亩用于温都水城品牌相关的第三产业发展，实现宏福集团自身从原来以建筑施工为主导产业的集团向以旅游、宾馆、文化创意、会展等以第三产业为主的服务业的转型。

二是引入北京邮电大学软件学院和中央戏剧学院，聚集郑各庄的人气、文气，改变人群结构，提升购买力，使村庄工业化向城市化转型。到 2007 年年底，租用大学园区 112 亩，占村域面积的 2.6%。

（四）集体建设用地非农化的收益与分配

第一，村农民集体得到了一笔比原来种地时更高的土地租金。从村集体来看，按照原来的集团与村委会的合约，到 2007 年年底，集团已非农化的土地共 1 390 亩，按每年每亩 5 000 元计算，每年集团向村委会支付租金 698 万元，其中，自用 410 亩，交纳租金 205 万元；合作给村外企业 910 亩，租金 490 万元；厂房出租 61 亩。苗木地 60 亩，因属村内绿化配套，由物业公司按每年每亩 300 元标准补偿。暂未租用的 979.76 亩，由宏福集团按每年每亩 500 元标准补偿，两项加总，村集体每年从集团获得租金 698 万元。与农民原来经营农业的收入相比，村农民集体从土地确实获得了一笔很大的且有保障的收入，每亩地的收入上涨 15 倍。

第二，形成产业发展、村民居住、社区公共空间配置科学合理的用地结构。一方面表现为产业用地配置合理，第二产业用地占 13.5%，服务业用地占 62.4%，完成从工业用地为主向服务业用地为主的现代城市用地结构转型。另一方面表现为用地极其高效、集约。产业用地占比达 80%，公共用地只占 0.3%，企业和村庄办公用地只占 0.08%，与我国各大城市的宽马路、大广场、气派威严的政府办公大楼等公共用地占比过高形成鲜明对照。

第三，在村庄土地工业化、城市化进程中，受益最大的是宏福集团。集团创办的企业，在利用村庄土地时，只需要支付每年每亩 5 000 元的租金，这就大大降低了企业的土地成本，可以将大量流动资金用于企业发展。而且无论是早期办的建筑产业还是后期的宾馆、高档服务业用地，也只需要按原来集团与村委会的合约支付 5 000 元，对宏福集团来讲非常合算。

应该说，集团在发展中，不仅得益于获得村庄土地的便利，而且也利用村企合一体制大大压低了土地租金，降低了企业支付的土地成本。2004—2007 年，集团企业每年使用村庄土地 1 005 亩，共支付给村土地租金 1 931 万元，如果按市场土地租金算,这笔租金应该更高。另外,园区租地最初几年基本是平进平出,但随着租地改租厂房和产业升级以后,集团可以获得土地级差地租,通过产业升级提高土地租金,获得增值收益。

第四,每个村民以村民身份获得了一笔土地分红。在个人不直接经营的条件下,2007年,人均从土地收益中得到5 600元的回报,比自己承包经营时的300元提高了17.6倍。

四、政策意义

短短三十年,郑各庄这个本来普普通通的村庄就创造了那么多"奇迹"!这里发生的一切,核心是土地资本化的尝试,即在集体建设用地上创办工业及发展第三产业。这些突破不仅使理论工作者陷入深深的思索,也对现行政策带来巨大挑战。

(一) 关于土地资本化的收益归属

城市化的最重要特征是土地非农化以后带来的土地级差收益的大幅攀升。在城市化带来高楼大厦、带来马路及广场、带来人口聚集的背后,是各个利益相关者对土地级差收益的追逐,甚至血腥的争夺。

由于特殊的土地制度,中国的土地资本化收益的归属、使用和分配更显畸形。《土地管理法》规定,任何建设,要使用土地的,必须使用国有土地;农地转为非农建设用地,必须实行国家征用;在实行国有建设用地有偿使用以后,商业、房地产等经营性用地必须通过招拍挂方式取得,由此形成的格局是,政府成为土地级差收益的主要攫取者,房地产业的发展只能由开发商在国有的土地上进行,农民集体在得到按土地原有用途的一定倍数补偿之后,从此割断与土地的联系,被排除在土地资本化收益的分配之外,成为农民与政府冲突和群体性事件的主要根源。

在政策和法律的倒逼之下,地方和村级组织改变这种土地资本化归属和分配格局的企图也成"星火燎原"之势,各地的差异只在程度上的不同及是否由点扩展到面而已。从全国已发生的案例来看,政府垄断土地资本化收益以外的类型大致有两种：一种是在政府规划和土地管制框架下，政府在征用农民土地的同时，给农民集体以一定比例的"留用地"用于非农产业的发展，农民一般再以土地出租或厂房出租的方式，获得土地资本化的部分收益；另一种是农民集体自行将土地以出租或盖厂房出租的方式，获得土地资本化的收益。第一种情形将土地非农化纳入政府整体规划和发展框架之下，但农民只是获得很小比例的发展机会，并没有改变土地资本化收益大头被剥夺的命运。第二种情形是，农民获得了土地的部分级差收益，但农民只是当地主吃租，租金受外来企业的影响，波动很大。

郑各庄是农民集体将土地资本化的收益留在村庄的典型。与其他案例比较，郑各庄的土地资本化有如下几个特点：第一，村自己成立的股份制公司将自己村庄的土地租来经营，而不是由村委会从事土地的出租与经营，公司为了土地资本化收益最大化，比村委会更加注重土地的集约利用与经营；第二，房地产的开发和创办第三产业由本村企业进行，而不是只收取地租以后，由社会企业开发和经营，这样，房地产开发的利润被留在了村内，成为壮大村庄企业、扩张企业资本的主要来源；通过发展第三产业，不仅使企业获得了土地级差收益，而且同时也使村庄的产业得到可持续发展。因此，郑各庄案例与其他案例的最大不同在于：它不仅将土地资本化收益留在了村庄，而且还利用土地资本化发展了本村产业，收获了城市化带来的产业利益。

（二）关于集体土地的集约节约利用

从20世纪80年代中期以后，农民利用自己的土地自办工业、参与工业化进程至今，对于农民集体土地利用不集约不节约的抨击就从未停息过。事实上，我们观察，存在三种类型的土地利用不集约不节约：

第一种类型是各个大小城市的大广场、宽马路，超豪华的政府办公大楼，这些可以说是土地不节约利用的典型。之所以出现这些奇景，主要是由于以所谓公共目的的用途靠行政配置划拨的土地，不占白不占，从而导致大量稀缺土地的不集约不节约。

第二种类型是工业园区用地的不集约不节约。在各种级别的开发区、工业园区，由政府以各种优厚条件招商引资请来的大量企业，占用了大面积的地，有的占而不用造成土地浪费，甚至出现企业圈地以后等规划改变再招拍挂出让，形成工业园区的土地投机。之所以会出现这类情形，主要是由工业用地的协议出让制度带来的，政府以成本价甚至低于成本价供应，土地协议价与市场价产生巨大差额，从而导致企业多占地，带来土地的不集约利用。

第三种类型是农村宅基地用地的不集约不节约。各地超标的农民盖房，占用大量土地，尤其在一些明星村，一般将为农民盖别墅作为提高农民福利的方式，也显示出土地的不集约不节约利用。造成农村宅基地不集约利用的根本原因，也是由福利化的宅基地制度带来的。

与之相比，郑各庄的土地利用则实现了高度集约节约。这里的旧村改造没有走许多明星村让农民住别墅的路，而是让农民上楼，将节约出来的宅基地盖商品房配置给企业和教职员工，以及进行商品化出售；工业园区从租地、到厂房出租，到发展现代服务业，到提高引资门槛，到搬迁土地租金价值低的企业，处处、步步体现了土地的集约节约原则。之所以会如此，最根本的一条是，郑各庄的土地实现了商品化和资本化。因此，导致土地的不集约不节约的根本原因是土地的非市场化配置和不承认土地的商品和资本属性，与土地是集体还是国有制的性质无关。

（三）关于农民自主城市化的道路

我国目前占主导的城市化模式是：（1）政府低价征用农民土地，然后以招拍挂的方式出让土地，获得高昂的土地收益；（2）政府靠土地出让收入和土地抵押贷款，支持城市基础设施投资；（3）房地产商在通过招拍挂获得土地后，再以土地抵押和个人购房预付款进行房地产投资，形成国有房地产市场。这种城市化模式带来的弊病已十分明显：政府为了获得更多土地收入，热衷圈地，造成土地不集约；以土地抵押支撑的城市基础设施投资，造成政府财政和金融风险；政府独家垄断供地，推高土地价格，造成房价居高不下；政府低价征用农民土地，造成农民土地权益受到侵犯，形成政府与农民利益冲突。

与政府主导的城市化模式相比，以郑各庄为代表的农民自主的城市化，不仅没有形成政府投资造成的巨额财政和金融负担，而且农民土地利益也得到保障，更重要的是，作为解决旧村改造资金的一种手段，在解决本村农民住房的同时，还实现了大量土地用于非农建设，一定量的住房进入市场，不仅解决了村庄自主城市化的资金压力，也使买不起国有土地主导房地产市场房屋的群体有了安居之所。但是，按照现行政策，房地产开发必须使用招拍挂的国有土地，是否允许农民在节约下来的宅基地上开发的房地产进入市场，以及在政策执行层面，是否一纸之文就能将目前这种法不责众的现实予以禁止？

郑各庄的变化的结果表明：历史长期遗留下来的城乡二元结构的裂痕，正在被农民自己弥合；城乡二元结构所造成的城乡差距，正在被农民自己消除。弥合裂痕、消除差距的路径，就是让农民在自己的土地上建设城市。

（四）关于宅基地商品化

郑各庄旧村改造中尚有一些无法回避的问题亟待解决。

第一，郑各庄旧村改造中对原有村民的拆迁补偿政策与现行宅基地制度的不一致如何解决？按照现行法律，农村宅基地制度有如下特征：一是福利分配，只要是属于村集体组织的合法村民，就有权申请并获得一处宅基地；二是宅基地及其盖房的面积由各省、直辖市自行规定，不得超过；三是严格执行一户一宅。

郑各庄在旧村改造中，这几条都有所突破。其一，现有存量宅基地由村里集中使用，在拆旧换新后，每户不再有相对应的宅基地面积了，不仅现有村民不享有相对应的宅基地，而且未来新出生或婚入的村民也不可能分到宅基地了，宅基地的福利分配制度从此被打破。其二，按北京市的宅基地和住宅面积规定标准，郑各庄采取的办法是以空间换宅基地，即农民把原有的宅基地腾出来，给每个农户3~4套住宅的补偿，这样，每个农户的房屋面积比原来增加了，且大大超过北京市的农村住房标准，也突破了"一户一宅"的规定。

第二，这也是最为敏感的问题，农民宅基地上盖的房子是否可以对非本村人销售？这些购房者的权利如何保障？郑各庄土地资本化的关键是在解决本村人口福利化住房的同时，实行了对企业人员和教职人员住宅的半福利化和半商品化，以及对村外人口的商品化销售。

　　但是，法律和中央政策对宅基地商品化和资本化的倾向则是从收紧到禁止的。1985年的中央农村工作文件还允许"农村地区性合作经济组织以土地入股方式参与（小城镇）建设，分享收益或者建成店房及服务设施自主经营或出租。"1987年的《土地管理法》允许"城镇非农业户口居民在经县级人民政府批准后，可以使用集体所有的土地建住宅。"1998年修订的新《土地管理法》提出了"农村村民一户只能拥有一处宅基地，农村村民出卖、出租住房后，再申请宅基地的，不予批准。"1999年，国务院办公厅发布的《关于加强土地转让管理严禁炒卖土地的通知》（国办发〔1999〕39号），明确提出"农民的住宅不得向城市居民出售，也不得批准城市居民占用农民集体土地建住宅。"2004年《国务院关于深化改革严格土地管理的决定》（国发〔2004〕28号文），"禁止城镇居民在农村购置宅基地"。在政策处于禁止的状态下，在郑各庄获得住房的企业员工和教职员工的房屋产权只能处于灰色或非法使用状态，对住房者的住房权利的保护和社会的稳定都构成挑战。

　　此外是农民宅基地权利的保障问题。农民从老宅基地搬进楼房，在现有面积和住房条件上都比原来有所改善，但是，原来的住房是生产生活之所，现在的楼房就是单一的居住生活之所，在郑各庄由于工业化先于城市化，非农就业机会多，农民上楼以后的工作生计还不是问题，但是，当将这一模式移植到其他村庄，进行简单的以房换房、腾挪宅基地时，如果上楼后的农民就业机会不充分，就会成为一个社会问题，此其一；其二，未来出生的人的宅基地权利如何保障也是一个问题。我国对城乡人口实行完全不同的住房政策，对城里人实行的各种住房优惠政策农民都无法享受，因此，旧村改造是一种一次性的安置，对未来新出生人口、结婚进入人口以及由人口变动带来的分家，都会成为旧村改造的后续遗留问题。对于郑各庄的决策者来说，这些问题也必须要面对并加以解决。

　　第三，节约出来的土地上盖的房子收益是属于集团的还是属于农民集体的？也就是说，土地资本化的收益应该归谁，按什么比例分配？正如我们在前面所分析的，在旧村改造后，从土地资本化的角度看，最大的受益者是宏福集团。

当然也不可否认，集团通过旗下的公司为郑各庄的基础设施投资和村民福利的改善做出了重大贡献。但是，旧村改造后产生如此大一块乡村房地产收益，这其中应该包括三大利益相关者：一是宏福集团的环境改善和基础设施投资；二是郑各庄村民集体节约出来的宅基地在转为房地产以后的土地级差收益；三是国家本应征收的土地价值增值税，但因为没有这一税种而留在了开发企业。因此，我们认为，如果将来在政策上给乡村房地产开一个口子，就必须重新划分开发商、土地所有者、国家之间在土地利益上的分配比例。

（五）关于集体建设用地进入市场

郑各庄集体土地非农使用模式对我们的法律和政策提出了巨大挑战：第一，郑各庄实行的是村企合一体制，自己村的企业将村里的地以合约形式租过来开发自用或再出租，到底算不算自用？第二，从郑各庄集体土地用做非农用地的结构来看，大部分土地是自用、租给参股企业使用，或由村企业盖厂房以后出租，只有少量属于村企业直接租地给外村企业，因此，从用地成分来看，我们认为郑各庄农民集体土地转为非农用，最主要的是缺少土地转用手续审批这一环节，而不是大面积的非法用地。

在郑各庄案例中，村民集体土地委托出租给集团经营的合约和实际租金分配，也有值得商榷的地方。

一是，农民集体的土地租金不管做何用途，都是 5 000 元，尽管它和农民种粮收益比，目前来看是一个不低的租金，但是，它没有考虑所有者的时间动态租金，也没有考虑到土地转为其他产业尤其是第三产业以后的级差地租。

二是，村委会从集团获得土地租金后，是否要扣除福利以后，再进行村民的租金分配，也有待商榷。在郑各庄的操作中，2004 年以后才开始有大的村民租金分配，而且村留成比例仍然偏大，我们认为，随着土地上产业收入越来越大，以及土地级差收益越来越明显，农民对土地租金及其分配的看法会越来越大。我们建议，首先集团和村委会应尽量将土地租金发放到农户，其次，考虑土地租金的级差部分。

第十四章
北京市朝阳区高碑店乡调查

随着城市化的进程，城市版图不断向农村延伸，农民土地被政府征用变为国有，原住民在失去土地后进入城市就业大军；原先这块土地上生长的产业和企业逐渐被取代或"升级"；已有的村社从封闭走向开放，大量非本地人口进入居住或就业。这些区域通常被称为"城乡结合部"。它既是城市化的一道风景，也记载了原住民在城市化浪潮下的命运转换，更成为城市政府利益博弈中一块"最烫手的山芋"，也是治理上最棘手的区域。

北京市朝阳区高碑店乡位于朝阳CBD东侧，素有东长安街延长线第一乡之称。20世纪90年代末以来，城市化的快速推进和北京城区的东扩，使这里成为典型的城乡结合部。随着大量国家和市级重点工程的实施，大量农民土地被征占，农民在自己土地上发展产业的空间被大大挤占，社会矛盾激化，群体性事件频发，高碑店成为北京市集体上访第一乡。经过近十年的努力，高碑店乡不仅解决了大量社会矛盾，而且乡域经济综合实力不断增强，区域整体环境发生巨大变化，进入人民生活水平显著改善与社会和谐发展的良性轨道，这里积累了大量在城乡结合部化解矛盾和谋求发展的经验。

本章内容基于对高碑店乡的实地调查。通过与各级政府、被征地农民、上访户及村庄领导人的访谈，利用大量第一手资料，揭示了城乡结合部面临的突出矛盾，总结了高碑店乡解决矛盾与冲突、构建社会和谐的主要做法和经验，并在此基础上，结合高碑店的做法，提出了城市化进程中解决"城乡结合部困境"的政策建议。

一、城市化进程中城乡结合部面临的突出矛盾

高碑店乡位于北京市朝阳区境内,地处京东长安街延长线上,乡域面积1 533.6公顷。20世纪70年代末以前,高碑店乡经济主要以农业、种植业为主,是北京市的蔬菜供应地之一。80年代后期,农村工业化进程大大加快,工业收入从1978年的65万元上升到1997年的6.1亿元。从90年代末期开始,尤其是21世纪初以来,随着北京市整体规划和城市建设东移,高碑店乡由于其突出的地理区位,城市化进程大大加快。从行政管理来看,1993年8月开始,高碑店乡人民政府(代表农村政府)和高碑店地区办事处(代表城市政府)两套体制并存,成为典型的城乡结合部行政管理模式。1998年下辖高碑店村、半壁店村、高井村、北花园村、八里庄和18个社区。辖区内有中央市属单位68家。全地区总人口约18万人,其中城市居民8.4万人、流动人口5万余人、农民2 478人。除人户分离外,流动人口超过了本地人口。

但是,伴随城市化的进程,出现了大量经济社会问题,农民与政府、农民与企业、农村内部矛盾和冲突加大,在以下几方面表现尤为突出:

第一,农民集体土地已基本被征占。90年代以前,高碑店乡是拥有大量农地的传统农业乡。随着城市化的到来,大量市政基础设施、大型企业占地和绿化占地共计1 482公顷,1998年全乡土地已被征占完毕。一是市政基础设施占地。六条铁路、一条高速公路、两条城市快速路、六条城市主干道和五条河流、沟渠,加上高压线走廊穿越该乡地域,其中公路占地148.01公顷,铁路占地97.03公顷,河流占地76.75公顷,高压线下覆盖面积77.6公顷,合计399.39公顷。二是国家重点工程及国企占地。北京高碑店污水处理厂、华能电厂等9个国家重点工程,华润饭店、道桥公司等6家国有企业,以及妇联小区、建材开发小区等7家国有企业开发小区,共占地516.57公顷。三是绿化占地。作为北京第一道绿化隔离带地区,高碑店乡绿化隔离地区用地面积566公顷,其中绿化用地总面积431.69公顷。

第二,失地农民就业无着落,失业率上升,实际生活水平下降。高碑店乡从1993年到2002年年底,因为国家建设征地转居、转工的农民共有10 765人,

其中农转工自谋职业人员 8 600 余人，自谋人员中仍由乡村两级安置工作的 7 491 人，2004 年在乡里要解决就业安置的人员共 8 932 人。到 2002 年年底，该地区农民、农转工自谋加城镇下岗失业三种类型的失业人员 5 950 人。

截至 2004 年 5 月，还有失业人口 2 539 人，其中农民 190 人、农转工自谋 356 人、城镇失业 1 993 人、乡管劳力失业人数 546 人。失业率仍然高达 6%。除了显性失业严重，就业安置局面也十分严峻，本地区自管的劳动力安置人员 6 192 人，由各村安置 2 190 人，社会企业单位安置 1 336 人，个体自谋职业及弹性就业 2 666 人，把在企业工作的 1 336 人除外，滞留在村级的 2 000 多人，再加弹性就业无保证的 2 600 多人，仍面临着近 5 000 人的就业压力。更为严峻的局面是，给失地农民一次性货币安置的农转居，无法解决农民长远生计，成为最突出的社会隐患。在历次占地中，该地区因征地农转居人员共有 10 765 人，其中农转工自谋职业人员 8 600 余人，是朝阳区农转居、转工最多的乡之一。这些人员由于受到文化、知识、技能以及年龄等各方面因素的影响，离土后再就业能力较差。据对 3 896 名农转工人员的抽查，尽管有 54.1% 人员就业，但只拥有初中学历的人员达到 68%，没有职业资格证的人员达到 71%，实际有正当职业的不足 30%，70% 以上的人员没有正当职业。在没有正当职业的人员中，35 岁以下的占到 47%，表明年轻人在城市化环境下的就业竞争能力也不强，那些年龄偏大的就业者就更为困难了。这些农转工人员除了一次性领取 3 万元货币补偿外，城里人享有的养老、医疗、失业等社会保险待遇与他们无关，待这笔钱吃光用尽后，就成为既失地又失业的社会弱势群体。2001 年北京市政府出台农转居人员低保政策，但由于享受该政策的前提是必须补缴社会保险，全乡只有 300 余人享受这一政策，造成农转居人员既找不到工作，又享受不了低保，群众怨气十足。对于这些已拆迁的农转工自谋人员，拆迁前自已有住房不用交房钱，还可腾出部分房屋出租增加收入，至少不用为基本生活问题犯愁。但是拆迁上楼后，工作没有了，房屋出租收入也没了，还要支付管理费、水电费、取暖费等物业费用，形成强烈的心理落差和不满情绪，于是铤而走险，开始集体上访，要求解决吃饭和养老问题，由此演化成社会问题。

第三，地方产业用地受到挤压，农民集体失去生存和发展空间。按照 2000

年控制性详规，高碑店乡变成绿隔地区（占地561公顷）和城区（占地947公顷）两部分，给本乡留下的发展空间就仅有产业用地35.96公顷和开发建设用地81.16公顷。

保留的35.96公顷产业用地是为了解决2 088个农业劳动人口（以1996年数测算）的就业问题。第一块是高井产业用地12.54公顷，用于解决高井四个自然村2 919名劳动力的就业和保障等问题，但被北京富华紫檀木宫廷工艺品有限公司征用5.9公顷，只剩下6.64公顷；第二块是北花园产业用地16.52公顷，用于解决北花园四个自然村2 805名劳动力的就业和保障等问题，但被中建一公司工程局征用1.5公顷，只剩下15.02公顷；第三块是高碑店产业用地5.02公顷，需要解决高碑店绿隔内东区的4 608名劳动力的就业和保障等问题；第四块是半壁店产业用地1.88公顷，用于解决半壁店绿隔内三个自然村的4 057名劳动力的就业和保障等问题。全乡需要解决的就业安置人员共8 932人（其中农业劳动力1 441人、转工自谋人员7 491人），拟留的产业用地本身就无法满足劳动力安置需求，实际可用的产业用地还少于规划产业用地7.4公顷，发展空间更加受限。

全乡按规划的2008年建设用地80.16公顷，也分为4块。第一块是兴隆小区，分为南、北两区域，分别占地16.65公顷和7.38公顷；第二块是北花园小区，占地19.86公顷；第三块是高碑店陶家湾小区，占地16.69公顷；第四块是半壁店小区，占地19.58公顷。按照规划规定，这四块地用于解决包括在绿隔范围内的高井全部4个自然村、北花园全部4个自然村、高碑店绿隔范围内的东区、半壁店绿隔范围内的3个自然村的拆迁，共涉及6 847户、16 738人，住宅拆迁158万平方米，涉及集体企业281家，约合77.6万平方米，拆迁后完成绿隔全部绿化任务432公顷。建设用地明显不足，拆迁和安置压力明显过大。

除了这两片留地安置外，在绿化隔离带区域内，本来还有一些以前形成的企业或留下来的违章建设企业。这些企业大多属于劳动密集型企业，许多农转居、转工人员就安置在这些企业内，他们靠吃集体企业积累的家底维持生计。但是，一旦这些企业被拆迁，这些人员就失去了工作，也就失去了生活来源。如在五环路绿化隔离带建设中，该乡就拆迁企业117处，建筑面积达23.1万平方米，涉及各村 1 300 余名劳动力需要重新安置。该乡只有 180 亩耕地，一产已经消失，在绿化隔离带建设过程中，又一时难以形成有经济效益的绿化产业。同时，由于众多租地企业迁移、村队企业解散，一些有发展前景的企业很难保留，安排就业的难度逐年增大。

第四，拆迁费用攀升，城中村改造面临资金不平衡。为了完成城中村改造，北京市政府批准其通过房地产开发，实现旧村改造，并带动绿化任务的完成。按照规划，要完成三期房地产业开发，需拆迁 7 932 户、21 483 人，拆除建筑面积 81.7 万平方米；需拆迁企业 553 家，建筑面积 62.8 万平方米；拆除总建筑面积达 144.53 万平方米。预计房地产建筑面积 220 万平方米，总投资 88 亿元。除一期兴隆家园开发已安置 379 户、1 023 人，拆除企业 159 家、建筑面积 27.2 万平方米外，大量的拆迁任务要在三年左右时间内完成。

从已实施的兴隆家园小区开发情况看，兴隆家园于 1997 年开发建设，应带动四个自然村的拆迁。到 2008 年已完成了高井、太平庄、兴隆庄三个自然村的拆迁，还余下白家楼村未能实现拆迁，未实施拆迁的主要原因就是资金问题。兴隆家园 1997 年开发项目总建筑面积 56.2 万平方米，可销售面积 45 万平方米，销售额 27 亿元，拆迁总户数 881 户，拆迁总面积 69 612 平方米，当时拆迁成本为 2 200 元/平方米，总金额 15.3 亿元，工程费用约 10 亿元，也就是说该项目可盈利约 1.5 亿元。另外，兴隆北区由乡与国锐公司共同开发，拆迁建设等费用由国锐公司投资。国锐公司给乡里补偿 3 万平方米物业，约合资金 2 亿元。两块加总，兴隆家园共盈余资金约 4 亿元。轮到 2005 年白家楼拆迁做成本匡算时，共拆迁面积 91 417.95 平方米，按每平方米拆迁费用 7 200 元计算，需用资金 6.4 亿元；另外需拆迁企业 64 个，建筑面积 233 185 平方米，需要资金 4.7 亿元，两项共需要资金 11.1 亿元。显然，兴隆家园全部开发的盈余资金 4 亿元与白家楼拆迁费用 11.1 亿元相比，还有 7.1 亿元的缺口。但是，到 2007 年准备实施拆迁时，原住民每平方米拆迁成本已达 15 000 元以上，总拆迁费用上升到约 13.7 亿元，企业拆迁成本上升到约 8.86 亿元，两项合计高达约 22.56 亿元，资金缺口高达 18.56 亿元。越往后所需资金越多，资金缺口也越大，资金无法平衡，开发也就无法进行。

第五,大面积征占土地,农民生活水平下降,引发群体性和突发性事件。城市化既给本地区带来了繁荣和发展,同时也引发了许多不稳定的因素,凸现出来的矛盾和问题越来越多,越来越复杂,突出表现为群体性事件频发。1998年以来,高碑店乡多次发生农民集体上访,引发群体性事件,成为北京上访第一乡。

第六,农居混杂、人户分离和外来人口集聚带来社会管理的极大困难,成为影响社会稳定的火药桶。高碑店乡8 600余农转工自谋职业人员中绝大多数离土不离乡,仍然与各村农民居住在一起,但村规民约对他们已不具备约束力。特别是在村域规划上,违章建筑已成为这些群众保障生活的理由,而违章建筑的出租又连带出对外来人口管理上的负担。据统计,2004年人户分离人口4.1万余人,而且还在不断增加。随着通惠家园、兴隆家园等小区开发建成,新迁居民不断增多,但一些诸如学校、医院、超市等配套服务设施相对滞后,造成了许多居民人入住、户不迁,人户分离给社会管理带来极大困难。全地区人口中,人户分离和外来人员多达6.7万人,占58%左右。在全地区720个企事业单位中,中央单位19个、市属单位61个、区属单位26个、无主管单位503个,计609个。还有13个不够成立居委会的物业单位和6个建筑工地、63个外来人口聚集地等。加之地区流动人口众多,仅四惠总站每天流动人口就近10万人,使公共秩序、社会治安问题十分突出。

流动人口数量增长快,给社会治安治理带来困难。高碑店作为典型的城乡结合部,辖区人口11.5万人,其中2004年流动人口30 478人。据不完全统计,在高碑店地区流动人口与当地常居人口的比例几乎是1∶1。高碑店地区高密度的流动人口聚集,使地区的市政设施、管理能力不堪重负,而且流动人口造成了环境脏乱、治安秩序紊乱,犯罪率明显上升,因此高碑店地区成为影响社会治安的重灾区。从2004年上半年刑事犯罪人员统计看,流动人口犯罪占犯罪人员总数的73%,最高月份高达89%,其中绝大多数为"三无人员"。

二、朝阳区高碑店乡的做法与政策创新

城市化繁荣了城市,挤压了农村;原来低矮的房子变成了房地产商盖成的

高楼大厦；农民在自己土地上发展的小产业变成了大型企业；土地收入上收到了上级政府，而土地征用产生的大量问题留给了乡村两级组织。面对城市化过程中城乡结合部如此多棘手的问题和矛盾，高碑店乡在短短几年时间内，从一个"叫农村无农业，称农民无土地，农转居无工作"的三无乡，转变为北京的"十富乡镇"和"最美丽乡村"，从一个"上访大户"转变为和谐乡村，从我们调查了解的情况来看，其关键在于地方政府和基层组织真正将工作重心转向民生，并采取了切实有效的举措。

第一，帮助失地农民解决就业成为各级地方政府第一位的工作。对于失地农民来讲，最大的问题是，在农转工变成自谋职业者以后，失去了就业机会，这是导致他们生活状况恶化的主要原因。面对如此大的失业群体，乡村两级决定把扩大就业、促进再就业放在稳定和发展的首位。

（1）及时、准确、细致地掌握辖区内劳动力状况的一手资料，包括劳动力数量、构成、就业情况、文化程度、技能、家庭收入、本人就业愿望等情况。实行一人一卡，建立高碑店地区失业人员资料库。

（2）搭建就业服务平台。成立由党政正职负总责，主管副主任具体负责，由劳动科、社保所、村委会、居委会和用人单位参加的劳动就业服务平台。

（3）成立工商企业联席会。依托由100家企业组成的高碑店地区工商企业联席会，政府与企业双方签订协议书，企业保证按比例安置本地区富余劳动力，实行空岗信息报告制度；政府承诺向签约企业提供优质服务，为企业解决实际问题。

（4）拓宽就业渠道。乡、村两级先后成立绿化队、保洁队、保安队、维修队、联防队等尽可能多地吸纳农转工人员，社区居委会通过早餐工程、建废品回收站、蔬菜进社区、家政服务等形式，多方位、多层次安排就业。

（5）提供培训服务，提高失业人员素质。政府组织对失业人员的各种职业技能培训，内容涉及物业管理、办公软件应用、计算机文字录入、社区保洁、花卉园艺、电工，与相关职业院校联合举办汽车修理、导游、机电、数控等培训班。失地人员培训后取得职业资格证书的，乡村给予50%经济补贴。

（6）召开用人单位和失业人员参加的招聘会。在掌握劳动力状况、用人单位空岗信息基础上,组织就业招聘会。

(7) 开展"一对一"就业指导。地区社保所、村委会、社区劳动委员每周二、五对有求职愿望的失业人员进行就业指导。

(8) 开展劳动技能竞赛。将职业技能培训、岗位练兵、再就业和职业技能鉴定结合起来,组织职业技能大赛。仅 2005 年就通过各种形式帮助 1 045 人解决了就业问题,717 人参加劳动技能培训,并取得职业技能证书,333 名农民劳动力参加了引导性培训,232 人取得职业技能证书。2004 年,全乡已引导就业 5 281 人,就业率达 90.6%。

第二,培育与城市接轨的附加值更高的产业,带动地区经济与城市经济共融,促进农民收入和福利增长。城市化的到来,确实使本地产业发展和农民增收空间受到制约,但也为地区发展产业提供了新的机遇,因为城市化聚集了人口,提升了人气,如果能因应变化,发展适应城市化的产业,不仅可以提高土地利用效率,而且还能使农民集体收入增加。为此,高碑店乡以区域功能调整为契机,进一步优化发展环境、优化空间布局、优化产业结构,以建设富民、人文、平安、环保、诚信、文明高碑店为工作目标,明确提出了重点发展"民俗文化产业、传媒文化产业、时尚文化产业"的思路,带动文化产业链、汽车服务产业链、都市工业产业链和房地产开发产业链的发展。

(1) 培育了"高碑店古典家具一条街"品牌,并以此为龙头打造出特色文化旅游产业。兴建了华夏民俗园、华膳园、水乡茶楼一条街,还将建设兴隆主题公园、中国传统手工艺博物园、北京现代手工艺品商业步行街;恢复平津水闸原貌,建古运河博物馆、古碑林、古树园,文化旅游产业走廊。高碑店的古典家具已远销欧美、东南亚等十几个国家和地区,年销售额突破几亿元,拥有上百家大型海外客户。古家具产业的发展,使村民的居住性资产转变为经营性资产,庭院经济、胡同经济和废墟经济得到大力发展,促进了农民就业和收入的大幅增加。

(2) 全力打造现代服务业和现代制造业。引进了世界五百强——泰国正大集团易初莲花超市,建设财满街商业区、分时旅游度假酒店、白云生活广场等;以北京汽车制造厂为重点,发展汽车制造和家具制造等产业。

（3）凭借地处中央电视台、北京电视台、凤凰卫视新址和中国传媒大学之间的独特优势，促进原高井工业区的产业调整，打造由传媒总部基地、室内影视全程制作中心、传媒产业科技交流与会展中心、新媒体研究与培训中心、艺术家会所、传媒大剧院等组成的高端传媒文化产业。

（4）以服务于北京CBD为目标，以北花园村为核心打造以时尚设计、展示及艺术沙龙等为主要内容的时尚文化产业。仅传统文化产业一项就吸纳了高碑店乡的所有剩余劳动力，不仅以前的失业农民实现了稳定就业，而且不少农民也通过自我创业走上了致富道路。全乡初步形成了传统、传媒和时尚"三大文化产业"的协同发展格局。

第三，健全失地农民社会保障和救助体系，建立社会安全阀。对失地农民而言，社会保障与劳动就业是一对孪生姊妹。征地既导致他们失去就业机会，也使他们失去了生存保障。就业的创造要通过劳动者技能的提高、产业的发展和政府的帮扶多种力量来合力解决，而失地农民保障的解决则是政府在征地时必须马上考虑的事情，因为保障的提供能起到稳人心、解决被征地者燃眉之急的作用。为此，高碑店乡政府在下大力气解决就业的同时，又通过社会保障措施的建立和"民心工程"的实施，在一定程度上解决了被征地农民的生存问题。包括：

（1）竭尽全力做好社会保障工作。对辖区内家庭人均收入低于290元的特困残疾人、患有疾病者、年龄偏大而找不到工作的人、单亲家庭，以及符合条件的困难家庭，实行应保尽保。为160户、352人办理了最低生活保障金，妥善解决了他们的生活难题；按照市、区、乡、个人4:3:1:2的比例共同分担原则，为3 703名农转工自谋职业人员一次性分担了1 400多万元，实现这部分人员与城市居民的社保接轨，基本解决了十几年来失地农民的基本养老保险问题。

（2）提高农转居、转工人员的生活补助。由于市区两级对农转工自谋职业人员退休后没有相应的政策，致使部分农转工人员退休后无生活经济来源。高碑店乡党委、政府对女满50岁、男满55岁的人员实行生活补助，保证向他们每月发放150～300元不等的生活补助费，以解决老有所养的问题。全地区共有1 109人享受这方面的生活补助，每年用于此项的经费开支达336万元。此外，还对3 065名农转居育龄妇女、1 560名独身子女及600余名超转人员给予了关怀与照顾。

（3）成立社会捐赠工作站。开办北京首家"爱心超市"，充实捐赠站职责。该工作站收到来自48家单位和376名个人的捐款13万余元，捐物4 000多件（套）；发放救助物品6批，136家特困户受益。

（4）开展"百家暖民心工程"。确立社会救助对象、城镇低保户、优扶困难户、残疾人、空巢老人、老党员困难户、单亲家庭困难户、独生子女困难户、下岗家庭困难户为帮扶对象，采取办事处—社区—村三级组织对特困群体进行动态管理。确定了137户困难家庭为需要帮扶对象，帮助安排就业7户，办理低保26户，办理重残5户，解除困难家庭4户，为1 393户发放慰问金41.95万元。

第四，建立社会矛盾预警和调处机制，积极防范和妥善处理群体性事件。作为北京东部典型的城乡结合部，朝阳区高碑店乡党委、政府深受群众信访问题的困扰，特别是越级群体上访现象时有发生。他们积极探索控制越级集体上访长效机制，构建起大信访工作新格局，为化解农民与政府冲突，控制群体性事件的发生积累了大量经验。

（1）严格执行"属地管理、分级负责、归口办理、谁主管谁负责"的工作原则。机关各主管领导、主管科室明确责任，属于哪个部门职责范围内的事，由哪个部门负责处理，涉及面比较广的与有关部门共同研究处理。各村、各单位对本辖区和本单位发生的群众上访事件负全责，各总支加强对本辖区群众和单位的摸底分析，分层次排队，研究可能发生集体上访的各种因素和隐患，制定措施，落实责任制，一旦发生问题，及时与有关部门沟通，研究解决办法。

（2）做好上访预警，及时化解矛盾。做好早排查、早发现、早调处、早解决，做到思想到位、认识到位、工作到位、措施到位。在全地区进行拉网式排查工作，对本辖区的不稳定因素进行摸底，掌握第一手材料；就各个阶段发生的问题及时研究处理意见，尽快解决，防止矛盾激化。对排查出的不稳定因素，深入分析，把矛盾化解在萌芽状态，把问题解决在基层，对以前发生不稳定问题的地区进行跟踪，密切关注；对正在开展的重点工作，认真组织，安排得力的工作人员，强化各项政策的学习、培训和宣传，对群众提出的问题依法、依有关政策进行解答。通过排查，及时发现和化解各种矛盾，变群众上访为领导下访，把为民解决困难作为信访的出发点和落脚点，将群众的问题和困难解决在"家门口"。

（3）加强网络建设，建立大信访长效机制。一是成立控制越级集体上访领导小组，建立队伍网络。由党委书记、乡长任组长，主管领导具体负责，分管领导按分工具体负责，机关科室参与，各村具体抓落实；二是信访制度化，坚持领导接待日制度，每星期一至星期三为领导接待日；乡领导干部包村制度，成立集体上访接待小组；各村配备专兼职信访干部，设立群众来访接待制度；信访信息员工作制度，成立信息员工作队伍，发挥党员干部联系户及村民小组长的作用，包片、包户落实责任制；建立信息反馈制度。各村信息要求快、准、实，信息报送的时间要在事发的萌芽状态或初发阶段；建立人大代表接待和走访选民制度，乡代表要按选区经常走访选民，反应选民意愿，听取选民呼声，为促进地区的稳定做出应有的贡献。三是明确信访接待程序。接到信件后，经办公室登记造册，报送具体负责人批阅后交有关部门处理；接到个体上访和小规模的群体上访，办公室根据反映问题的内容，协调有关部门解决，并进行登记；如发生较大规模的集体上访反映的问题比较复杂，由具体负责人、有关主管领导进行接待，协调解决，并及时报乡主要领导；如发生重大集体上访，反映的问题比较复杂，有可能造成不良影响，具体负责及有关主管领导在调查了解情况后及时报主要领导研究解决。四是进行具体责任分工。一名副乡长负责地区内居民、村民民事调解、劳动纠纷、劳动就业等分工内的信访事宜；一名副乡长负责规划、拆迁、企业改制、资产处置等分工内的有关信访事宜；一名副乡长负责治安、医疗卫生等方面分工内的信访事宜；一名有威信的老同志负责辖区社情民意的调查、走访，对发现的不稳定因素及时汇报，并提出解决方案以完成领导交派的任务。机构内其他的成员应经常深入基层，倾听群众呼声，发现问题及时解决，不能解决的及时向主管领导汇报，完成临时交派的任务。

第五，加强流动人口管理，构筑城乡结合部流动人口管理与服务体系。在高碑店乡，流动人口已超过本地人口，如果没有流动人口的正常生活工作秩序，不给他们同等的管理、同等的服务,就不可能维护地区的繁荣与稳定,更谈不上建设和谐社会。因此,乡党委、政府把流动人口管理教育作为基层党委和政府一项重要的基础性工作。

(1)将流动人口管理纳入政府管理内容。党政齐抓共管,形成合力,确定了党建带团建、工会、妇联的流动人口党建工作管理体系;乡、派出所、村三级流动人口管理站的专群管理体系;流动人口协会的自治管理体系;加强人大、纪检、劳动、群众四大监督体系,解决流动人口劳资纠纷。

(2)通过建立非公经济党建工作,寻求对流动人口管理教育工作的突破口。在非公经济组织中成立党支部;成立流动人口党支部,设立流动人口党员服务站,使流动人口管理教育有组织保障。

(3)落实岗位责任制,把流动人口教育服务贯穿于管理之中。一是摸清底数。乡、村两级都建立健全各类台账:出租房屋登记台账、流动人口登记台账、重点出租房屋台账、重点暂住人员台账、协管员记录台账、协管员工作考勤等流动人口管理工作台账。二是落实责任制。成立了流动人口管理领导小组及各级管理服务站。流动人口管理领导小组,具体负责对流动人口管理工作的领导;地区流动人口办公室,具体负责流动人口的各项管理工作,抓好流动人口的管理与服务;地区流动人口办证中心,具体负责办理流动人口暂住证及相关业务;流动人口管理站,分别设高碑店村、半壁店村、北花园村、高井村、八里庄社区五个流动人口管理站,管理人员共 105 名。三是加强检查考核。各村普遍做到"七检查",包括检查治安责任保证书、防煤气中毒责任书、出租房屋备案登记,暂住人口填表登记、贴照片、出租房屋平面图,每个家庭和单位民警提示牌,以及"流动人口婚育证明"或"流动人口临时婚育证"等。四是搞好服务。按照"公平对待、合理引导、完善管理、搞好服务"的指导方针,重点加强对流动人口就业的服务,并将流动人口的就业指导、职业介绍、技能培训、劳动技能竞赛等,纳入"千人就业行动计划";为流动人口子女入学服务,协助建立流动人口子弟学校 3 所、幼儿园 2 所,解决其子女入学 664 人、入托 252 人;为流动人口特困群体服务。对在辖区内居住一年以上的 5 户流动人口特困家庭发放"爱心救助卡",使他们能够在北京市首家"爱心超市"领取到比较称心的生活用品，其子女也可以领到崭新的学习用具，让更多的流动人口感受到温暖；专门聘请派出所民警为专职指导员，既加强对流动人员的管理工作，又讲解法规有关知识，帮助流动人员维护自身的合法权利，警民共同做好流动人口工作。

三、解决"城乡结合部困境"的政策建议

综观世界史，城市化是推动社会进步的最有效制度，是一个不可逆的进程。在城市化的快速推进阶段，也会出现收入分配差距的拉大和社会矛盾的加大。但是，从全球各国或地区的城市化经验看，我们能找到城市化加剧社会分化和冲突的个案，也能找到城市化让大多数群体受益、从而促进社会进步与和谐的个案。我国过去20多年的快速城市化，在很大程度上矫正了国民经济结构的扭曲，成为拉动经济高速成长的主要力量。但是，与之伴生的社会矛盾和冲突的加剧，又是一个不争的事实。造成这种局面的原因，既有城市化进程中的不可避免性，也有我们制度设置和政策上的缺陷，其中最大的弊端是，城市用地必须实行征用和转为国有，导致原住民失地失业，被排斥在城市化进程之外。城市化推进到哪个村庄，那里的农民就失去土地，在获得土地原用途的数倍补偿以后，进入城市就业大军。他们不仅无权分享土地增值收益，而且成为城市化浪潮的边缘群体和弱势群体。这是形成"城乡结合部困境"的制度性成因。

高碑店乡在高速城市化阶段出现的问题，只是我们过去城市化进程中所出现问题的缩影。据预测，我国的城市化进程要在未来30年完成，如果不改变现在推进城市化中的制度性缺陷，矫正严重不公平的"城市偏向"，继续将广大农民排斥在城市化进程之外，城市版图的扩大，也将意味着类似高碑店这样的"城乡结合部"版图的蔓延，也即意味着社会矛盾和冲突波及面的扩大，由此将导致城市化和现代化进程的中断，其后果是不堪设想的。为此，我们结合高碑店个案就城市化进程中如何解决"城乡结合部困境"提出相关政策建议。

第一，扼制以推进城市化为名、通过规划和行政区划调整推行土地国有化。从我们在高碑店乡的调查发现，城乡结合部问题的成因，是伴随城市化进程，

农民土地被变性为国有，从此失去土地所有权、使用权和收益权，城市化的阳光不仅没有照耀到这些农民身上，反而要他们以失去土地等生产资料、离开原来的产业为代价，成为"三无"人员。因此，解决"城乡结合部困境"的关键，就是要改变这种土地国有化、农民被排斥在外的城市化模式，让他们能够以自己的土地和劳动力参与城市化进程，分享到城市化带来的进步成果。尤其要引起重视的是，近年来，地方政府为了推进城市化，通过规划控制和县改市、市改区、村改居等行政调整，将农村纳入城市版图。规划控制的具体做法是，城市政府担心未来城市拆迁成本和城中村改造成本加大，于是通过规划修编，将农村区域纳入城市规划，实行规划控制，不允许农民利用土地和发展产业，既造成土地的不节约利用，也使被规划控制的农民失去发展机会，收入水平下降。行政调整的具体做法是，为了将农村版图纳入城市版图，通过行政升级，将农村纳入城市管理范围，在行政体制改变的同时，农民的土地也被以征用方式变成国有了。其结果是，政府圈占了大片土地，以土地出让获取土地利益最大化，房地产商从政府手中拿地，靠房地产获取暴利，这种原住民被排斥在外的城市化，尽管增加了城市政府的收入，高楼大厦林立，但农民与政府冲突日益加大，造成社会不稳定。因此，在规划上严格控制城市政府通过城市建设规划修编扩大自己的版图，对于各地的县改市、市改区、村改居等行政调整，可以改变行政管理体制，但不能以此改变农民土地集体所有制。

第二，在产业和规划上给农民保留一定的发展空间，参与城市化进程。城乡结合部面临的最大问题是，当城市化到来时，原有集体组织和农民的发展空间反而被大大压缩了，一旦变成城市，他们就彻底丧失了发展空间和机遇。要解决城乡结合部的问题，就必须在城市化推进中，为原有集体组织和农民保留一定的发展空间。对于政府大型工程占地，应保留一定比例的留用地给农民集体办市场和发展产业。对于市场化进入的部分，在产业布局和规划上一定要保证农民集体的参与，为原住民预留产业发展空间，以保证农民集体通过产业发展解决就业、增加收入。随着城市化进程，城乡结合部发展也必然面临产业转型，推进"退二进三"，因此，在给农民集体预留发展空间时，既要保留一定比例的产业用地，也要保留一定比例的建设用地，给农民发展三产（服务业、物业和住宅业）。

第三，以城乡结合部为切入点，进行土地政策创新和试验，保障农民以土地参与非农建设的权益。党的十七届三中全会明确表示，在土地利用规划确定的城镇建设用地范围外，经批准占用农村集体土地建设非公益性项目，允许农民依法通过多种形式参与开发经营并保障农民合法权益；提出逐步建立城乡统一的建设用地市场，对依法取得的农村集体经营性建设用地，必须通过统一有形的土地市场，以公开规范的方式转让土地使用权，在符合规划的前提下与国有土地享有平等权益。这就使得农村集体建设用地不需要征用转为国有才能进入非农用地市场，为打破以所有制性质屏蔽集体建设用地进入市场提供了通道；为实现集体土地与国有土地同地、同价、同权，建立城乡统一的建设用地市场提供了政策空间。建立城乡统一建设用地市场在城乡结合部意义非凡，城乡结合部将是进行这项探索和完善政策的最好实验场。为此，我们建议在城乡结合部进行如下政策试验：

（1）建立城乡统一建设用地市场，出台规范农村集体建设用地流转办法。包括在用途管制和符合规划条件下，允许集体建设用地出租、出让、转让、可抵押和进行集体建设用地交易试点；实行与国有建设用地相同的集体建设用地市场化出让制度，包括协议出让和招拍挂出让方式；对于合法进入集体建设用地市场的土地、物业，颁发集体建设用地使用权证和物业权证。

（2）进行农村集体建设用地盘活和集约节约使用试点，促进土地集约节约利用。空闲的集体建设用地、废旧的公共用地、村庄整治、旧村改造节约集约出的土地必须整理成农用地；其置换出的建设用地指标可易地交易使用；置换出来的建设用地保留集体所有制性质，由农民使用；试点在封闭区域进行。

（3）按照集体土地与国有土地同地同价同权原则，研究和出台农民集体建设用地参与非农建设政策。在城市规划范围内，征用农民集体土地时，给被征地的村按一定比例预留一部分建设用地，由村集体经济组织建造标准厂房、铺面等出租，租金收益以股份形式在村民中分配。对于影响城市规划的留用地可以采取招拍挂办法出让，土地净收益主要返给村集体。有关部门出台专门的政策文件，就留用地的比例、所有权性质、使用办法、收益分配原则等做出具体规定；对于城市建设规划范围内的存量集体建设用地，在符合规划前提下，保留农村集体所有，长期由农民使用、收益；也可以转为国有，但由农民长期使用；对城市建设范围外农民集体土地，进行非农建设的，在符合规划和用途管制的前提下，分配一定比例建设用地指标给农民集体；实事求是、分类甄别处理历史形成的集体建设用地问题。

（4）完善宅基地制度，严格宅基地管理，保护农民宅基地用益物权。大城市近郊和沿海发达地区，因土地占用无法严格按一户一宅福利配置宅基地的，可划区域封闭进行取消宅基地福利分配制度、宅基地有偿使用的试点；允许农村集体经济组织、村属企业通过宅基地的商品化进行旧村改造试点，明确节约出来的宅基地仍属于原村农民集体所有，在符合规划和用途管制的条件下，农民集体可以将节约出来的宅基地以自用、厂房出租、土地出租等方式集约利用。宅基地上所产生的土地租金、物业收入主要归村农民集体所有；在宅基地上建设的物业和产业，参照国有土地上的物业和产业，颁发集体所有不动产权证，允许出租、出让、抵押。

第四，转变地方政府职能，将工作重心转向民生。现在的城市化模式的最大问题是，上级政府将土地征用出让给其他用地者以后，给城乡结合部留下了大量问题，包括失地农民的就业、基本生存保障、征地带来的生活水平下降和不满情绪以及历史遗留问题等，这些问题只能由地方政府和基层组织来解决。在城乡结合部，地方政府和基层组织的职能如果不进行真正转变，继续以招商引资和追求 GDP 为中心，只会加剧这些区域的不稳定因素。高碑店地方政府在严峻的形势下，变被动为主动，积累了大量政府解决民生、化解社会矛盾、促进社会和谐的经验，值得推广。包括，花大力气帮助失地农民解决就业；培育与城市接轨的附加值更高的产业；健全失地农民社会保障和救助体系；建立社会矛盾预警和调处机制；构筑城乡结合部流动人口管理与服务体系；等等。各地需要总结一批城乡结合部解决民生问题的经验，建立市、区、乡、村四级协调机制，明确政府解决民生的具体内容，将政府工作职能转变落到实处。

第五，将城乡结合部纳入城市统一的基础设施及社保、养老、医疗体系，消除城乡分治。既然城乡结合部已经进入城市版图，成为城市化地区，既然农民将自己的土地和产业"奉献"出来发展城市产业，对于这些区域的建设和公民待遇应当纳入原有城市体系。既然城市已经延伸到了城乡结合部，城市基础设施建设也应向这些区域延伸，决不能继续以二元的眼光，把这些区域的基础设施建设视作农村的一部分，在资金、规划和标准上另眼相待，形成城乡结合部与城市基础设施两张皮的状况。也就是说，城乡结合部的基础设施建设和原住民的社会保障、养老保障等，应该作为公共服务由政府财政统一支付。具体而言，一是将城乡结合部的基础设施建设纳入城市统一的建设网络，在规划、资金和建设上真正实现城乡一体化，改变目前城乡结合部与城市基础设施建设两张皮的局面。二是将城乡结合部农民的失业、社保、养老、救助等统一纳入城市社会保障体系，让城乡结合部原住民享有和其他城市居民一样均等化的公共服务。

第六，推行农村股份制改革，切实保护农民土地权益。随着城市化的进程，农民集体土地以出租或厂房出租等方式，使集体经济收入大幅增加，但是，对集体土地上增加的这笔收入如何公平分配、尤其是让原集体组织成员平等分享，一直是一个未能很好解决的问题，也是导致农村上访和群众不满的一大因素。我们认为，在城乡结合部，应借鉴一些村庄的经验，大力推行股份制，加强民主管理、民主理财，切实让广大农民享受到土地级差收益的成果。具体而言，一是明确农民集体是土地级差收益的主要获得者，允许农民集体有权获得宅基地和集体建设用地出租、出让后的级差收益；二是允许企业与农民集体合股、合作开发集体建设用地，但企业只获取物业和产业投资的销售利润，保留一定比例的物业给农民集体，以出租方式永久获得一笔收益，解决村庄公共投资和村民福利支出；三是推行股份制改革，明确集体成员权身份和股份分配办法，制定集体建设用地级差收益管理办法，主要保障农民土地权益。

第七，在发达地区和大城市的市、区两级设立城乡协调发展部，解决城乡结合部地带的政府管理缺位。城乡结合部问题的解决，既有赖于政策创新，让原住民分享城市化进程的成果，也亟须在治理体制上创新。目前城乡结合部在行政体制上，既不是典型的城市体制，也不是典型的农村体制。在问题没有露出水面时，这一区域就是一个谁都不管的地带。只有在问题闹大以后，才会引起重视。鉴于城乡结合部问题的特殊性、突出性和复杂性，而我国在今后相当长一段时期仍处于城市化的高峰阶段，城乡结合部问题就不可能短时间解决。因此，我们认为，在城市化进程快速推进的沿海发达地区和大城市，需要设立"城乡协调发展部门"，以解决城市化推进中城乡结合部管理缺位的问题。

第十五章
重庆市统筹城乡试验与土地制度创新

重庆市在推进统筹城乡综合配套改革试验中，始终把着力点放在加快形成城乡一体化发展的体制机制上。在建立城乡统一的建设用地市场、推进农民工户籍制度改革、建立公共租赁的住房保障体系、创新农村金融体系等方面，进行了有实质意义的制度实践，尤其是"地票"、"三权"抵押融资、"转户不动地"、"先租后售、租售并举"等制度创新，为我国破解城乡二元结构、构建新型工农城乡关系、让农民分享现代化成果，提供了可操作性的制度安排，起到了先行先试、为全局改革探路的先导作用。

一、重庆统筹城乡改革试验的土地制度创新与绩效

（一）以"地票"制度撬动城乡一体化发展

地票，是指把农村闲置、废弃的建设用地复垦为耕地，腾出来的建设用地指标优先保障农村自身发展后，节余部分以市场化方式公开交易即形成地票，是可以在重庆市规划建设范围内使用的指标。从 2008 年年底成立农村土地交易所以来，截至 2013 年 10 月，重庆市累计交易地票 11.84 万亩，形成价款 237.5 亿元，已有 7.68 万亩地票落地使用。地票还被赋予了质押功能，已办理地票质押贷款 3 759 亩，共计 5.02 亿元。

为了推进地票制度建设，重庆市先后出台了 58 个政策性文件和 12 个技术性文件，对复垦、验收、交易、使用各环节进行规范，形成了相对完善的"自愿复垦、公开交易、收益归农、价款直拨、依规使用"的地票制度体系。一是自愿复垦。充分尊重农民和集体在处置自身房屋财产上的主动性、自愿性和参与性。农户或集体只有在稳定居所的前提下，才能自愿申请，允许一家一户单

独申请，是否复垦、何时申请完全由农民自主决定。成立农村土地整治中心，复垦工程按规范设计施工，提倡农户自行实施或联合实施复垦项目。二是公开交易。只有在复垦形成的耕地数量和质量都经过验收后，地票才能进入农村土地交易所，地票交易实行市场化定价，由交易所根据市场供需情况统一组织，公开发布交易信息，公正组织交易活动，公平对待每个交易主体，充分体现农村土地价值。已公开组织 30 余场交易会，年均交易地票 3 万亩左右，均价 20 万元/亩左右，价格调控在"城镇发展可承受、农民权益有保障"的合理区间。三是收益归农。地票价款扣除复垦成本后全部收益归农民集体所有，复垦农户实际使用的合法宅基地收益按 85:15 的比例在农户和集体组织之间分配，复垦形成的耕地归集体组织所有，再承包给农户耕种。农户能分享到的地票平均收益是 12 万元/亩。四是价款直拨。由农村土地交易所直接将农户和集体应得的地票价款拨付到账，避免地票收益被挤占、侵害、截留、挪用。五是依规使用。地票制度依托城乡建设用地增减挂钩政策，在地票产生、交易、使用等环节须符合土地利用、城乡建设规划要求，"城市规划区内的农村建设用地不纳入复垦""不在规划建设范围外使用地票"，地票落地后仍按现行土地出让制度供地。

　　重庆实践证明，在不改变土地集体所有性质、不损害农村土地权益的前提下，地票制度取得了大幅增加农民财产性收入、严守耕地红线、推动农村资产确权登记、促进农村金融体系发育、优化城乡建设用地结构等效应，成为重庆城乡统筹发展的重要制度成果。

　　一是大幅增加农民财产性收入，缩小城乡和区域间收入差距。地票成交单价已提升并稳定在 20 万元/亩左右，扣除复垦等成本后的地票收益全部用于"三农"，农村已累计实现近 200 亿元的财产收益。重庆城乡居民收入比从 2007 年的 3.6:1 缩小到 2012 年的 3.15:1。68% 的地票来源于经济落后的渝东南、渝东北"两翼"地区，落地集中在经济发达的"一圈"。"两翼"以地票收益方式分享了"一圈"的土地级差收益。年均 3 万亩左右的地票交易量，与重庆每年新增经营性建设用地规模相匹配，满足了"一圈"的合理用地需求。"一圈"与"两翼"人均 GDP 之比由 2006 年的 2.43:1 下降到 2.1:1。

二是真正守住了耕地红线。地票制度真正做到"先补后占、占补平衡",更有利于保护耕地。与开发未利用地形成的耕地相比,复垦废弃、闲置的建设用地产生的耕地质量更高,也避免了毁林开荒对生态环境的破坏。截至 2013 年 10 月,重庆市累计复垦建设用地 18.15 万亩,地票使用 7.68 万亩,实际占用耕地 4.77 万亩。地票制度为重庆市实现 3 400 万亩耕地"数量不减少、质量不下降"提供了制度保障。

三是推进农村资源资产显化和产权管理。高达 20 万元/亩的地票价格,使农民认识到了农村资产的市场价值。在地票交易引导下,农民积极主动要求对承包地、宅基地和其他集体建设用地等确权颁证。截至 2013 年 10 月,完成确权农业社 83 508 个,占总社数的 99.3%;640.2 万农户的土地承包经营权得到确认,占应确权农户总数的 95.8%,推动了农村土地从单纯的资源管理向"资源、资产、资本"管理的转变。

四是促进农村金融体系发育。地票成为农户住房抵押贷款的评估参照体系,农村的土地、房屋等资产经由市场定价后,价值由地票制度创设前的几千元、万余元提升到十余万元,具备了多年来一直缺失的抵押融资能力。截至 2013 年 10 月,重庆农房抵押融资累计达 81.8 亿元,农村"三权"抵押融资达 436.9 亿元。

五是优化城乡建设用地结构。按照土地利用总体规划,重庆市在 2012—2020 年间,城乡建设用地增量只有 390 平方千米,如果城镇建设用地增量为 667 平方千米,农村建设用地就得减少 277 平方千米。地票制度创新了农村存量集体建设用地的市场化盘活方式,通过与城市建设用地远距离、大范围转换,促进农村建设用地节约集约用地。重庆城镇与农村建设用地之比由 2007 年的 0.33:1 提高到 2012 年的 0.43:1。

(二) 以 "三权" 抵押融资促进农村要素市场发展

为了活跃农村要素市场,重庆市进行了"三权"抵押融资试验,其制度安排为,允许农村土地承包经营权、农村居民房屋和林权进行抵押融资,抵押金额按照 80:20 的比例在农民和集体组织之间分配。"三权"抵押贷款担保的主要对象为农户、农村中小企业、微型企业及农民专业合作社。贷款用途主要用于发展种植业、养殖业、林业、渔业、农副产品加工、流通等农业产业化项目，以及满足农业产前、产中、产后服务支农资金需求。截至2013年9月末，重庆市累计实现"三权"融资436.9亿元，土地承包经营权、居民房屋和林权贷款分别是57.8亿元、81.8亿元和147.4亿元。仅有62笔、742万元的不良贷款，不良率约为0.02%，远低于重庆市同期0.34%的不良水平。

重庆市农地、宅地和林区面积很大，"三权"抵押融资潜力巨大。全市共有3 000多万亩耕地、300多万亩宅基地、6 000多万亩林地，保守估计这些资产的总价值超过1万亿元，即便只抵押10%~20%，农村便可增加融资1 000亿~2 000亿元。盘活现行体制下难以抵押融资的"沉睡"农村资本，关键是要探索出一整套政府引导和市场化运行相结合的体制机制。重庆市围绕厘清产权关系、明晰抵押流程、促进产权流转、完善风险分担补偿机制等，先后出台《重庆市林权抵押融资登记管理实施细则》（试行）、《重庆市农村居民房屋抵押登记实施细则》（试行）、《重庆市农村土地承包经营权抵押登记实施细则》（试行）等地方法规，形成了比较系统的农村资产"三权"抵押制度体系。

一是构建权属登记及流转管理机制。"三权"抵押融资的前提是权属清晰。重庆市基本完成了承包经营权、农村住房和林权的确权登记工作。截至2011年6月末，重庆市林权共计确权5 491万亩，确权率达98.7%，累计完成核发集体土地所有权（全面重新核发）证书7.88万本、宅基地及农房证书660万本、其他建设用地及房屋证书4.06万本。截止到2013年5月底，新颁发农村土地承包经营权证633.73万册，占已确权农户总数的99.14%。同时，探索将各类农村产权流转（再流转）合同作为经营、使用、收益等权益取得的权属证明，并注明发包人及原承包方是否同意再流转。

二是构建资产评估机制。2012年年底，重庆市成立兴农价格评估公司，探索拟定全市农村产权评估规范，根据区位、地块、经济发展情况制定农村产权价格标准。如渝西地区、渝东南、渝东北等地农村产权有不同价格标准，涉及单个区县也有不同价格标准，农民贷款融资时可据此来衡量自己资产的价值。截至2013年9月末，共接受评估278件，办理102件，涉及金额90.3亿元。

三是构建资产流转处置机制。在处置农村产权抵押融资不良资产时,重庆市探索性地引入专门的农村产权资产管理公司整体收购处置,为金融机构处置农村产权抵押融资不良资产提供了新途径,对农村产权再流转进行了探索。2013 年上半年,重庆市筹建了兴农资产经营管理公司,作为市政府授权机构专门负责收购处置"三权"抵押融资产生的不良资产。对银行贷款逾期 1 年或者担保公司代偿 1 年以上的相关"三权"抵押融资债权,按市场价格收购,采取整合出租、挂牌转让、再流转等方式合理处置抵押资产,逐步建立起政府引导和市场化运作相结合的农村产权抵押融资不良资产处置机制。

四是构建风险分担补偿机制。为进一步降低农村金融服务风险,2011 年重庆市出台了《农村"三权"抵押融资风险补偿资金管理暂行办法》,专门组建了兴农融资担保公司,在各区县设立 21 家子公司,截至 2013 年 10 月底,这家政策性金融公司涉及"三权"抵(质)押贷款项目合计 64.66 亿元,占在保余额的 62.75%。重庆市还设立农村"三权"抵押融资风险补偿专项资金,对银行、担保等机构因开展"三权"抵押融资业务造成的损失,予以 35% 的风险补偿,其中市级财政承担 20%,各区县财政承担 15%,还将风险补偿资金兑现时限缩短为 1 年。市级财政风险补偿资金已达 8 000 万元。石柱县还进一步进行补偿机制创新,由县财政按照农村"三权"抵押融资额度的 1% 出资建立风险补偿资金,对不超过融资额度 1% 的损失部分予以全额补偿,对超出融资额度 1% 的损失部分按相关规定申请市级财政 20% 的风险补偿。

(三) 以"进城不失地""社保一次性到位"为核心推进户籍制度改革,保障农民工真正融入城市

解决好占人口总量 20% 的农民工户籍问题,是重庆市统筹城乡综合配套改革的突破口。从 2010 年 8 月全面启动农民工户籍制度改革以来,截止到 2013 年 9 月底,累计转户 376.1 万人、整户转移 96.5 万户。重庆市户籍人口城镇化率达到 39.6%,户改三年以来就上升了 10.4 个百分点,而从建立直辖市到启动户改前的 13 年仅上升了 9.7 个百分点。

户籍制度改革推进顺利,关键在制度和政策体系设计合理。重庆市先后出

台了46个政策性文件，逐步形成了一套"以自愿为前提、依法保留农村既有权益、转户后所有城市保障一步到位"的较完善的政策体系。

一是以稳定就业为转户前提，分类实施。农民工转户主要考虑就业因素，不与承包地、宅基地挂钩。只要在主城区工作五年以上、区县城工作三年以上就可转户。第一批集中解决400多万符合条件的进城农民工及新生代转户和户籍遗留问题。这些人群又被分成符合条件的农民工和新生代以及各类历史遗留问题造成的农村居民两大类共七小类群体，即符合条件的农民工、农村籍大中专学生、农村籍退伍士兵、库区搬迁形成的高山移民、不规范征地形成的失地农民、城中村居民以及农村集中供养的"五保户"，明确各个群体的转户条件和程序。在此基础上，针对主城、区县城和乡镇设置不同的转户条件，分类实施。截止到2013年9月，有条件的农民工群体累计转户172.8万人，占同期转户数的45.9%；新生代转户53.8万人，占14.3%；其他群体和历史遗留问题转户149.5万人，占39.8%。

二是对转户居民实行就业、养老、医疗、住房、教育等城镇保障一步到位。第一，将转户农民工纳入城镇就业服务体系，开展就业培训和创业扶持。累计培训转户居民2万余人，推荐就业5万人，发放自主创业小额贷款1.27亿元。第二，转户居民购买普通商品房享受相关税费减免或纳入公租房保障。共64 134户转户居民和农民工申请到公租房，占配租总数的44.1%。第三，严格按照城镇职工标准，用工单位为转户居民依法足额缴纳养老、医疗等社会保险费用。共有287.1万转户居民参加各类养老保险，参加医疗保险人数353.6万人。第四，转户居民子女享受城市义务教育，就近免费入学，平等接受各阶段教育。截止到2013年9月，进城农民工子女接受义务教育就学人数34.1万人，占全市义务教育阶段学生总数的11.3%，新建和改扩建中小学校115所，基本解决了转户居民新增入学的问题。

三是合理保留转户居民的农村权益。农民工转户后，在退出土地前，可继续享受与土地相关的待遇（如种粮直补、征地补偿收益权等9项）。同时，与农民身份相关的待遇（如农村生育政策、计生奖励扶助等26项），在5年内予以保留。转户居民自愿退出宅基地，可通过"地票"制度实现财产收益，净收益的 85% 归农民所有。重庆市共批准了 77 530 户举家转户农民工的 31 138.56 亩宅基地退出。重庆市建立了 62 亿元的宅基地退出补偿周转金，对进城落户农民退出的能复垦的宅基地和附属设施用地提前支付。截止到 2013 年 9 月，已对 67 358 户、26 720 亩提前支付了 25.3 亿元的地票价款。

四是创新户籍改革成本合理分担机制。第一阶段涉及的 376 万人的转户，需支付 4 000 亿元左右的成本，由政府、用工企业和个人三方各承担 1/3。不过这个成本具有多主体和长期分摊的特点，不需要一次性支付。政府建立 100 亿元的"周转金"，主要承担城市扩张中基础设施和公共服务投入。2013 年，共有 281.7 万转户居民参加了各类养老保险，参加各类医疗保险人数 353.6 万人。用工企业主要承担转户农民工参加的城镇职工养老保险和医疗保险的新增缴费部分，按已转户 376 万人计算，每年企业增加缴费 120 亿元左右。另外，房地产商等社会主体也通过支付地票价值，承担宅基地地票交易的成本。2013 年 20 万元/亩的地票均价，只占土地出让价款的 2%～5%，处在开发企业可承受的范围内。

（四）以"先租后售、租售并举"，建立以公租房为主的住房保障体系

重庆公租房建设规模大、起步早。到调查时点，已开工的公租房项目住宅总规模为 70.6 万套，公开配租 23.3 万户。预计到"十二五"期末，通过公租房等保障性住房及各类棚户区改造，城镇住房保障覆盖率将达到 25% 左右。重庆探索实施了"公建公有、建管分开、封闭运行"的模式，按照"先租后售、租售并举"的原则，在准入门槛上率先实现"不限户籍、不限收入"。

一是扩大保障范围，将常住人口纳入住房保障体系。重庆市规定，凡年满 18 岁，在主城区有稳定工作和收入来源并符合住房困难条件者，均可申请租住公租房。包括无住房或家庭人均住房建筑面积低于 13 平方米的本市居民、新就业大中专及职校学生、无住房的外来务工人员、参加工作三年以内的无住房公务员。

二是探索实施"公建公有、建管分开、封闭运行"的模式。由国土资源和

房屋管理局负责住房保障政策制定和监管；其下设的公租房管理局负责规划实施、项目监督、审核配租等具体业务；国有投资集团负责土地储备、资金筹措、工程建设等任务，拥有公租房产权，并交由公租房管理局管理。五年后部分公租房可出售，允许购买者继承和抵押，但不得进行出租、转让和赠予。如需交易，由政府以当初购房价格加上合理利息进行回购，再重新纳入公租房供应体系，实现封闭循环。

三是在租金优惠基础上，实施分层补贴。重庆市公租房租金不超过同地段、同类型、同品质商品房租金的60%，一般为9元~11元/平方米。租金实行动态调整，每两年向社会公布一次。对于符合廉租房条件的低收入家庭，租金和物业费享有更多优惠，差额部分由户籍所在地政府承担。

四是多渠道筹集建设资金，努力实现收支基本平衡。据估算，重庆市4 000万平方米公租房的建设资金为1 100亿元。其中，政府通过中央专项补助、市财政预算、土地出让收益以及房产税等渠道安排，可筹集30%的资金，其余770多亿元缺口利用银行、社保基金、公积金、保险等多种社会资金弥补。项目贷款结构以银行贷款为主，另外，社保基金已经通过信托方式贷款45亿元，公积金试点贷款30亿元。

4 000万平方米公租房建成后，要解决770亿元贷款的还本付息和运行维护费用。重庆市的平衡方法是，按年息7%计算，每年贷款利息为54亿元，运行维护费用为10亿元，合计约64亿元。公租房和商铺的月租金分别按每平方米10元和50元计算，每年公租房可收取租金43.2亿元，商铺可收取租金24亿元，两者合计67.2亿元。由此，通过公租房和商铺的租金收入可支付贷款利息和运行维护费用。将来如果以10 000元/平方米出售商铺，可收回资金400亿元；以4 000元/平方米出售1/3的公租房，可收回400多亿元，二者合计约800亿元，可用于归还社会资金的本金。总体测算，按调查时点利率水平，重庆公租房模式基本可满足还本付息和运行维护要求。

五是探索建立公租房社会管理体系。重庆市规划的20余个公租房小区均考虑到交通和就业的便利性，与商品房小区混合搭配，共享公共配套设施和服务。同时，建立公租房信息管理系统，实现房管、公安、民政、工商等部门的信息共享。重庆市还探索建立公租房小区的社会综合管理体系，由社区居委会、房屋管理机构、派出所、物业服务公司及租户代表等组成小区管理委员会，共同负责小区社会管理。

五年多来，重庆市公租房建设和管理工作取得明显成效，在解决"夹心层"家庭住房困难、推动农民工融入城市和拉动内需等方面发挥了重要作用。

一是逐步解决"夹心层"的住房困难问题。第一步，公租房用地全部通过划拨获得，加上各类税费减免，确保了租金不超过同地段、同类型、同品质商品房租金的60%，重点解决外来工作人员、新生代城市居民和大学毕业生等"有房住""住得起房"的问题。从配租人员结构看，主城区户籍人员占35.7%、大学毕业生占8.1%、当地进城务工人员占40.7%、外地来主城区工作人员占15.5%。人均月收入2 000元以下的入住者占了89%。第二步，从"有房住"过渡到"有住房""买得起房"。重庆公租房实行封闭运行模式，5年后符合条件的可购买，但不能转租和上市交易。确需转让的，由政府以原价回购，重新作为公租房流转使用。

二是推动农民工融入城市。公租房为农村居民转户提供了一颗"定心丸"，增强了融入城市生活的信心和意愿。重庆将转户居民纳入公租房、廉租房等保障范围，共有6.4万户转户居民和农民工成功申请到公租房，占全市公租房配租总数的44.1%。此外，转户居民及农民工享受首次购买商品房契税减免政策，共减免契税近9亿元。

三是发挥拉动内需、促进增长的重要作用。重庆计划建设4 000万平方米公租房，直接投资1 200亿元，对相关产业的拉动能力约为3 000亿元，使社会总产值增加约4 000亿元（相当于2010年重庆市GDP的50%），可为建筑业创造约100万个劳动岗位。另外，"租售并举"减轻了租房和购房的压力，有利于刺激居民的当期和长远消费需求。

二、改革试验的价值与面临的问题

经过实践与探索，重庆统筹城乡综合配套改革试验的一些制度创新，不仅为地方经济社会发展释放了巨大的制度红利，也为全局改革提供了政策和制度储备。其中一些重要制度创新经过总结、提炼后，可以上升为全局性政策和制度，并可以作为修改法律的依据。

（一）可以上升为国家政策的做法

1. 扩大地票制度试点

地票制度在重庆运行五年多来，已经形成了相对完善的"自愿复垦、公开交易、收益归农、价款直拨、依规使用"的制度体系和完备的操作规范，是一项重大的理论和政策创新。在我国实行最严格的耕地保护制度和用途管制制度下，地票制度利用土地级差收益原理，通过市场化手段，让偏远地区的农民分享到城市土地增值收益，成为提高农民财产性收入、缩小城乡收入差距的重要工具。地票交易有利于显化农民的宅基地价值，实现更多的土地财产权利。地票制度与户籍改革和社保制度组合，起到了"让农民带着土地资产进城"的效应，更有利于农民融入城市。地票制度也起到了优化城乡用地结构、促进土地集约利用的作用，城市以地票方式获得了建设用地指标和发展空间，农村因为宅基地价值资本化，获得了村庄改造的资金，促进了人口城镇化下的新农村建设。

在我们看来，只要存在城乡区域间的土地级差收益，只要继续实行最严格的耕地保护和用途管制制度，地票制度就可以作为推进城乡发展一体化的重要制度安排。城乡土地级差收益越大，地票制度的作用就越大。地票制度尤其适用于城乡差别大、农村集体建设用地复垦潜力大的地区。重庆地票制度的原理、制度安排、操作规范和交易规则可供一些省份尝试，同时建议有关部门出台《农村建设用地交易管理办法》指导各地试点。

2. 完善农民工户籍制度改革实施办法

重庆市以解决农民工户籍问题作为统筹城乡综合配套改革的突破口，不仅成功实现了376.1万农民工的转户与融入城市，而且形成了一整套制度体系、政策设计和实施办法，即坚持以稳定就业为转户前提、分类实施；对转户居民就业、养老、医疗、住房、教育等城镇保障一步到位；合理保留转户居民的农村权益；创新户籍改革成本合理分担机制。这些制度安排是重庆户籍改革的亮点,也是其成功实现农民工户籍改革的重要经验。中央、国务院户籍改革方案已明确,有关部门可对重庆做法进行总结,在此基础上制定更切实可行的户籍改革实施方案。同时,重庆做法也值得全国其他地区推进户籍改革时借鉴。

户籍制度改革成功与否,成本分担机制的设计是关键。对于全国大多数城市来讲,可借鉴重庆"分步走"的思路,先将稳定就业的农民工纳入,并针对主城、区县城和乡镇设置不同的转户条件。当然,像北上广深等特大城市的户籍制度改革,其成本要远远高于重庆,需要合理调整政府、企业、个人分担比例,可借鉴重庆建立"周转金"的思路,逐步解决资金问题。另外,北上广深等特大城市的农民工也来自全国各地,跟重庆农民工主要来自远郊区县不一样,在政策设计时,除了考虑本地人口外,更重要的是还要考虑外地人口的融入问题,需要对城市产业、就业、社保、教育、住房、财政等有更综合的考虑与成本测算,制定可行的户籍改革与人口融合制度。

3. 完善、推广"租售并举"的住房保障模式

重庆市是我国迄今公租房建设规模最大、起步最早的城市,其在住房保障体系建设上的一些探索,如将常住人口纳入住房保障体系;实施"公建公有、建管分开、封闭运行"模式;在租金优惠基础上实施分层补贴;多渠道筹集建设资金,努力实现收支基本平衡;建立公租房社会管理体系等,是我国住房保障体系建设的一场大规模试验。为了完善住房保障制度,建议有关部门出台《城镇住房保障条例》,借鉴重庆做法,明确公共租赁住房的保障标准、覆盖范围、保障方式、规划任务、建设与管理模式,以及土地、财政、税收与金融支持政策框架等基本问题。

重庆市按照"先租后售、租售并举"原则,适时出售配建商业用房和部分公租房偿还本金,实现公租房建设、营运资金的良性循环和动态平衡,对全国其他地区有很强的推广意义。各地在借鉴重庆公租房"租售并举"模式时,有两个问题需要注意。一是要合理确定政府和个人的产权比例,建立增值收益的合理分配机制。重庆的公租房用地全部是划拨,免交土地出让金和各类税费优惠构成了政府的产权比例,在五年后出售给租户时,由于政府仍持有部分房屋产权,因此不允许转租和上市交易。二是要根据当地住房市场发展情况,动态

调整政府控制的公租房数量。公租房的租售比例可以由各地按照财政能力、住房市场、保障覆盖面等情况自主决定。

4. 扩大农村资产产权抵押融资试点

长期以来，全国涉农贷款占比低，农村资金外流、农村金融失血、贫血问题突出，根源在于农民缺乏金融机构认可的抵押物，开展"三权"抵押融资有利于盘活农村"沉睡"资源，构建新型农村金融体系。我国城乡居民收入差距日益拉大的背后，是财产性收入的差异。仅靠承包地、宅基地和林地流转获得的收入有限，财产性收入在农民收入构成中不足5%。"三权"抵押融资，不但直接增加农民当期可支配资金，更有利于拓宽农民投资渠道，大幅提高财产性收入。

为了活跃农村要素市场，重庆市进行了"三权"抵押融资试验。允许农村土地承包经营权、农村居民房屋和林权进行抵押融资，重庆市在"三权"抵押试点中，围绕厘清产权关系、明晰抵押流程、促进产权流转、完善风险分担补偿机制等，探索出一整套政府引导和市场化运行相结合的体制机制，形成了比较系统的农村资产"三权"抵押制度体系，不仅在一定程度上解决了现代农业发展中的资金瓶颈，而且防范了金融机构风险和农民资产产权丧失风险。在我们看来，重庆市农村资产产权抵押办法，可以在全国更大范围进行试点，并在此基础上，有关部门出台《农村资产抵押管理办法》指导全国试点。

（二）试点中面临的问题与制度障碍

重庆在试点中也暴露出现行体制机制和法律存在的大量问题。

第一，发展阶段与经济实力的制约。重庆市是在人均GDP不到4 000美元的基础上开始统筹城乡改革的，虽然经过几年的努力，人均GDP已经达到6 000美元，但政府统筹能力仍显不足。另外，重庆市由于大农村、大贫困区域的特点，城乡二元结构十分明显，城乡居民的绝对收入差距还在扩大，区域发展也不协调，区县之间发展水平的差距仍然较大。统筹能力不足，且难以形成统筹城乡和区域协调发展的体制机制，各类资源缺乏有效整合，公共资源对农村基础设施和基本公共服务的投入明显不足。随着改革的深入，区域协调、民生保障、基本公共服务均等化等方面对政府财力的要求越来越高，由此带来的压力也越来越大。

第二，国家层面的上位法明显滞后。一是对农民土地权利的保护，虽在相关文件中作了强调，但未落实到具体的法律规定中，对改革的法律依据保障不够。《土地管理法》严重滞后，特别是对集体建设用地参与非农建设、宅基地的使用权和收益权、农户和集体经济组织在土地流转中的角色、集体土地征收为国有的具体情形的规定、征地补偿标准的制订等方面，还缺少可操作的规定。二是农村土地权利设置存在缺陷。虽然法律承认了宅基地使用权和土地承包经营权作为用益物权的性质，但是，由于限制了流转范围，宅基地只能在本集体经济组织内部流转，其变现能力及价值实现大大受限。在城镇化、工业化快速推进的背景下，农民向城镇转移是大势所趋，如果不考虑其宅基地和农房的有效变现方式，宅基地闲置、废弃现象普遍存在也就不足为奇了。此外，《担保法》《物权法》明确规定耕地、宅基地、自留地、自留山等集体土地使用权不得抵押，这抑制了金融下乡，使农村发展成为"跛足"。三是农村集体经济组织的市场地位及成员资格认定不明确。尽管法律对农村集体经济组织有表述，但在实际运行中其作为独立市场主体的地位并不明确，由此带来其所代表的集体所有权被虚置、民主决策权被代表等问题。比如，在村庄撤并中，行政主导的色彩非常深厚，农村集体经济组织间的协商及意愿征集、表达明显不够。同时，对农村集体经济组织成员资格认定问题，法律、法规及司法解释都还是空白，这带来了土地流转及征地中农村收益分配的问题，也潜伏着大量危及社会稳定的隐患。四是农村土地缺乏统一登记制度。重庆市尽管对土地承包经营权、林权、宅基地使用权和农房都进行了确权登记，也大体完成了任务。但是，由于上述确权登记分别由农业、林业和国土部门分头行动，并没有统一的工作准则和技术规范，也没有测绘等基础工作提供支撑，因此，既存在登记遗漏，也存在重复登记（如，同一块土地，农业部门登记为承包地，林业部门登记为林地）的情况，影响了登记的严肃性。由于没有科学严谨的确权登记体系，农村土地流转、"三权"抵押等促进农民土地财产权益显化的工作面临障碍。五是部分法律法规以城乡户籍作为享受基本公共服务的前置条件，影响户籍制度改革推进。如我国高等教育考试制度规定考生必须在户口所在地参加考试，大量随父母在务工地就学的考生无法参加当地组织的高考；各地立法普遍规定了对农业户口的照顾计划生育政策，以致全国大体上形成了"城镇居民生 1 个孩子、农村居民生育 1.5 个孩子"的基本计划生育政策；《兵役法》规定"家居农村的义务兵退出现役后，由乡、民族乡、镇的人民政府妥善安排他们的生产和生活"，同时规定"家居城镇的义务兵退出现役后，由县、自治县、市、市辖区的人民政府安排工作"；《全国人民代表大会和地方各级人民代表大会选举法》规定"直辖市、市、市辖区的农村每一代表所代表的人口数，应多于市区每一代表所代表的人口数"，等等。

第三，改革越深入雷区越多。随着改革的深入推进，现行法律法规和政策障碍越大，地方无权也无法调整，特别是土地、财税、金融、社保等方面，需要上位法的支撑。基层的改革活力和积极性没有完全激发，改革攻坚的激情在减退。改革越深入，涉及的部门、领域越多，部门之间的工作协调和政策衔接越来越多，矛盾也越来越大。

三、进一步推进制度试验的建议

党的十八届三中全会对未来 5～10 年改革做出了全面部署，建立城乡发展一体化体制机制，是全面深化改革的重要内容，也是到 2020 年建成小康社会的重要保障。按照国务院批复要求，重庆市城乡统筹试验力争到 2017 年，基本完成改革试验总体方案各项任务，形成比较完善的统筹城乡制度体系，为建成城乡统筹发展的直辖市奠定制度基础。我们建议，中央支持重庆市继续推进统筹城乡综合配套改革试验，并在以下几方面进行进一步探索实践：

一是建立城乡统一的建设用地市场。以土交所为平台，进一步探索在规划和用途管制下，农村集体建设用地进入市场的办法，实现与国有土地同等入市、同权同价机制。进行征地制度改革试点，探索完善对被征地农民合理、规范、多元的保障机制。探索建立兼顾国家、集体、个人的土地增值收益分配机制。建立农村产权流转交易市场。

二是进一步深化农村金融改革试点。完善农民土地承包经营权抵押、担保权试点,农村居民宅基地、房屋等财产权抵押、担保、转让试点。合作社开展信用合作试点。

三是加快构建新型农业经营体系试点。探索农业经营方式创新、农村承包经营权长久不变实现形式、承包经营权向新型经营主体市场化流转的办法以及财政资金投向合作社的办法。鼓励和引导工商资本发展现代种养业。

四是建立现代财政制度改革试点。重庆具有直辖市的体制,中等省的规模,有条件率先纳入国家财税体制改革试点范围,为国家合理划分央地财权、事权探路。

五是完善已有制度试验。完善农民工户籍制度试点,公租房建设体制试点和"三权"抵押融资试点。